Le journalisme après Internet

Communication et Civilisation
Collection dirigée par Nicolas Pelissier

La collection *Communication et Civilisation*, créée en septembre 1996, s'est donné un double objectif. D'une part, promouvoir des recherches originales menées sur l'information et la communication en France, en publiant notamment les travaux de jeunes chercheurs dont les découvertes gagnent à connaître une diffusion plus large. D'autre part, valoriser les études portant sur l'internationalisation de la communication et ses interactions avec les cultures locales.
Information et communication sont ici envisagées dans leur acception la plus large, celle qui motive le statut d'interdiscipline des sciences qui les étudient. Que l'on se réfère à l'anthropologie, aux technosciences, à la philosophie ou à l'histoire, il s'agit de révéler la très grande diversité de l'approche communicationnelle des phénomènes humains.
Cependant, ni l'information, ni la communication ne doivent être envisagées comme des objets autonomes et autosuffisants.

Dernières parutions

Eric DACHEUX, *Communiquer l'utopie*, 2007.
Joëlle Le MAREC, *Publics et musées, la confiance éprouvée*, 2007.
Stéphane OLIVESI, *Footnotes, une socioanalyse de communication par le bas... de page*, 2007.
Jean-Curt KELLER, *Le paradoxe dans la communication*, 2007.
Pierre ZEMOR, *Le défi de gouverner communication comprise. Mieux associer les citoyens ?* Conversation avec Patricia Martin, 2007
Corinne MARTIN, *Le téléphone portable et nous*, 2007.
Philippe J. MAAREK (dir.), *Chronique d'un « non » annoncé : la communication politique et l'Europe (juin 2004 – mai 2005)*, 2007.
Alberto ABRUZZESE, *La splendeur de la télévision*, 2006.
Arlette BOUZON et Vincent MEYER (dir.), *La communication organisationnelle en question : méthodes et méthodologies*, 2006.

Yannick Estienne

Le journalisme après Internet

Préface d'Erik Neveu

L'HARMATTAN

© L'HARMATTAN, 2007
5-7, rue de l'École-Polytechnique ; 75005 Paris

http://www.librairieharmattan.com
harmattan1@wanadoo.fr
diffusion.harmattan@wanadoo.fr
ISBN : 978-2-296-04588-0
EAN : 9782296045880

PRÉFACE

« *Le journalisme après Internet* » est issu d'une thèse de doctorat soutenue à Grenoble en 2006. Son élaboration s'est appuyée à la fois sur ce qu'on a pu nommer « l'école grenobloise » de sciences de la communication et sur le réseau de recherche sur le journalisme structuré autour du CRAPE à Rennes et Lannion. Faire d'une thèse un livre est toujours une reconnaissance et une réussite. C'était aussi dans ce cas, pour Yannick Estienne le risque de susciter un double scepticisme.

Le premier pourrait se résumer dans l'observation un peu exaspérée « Encore un livre sur Internet ! ». Difficile, en effet, de ne pas ressentir une certaine lassitude devant le flux des productions sur ce nouveau média. Leur abondance s'accompagne de trois faiblesses, souvent cumulées. La plus évidente est la posture normative. Elle célèbre le plus souvent la modernité, le potentiel démocratique et libérateur du net, en d'autres cas alerte sur l'imminence d'une société de contrôle total issue des réseaux. Le prophétisme, qu'il soit des lendemains qui chantent ou des ténèbres à venir, est constitutif du gros des essais publiés. Une autre caractéristique de beaucoup de livres sur Internet tient à la superficialité, ou plus précisément au manque de systématicité des matériaux empiriques et des dispositifs d'enquête. Il serait inéquitable de dire que la littérature sur le web et ses usages est produite par des auteurs ignorants de ce dont ils parlent. On dira par boutade que c'est peut-être la proposition inverse qui peut éclairer l'existence d'une difficulté : parce qu'ils généralisent souvent comme les traits d'un Média Internet à majuscules, des expérimentations, des terrains, des usages dont ils sont familiers, où ils ont souvent investis à titre professionnel ou militant, beaucoup de ceux qui écrivent sur le sujet pratiquent la forme la plus faible épistémologiquement de montée en généralité. Elle consiste à universaliser son expérience sans en questionner les limites, sans l'objectiver dans des données vérifiables. La troisième faille de beaucoup de travaux sur Internet vient de ce que qu'ils cotisent au déterminisme technologique. Les propriétés techniques, les possibilités inédites qu'ouvre le média apparaissent comme promises à une réalisation sans coup férir. Elles se déploieraient dans un monde plus peuplé de bits, de réseaux, de logiciels que d'êtres sociaux dotés de ressources et de dispositions inégales, soumis à la tension d'intérêts concurrents. Et d'ailleurs dans cette nouvelle société régie par la communication et les réseaux, introduire des notions comme intérêts, inégalités ne serait-il pas l'indicateur d'un esprit dépassé, peut être même de la vieillerie « marxiste » ?

En ne donnant à cette observation aucune dimension de patriotisme de discipline, les trois faiblesses de la plupart des travaux sur Internet peuvent se condenser en un constat : ils ignorent les fondamentaux des sciences sociales. Ils sont produits comme si ces disciplines n'avaient pas depuis plus d'un siècle produit une posture (objectivation, distanciation), une épistémologie des enquêtes qui permette de trouver au bout de la recherche autre chose que ce qu'on y avait mis soi-même au départ ou souhaitait trouver, une cumulativité enfin qui oblige – jusque pour les infirmer- à tenir compte des travaux des prédécesseurs. Chacun pourra vérifier le bien-fondé de ces observations en se reportant à quelques classiques. Avec un vrai talent pédagogique Nicholas Negroponte en fournit une illustration d'une naïveté confondante[1]. L'ouvrage plus récent de Joël de Rosnay en est une version moins simpliste mais tout aussi remarquablement ignorante de tous le legs des travaux de sciences sociales sur les médias et l'Internet. Une formule plaisante y relève qu'avec les réseaux « *la hiérarchie sociale semble atténuée et, à première vue, chacun peut participer, de manière anonyme ou non, de manière plus ou moins active aux discussions dont les forums, les chats, les newsgroups sont les vecteurs et les outils les plus caractéristiques* »[2].... Peut-être le *semble*, la *première vue* et les déterminants du *plus ou moins* seraient-ils les bons objets à explorer...

Non content d'aborder un objet très investi, Yannick Estienne le fait par le biais de ce que les typologies académiques désignent comme une « monographie ». Le terme se prononce habituellement avec une intonation dépréciative, celle qui s'attache – dans un monde universitaire où le profond s'identifie à l'abstrait, lui-même cousin du vague – à des travaux trop pratiques, portant sur des objets tenus pour dépourvus de noblesse ou de monumentalité. De sa propre évaluation, son objet est ténu puisque la population des journalistes Web n'est que de quelques centaines. On voit dès lors la suspicion qui peut peser sur sa démarche : comment poser de « grandes » questions avec un si petit objet ?

La réponse tient en deux temps. Le « petit » objet requiert pour être balisé et compris une enquête systématique : cartographie des activités et postes

---
[1] *Being Digital*, Alfred Knopf, 1995.
[2] *La révolte du pronetariat. Des mass médias aux médias des masses*, Fayard, 2006, p 113.

Préface

professionnels, entretiens avec des « travailleurs du net », suivi d'offres d'emplois et des définitions de postes qu'elles mobilisent, analyse des contenus de certains sites. Tout cela constitue à la fois une contrainte et une ressource pour l'analyse, en obligeant à reformuler des questions, à discerner des enjeux, à tirer de premières conclusions à partir de faits dont la collecte repose elle-même sur une série de questions réfléchies sur les méthodes pertinentes, la façon de percevoir et de « faire avec » les frontières floues de l'objet ciblé. Plus centralement il faut rappeler la distinction qu'opère Patrick Champagne entre « *généralisation empirique de résultats* » et « *généralisation théorique d'un schéma d'analyse* »[3]. Les résultats d'enquête, spécialement sous forme de données statistiques – peu nombreuses et pas toujours précises pour des raisons que ce livre explique – sur les journalistes en ligne ne permettent en rien de généraliser quelque résultat que ce soit à des entités comme Les Journalistes, L'Information et La Communication. D'une manière plus modeste et plus utile l'enquête de Yannick Estienne fait émerger des questions sur un sous-univers nouveau de la production de l'information qu'il éclaire en sélectionnant des schémas théoriques, en empruntant à des questionnements qui portent en particulier sur l'évolution des rapports de travail, à la redéfinition des acteurs, contenus et modes de légitimation des processus de production de l'information dans nos sociétés.

Yannick Estienne s'inscrit donc dans l'approche de sciences sociales évoquée à l'instant : donner priorité à une visée de connaissance clinique sur un dessein normatif, se donner un protocole d'enquête qui l'amène à collecter des matériaux originaux et éclairants, les interpréter enfin dans un dialogue critique avec le corpus des travaux existant. Chaque lecteur jugera de la manière dont ce cahier des charges a été respecté... Il ne l'est jamais impeccablement dans un premier travail de thèse. Le résultat est assez probant pour que puissent être repérées trois registres de production de connaissance.

Le premier correspond aux limites d'une démarche monographique utile. Il fournit un savoir qui est de l'ordre d'une cartographie, de la construction d'un espace de positions. Il s'agit ici de répondre à la question faussement simple : de qui et quoi parle t-on quand on fait état d'un journalisme, d'un espace de production de l'information en ligne ? L'emprunt à une histoire courte mais dont l'empreinte n'est pas moins déjà forte permet de discerner les modalités de mise en place d'une série de rôles et de métiers. La mise en relation à un espace plus large de métiers et de positions constituant le champ journalistique permet aussi de saisir un ensemble de propriétés et de rapports de force qui font du « journalisme Web » un objet dominé, une position souvent difficile à revendiquer.

---

[3] *Faire l'Opinion. Le nouveau jeu politique*, Minuit, 1990, pp 37-9.

La monographie se propulse efficacement vers un premier niveau de montée en généralité en montrant comment le journalisme en ligne est aussi un espace de déploiement et d'expérimentation de nouvelles relations de travail reposant sur le précariat. Ce que montre bien cette recherche – et tout l'intérêt de rencontrer les acteurs, de les observer ressort là – c'est que ce précariat ne repose pas sur une simple addition de privations ou de suspensions (de statut, de stabilité, de « droits »), mais qu'il s'ancre dans des processus très efficaces de captation par l'entreprise d'un gout d'innover, de faire, de s'investir, sur une canalisation entrepreneuriale de libido. C'est ce qu'illustrent les témoignages souvent dégrisés de collaborateurs de start-up pour qui des expériences de travail ont revêtu des traits qui sont ceux du militantisme, parfois même de l'insertion dans une institution totale. Si Yannick Estienne sollicite ici le travail de Boltanski et Chiappello[4], son apport propre est de montrer comment les nouveaux régimes de relations professionnelles que ces auteurs mettent en lumière à partir de manuels et livres de consultants s'incarnent dans une partie au moins des entreprises. Il est aussi de donner chair sous la forme de personnages, de choses vues, d'anecdotes à cette évolution des rapports de travail. Loin d'être anecdotique le résultat est éclairant sur le malaise identitaire de salariés, souvent jeunes, qui ayant énormément investis dans leur activité ne trouvent souvent au bout de ce dévouement que « *ces petites blessures narcissiques qui viennent se greffer à leur misère de condition (matérielle)* »[5].

Ces observations peuvent suggérer deux questionnements :
Le premier s'adresserait au travail de Yannick Estienne. Un de ses paradoxes est qu'au terme d'une exploration empirique sans grand équivalent dans les travaux existants, son étude ne rend pas très visible un corps de compétences, d'innovations qui permettent d'isoler une contribution singulière du « journalisme Web » à la pratique journalistique en général. S'il est symptomatique, c'est de tendances plus transversales, que ce journalisme nous parle. Faut-il concevoir le soupçon que l'auteur ait cédé à un quelconque misérabilisme, frappé avant tout par l'accumulation de signes « moins » affectés à ce sous-univers ? Ou le constat n'est-il que le reflet fidèle de ce que montrent de nombreux développements : dans les titres ayant une version papier, le

---

[4] *Le nouvel esprit du capitalisme*, Gallimard, 1999. Sa lecture récente suggère aussi un rapprochement avec les pénétrantes suggestions du livre de Brooks sur « les bobos » (*Les bobos*, Florent Massot, 2000). Sans revendiquer d'autre statut que celui d'une mise en forme systématique de réflexions formalisées dans des articles de presse, ce livre stimulant suggère beaucoup – à partir de matériaux Etats-Uniens – sur les dispositions des protagonistes de ce qui est à la fois un nouvel univers de relation de travail, un art de vivre, et la revendication d'une posture à dimension éthique.
[5] Cf. p. 296 de cet ouvrage.

Préface

passage par le secteur web est un moment de formation, socialisation et sélection ; l'antichambre d'un emploi plus stable et plus gratifiant ?

L'autre questionnement – et on est là bien loin de la monographie minuscule – était déjà présente dans des travaux sur les « intellos précaires ». Ce porte-à-faux identitaire, ce malaise peut-il être sublimé, ou du moins pansé par la représentation que les précaires se font de leur capacité à exprimer un dynamisme, une efficacité, une inventivité exceptionnelle. Ce qu'on pourrait désigner, en le dissociant de toute connotation dévalorisante, comme le narcissisme du forçat consentant peut-il compenser, et pendant combien de temps, d'un lest d'estime de soi la frustration matérielle[6] de leur condition, la tension singulière que crée un engagement consenti qui est aussi souvent servitude volontaire ? Ou l'accumulation des misères de position, l'assignation durable à des postes où attentes et expériences sont en perpétuel décalage doit-elle avant tout être pensée comme productrice de frustration, de déficit d'estime de soi, voire comme faisant émerger un nouveau groupe (les précaires) au fort potentiel de contestation sociale ?

Dans un dernier registre de montée en généralité, les quelques centaines de personnes qui constituent le microcosme social exploré par Yannick Estienne invitent aussi à formuler une série de questions sur les processus de production de l'information, leurs usages sociaux. Yannick Estienne converge ici avec des travaux récents produits hors de France. Il rencontre une série de constats réalisés par l'équipe de chercheurs en journalisme de l'Université Laval à Québec[7]. Le journalisme Web illustre avec une très forte perméabilité une série de tendances lourdes de l'activité journalistique : valorisation de l'information service et des *soft-news*, difficulté croissante à séparer une information œuvre d'investigations autonomes par des professionnels des nouvelles et le recyclage d'informations produites par des sources visant la promotion de leurs production ou image, place accrue donnée à des éléments d'information produits par des citoyens ordinaires, subordination croissante à des logiques commerciales de maximisation des audiences. Aucune de ces tendances n'est radicalement nouvelle. Aucune n'est en elle-même intrinsèquement perverse ou justiciable d'une diabolisation hâtive. Leur intensité, leur enchevêtrement, les appuis qu'elles peuvent trouver dans les propriétés techniques du média[8] en font autre

---

[6] C'est une lecture possible du livre d'Anne et Marine Rambach (*Les Intellos précaires*, Pluriel hachette, 2002) où de nombreux portraits et remarques viennent suggérer chez les « précaires », une conscience de capacité de productivité, de dynamisme et d'adaptabilité qui leur font percevoir les statutaires comme relevant d'un monde de la moindre performance.
[7] BRIN, C., CHARRON, J., De BONVILLE, J., *Nature et transformation du journalisme*, Presses Universitaires de Laval, 2004.
[8] Dont ce livre montre qu'elles peuvent s'appuyer désormais sur l'objectivation immédiate qu'est le nombre et la nature des connections et des parcours dans un site.

chose que l'actualisation d'un toujours-été. Pour l'équipe de l'Université Laval, ce qui s'opère serait le glissement vers un « *journalisme de communication* ». L'un de ses traits centraux serait – pour emprunter à un lexique des années soixante-dix – d'« assujettir » ses lecteurs-auditeurs-téléspectateurs bien moins comme des citoyens désireux de/ incités à comprendre la marche du monde pour peser sur sa course, sur une vision du bien commun que comme des consommateurs désireux de se repérer au mieux dans un espace de services et de produits, ces notions englobant jusqu'à l'offre politique. Yannick Estienne recoupe aussi les travaux d'Ann Brill et d'autres sociologues du journalisme lorsqu'il montre qu'au sein de la population de professionnels qu'il observe, les représentations intériorisées du métier font une part beaucoup plus subalterne qu'hier à une vision critique, à un rôle de *watchdog* ou d'auxiliaire de la démocratie. On peut ajouter que si dans ces observations et leur interprétation, l'auteur ne cache pas son positionnement critique, il sait aussi se garder de tout simplisme, de toute analyse manichéenne.

La distinction empruntée à Patrick Champagne sera sans doute désormais plus parlante. D'un objet intentionnellement limité, concernant malgré ses frontières floues une sous-population restreinte de journalistes et de producteurs d'information émergent deux types d'apports. D'une part une possibilité d'opérationnaliser des questionnements théoriques venus de la littérature de sciences sociales sur l'évolution des relations de travail. De l'autre des éclairages sur les conditions contemporaines de production d'une composante essentielle de l'information disponible dans les espaces publics : comment sont désormais définies les « nouvelles » pertinentes à proposer au public, quel rôle inédit est dévolu-reconnu à ce dernier et à des sources institutionnelles (entreprises, administrations, dirigeants politiques) ?

Peut-être est-il possible de clore cette préface sur une ouverture, à laquelle invitent explicitement les ultimes pages de ce livre. L'analyse de la production d'information en ligne ne doit-elle pas désormais se confronter à un double travail ? Ce livre contribue largement au premier qui est de cartographier l'activité des « travailleurs de l'info en ligne », d'en saisir les grandes tendances et leurs implications. L'autre ne serait-il pas de prêter désormais la même attention aux autres acteurs de cette offre d'information en ligne, sur lesquels la démarche d'analyse, d'objectivation, de questionnement entreprise ici produirait des profits de connaissance et de salubres interpellations ? Tandis que les derniers chapitres de ce livre étaient réactualisés *Wikipédia* faisait l'objet pendant l'été 2007 d'un débat critique. Il apparaissait en particulier que nombre de rubriques dans cette encyclopédie en ligne co-produite par les compétences

Préface

de ses usagers étaient régulièrement caviardées ou réécrites par les institutions et acteurs qu'elles analysaient, sans que les usagers du site puissent le détecter. Cet outil convivial et alternatif de connaissance et d'information se trouvait ainsi piraté, « à l'insu du son plein gré », en relais de communication de pouvoirs sociaux. De quoi mettre en discussion le versant optimiste des nouvelles mythologies de l'Internet comme outil des Lumières, de quoi ré-interroger aussi l'opposition canonique et peu convaincante entre la noble « information » et l'ancillaire « communication »... Belles pistes pour un second livre ....

Erik NEVEU
Professeur de Science politique
Institut d'Études Politiques de Rennes

INTRODUCTION

« Internet n'est pas un support en plus ; c'est la fin du journalisme tel qu'il a vécu jusqu'ici [...] La presse n'a pas entamé un nouveau chapitre de son histoire, mais bien une autre histoire, sous le régime d'Internet. » Voilà ce que l'on peut lire dans les toutes premières pages du livre *La presse sans Gutenberg* dont l'un des auteurs est Bruno Patino, président du Monde Interactif[9]. Contrairement à ce que l'on pourrait penser, ces lignes n'ont pas été écrites en 2000 en pleine « révolution Internet », lorsque les prophètes autoproclamés du Web annonçaient partout qu'Internet allait transformer radicalement la société, l'économie et... le journalisme. Non, ce livre est paru à la fin 2005 et prouve que les croyances dans le « pouvoir » d'Internet et des technologies de l'information sont toujours vivaces. Influencés par la pensée de Marshall Mc Luhan, ses auteurs défendent l'idée qu'Internet a provoqué une rupture radicale dont on ne prendrait véritablement qu'aujourd'hui la mesure.

Le message que véhiculent ces discours techno-eschatologiques est clair : Internet sonne le glas du journalisme traditionnel et annonce la fin de l'histoire de la presse. Depuis l'arrivée de la vague du « Web 2.0 », on parle à nouveau de la crise des médias de masse, de la fin programmée du journalisme et de la prise de pouvoir des internautes. Comme un écho des discours produits à l'époque du Web balbutiant et de la « nouvelle économie » triomphante. Un air de déjà vu, de déjà entendu, mais un enthousiasme intact. Il fallait donner un nom à cette ère prétendument nouvelle : la « nouvelle nouvelle économie »[10]. La nouvelle génération de start-up qui génèrent des profits grâce à la participation des internautes en est le parfait emblème. L'air du temps est en effet à la « participation » comme en témoigne la multiplication des médias dits

---
[9] FOGEL, J.-F. et PATINO, B., *Une presse sans Gutenberg*, Grasset, 2005.
[10] Voir à ce sujet, le dernier essai du prospectiviste français Joël de Rosnay qui est devenu un acteur de premier plan de cette « nouvelle nouvelle économie » en créant, avec Carlo Revelli, Agoravox, « média citoyen ». *La révolte du pronetariat. Des mass media aux médias des masses*, Fayard, Paris, 2006. Le descriptif de la quatrième de couverture commence ainsi : « Comme en leur temps, la machine à vapeur ou l'imprimerie de Gutenberg, les techniques et pratiques émergeant du nouvel Internet sont sur le point de révolutionner l'histoire de l'humanité, tant sur le plan économique, social ou politique ».

« citoyens » censés court-circuiter la chaîne traditionnelle de la production de l'information médiatique.

S'il est difficile d'avoir suffisamment de recul sur ces phénomènes récents, il est toutefois indéniable que le monde des médias a enregistré, depuis l'arrivée d'Internet, des changements dont on ne doit pas sous-évaluer l'importance. Un média est né, il y a plus d'une décennie, rompant d'une certaine façon l'ordre médiatique établi. Depuis les années 1950 et la naissance de la télévision, excepté le minitel, la famille des médias de masse n'avait pas véritablement eu d'occasion de s'agrandir. En permettant l'intégration numérique du son, de l'image et du texte, Internet a mis un terme à cette longue parenthèse. À l'heure de l'informatisation de la société, il tend à s'imposer comme le « média des médias », le média « personnel », « interactif » et « multimédia » par excellence. Par ailleurs, Internet n'est pas qu'un simple support d'information. En tant que « technique générique », Internet pénètre en effet toutes les sphères de l'activité humaine (production, consommation, loisir, information, communication...) et favorise l'émergence de nouvelles pratiques sociales de communication[11]. Dès la fin des années 1990, Internet s'intégrait à l'environnement de travail des journalistes, tous supports confondus, devenant en quelques années un outil indispensable à l'exercice de leur métier.

Mais peut-on pour autant dire qu'Internet a révolutionné le journalisme ? Si cette idée paraît au premier abord séduisante, il est impossible de poser la question dans ces termes. Évitant le biais déterministe, notre objectif n'est pas de dire en quoi Internet change le journalisme, mais bien plutôt de questionner *le journalisme à l'heure de l'Internet*. Et pour cela, nous avons souhaité nous pencher sur une nouvelle population de journalistes : les « journalistes Web »[12]. Le point de départ de notre recherche s'inscrit dans le contexte de l'apparition des premiers sites Web d'information qui a troublé le ciel des journalistes, profession perpétuellement sujette aux « crises identitaires ». Les débuts de la presse en ligne ont donné lieu à une multitude d'interrogations, de craintes et de polémiques au sujet des journalistes en ligne. Ces derniers allaient-ils « tuer » les journalistes traditionnels ? Respecteraient-ils la déontologie journalistique dans un contexte de surabondance informationnelle ? Allaient-ils bénéficier du statut de journalistes professionnels ?

Si de telles questions s'envisagent désormais avec plus de sérénité, l'identité des journalistes Web reste encore un mystère. En effet, il existe

---

[11] Comme le remarque Patrice Flichy, une technique générique a vocation à être utilisée dans tous les domaines de l'activité économique et dans la sphère privée (loisirs et communication interpersonnelle). FLICHY, P., *L'imaginaire d'Internet*, La Découverte, 2001.
[12] Précisons d'emblée que les termes « journalisme Web » et « journalisme en ligne » seront ici utilisés indifféremment.

Introduction

aujourd'hui encore trop peu de données sur les journalistes de l'Internet, contrairement à leurs homologues des médias dits « traditionnels ». Cette méconnaissance statistique et scientifique apparaît à la fois comme une cause et comme une conséquence du flou qui entoure cette nouvelle réalité professionnelle. Les journalistes en ligne ne constituent pas en tant que tel un (sous)groupe professionnel. Ni associations, ni représentants (porte-parole), ni codes, ni techniques véritablement institués, le journalisme en ligne apparaît comme une spécialité faiblement professionnalisée[13]. En outre, son prestige est faible à l'intérieur comme à l'extérieur de la profession. Ni héros, ni célébrité, ni grande plume, ces journalistes sont aujourd'hui encore très peu visibles et restent méconnus de leurs pairs et du public. On tâchera dès lors d'étudier les pratiques et les représentations des journalistes Web en souscrivant à la démarche d'Everett Hughes qui a longtemps étudié les métiers situés en bas de l'échelle sociale. Pour le sociologue américain, « quel que soit le phénomène social étudié, on parvient à de meilleurs résultats si on commence par les cas les moins prestigieux »[14]. Aussi, comme le constatent les auteurs d'*Une presse sans Gutenberg*, « la presse se développe sur Internet sans que soient visibles ceux qui la font [...] Le journalisme en ligne reste une affaire de l'ombre ». Mettre de la lumière sur cette zone d'obscurité, voilà un des objectifs de ce livre.

Les données qui seront mobilisées dans ce travail proviennent, pour l'essentiel, d'une enquête de terrain qui s'est échelonnée sur plus de deux ans, entre 2003 et 2005. La cinquantaine d'entretiens de type ethnographique que nous avons menés représente la colonne vertébrale de l'enquête. Parmi la population ciblée figurent des journalistes Web mais également des rédacteurs, des webmasters et des responsables éditoriaux réunis au sein d'une catégorie aux contours délibérément flottants que nous avons nommée « travailleurs de l'information en ligne ». Pour aller à la rencontre des cette population-cible, nous nous sommes tournés vers *les éditeurs de sites d'information* – sites de journaux et webzines – et vers des agences de contenu en ligne et des opérateurs de télécommunication. Nous avons effectué, en parallèle, un travail de veille informationnelle sur le sujet de la presse et du journalisme en ligne, ainsi qu'une observation attentive de l'évolution de l'architecture et du contenu de sites d'information. Même si nous avons souhaité nous intéresser davantage aux producteurs d'information en ligne, dans une perspective sociologique, nous nous sommes également penchés sur la nature du contenu et sur son

---

[13] Les sociologues des professions s'accordent à dire que le caractère professionnel d'une activité est déterminé par la présence d'un ensemble de savoirs, de savoir-faire et, désormais, de savoir-être codifiés et validés.
[14] HUGHES, E. *Le regard sociologique. Essais choisis*, Editions de l'EHESS, Paris, 1996, p.80.

« économie ». L'ambition de ce travail est en effet de porter un regard d'ensemble sur le phénomène appelé « journalisme en ligne » à partir duquel il est possible d'engager une réflexion plus large sur les mutations actuellement en cours dans le monde des médias et du journalisme. Malgré l'existence de travaux universitaires qui ont été menés depuis 1998[15], la sociologie et l'histoire du journalisme en ligne restent encore à faire. Espérons que ce livre contribuera à établir quelques jalons de la connaissance dans le domaine.

On consacrera les premiers chapitres à dresser un panorama des acteurs économiques de l'information sur Internet. Quasiment tous les grands médias écrits et audiovisuels disposent aujourd'hui de leur version Internet. En outre, parmi les pionniers de la presse en ligne, on trouve de nombreux titres de la presse nationale ou régionale comme *Le Monde*, *Libération* ou *Les Dernières Nouvelles d'Alsace*. S'ils bénéficient d'une audience en constante progression et d'importantes parts de marché publicitaire, les médias traditionnels sont loin de détenir un monopole sur l'information d'actualité en ligne. Mais qui produit et diffuse du contenu sur Internet ? Quels rapports les acteurs « médias » et « hors-médias » entretiennent-ils ? Quels modèles économiques ont-ils adopté pour financer leur activité ? On tâchera de donner quelques réponses à ces questions afin de « sortir du brouillard ». Il est en effet utile à la compréhension d'esquisser dans un premier temps de l'analyse une topographie de cet espace médiatique ainsi qu'une genèse de la presse en ligne (chapitre 1 et 2).

Mais au-delà des enjeux strictement économiques et industriels, il est bien ici question de la dimension professionnelle de l'information en ligne (chapitre 3). Internet a donné naissance à toute une nébuleuse de fonctions et de « métiers » qui se situent à l'intérieur ou à la marge de l'espace journalistique. Si notre attention se porte avant tout sur les journalistes en ligne, il faut faire le constat que la délimitation entre journalistes professionnels et journalistes amateurs n'est pas toujours, sur Internet, évidente à établir. L'enquête montre en effet que les frontières professionnelles sont relativement molles, ce qui confirme une tendance mise à jour dans plusieurs travaux récents sur le journalisme : l'indifférenciation croissante des métiers du journalisme et de la

---

[15] Les *Cahiers du journalisme*, n°5, décembre 1998, et n°7, juin 2000 ; PELISSIER, N., « Cyberjournalisme : la révolution n'a pas eu lieu », *Quaderni* n°46, hiver 2001-2002, et « Un cyberjounalisme qui se cherche », *Hermès*, n°35, 2003 ; PAGES, P. et PELISSIER, N., *Territoires sous influence/2*, L'Harmattan, 2001; RUELLAN, D. et THIERRY, D., in *Nouvelles technologies de la communication : nouveaux usages, nouveaux métiers*, L'Harmattan, 2000 ; DAMIAN B., RINGOOT B., THIERRY D., RUELLAN D., Inform@tion.locale, L'Harmattan, 2002. *Médiamorphose*, n° 4, 2002. Que le lecteur nous excuse ne de pas dresser une relevé exhaustif de l'état de l'art de la littérature scientifique sur la question.

communication[16]. Lorsque l'on interroge des journalistes professionnels, on remarque qu'ils se trouvent de plus en plus nombreux à effectuer des incursions régulières dans les territoires de la communication. L'augmentation de la précarité dans la profession peut expliquer que ceux-ci aient régulièrement recours à des « boulots de com » comme « boulots alimentaires »[17]. En outre, dans le champ de l'information et de la communication, la mobilité interprofessionnelle accroît nettement le phénomène des vases communicants et contribue au métissage des cultures professionnelles. Les territoires du journalisme et ceux de la communication finissent par profondément s'interpénétrer.

Aussi, le maintien des frontières professionnelles crée-t-il une fiction de « pureté » des territoires et des groupes. Mais celle-ci ne résiste pas à l'examen empirique. Les journalistes professionnels étendent toujours plus leur champ d'intervention au-delà du cadre de l'expertise journalistique – acquisition de nouvelles compétences dans les domaines de la technique, de la promotion et du management notamment. De leur côté, les interlocuteurs traditionnels des médias (les sources) continuent dans la voie de la professionnalisation[18] en puisant dans les registres discursifs du journalisme et en développant leurs propres moyens d'information. Du fait de cette indifférenciation, l'étude du journalisme en ligne doit s'intéresser à ce qui se passe aux confins du champ journalistique, et parfois même « hors-champ ». Cela revient à étudier le « journalisme par la bande », comme l'écrit Nicolas Pélissier, et à se placer loin du pôle dominant de cet espace professionnel (chapitre 4).

La dilution du journalisme dans un « continuum de métiers de la communication »[19] est un phénomène qui ne touche pas seulement le média Internet. La participation croissante du public à la production de l'information non plus (chapitre 5). Toutefois, c'est Internet qui offre au disours sur le « journalisme participatif » son expression la plus pure. Il est en effet communément admis que ce média est parfaitement « adapté » à la participation des internautes à la production de l'information qui progresse à mesure que se développent la pratique de l'autopublication (webzines, blogs, etc.) et l'individualisation de la relation médiatique. Grâce aux outils logiciels de publication en ligne, il est dit que chacun peut désormais s'initier aisément au journalisme et créer à moindre coût son propre média. L'essor de

---
[16] Cette tendance fait partie des éléments qui permettent à Jean Charron et Jean de Bonville de parler de l'émergence d'un nouveau paradigme journalistique : « Le paradigme du journalisme de communication », *Communication*, Vol.17 (2), 1996.
[17] ACCARDO, A., *Journalistes précaires*, Le mascaret, 1998.
[18] On peut se référer à ce sujet au travail de Philip Schlesinger, « Repenser la sociologie du journalisme. Les stratégies de la source d'information et les limites du mediacentrisme », *Réseaux*, n°51, 1992.
[19] NEVEU, E., *Sociologie du journalisme*, La Découverte, 2001.

l'autopublication en ligne et l'apparition d'une nouvelle génération de sites participatifs auraient en quelque sorte permis la « démocratisation » du journalisme[20]. Le public aurait acquis les moyens de s'autonomiser et même de se passer des intermédiaires traditionnels que sont les journalistes professionnels. Si des médias « citoyens » tels qu'Agoravox ou Rue89 ouvrent leurs portes à des non-journalistes, d'aucuns imaginent déjà les sites d'information du futur fonctionnant seulement grâce aux contributions des « reporters-citoyens ». « Tout citoyen est un reporter en puissance ». Ce slogan d'*Agoravox* résume bien l'esprit de ce journalisme d'un nouveau type qui ne fait plus beaucoup de place – du moins en apparence – aux professionnels.

Faut-il pour autant penser que les journalistes professionnels sont menacés dans leur raison d'être ? Des chercheurs, à l'instar de Florence Le Cam, se demandent si les blogs ne vont pas contribuer à remettre en question le statut de journaliste[21]. La reconnaissance d'une expertise journalistique aux bloggeurs annonce-t-elle la disparition des journalistes ? Certes, cette forme nouvelle de concurrence accentue le flou entre pratiques amateurs et professionnelles. Elle pose avec un peu plus d'acuité la question de la délimitation des statuts de l'informateur et de l'information. Si d'aucuns insistent sur les aspects positifs d'une hybridation généralisée des genres et des rôles qui permettrait un renouvellement profond du journalisme, d'autres au contraire défendent, à l'instar de Dominique Wolton, le principe de la labellisation de l'information de presse, susceptible de garantir au public la qualité journalistique d'un contenu publié en ligne[22]. L'enjeu est double : défendre la légitimité de la profession et différentier scrupuleusement les contenus en ligne dans l'intérêt des internautes.

Nous avons fait l'hypothèse qu'Internet mettait le journalisme à l'épreuve. Dans cette perspective, Internet peut être considéré comme le laboratoire des métamorphoses du journalisme. L'enquête met particulièrement bien en lumière l'emprise croissante de l'économique sur le journalistique. La généralisation de la culture marketing dans le journalisme est une tendance qui ne se dément pas sur Internet (chapitre 6). Plus qu'un ensemble de techniques orientées vers la satisfaction des besoins et des envies des consommateurs, le marketing fonctionne désormais comme une grammaire universelle de l'action – une « grammaire » étant définie comme un système de règles qui régissent l'activité et cadrent les représentations. Diffus, « l'esprit marketing » est parvenu à pénétrer l'ensemble des sphères sociales, façonnant les manières de penser et de

---

[20] Cette idée a fait son chemin et revient en force aujourd'hui avec le développement des sites qui fonctionnent sur le principe de l'autopublication, mais surtout avec la mode dit du Web 2.0 et la multiplication des sites d'information « citoyens » ou « participatifs ».
[21] LE CAM, F., « Etats-Unis : les weblogs d'actualité ravivent la question de l'identité journalistique », *Réseaux*, n°138/Vol24, 2006.
[22] WOLTON, D., « Journalistes, une si fragile victoire... », *Hermès*, n°35, 2003.

Introduction

se comporter d'individus et de groupes qui, à l'instar des journalistes, se montraient pourtant peu enclins, jusqu'ici, à en accepter les principes. Progressivement, les journalistes ont fini par accepter que ce soit le public lui-même – ou ceux qui parlent à sa place – qui participe à la définition de ce que doit être une information « intéressante »[23].

L'acculturation progressive des journalistes au marketing conduit à s'interroger sur les limites de leur autonomie. Si le public ou les « clients » influent directement ou indirectement sur la production journalistique, ils ne sont pas les seuls à le faire. En effet, les actionnaires, les annonceurs, tout comme les interlocuteurs habituels des journalistes (les « sources »), interviennent de manière de plus en plus directe et décomplexée dans le processus de production de l'information médiatique. Avec l'encouragement à la participation du public, la focalisation sur la mesure d'audience, et l'immixtion fine de la publicité dans le contenu rédactionnel, le journaliste professionnel, contraint de céder certaines parcelles de son pouvoir, voit s'étioler son autonomie. Un faisceau d'indices concordants met en effet en évidence la montée de l'hétéronomie dans le journalisme professionnel. Il s'agira enfin de comprendre comment s'opère le renouvellement en profondeur des pratiques et de l'idéologie de métier (chapitre 7).

---

[23] La langue anglaise possède un mot pour décrire cette idée : *newsworthiness*.

CHAPITRE I
Les acteurs « hors média » de l'information en ligne

Dès 1995, les médias traditionnels font leur apparition sur le Web. Comme à l'époque du Minitel, ils doivent rapidement faire face à des concurrents d'un nouveau type. Loin de détenir le monopole de la production de l'information en ligne, les médias traditionnels rencontrent sur leur route des acteurs avec lesquels ils doivent compter : sociétés commerciales éditrices de sites d'information, éditeurs 100% Internet, téléopérateurs et grands groupes de communication. Certes, il faut souligner que les éditeurs de journaux disposent d'un avantage certain sur ces nouveaux venus. L'information est en effet leur « métier ». Ils bénéficient en interne du personnel et du savoir-faire ad hoc, d'un contenu existant qu'il est possible d'exploiter ainsi que d'une notoriété forte qui s'est construite avec le temps. Néanmoins, la situation concurrentielle qui s'ouvre avec le nouveau média Internet est assez inédite. Les producteurs d'information (journaux, chaînes de télévision, radios, sites Web, etc.) s'affrontent en effet pour la première fois sur un même terrain, celui de l'Internet. Au-delà de leur activité première, ils sont de fait tous éditeurs de sites d'information et, potentiellement, en concurrence dans la conquête de parts d'audience et du marché publicitaire.

Notre étude s'ouvre sur un panorama des acteurs de l'information en ligne. Nous allons en effet délimiter ici les différentes catégories de producteurs d'information. Si la vocation des deux premiers chapitres est bien de cartographier le champ des acteurs de l'information en ligne, nous souhaitons dans le même temps montrer qu'il existe entre eux plusieurs niveaux de relations (concurrence directe, rapports de sous-traitance, partenariat, etc.). Or, pour les besoins du découpage, nous avons choisi d'opposer deux catégories. D'un côté, la catégorie « médias » qui correspond aux éditeurs traditionnels qui se tournent vers Internet. De l'autre, la catégorie « hors-média » dans laquelle on trouve les agences de contenu, les sociétés commerciales (portails, agrégateurs, etc.) et les éditeurs 100% Web (dont les « journaux » en ligne n'ont pas d'équivalent papier). Ces derniers se situent à cheval entre ces deux catégories et nous offrent un bon exemple de la difficulté dans laquelle on se trouve à opérer pareil découpage pour les besoins de l'analyse. Internet nous force donc, ainsi que nous allons essayer de le démontrer, à abandonner l'idée qu'il existerait dans le champ de l'information et de la communication des catégories hermétiques (information vs communication, journalistes vs communicants, amateurs vs professionnels, etc.).

Sur Internet, l'information circule de manière circulaire et sa production s'effectue à plusieurs niveaux. Les mêmes dépêches d'agence sont publiées sur une grande variété de sites, des « sites-titres » (sites Web affiliés à un média) fournissent leur contenu à des éditeurs de « sites-portails », des éditeurs sous-traitent le travail d'information à leurs sources ou à des prestataires extérieurs, etc. Bref, il est difficile de toujours connaître l'identité du producteur de l'information et d'en remonter la chaîne de production. Nous allons donc nous atteler à défricher le terrain en commençant par les producteurs et diffuseurs d'information que nous avons appelés « hors-média ».

1 - Les intermédiaires de l'information

Les « intermédiaires de l'information sur Internet » (parfois nommés « infomédiaires ») se situent à la frontière entre plusieurs « métiers » : ceux de la veille d'information, de la documentation, de l'édition ou de la vente de services. Parmi ces acteurs, on trouve des agences de contenu, des sites-portails ou encore des spécialistes de la veille et de l'agrégation d'informations. Si ces derniers ne sont que des relais d'une information produite par d'autres, leur travail consiste à repérer l'information pertinente et à l'organiser pour le compte de leurs clients. Très en vogue au début des années 2000, les sites-portails jouent, quant à eux, le rôle de porte d'entrée sur la « toile » et proposent de multiples services et contenus dont ils sous-traitent la production. Enfin, les agences de contenu (en ligne ou multimédia) se chargent d'effectuer diverses prestations de nature éditoriale (production de contenu, conseil etc.).

Les agences de contenu

Avec l'apparition d'Internet en tant que nouveau support d'information, de communication et d'échanges marchands, de nouveaux besoins se font ressentir. Chaque organisation, entreprise, collectivité ou association sacrifie progressivement à ce qui est considéré comme une nécessité : créer son propre site Web, son « portail » ou son « Intranet ». À la fin des années 1990, le fait d'être « *présent sur Internet* » s'impose aux directions et responsables d'organisations comme un impératif catégorique. Il faut « *prendre le train en marche* » et « *ne pas louper le coche* »[24] de l'Internet. Le marché de la conception de sites Web prend alors son essor. Du fait que la tendance en cours depuis plusieurs années est d'externaliser le plus possible les activités considérées comme périphériques (celles qui ne relèvent pas directement de leur « cœur de métier »), les entreprises n'hésitent pas à sous-traiter la partie Internet. Concevoir un projet Web requiert donc souvent la mise à contribution de prestataires extérieurs : entreprises, agences, ou travailleurs indépendants.

Dans le domaine technique, des sociétés informatiques (SSII) et des sociétés Internet (*Web agencies*) qui ont germé à la fin des années 1990, se partagent le marché de la conception, de la réalisation et de la maintenance des sites Internet. Mais nous allons nous concentrer ici sur la production de contenu et les services en ligne à caractère informationnel. Nous nous intéressons tout d'abord à ces producteurs d'information en ligne que nous regroupons dans la catégorie « agences de contenu en ligne ». À l'instar du modèle traditionnel des agences de presse, la principale caractéristique de ces acteurs de l'information est de fournir une information pour un client distinct du consommateur final (lecteur ou internaute). Les agences n'entrent pas, ou très rarement, dans une relation directe avec ce dernier. Sauf exception (lorsque l'information est vendue au particulier), l'agence s'adresse à des « professionnels » (institutions, entreprises etc.) dans une relation dite *B2B* (*business to business*). Les clients de l'agence – des entreprises et parfois même des entreprises de presse – utilisent le plus souvent l'information produite pour la publier sur leur propre site Web.

À la fin de la décennie 1990, lors du boom Internet, on assiste à l'éclosion d'une multitude de petites agences[25] spécialisées dans le domaine de la production d'information et de conseil éditorial pour le Web. Les besoins en la matière ont sensiblement cru avec la multiplication des sites Web et des acteurs de l'information en ligne. Parmi ces derniers, on peut citer pêle-mêle, les éditeurs traditionnels (presse écrite et audiovisuelle), les nouveaux éditeurs (médias 100% Web) mais également les organismes privés comme publics qui développent de plus en plus leurs propres médias (médias de marque, sites *corporate*, etc.). Internet est ainsi l'occasion pour eux d'affirmer leur statut de producteurs et de diffuseurs autonomes d'informations.

Si certaines agences de communication, telles que *La Mine,* ont diversifié leurs activités pour devenir de véritables éditeurs de contenu pour Internet, la majorité des agences dont nous allons parler ont été créées *ex nihilo* autour de 2000. Face notamment aux puissantes agences de presse, telle l'AFP qui commercialise son fil de dépêches et ses produits multimédia, ces agences

---

[24] Expressions tirées des entretiens réalisés avec des directeurs d'agences.
[25] On en recensait une trentaine en 2005.

essayent, avec des moyens restreints, de faire leur place sur le marché de l'information en ligne en explorant des créneaux nouveaux. Certaines d'entre-elles se spécialisent dans des domaines comme les technologies, le sport, le cinéma, la santé ou encore l'actualité des « seniors ». Il convient ici, pour éclairer notre propos, de distinguer, selon leurs stratégies, deux catégories d'agences de contenu. Alors que les unes tendent à fonctionner sur le modèle de l'agence de presse, produisant en continu de l'information, les autres s'apparentent plus à des agences de communication classiques, effectuant des prestations personnalisées pour leurs clients. Notons toutefois que les frontières que nous traçons entre ces catégories ne sont, bien entendu, pas étanches. La plupart des responsables d'agence que nous avons interrogés nous ont fait part de leur difficulté à trouver une formule et un modèle économique viable. La quête incessante de sources de revenus les conduit à des changements fréquents d'orientations stratégiques.

Le modèle de l'agence de presse

La première catégorie d'agences rassemble celles qui ont opté, à l'instar des agences de presse, pour une logique de production de « flux ». Leur travail consiste à collecter et à diffuser en continu de l'information : veille, sélection, traduction, production d'informations etc. Leurs clients (particuliers ou entreprises) peuvent donc s'abonner à un « fil » de dépêches ou bien payer à l'acte, c'est-à-dire acheter au coup par coup des articles (à l'unité, par « pack » ou par forfait, selon le principe du *pay-per-view*). L'éditeur produit donc de l'information « prête-à-consommer » qu'il vend à ses clients. Le principe retenu est celui de la vente par « syndication ». Le contenu produit peut être vendu plusieurs fois et n'appartient pas, en dernière instance, au client, même si ce dernier est en droit de l'utiliser à sa convenance sur son propre site.

> **Transfert, l'échec d'un modèle**
> En relançant le site Transfert.net en 2003, l'équipe de Transfert2 a transformé le journal en ligne en agence d'information spécialisée dans le domaine des nouvelles technologies. Malgré l'échec de la première version de Transfert*, certains des membres de l'équipe initiale souhaitaient poursuivre l'expérience avec le projet Transfert 2. Il n'était plus question pour eux de dépendre de l'argent de la publicité. Pour générer des recettes sans recourir aux annonceurs, il leur fallait alors commercialiser l'information. Si un nombre réduit d'articles restait accessible gratuitement, la consultation du contenu devenait payante. Mais cette nouvelle tentative n'a pas connu le succès escompté. En décembre 2003, moins d'un an après le lancement de la deuxième formule, le site a dû s'arrêter. Les (trop faibles) revenus que le site percevait provenaient de la vente d'abonnements aux clients qui, pour l'essentiel, se recrutaient parmi les « professionnels » (des entreprises, des éditeurs spécialisés dans le domaine des nouvelles technologies). Les difficultés rencontrées par *Transfert* permettent de bien comprendre le dilemme qui

> se pose, après 2001, à la plupart des éditeurs en ligne. Comment financer l'activité éditoriale ? En choisissant le modèle de l'agence d'information, l'équipe de Transfert a tenté à sa manière d'apporter une réponse à cette question. En renonçant, pour des raisons éthiques et politiques, à recourir à la publicité, l'équipe de Transfert 2 a fait un pari risqué : tout miser sur la vente de contenu. Or, avec la généralisation de la culture de la gratuité sur Internet, beaucoup d'éditeurs partageaient l'idée que l'internaute n'était pas prêt à payer pour consulter de l'information sur Internet. Il semblerait que les journalistes de Transfert aient constaté la validité de cette idée à leurs dépens. De manière générale, sur Internet, le modèle de production en flux continu a montré ses limites. Quand on n'est pas une grande agence de presse, on ne peut pas raisonnablement espérer réussir avec un tel modèle. Comme le souligne le directeur d'une agence de contenu en ligne : « *Ce qui a disparu, apparemment, c'est des éditeurs qui vendent un contenu tout fait à des sites grand public, il y avait plein de portails type techno genre Transfert. C'est ce modèle-là qui a disparu. Les entreprises ne voient pas d'intérêt à publier un contenu sur lequel elles n'ont aucunement la main.*» [Directeur d'une agence de contenu. Paris. Novembre 2003.]
> *Créé en 1998 par Christophe Agnus, ancien journaliste à *l'Express* et cofondateur du site Web de l'hebdomadaire, *Transfert magazine* est le journal auquel est adossé, jusqu'en 2002, le site Web Transfert.net.

Parmi les rares agences de contenu multimédia qui ont opté, à l'instar de Transfert 2, pour le modèle de la production de flux, certaines briguent le statut d'agence de presse. Pour pouvoir bénéficier de l'appellation « agence de presse », ainsi que le prévoient les statuts, il faut être un organisme privé, fournir régulièrement aux journaux et aux périodiques des articles et tirer de ces opérations le principal de ses ressources[26]. Ainsi, les clients de l'agence doivent être, dans leur majorité, des entreprises de presse. Tels sont les critères requis par la Commission paritaire des publications et agences de presse qui dépend de la Direction du Développement des Médias (DDM). Actuellement, dans le domaine de la production de contenu en ligne, seule l'agence multimédia Windreport bénéficie du statut officiel d'agence de presse.

La sous-traitance du contenu : le modèle de « l'édition déléguée »

La deuxième catégorie que nous avons identifiée regroupe des agences qui produisent et vendent de l'information personnalisée (« sur-mesure ») et une expertise en matière éditoriale. Ces agences exercent la fonction « d'éditeur délégué », c'est-à-dire qu'elles produisent à la demande d'un client (entreprises, collectivités, associations etc.) un contenu que celui-ci pourra exploiter et diffuser sur son propre site. La majorité des clients de ces agences souhaitent développer un outil de communication en ligne avec une forte composante éditoriale, mais n'ont pas les moyens de le faire « en interne ». Ils sous-traitent donc la gestion du contenu de leurs sites Web. L'agence de contenu en ligne

---
[26] Ordonnance n°45-2646 du 2 novembre 1945.

effectue pour eux une série de prestations : conseils, gestion des contenus, animation de site, etc. Les tâches pour lesquelles les agences sont le plus sollicitées sont : la production « à la demande » d'articles, de dossiers et de modules multimédia (vidéo, sons...) sur des thèmes définis en amont par le client.

À l'instar des *consumer magazine*, beaucoup de sites Web d'acteurs institutionnels visent à apparaître comme de véritables sites d'information spécialisés dans un domaine précis. Ainsi déléguée à un prestataire extérieur, la production d'information pour le Web s'inscrit dans le cadre d'une politique de communication centrée autour de l'activité de la marque et de son « esprit ». Les entreprises et les institutions tendent à se positionner comme de véritables acteurs de l'information. Et Internet confirme cette tendance. Nous verrons plus loin au sujet des *consumer webzine* que de plus en plus de sociétés développent leurs propres médias d'information appelés parfois « médias de marque ».

> *« Ce qui change avec Internet, c'est que les médias traditionnels ne sont plus les seuls médias. Maintenant, il y a les médias de marque. C'est pas l'objectif, ni d'AFP, ni d'AP d'avoir ces gens-là pour clients. C'est l'objectif des agences de contenu comme nous. On travaille sur la même matière première : c'est l'information, mais nous on ne fonctionne pas comme une agence généraliste ou spécialisée [...] Nous, on ne fournit pas un contenu comme ça en permanence, on ne fait que du contenu à la carte, si je puis dire. Nous, on ne produit pas de fil [...] On est éditeur délégué. Très concrètement il n'y a que ça qui fait vivre les producteurs de contenu aujourd'hui. »* [Directeur d'une agence de contenu. Paris. Novembre 2003.]

Une main d'œuvre flexible.
Les agences de contenu multimédia sont généralement de petites structures très souples composées d'un noyau dur: le ou les gérants de la société (qui sont souvent les fondateurs), des rédacteurs, des développeurs et des webmasters. Autour de ce noyau gravite un nombre important de pigistes et de « collaborateurs » intermittents : un vivier de rédacteurs « prêts à l'emploi » (journalistes pigistes, rédacteurs spécialisés), dans lequel l'agence va pouvoir puiser ponctuellement. Le fondateur de l'agence Windreport déclare disposer d'un « réseau de journalistes et de traducteurs spécialisés à qui l'agence fait appel selon ses besoins et qui apportent une réelle plus-value à l'information qu'elle diffuse »[27]. L'agence Webredacteurs compte, quant à elle, plus de 2000 rédacteurs dans sa base de données. L'agence Prod'Interactive qui dispose également d'un réseau suffisamment dense travaille avec une quinzaine de pigistes réguliers, tous « compétents dans leur domaine respectif ». Grâce à ce qu'elle nomme son « portefeuille » de rédacteurs, l'agence peut répondre facilement et rapidement à

---

[27] www.windreport.com.

> des demandes bien ciblées. Les responsables d'agences justifient cette flexibilité par le caractère irrégulier de leur activité. Le but est de pouvoir adapter la main-d'œuvre aux mouvements fluctuants de la demande et à la nature des contrats. Au sein de cette main d'œuvre hétéroclite, on retrouve ces « journaliers » du journalisme, ces « tâcherons » de l'information et « mercenaires » de la pige disponibles et corvéables qui constituent le « précariat » journalistique*. Structures intermédiaires, les agences de contenu contribuent de la sorte à l'institutionnalisation des formes de précarité qui s'observent à l'intérieur et à la marge du champ du journalisme. Les agences tirent profit de l'augmentation du nombre de ces « indépendants » (*free lance*) qui, de surcroît, correspondent bien au profil-type du travailleur idéal (autonome, mobile, polyvalent, malléable, aimant le risque) dont les valeurs sont portées par le management, valorisées socialement et intériorisées par les travailleurs eux-mêmes. Contrairement aux pigistes qui bénéficient d'un statut de salariés (certes un peu particulier), de plus en plus de journalistes exercent leur activité « hors statut » et en dehors du cadre du salariat. Indépendants souvent malgré eux, certains de ces journalistes passent par des sociétés de portage salarial – et perdent par conséquent le statut de journaliste – dans le but de travailler pour des agences ou des éditeurs qui refusent, pour des raisons d'économie, d'embaucher des pigistes. Cette pratique qui s'observe dans le secteur de l'information en ligne permet aux employeurs de contourner le contrat de travail classique et fragilise un peu plus cette frange de travailleurs de l'information.
>
> *On se réfère ici aux travaux dirigés par Alain Accardo, *Journalistes au quotidien. Outils pour une socioanalyse des pratiques journalistiques*, Bordeaux, 1995; *Journalistes précaires*, 1998, op.cit.

Il arrive que des agences de contenu passent des contrats avec des médias traditionnels (journaux, chaînes de télévision, etc.). Elles réalisent alors pour eux diverses prestations multimédia, conçoivent des sites Web et produisent articles et dépêches. L'agence suisse ToutLeContenu collabore avec *La Tribune de Genève*, l'agence parisienne Prod'Interactive a produit des sites Web pour la chaîne La 5, et Windreport réalise pour des chaînes de télévision des plateformes multimédia et interactives lors d'événements sportifs (pour la course nautique *The race*, notamment). Néanmoins, la part de cette activité reste faible du fait que les médias disposent souvent de toutes les ressources en interne pour alimenter leur site Web.

Mais l'observateur est en droit de se poser la question : pourquoi un média (entreprise de presse ou audiovisuelle) dont le « métier » est l'information, fait-il appel à un sous-traitant dans le domaine d'expertise qui est pourtant le sien ? Quel intérêt a-t-il à rechercher à l'extérieur des savoir-faire alors qu'il dispose de toutes les ressources nécessaires en interne ? Nous pouvons ici apporter quelques éléments de réponse. Il est essentiellement question ici des savoir-faire d'ordre technique. Les agences de contenu peuvent en effet faire valoir qu'elles disposent d'une maîtrise supérieure des outils techniques dans le domaine de la gestion d'un contenu multimédia et interactif.

Les agences tirent alors profit des carences qu'elles identifient chez leurs clients appartenant au monde des médias. Par exemple, la rédaction Web d'un journal papier ne dispose pas forcément de compétences en matière de réalisation de clips audio et vidéo (interviews, reportages etc.). Inversement, une chaîne de télévision ou une radio n'ont pas vocation à faire de la production d'informations écrites. Les médias traditionnels n'ont pas tous encore pris la mesure de la diversification multimédia et de l'évolution vers l'intégration numérique des contenus. Réaliser en interne certains types de tâches comme des animations ou de la vidéo ne s'avère donc pas toujours possible. Les producteurs de contenu multimédia disposent là, du moins pour le moment, d'un avantage sur les rédactions Web des médias.

> « *Les médias traditionnels ont tendance à vouloir internaliser parce qu'ils ont la matière en interne par définition. Mais là où il y a une forte technicité pas forcément maîtrisée en interne, ça peut être intéressant. C'est peut-être aussi pour ça que, nous, on cherche toujours à garder une longueur d'avance en terme de technologie parce que nos magazines sont faits pour Internet et pas pour autre chose. Donc on travaille sur les nouvelles technologies de diffusion pour les intégrer et faire des magazines qui ont une vraie valeur ajoutée [...] Et on est parmi les rares à avoir fait le pari de la vidéo, avoir développé une vraie compétence sur la vidéo.* » [Directeur d'une agence de contenu. Paris. Octobre 2004.]

Notre enquête montre que l'on retrouve à la tête de certaines agences de contenu multimédia d'anciens journalistes devenus chefs d'entreprise. Ces derniers bénéficient d'une expérience dans le « métier », ils en connaissent les règles et disposent d'un « carnet d'adresse ». Aussi mettent-ils à profit leur capital social dans la prospection de nouveaux clients. En tant qu'anciens journalistes, ils offrent à leurs « clientèle-médias » des garanties en matière de professionnalisme. Ces agences exploitent donc cette ressource qui peut être qualifiée d'expertise « journalistique ».

Devenus chefs d'entreprises, ces journalistes n'ont pas voulu rompre avec leur « métier » d'origine. Des responsables d'agence de contenu nous ont dit qu'à l'origine, leur projet était de continuer à faire du journalisme, quoique différemment. Connaissant les besoins et la manière de travailler des entreprises de presse, ces derniers recherchaient, et recherchent encore aujourd'hui dans une certaine mesure, une clientèle composée en grande partie de médias. Ainsi, des agences de contenu multimédia créent des « programmes », du contenu informationnel original, pour les sites Web des médias. Hormis une certaine catégorie d'acteurs de l'information en ligne (les portails de type Yahoo !, Lycos ou Wanadoo), qui ont très rapidement cherché à obtenir du contenu pour « remplir » leurs pages Web en nouant notamment des partenariats avec des producteurs, rares ont toutefois été les médias à avoir délégué l'essentiel de leur activité contenu en ligne.

L'île des médias, *Marianne* et la question de l'identité des producteurs
Entre 1999 et 2001, l'hebdomadaire *Marianne* a confié la gestion de son site Web à une agence de contenu, L'île des médias, créée et dirigée par Renaud De La Baume, un ancien journaliste économique, passé par *La Tribune*, *l'Express*, et *Libération*. Cette agence produit indifféremment du contenu pour des sites Web d'entreprises et des sites de médias. Elle édite également quelques webzines spécialisés dans les sports de glisse et les jeux vidéo (Agoride et Overgame). Lorsque l'agence était en contrat avec *Marianne*, elle affectait deux ou trois rédacteurs, salariés de l'agence, pour alimenter en contenu le site Web de l'hebdomadaire (animation de débats, chroniques, articles courts...). Ces rédacteurs-journalistes (qui ne disposaient pas du statut de journalistes) ne travaillaient pas à plein temps pour Marianne-en-ligne. Une partie de leur temps de travail était occupée à alimenter d'autres sites Web, tel que celui de la SNCF.
Dès le début de son activité, l'agence n'a pas pu déroger à la règle qui consiste à multiplier, « pour survivre », les contrats avec des acteurs institutionnels. Les difficultés économiques qui se sont accentuées avec la crise du secteur ont progressivement conduit L'île des médias à se concentrer sur ses clients « institutionnels », essentiellement des entreprises privées. Les contrats avec des médias (nouveaux éditeurs ou éditeurs traditionnels) se sont alors raréfiés.
« *Si vous voulez, moi, ce qui m'intéressait, c'était de faire ça en tant que journaliste, en tant que personne libre et indépendante. Et j'ai vu que là où je gagnais ma vie, c'était en travaillant pour des sociétés x, y, z. Donc pour faire un travail qui n'est pas le même. Soit vous faites un journal, soit vous faites de la communication. C'est devenu de la communication. On est dans le journalisme mais c'est aussi... on fait une activité... enfin là, on est entre les deux. Mais on est arrivé presque à rédiger des communiqués de presse pour les boîtes. On est parti du côté de la communication.* » [Renaud de la Baume, directeur de L'île des médias. Décembre 2003.]
Le cas Marianne-en-ligne pose toute une série de questions. C'est parce L'île des médias édite déjà plusieurs webzines et que son fondateur est un ancien journaliste que les responsables de *Marianne* lui ont confié la gestion du site Web. Bien qu'elle soit basée sur une relation de confiance (dans le professionnalisme de l'agence), cette délégation de compétence éditoriale possède en elle-même un caractère insolite. En l'occurrence ici, nous sommes en présence d'un éditeur (*Marianne*) qui sous-traite la réalisation de l'intégralité de la version électronique du journal à un prestataire de service informationnel, sans que le lecteur-internaute n'en soit informé. Nous pourrions dire que le « contrat de lecture » qui lie le titre à son lecteur est, dans ce cas de figure, rompu.
Ainsi, le contenu édité sous la marque *Marianne* et que l'on retrouve sur le site de l'hebdomadaire n'est pas produit par les journalistes du titre mais par des salariés d'une société qui n'a pas le statut d'entreprise de presse. Ses salariés ne sont par conséquent ni journalistes de *Marianne* ni même journalistes. Ils ne disposent en effet pas du statut. Bien qu'ils soient chargés d'alimenter le site de l'hebdomadaire,

> ils doivent dans le même temps produire le contenu des sites de divers clients tels que la BNP ou la SNCF. Si nous pouvons considérer que, dans cette histoire, le lecteur est « dupe », les deux contributeurs du site, salariés de l'Ile des médias, le sont également. Formés en école de journalisme, ils doivent accepter une première forme de déclassement en travaillant dans le milieu de la communication. D'autre part, bien qu'exerçant un travail de journaliste, ils ne tirent de ce travail aucune gratification symbolique. De surcroît, ils travaillent indirectement pour le compte d'un titre connu sans que quiconque ne le sache. Ils doivent consentir à rester dans l'ombre des journalistes de *Marianne* à l'instar du personnage du « nègre » dans la littérature. Ce cas de figure pose la question de l'identité du contenu sur Internet et de ses producteurs.
>
> « *Comme c'est une boîte qui fonctionne par contrats avec des clients, c'était au fil des contrats qu'on avait des boulots. J'étais un permanent de* Marianne *mais, au cours des deux ans, j'en suis venu à travailler pour le site Internet de la SNCF. Alors où est le journalisme là-dedans ?* » [Rédacteur Web, ancien salarié de L'île des médias. Juillet 2004.]

La *success story* des « portails »

Au cœur de la « nouvelle économie »

Dans la deuxième moitié des années 1990, alors qu'Internet est en passe de coloniser les imaginaires, un cycle de forte croissance économique s'ouvre. Bien que galvaudée et polysémique, la « nouvelle économie » reste l'expression consacrée pour évoquer cette époque faste pour les affaires. Si, pour beaucoup, l'expression « nouvelle économie » réfère uniquement aux secteurs des télécommunications, d'Internet et de l'informatique, des économistes et des experts préfèrent l'utiliser pour décrire dans leur globalité les transformations qu'a connue l'économie capitaliste en l'espace d'une vingtaine d'années[28]. Les principales caractéristiques de ces transformations sont : la croissance du secteur des services dans l'économie, le rôle moteur dévolu à l'innovation et au savoir, ou encore la place centrale prise par l'information et la communication dans l'organisation de la production et de la consommation. La « nouvelle économie » ne serait ainsi qu'un produit de la globalisation et de la déréglementation de l'économie et de la finance amorcées à la fin des années 1970 – ce processus qui intervient au moment où les paradigmes productifs antérieurs (le fordisme) montrent des signes d'essoufflement, où de nouvelles technologies sont introduites dans la production et où une nouvelle culture managériale commence à se diffuser.

Le démantèlement du monopole américain des télécommunications AT&T marque le début d'une ère de libéralisation continue de l'économie et l'essor du capitalisme financier. Ainsi « libéré », le capital afflue massivement sur les marchés financiers et cherche à s'employer dans des activités à fort

---
[28] COHEN, D., DUBONNEUIL, M., *Nouvelle économie*, La documentation française, 1998. ARTUS, P., *La nouvelle économie*, La Découverte, 2000.

Les acteurs « hors média » de l'information en ligne

potentiel de croissance. Le secteur des TIC (Technologies de l'information et de la communication) qui incarne alors le nouvel « el dorado » de la finance mondiale bénéficie largement de cette manne. Celle-ci participe à la fin des années 1990 au financement du secteur de l'Internet et permet la création de nombreuses sociétés – notamment les fameuses start-up de l'Internet. Certaines entreprises pionnières du secteur et leader sur leur marché (services et fourniture d'accès à Internet, etc.) deviennent même, grâce à leur succès boursier, des « géants » de l'économie. Citons quelques emblèmes de ces succès planétaires et de la ferveur née de la « révolution Internet » : Yahoo !, Amazon et, surtout, AOL qui a bouleversé la hiérarchie en rachetant le groupe Time-Warner. Cette fusion, la plus importante d'une série de fusions-acquisitions dans le domaine de la communication, est apparue comme le symbole de la victoire, certes éphémère, de la « nouvelle » économie sur « l'ancienne ». Mais elle est aussi restée comme l'emblème de l'irrationalité d'une époque qui a vu se creuser l'écart entre les résultats réels des entreprises et leur valorisation boursière. À ce sujet Manuel Castells[29] rappelle qu'en 1998, la valeur boursière d'AOL est de 66,4 Milliards de dollars, ce qui correspond au double de celle de Général Motors. De son côté, le moteur de recherche Yahoo avec 34 Milliards de dollars est au même niveau que Boeing.

Si, avec la crise, les valeurs Internet se sont considérablement dégonflées, les performances boursières de la jeune société Google fondée en 1999 et qui a fait son entrée en bourse en 2004, tendent aujourd'hui à ranimer les passions suscitées par les nombreuses « success stories » dont la presse était friande au début 2000. Ces dernières années, les réussites de start-up comme YouTube, Flicker, Myspace, etc., en passe de devenir les géants de ce que d'aucuns appellent la « nouvelle nouvelle économie », laissent augurer l'avènement d'un nouvel âge d'or de l'économie d'Internet. Jusqu'ici, la période qui court de la fin des années 1990 jusqu'à l'année 2000, restait comme l'âge d'or des sociétés Internet (*dotcoms*). Toutes les idées qui germaient dans l'esprit des « entreprenautes », pionniers du Web, souvent jeunes et prêts à relever des défis dans l'espoir de faire fortune rapidement, trouvaient alors à se réaliser. Les investisseurs n'hésitaient pas à placer des millions dans des projets de sites de commerce en ligne. Entre les véritables arnaques[30] et les succès retentissants[31], on trouvait une série de sites marchands dont la raison sociale prêtait parfois à sourire. L'exemple d'un site marchand consacré à la vente en ligne de produits

---
[29] CASTELLS, M., *La société en réseau*, Fayard, Paris, 2001 (pour la traduction française).
[30] On se réfère notamment aux déboires judiciaires de l'entreprise éditrice du site de vente en ligne www.perenoël.fr, propriété des frères Für.
[31] On peut citer des sites d'enchères comme www.e-bay.com ou de comparaison de prix, comme www.kelkoo.com.

alimentaires pour chiens, est souvent évoqué par les anciens salariés de start-up et les journalistes Web pour illustrer les « délires » des entrepreneurs et investisseurs de la nouvelle économie. Mais si la multiplication des marchands en ligne fut rapide, la pratique de l'achat de biens et de services en ligne s'est, quant à elle, diffusée à un rythme très lent. Ce décalage explique en partie les nombreux échecs recensés parmi les sites marchands de la première génération.

Yahoo !, emblème de la réussite des sites-portails

Produire des services et des contenus mis à disposition gratuitement (accès au Web, annuaires, information généraliste ou spécialisée, etc.) relève d'une activité commerciale. Des sociétés de commerce en ligne (disquaires, libraires, voyagistes, discounters, enchéristes, etc.) diffusent sur leurs sites ou portails, une information dont le but est clairement d'accompagner et d'encourager l'acte d'achat (fiches techniques et informations diverses). Dans bien des cas, l'information sert de produit d'appel et joue le rôle de « trappes à consommateurs ». Sur la plupart des sites qui recourent à la publicité, la fonction de l'information consiste à générer du trafic et à retenir l'internaute. Ainsi, l'audience réalisée sert de monnaie d'échange dans le cadre de la vente d'espaces publicitaires aux annonceurs qui financent le service à une hauteur plus ou moins élevée. Parmi les start-up d'Internet qui proposent à l'internaute de l'information (éditoriale), les éditeurs en ligne dont la vocation première est l'information occupent une place à part. Nous reviendrons sur cette catégorie d'acteurs après avoir fait le tour des intermédiaires de l'information en ligne. Pour l'heure, arrêtons-nous sur les portails multiservices.

Longtemps, le terme de « portail » a été associé au site de Yahoo ! Créée en 1994, la société américaine Yahoo ! a certainement été la première et la plus médiatisée des entreprises 100% Internet. Contrairement à d'autres entreprises, comme le fournisseur d'accès AOL qui intervient dans le domaine de l'infrastructure Internet (en d'autres termes les « tuyaux »), Yahoo ! s'est spécialisé dans les services liés à l'information. Avec son moteur de recherche intégré dans un « portail » multiservice, Yahoo ! s'est imposé, dans les premières années d'Internet, comme l'interface quasi incontournable sur le Web entre l'internaute et ses sources d'information. Son activité consiste à indexer des millions de documents présents sur Internet (ou plutôt leurs adresses URL) grâce à des outils logiciels. Lorsque les internautes effectuent une recherche sur Internet, ils ont souvent le réflexe de recourir aux agents de recherche. Précisons que la part du trafic généré à partir des moteurs de recherche s'est encore élevée depuis l'arrivée du moteur de Google.

Proposé gratuitement aux internautes, le moteur de recherche est devenu très vite l'indispensable « porte d'entrée » ouvrant sur l'immense base de données que représente le Web. Chaque recherche sur Internet renforce automatiquement la notoriété de la société qui édite l'outil de recherche. C'est ainsi que dans la première phase du développement d'Internet, la marque Yahoo ! s'est rapidement imprimée dans les esprits des internautes. Elle est devenue, en l'espace de quelques mois, synonyme d'Internet. Bien entendu, Yahoo ! n'a jamais été seul sur ce créneau. D'autres sociétés 100% Internet telles qu'Altavista ou Lycos ont également développé des moteurs de recherche plus ou moins performants. AOL ou Microsoft, avec son portail MSN, représentaient pour Yahoo ! les concurrents les plus sérieux jusqu'à l'arrivée de Google sur le marché. Grâce à de puissants algorithmes, la technologie Google a connu un succès rapide. Depuis 2001, Yahoo ! perd du terrain. Aujourd'hui, seulement 10% des requêtes sont lancées à partir du portail de Yahoo !. Si, aux Etats-Unis, Yahoo ! résiste bien, en Europe, Google est de loin le moteur de recherche le plus utilisé (60%).

Contrairement à Google ou à Altavista[32] qui se positionnent comme de « purs » moteurs de recherche, Yahoo ! est avant tout un « portail » généraliste. En plus des fonctionnalités propres à la recherche d'information, il propose à l'internaute un ensemble de services (gratuits ou payants). Un portail peut être défini comme un site Web dont la vocation est d'être symboliquement la « porte » que l'internaute emprunte pour accéder au contenu du Web, une interface obligée en quelque sorte. Sur la page d'accueil, tout un éventail d'informations et de services est d'emblée mis à disposition. En réalité, un portail est bien plus souvent une galerie marchande virtuelle (avec « enseignes lumineuses » et « vitrines ») dans laquelle l'internaute, potentiel chaland, se trouve plongé. Au gré d'un balayage visuel l'internaute prend connaissance, comme nous allons le voir, des diverses offres.

Dans la foulée du succès de Yahoo !, les sites-portails se sont multipliés. Mais il faut distinguer ici deux catégories de portails : ceux dont la fonction « portail » représente le « cœur de métier » comme Yahoo ! ou Lycos, et ceux dont cette activité est mise au service de leur démarche commerciale (vente d'abonnement à Internet, au téléphone, etc.). Les principaux opérateurs de télécommunication qui ont pris position sur le marché de la fourniture d'accès à Internet (FAI), se sont dotés d'un site-portail. En 2005, AOL, Club Internet, Wanadoo, Free et Tiscali proposent en effet aux internautes français diverses informations et services. Sur leur portail, un espace est par ailleurs réservé à leurs abonnés. Le portail remplit alors une double fonction. D'une part, en tant que carrefour virtuel sur le Web, il génère de l'audience et constitue une vitrine

---

[32] Altavista a recentré ses activités autour de la fonction recherche après avoir développé un portail généraliste.

promotionnelle idéale. D'autre part, avec son interface pour les abonnés, il permet la gestion en ligne de la relation client. Mais détaillons à présent les contenus des grands portails multiservices.

Outre la fonction recherche, un portail généraliste propose de l'information et des services. L'objectif est qu'un maximum d'internautes transite par ce « carrefour d'audience ». Pour « capter » l'internaute et le retenir le plus longtemps possible sur le site, on lui propose gratuitement de l'information. L'internaute a en un minimum de clics accès à un panorama de l'actualité « chaude » dans le ou les domaines susceptibles de l'intéresser. On trouve surtout sur les sites-portails des informations et des rubriques pratiques (recettes, état des routes, itinéraires, météo, programme télé, sorties cinéma, etc.). D'autres part, afin de générer plus de trafic et de diversifier leurs sources de revenus, certains portails offrent des services dont la gestion est le plus souvent externalisée. Des partenariats sont alors passés avec des sociétés spécialisées (petites annonces, billetteries, etc.). Celles-ci réalisent les pages Web, fournissent le contenu et gèrent les transactions effectuées à partir du portail. Pour chaque transaction, une commission est alors reversée à ce dernier.

La partie consacrée au commerce en ligne est très fournie. Les rubriques ou les pages *shopping* proposent divers produits à la vente. Pour la gestion de sa boutique en ligne, Yahoo ! s'est associée à la société Kelkoo spécialisée dans la comparaison de prix. Dans la catégorie loisirs ou divertissements, on retrouve des jeux (jeux d'arcades, jeux-concours...) et des services (musique, horoscope, rencontres, sonneries de téléphone, billetterie, tests, petites annonces...) qui, selon les cas, peuvent être gratuits ou payants. La dimension communication est également très présente sur ces sites. L'internaute est incité à participer à travers des sondages, des forums de discussion ou des *chats*. Les portails hébergent généralement de nombreuses communautés en ligne. Ces listes de diffusion (*newsgroups*), constituent des moyens de communication pour des groupes d'individus réunis autour d'un centre d'intérêt commun.

Les sites-portails et leurs partenaires

L'information d'actualité nationale et internationale occupe une place relativement importante sur les sites-portails. Il s'agit bien entendu d'une information de seconde main produite par des agences de presse. Les dépêches et les photos d'actualité sont mises en avant sur la page d'accueil (la *home*) afin que l'internaute puisse prendre connaissance des évolutions de l'actualité dès qu'il accède au site. À l'intérieur des différentes sous-rubriques (France, monde, sport, économie, high-tech, people...), les dépêches tombent en continu et sont classées selon l'ordre antechronologique – les plus récentes étant situées en haut de page.

Les acteurs « hors média » de l'information en ligne

Tous les portails ont passé des contrats avec des agences de presse. Lycos.fr s'est abonné aux services de l'Agence France Presse (AFP). Aol.fr a choisi Reuters et l'AFP. Quant à Yahoo.fr, il a choisi, pour bénéficier d'un choix de contenu plus large, de s'associer aux trois agences[33]. Premiers fournisseurs d'informations pour un nombre élevé de sites Web, les trois grandes agences de presse internationales (Reuters, Associated Press et l'Agence France Presse) disposent d'un réseau mondial de correspondants et d'un savoir-faire acquis de longue date. Client d'une ou de plusieurs agences, l'éditeur de site-portail bénéficie donc à moindre coût de l'accès à une quantité importante d'informations. Traditionnellement, la vocation des grandes agences est de couvrir l'actualité internationale pour le compte des journaux qui voient là un moyen efficace de réaliser des économies en partageant les coûts de production de cette information.

Depuis que les trois plus grandes agences internationales de presse se sont lancées dans les voies de la diversification, l'accès aux informations d'agence n'est plus le monopole des éditeurs traditionnels et des services de l'Etat – comme c'est le cas pour la France. Si l'AFP a toujours compté parmi ses abonnés des clients « hors médias » (entreprises et milieux d'affaires), la concurrence internationale et les transformations technologiques ont, ces dernières années, poussé l'agence à conquérir de nouveaux marchés et à élargir la base de sa clientèle. À l'instar de l'agence Reuters qui s'est, la première, intéressée à l'information financière à l'échelle mondiale, les grandes agences de presse se sont diversifiées dans les domaines de l'information économique et financière et ont développé des services à forte valeur-ajoutée répondant aux besoins ciblés de publics segmentés. À nouveaux produits, nouveaux clients. Les nouveaux clients représentent désormais le potentiel de croissance le plus élevé. Parmi eux, on trouve les nouveaux médias tels que les portails Web qui dépendent fortement des agences de presse pour se fournir en contenu.

> **Le journal en ligne de l'AFP**
> Au siège de l'AFP, une quinzaine de journalistes de l'agence est chargée de concevoir quotidiennement un « journal en ligne ». Ce dernier est constitué d'une sélection de dépêches classées, hiérarchisées et réécrites dans un style proche du journalisme de presse écrite (différent du style factuel habité par le « devoir d'objectivité » dit « style agencier »*). L'information est ainsi présentée par articles – accompagnés ou non d'illustrations, photos, graphiques, etc. – et structurée de telle façon que le client puisse se servir tel quel du résultat. Réalisé à partir de la matière première fournie par les correspondants de l'agence qui produisent

---

[33] Ces informations datent de 2005. Nous tenons à préciser qu'elles peuvent ne plus être valables au moment de la lecture.

> quotidiennement près d'un millier de dépêches, il s'agit bien d'un véritable journal en ligne prêt à l'emploi, conçu pour s'adresser directement à un lecteur, un internaute, et non pas, comme c'est le cas des dépêches, à un intermédiaire, un journaliste. Avec ce produit destiné à être publié sur le site Web de ses clients, et qui complète son offre d'information (dossiers thématiques, articles « richement illustrés »), l'agence de presse opte pour une logique d'éditorialisation. Il s'agit ici d'une évolution majeure, bien que limitée pour le moment à Internet, de la mission de l'agence de presse.
> Ainsi, et contrairement au mode de fonctionnement traditionnel d'une agence de presse qui consiste à fournir de l'information brute sous forme de dépêches, la réalisation du journal en ligne met l'agence en position d'éditeur au même titre que ses clients habituels, les médias. Sur le terrain de la diffusion de l'information la plus « fraîche », l'agence effectue pour le compte de son client le travail de mise en forme. Tel un sous-traitant, plutôt qu'un partenaire, l'AFP prend en charge le travail d'éditorialisation et de mise en page d'un « paquet » d'informations sélectionnées par ses soins. Son client peut modifier à sa guise le contenu ou le réutiliser tel quel en l'intégrant dans son site et sous sa marque. Il faut souligner ici que les interventions les plus fréquentes sur le contenu du journal en ligne de l'AFP concernent la titraille.
>
> *« On a créé ce qu'on appelle un desk multimédia qui, à travers les 1000 dépêches de la journée, va choisir celles qu'il juge les plus importantes, il va les mettre dans des rubriques particulières et, à chaque dépêche, il va associer des éléments multimédia de l'agence c'est-à-dire des infographies, des photos, des vidéos, du graphique animé, etc. de sorte que ça donne un journal Internet. La seule différence avec la production de l'agence, c'est que ce sont des journaux qui sont éditorialisés [...] Ces journalistes là réécrivent un peu les dépêches d'agence. Pourquoi ? Parce que dans les dépêches il y a toujours une source [...] la plupart des médias qui nous réutilisent enlèvent ces sources et ben les journalistes multimédias enlèvent ces sources aussi pour que la lecture...parce que là on ne s'adresse plus à un collègue, enfin à un autre journaliste, on s'adresse directement, « B2C », « business to customer », on s'adresse directement à des internautes qui vont lire l'information. »* [Directeur adjoint des éditions multimédias de L'AFP. Paris. Novembre 2003.]
>
> *Lagneau, E., « Le style agencier et ses déclinaisons thématiques », *Réseaux*, n°111/ Vol 20, 2002.

Les sociétés qui éditent des sites-portails n'ont pas pour vocation de produire elles-mêmes de l'information. Elles ne possèdent en général pas les ressources en interne même si, par exemple, AOL, Wanadoo ou Yahoo ! ont constitué au seuil des années 2000 de véritables structures éditoriales qui emploient des journalistes professionnels. En effet, avant la crise du secteur, ces sociétés employaient un nombre assez important de journalistes afin de produire et de gérer le contenu publié sur leur portail. Pour des raisons économiques, les effectifs ont été réduits et la majorité de la partie « contenu » a été externalisée.

On constate que le travail proprement éditorial de l'équipe qui a la charge de faire vivre la *home* du site-portail consiste à sélectionner et à hiérarchiser les informations disponibles. Ce travail porte sur le choix des thèmes et des rubriques à mettre en avant. La plupart du temps, des dossiers sont réalisés en fonction de l'actualité du moment. Toutefois, si les choix éditoriaux effectués par le personnel des sites-portails sont le plus souvent dictés par « l'actualité » – d'après la définition qu'en donnent les journalistes – les impératifs commerciaux de la société éditrice du site-portail (fidéliser et attirer des clients) ont fortement tendance à déterminer ces choix. Si une rubrique (people, sport, insolite…) ou un sujet (un festival, la sortie d'un film, un scandale politique…) fait de l'audience, ce type d'informations sera privilégié. D'autre part, ce que les journalistes nomment « marronniers », ces phénomènes couverts par les médias et qui se produisent avec une régularité implacable (soldes, fêtes, résultats d'examens…), sont traités de manière prioritaire puisqu'ils sont susceptibles d'augmenter la fréquentation du site.

Bien qu'il ait à effectuer un réel travail d'éditorialisation, le personnel rédactionnel des sites-portails se concentre essentiellement sur l'aspect commercial et sur la gestion globale du site. Cet aspect de son activité le distingue d'un journaliste, comme le souligne lui-même un employé du portail d'un fournisseur d'accès à Internet (FAI) « *Nous, on n'est pas des journalistes même si sur certains points à un moment donné on va…on est un média.* » [Lyon. Novembre 2004]. Comme l'essentiel du contenu est produit en externe, une part importante de l'activité des équipes des sites-portails consiste à établir des partenariats avec des producteurs de contenu : des institutions ainsi que des agences et des médias traditionnels ou 100% Internet qui, eux, vendent ou offrent de l'information. « *L'information est 'partenarisée'. On a des partenaires qui nous la fournissent soit de façon automatique, soit de façon semi-automatique. On va aller piocher dans cette information là. Donc ça nous évite d'avoir à écrire des articles.* » [*Idem.*]

Nous avons vu que les agences de presse fournissent aux sites-portails l'essentiel des informations « chaudes » (*breaking news*) qu'elles publient. Or, dans certains domaines précis tels que l'économie, le sport, la technologie ou le cinéma, les éditeurs de portails préfèrent nouer des partenariats avec des éditeurs d'information spécialisés connus et reconnus. Certains éditeurs traditionnels se sont en effet mis à la « syndication »[34] en vendant des articles et des dossiers estampillés et prêts à l'emploi. Leur activité s'est donc élargie avec Internet. Alors que leur fonction première consiste à éditer leurs propres supports d'information (journaux et sites Web), ces éditeurs se font, à l'instar des agences, fournisseurs de contenu (éditeurs délégués) pour des médias 100%

---

[34] Ce terme désigne le fait de vendre à plusieurs diffuseurs le droit de reproduction d'un contenu.

Internet. Le magazine de télévision *Téléstar* ainsi que la revue *20 ans* fournissent respectivement les contenus des rubriques « people » et « femmes » du portail de Lycos.fr. La majorité des articles de la rubrique « finance » (assurance, banque, bourse, économie, épargne, immobilier, impôt) du portail d'AOL France provient du site Web du journal économique *Les Echos*. En haut de chaque page apparaît la mention « avec lesechos.fr » et le logo du site. Quant à la rubrique sport, la page affiche à sa tête « AOL sport » accompagnée de la mention « avec lequipe.fr ». Tout en restant sur le site Aol.fr, l'internaute peut alors consulter un éventail d'articles rédigés par les journalistes de *l'Equipe* ou de l'équipe.fr, ainsi qu'une liste de dépêches d'agences. Les articles sont ainsi configurés par les services techniques du fournisseur (Lequipe.fr, Lesechos.fr, etc.) pour pouvoir s'intégrer dans la page du site client. Les sites-portails ont également comme partenaires des éditeurs purs Web. C'est le cas d'auféminin.com, d'allociné.com ou de 01net.com qui vendent du contenu à d'autres sites.

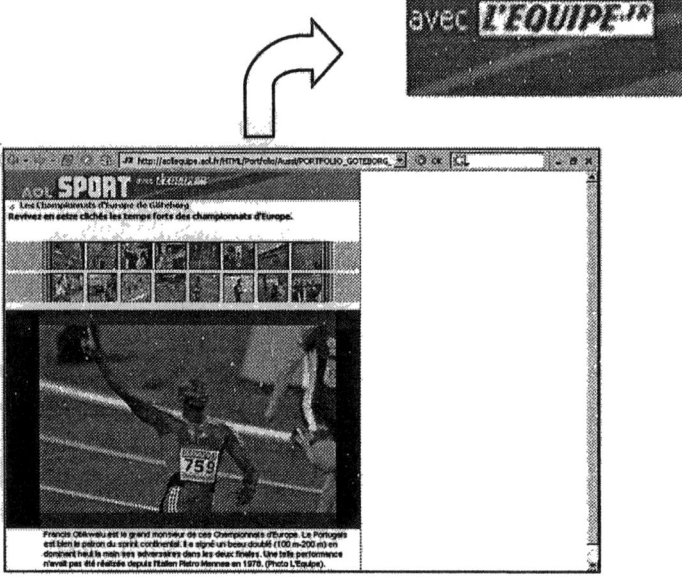

Figure 1. La page « Sport » du portail d'AOL réalisée par L'equipe.fr

L'agrégation de contenu ou la veille en ligne

La mode de l'agrégation de contenu s'est emparée de l'Internet à la fin des années 1990. Le principe de l'agrégation consiste à repérer et à organiser l'information « utile » à l'internaute. Il repose sur le présupposé que : « trop d'information tue l'information ». Une infime partie seulement des informations disponibles sur le Web serait pertinente dans le cadre d'une recherche efficace.

Les acteurs « hors média » de l'information en ligne

Présenté comme un facteur d'entropie, le phénomène d'abondance informationnelle est à l'origine d'un nouveau marché. Des sociétés Internet se sont ainsi spécialisées dans le domaine de la veille et de la « compilation » d'informations. Ces acteurs de l'information en ligne ne produisent rien eux-mêmes. Ce ne sont pas des éditeurs de contenu à proprement dit. Ils recherchent, filtrent et compilent des informations déjà existantes. Intermédiaires de l'information, ces assembleurs ou agrégateurs en ligne effectuent de la veille informationnelle et un travail d'accompagnement des recherches de leurs clients, consommateurs d'informations parfois égarés dans les dédales du Web.

Nous pouvons distinguer les sociétés informatiques spécialisées dans la veille informationnelle en ligne, telles que Cybion ou Digimind qui effectuent des prestations très ciblées et individualisées pour des clients institutionnels, et des sociétés telles que Net2one qui s'adressent à un public plus large. L'activité de ces dernières consiste à proposer des outils logiciels permettant de rassembler sur une même page des contenus provenant de diverses sources. L'agrégateur établit avec son client la liste de ses sites préférés. Par la suite, dès qu'un des sites en question est mis à jour, un système d'alerte permet d'avertir automatiquement l'internaute. De cette manière, celui-ci s'épargne la consultation régulière de chacun de ces sites. À chaque actualisation, l'information lui parvient directement. Il n'a plus besoin d'aller la chercher.

Une veille d'information ciblée, tel est le service personnalisé que rend l'agrégateur à son client. Le procédé repose sur l'abonnement au « fil » (ou flux) de syndication des sites Web. Un fil de syndication est un fichier dans lequel on trouve des informations concernant le site, notamment les dernières informations publiées. La plupart des sites mettent à présent à disposition l'adresse de leurs fils de syndication – dont le format le plus connu est RSS – mis à jour en temps réel. Sur Internet, le terme « syndication » prend ainsi un sens particulier. Il s'agit de rendre visible sur un site donné les dernières publications d'un autre site. Ces dernières années, le principe de la syndication s'est considérablement développé avec les revues de presse en ligne et les blogs dont on parlera par la suite.

Au carrefour entre l'activité de veille stratégique et celle de revue de presse personnalisée, le métier d'agrégateur, intermédiaire entre une offre et une demande d'information, n'est plus aujourd'hui aussi en vogue qu'il a pu l'être au tournant des années 2000. L'une des raisons est que les internautes peuvent eux-mêmes et facilement s'abonner aux flux RSS de leurs sites préférés. En outre, le principe de l'agrégation de contenu a fait par le passé l'objet de vifs débats et polémiques. L'agrégation se situe en effet à la limite de la légalité et touche à la question, très sensible dans le monde de la presse, de la propriété intellectuelle. Un article de presse relève de la catégorie d'œuvre intellectuelle, œuvre que le journaliste cède à l'éditeur. Les deux parties sont liées dans le cadre d'un contrat de travail salarié. Toute reproduction de cette œuvre est alors soumise au régime du droit d'auteur et sa rémunération doit faire l'objet d'une négociation au sein de l'entreprise.

La question du risque de « pillage » de l'information médiatique a resurgi en 2002 lors de l'annonce du lancement de Google News, le service d'actualité en ligne du moteur de recherche Google. Craignant de perdre le contrôle sur la diffusion de ses contenus, Lemonde.fr a, dans un premier temps, exigé de ne pas être indexé sur Google News, avant de se raviser devant la perte de visibilité due à l'absence de référencement sur ce service très fréquenté. Quant à l'agence de presse AFP, elle est allée jusqu'à intenter un procès à la société californienne en mars 2005 pour « usage illicite » et « pillage » de contenu rédactionnel. L'AFP accuse en effet Google de violer les droits d'auteur en laissant son moteur « aspirer » automatiquement des dépêches de l'agence pour les indexer, les organiser et les publier sans s'acquitter des droits de reproduction Le contentieux porte plus précisément sur le fait que Google copie les données produites par l'agence et en garde une trace. Si l'affaire n'est toujours pas close, un compromis est toutefois en passe d'être trouvé. Considérant que Google News est un bon générateur d'audience, l'AFP compte autoriser Google à référencer ses dépêches à condition que les liens renvoient sur les sites des éditeurs clients plutôt que sur le site de l'AFP elle-même.

Mais quelles sont les particularités de Google News ce site d'agrégation d'information d'actualité devenu très populaire ? En septembre 2002, Google lance la première version de Google News. Le moteur de recherche met gratuitement à disposition un journal en ligne composé d'une sélection d'articles et de documents multimédias puisés dans les pages de plus de 4500 sites d'actualité (500 sites en langue française). L'information sélectionnée sur le mode du *digest* est organisée et hiérarchisée de manière synchronique sous la forme de dossiers, et de manière diachronique grâce à un principe d'archivage chronologique. L'originalité de la formule repose sur le fait que le processus d'éditorialisation est totalement automatisé. Google News propose gratuitement un journal réalisé intégralement sans intervention humaine. Les informations « aspirées » sur les sites répertoriés sont triées par thème et par pertinence puis hiérarchisées en fonction de l'importance que leur attribuent les sites référencés dans la base.

Les acteurs « hors média » de l'information en ligne

Figure 2. Google News, le journal en ligne automatique

Grâce aux performances de ses puissants algorithmes, Google a réalisé le « fantasme technologique » du journal sans journaliste, conçu à 100% par une machine, comme le déplore Jean-Marie Charon cité dans un article du *Monde*[35]. La rhétorique des instigateurs de Google News qui repose sur le mythe de l'objectivité journalistique revisité par le positivisme technicien a de quoi susciter la polémique. Dans cette perspective, l'intervention humaine est forcément faillible alors que la machine, elle, ne peut pas se tromper. Ainsi, pour parvenir à l'objectivité journalistique, il faudrait supprimer la subjectivité humaine qui produit une vision fausse, « idéologique », de la réalité. À l'inverse, parce qu'il reste « neutre »[36], un algorithme permettrait de supprimer l'idéologie qui biaise la présentation de l'information. Le directeur commercial de Google France estime ainsi que « cette absence d'intervention humaine, forcément idéologique, combinée à la multiplicité des sources, accessible grâce à l'ordinateur, confère à Google News une véritable objectivité. »[37].

---

[35] G. Macke, B. Mathieu, « Internet : le moteur de recherche Google lance une revue de presse sans journaliste », *Le Monde*, 28 septembre 2002.
[36] Au sujet de Google et des biais induits par l'utilisation de ce type d'outils de recherche, on se référera à l'article de Pierre Lazuly, « Le monde selon Google », *Le Monde diplomatique*, octobre 2003.
[37] *Le Monde*, Ibid.

2 - Les webzines

L'apparition d'Internet a provoqué un véritable « appel d'air ». Il a en effet ouvert la porte du marché de l'information à une multitude de nouveaux acteurs. En dehors des intermédiaires de l'information dont nous venons de parler, on trouve sur ce marché des sociétés Internet qui éditent leurs propres journaux en ligne (dits « 100% Internet » ou « pur Web »). Comme à l'époque du Minitel, les éditeurs traditionnels qui lancent leur version électronique doivent faire face à la concurrence de nouveaux éditeurs. Mais le combat semble toutefois inégal. Pour conquérir le marché de l'information en ligne, les entreprises et les groupes de presse disposent en effet d'une force de frappe importante : des effectifs en nombre ainsi qu'un savoir-faire et une réputation qui se sont construits avec le temps. Dans ces conditions, les nouveaux venus tentent tant bien que mal de combler leur déficit de notoriété pour s'imposer sur un marché où le prix du ticket d'entrée est relativement élevé.

Des journaux militants ?

Avec le succès rapide d'Internet s'est répandue l'idée que chacun peut devenir éditeur. La publication d'une information via ce nouveau média serait désormais à la portée du plus grand nombre. Tel est le sens des discours dominants tenus sur les potentialités d'Internet lors de la phase de promotion de ses principaux usages. Créer son site Web et diffuser de l'information sur les réseaux ne coûte quasiment rien. Comme le déclare Nicholas Negroponte sur le ton de la prophétie, les « bits » l'emportent sur les « atomes », en premier lieu sur le plan de l'économie de moyens[38]. Pour les apôtres du Web, la découverte de la quasi gratuité de la diffusion d'un texte sous forme électronique a de quoi faire trembler les fondations de l'économie traditionnelle de la presse. À la différence du multimédia « off line » (CD rom), avec la publication en ligne, les coûts fixes de production disparaissent (frais d'impression, papier, etc.) tout comme les coûts liés à la diffusion. Plus de contraintes liées au tirage, au stockage et à la distribution : l'information est immatérielle. On ne transporte pas des bits par camion, dirait Negroponte. En outre, à la différence de la diffusion audiovisuelle qui nécessite d'importants moyens techniques pour assurer la transmission (de point à masse), la diffusion en ligne est une opération simple et sans frais, du moment que l'infrastructure existe (interconnexion généralisée des réseaux). Ainsi, depuis l'apparition d'Internet, la plupart des personnes tentées par l'aventure éditoriale optent plus facilement pour la

---
[38] NEGROPONTE, N., *L'homme numérique*, Fayard, 1995.

Les acteurs « hors média » de l'information en ligne

publication en ligne. À la différence du « fanzine » amateur (contraction de *fanatic magazine*), journal papier spécialisé dans un domaine et souvent à faible diffusion, un « webzine » peut être produit à moindre coût, diffusé gratuitement et consultable en ligne partout dans le monde.

Internet a ainsi ouvert de nouvelles perspectives en matière de diffusion d'information. Et les facilités d'autopublication en ligne ont rapidement suscité des vocations. En France, dans le milieu restreint des passionnés d'informatique et des utilisateurs précoces d'Internet, des pionniers du genre vont créer, à la fin des années 1990, les premiers « webzines » ou *e-zines*. Précisons ici que le terme « webzine » peut aujourd'hui être utilisé indistinctement pour désigner toute publication diffusée sur le Web et réalisée par des amateurs (type « fanzine ») ou par des professionnels de l'information. On l'emploie parfois pour distinguer un journal ou un magazine existant uniquement sous forme électronique sans version papier, par opposition aux versions en ligne des médias traditionnels (sites-titres), appelés journaux ou magazine en ligne. Nous nous cantonnerons pour notre part à utiliser « webzine » pour parler des médias 100% Internet – à distinguer des versions électroniques des médias traditionnels – que ces derniers relèvent d'une démarche amateur ou professionnelle. Quant au terme *e-zines*, il est parfois utilisé en référence aux publications en ligne qui se trouvent proches, dans l'esprit, de la démarche du fanzinat.

Fanzines électroniques, les *e-zines* sont des sites Web conçus, le plus souvent dans un « esprit » journalistique, par des webmasters, des infographistes ou de simples autodidactes. Au début de l'ère Internet, une poignée d'internautes français choisit de participer à la création et au partage de l'information dont elle est une grande consommatrice. Dans cette catégorie non homogène où l'on trouve notamment de nombreux concepteurs de pages Web personnelles très peu consultées et dont l'intérêt reste souvent limité, certains créent de véritables magazines en ligne et se mettent à utiliser ce nouveau support dans une optique militante. Libelles électroniques, supports d'informations critiques et décalées, les premiers créateurs de webzines cherchent avant tout à s'offrir un espace de liberté au sein du « cyberespace » dont ils déplorent la « colonisation » galopante par les marchands en ligne. Il s'agit en outre pour eux d'un nouveau moyen d'information et d'expression libéré des contraintes (morales et techniques) inhérentes au journalisme professionnel. Ces expériences ont suscité un réel enthousiasme chez les journalistes spécialisés dans le domaine des nouvelles technologies qui ont été les premiers à relayer auprès d'un public plus large les initiatives éditoriales originales et le plus souvent indépendantes de l'Internet militant de l'époque des pionniers[39]. Parmi les webzines les plus consultés à la fin des années 1990, on

---

[39] « Les jeunes militants-journalistes et leurs « webzines », *Le Monde*, 23 août 2000.

peut citer, L'Ornitho d'Erwan Cario, Les chroniques du menteur de Pierre Lazuly, ou Le Scarabée d'Arno[40].

Un élan d'enthousiasme accompagne la création de ces sites web indépendants caractérisés par leur grande liberté de ton. Il n'est dès lors pas surprenant de retrouver dans les discours des concepteurs et des animateurs de webzines amateurs, des références à l'esprit du mouvement des « radios libres » qui a marqué, au début des années 1980, le processus de libéralisation du secteur de l'audiovisuel. Des articles de presse qui traitent du sujet, reprennent ainsi à leur compte cette analogie entre le phénomène des *e-zines* et celui des « radios libres »[41]. Si, sous certains aspects, on trouve quelques similitudes entre le développement des radios libres et celui des médias 100% Web, rien n'indique pourtant aujourd'hui que l'on puisse comparer la portée sociale et politique de ces deux phénomènes. Les acteurs et partisans des « radios pirates » se plaçaient en tête d'un large front d'opposition au monopole public de l'audiovisuel et à son inféodation historique à l'Etat et aux intérêts des gouvernements successifs. Avec l'apparition d'Internet, le contexte est sensiblement différent. Malgré le caractère « militant » des premières expériences indépendantes de médias Web, on ne peut pas dire pour autant que les premiers webmasters aient lancé une quelconque offensive conjointe contre l'emprise des pouvoirs politiques et économiques sur les médias. Si, de son côté, la communauté de l'informatique dite « libre » continue, dans une certaine mesure, de faire vivre l'esprit libertaire des premiers « hackers » hostiles à l'informatique centralisée et marchande et au contrôle du réseau par « l'Etat-Léviathan »[42], elle ne porte pas la contestation jusqu'à ébranler l'ordre médiatique et le consensus libéral qui, aujourd'hui, marque incontestablement de son empreinte « l'esprit d'Internet ».

Toutefois, Jean-Samuel Beuscart a montré dans son travail sur les webradios que les similitudes entre radios libres et médias Web se situaient ailleurs. Il n'est pas rare, dans une certains mesure, que les trajectoires des acteurs de ces médias « libres » se ressemblent. L'abandon de la posture militante et bénévole au profit d'une posture plus « professionnelle » caractérise aussi bien des pionniers des radios libres que les artisans des webradios.

---

[40] « Les petits canards du Web », *Libération*, Les Cahiers multimédia, 25 septembre 1998.
[41] « À l'instar des premières radios libres, l'Internet a permis l'éclatement du microcosme médiatique », « L'hyper des médias », *Libération*, 19 mars 1999.
[42] Le principe de l'*Open source* qui permet un accès libre au code source d'un système logiciel remonte au début des années 1980 avec le projet GNU. Les programmeurs qui évoluent dans le monde dit du « logiciel libre » et qui contribuent aujourd'hui bénévolement au système d'exploitation ouvert et évolutif nommé *Linux*, du nom de Linus Torvalds, informaticien finlandais, sont davantage motivés par la passion que par l'argent. Au sein de cette communauté, l'esprit frondeur des pionniers de l'informatique en réseau tente ainsi de survivre à l'emprise croissante de la sphère marchande sur le monde de l'Internet.

« l'épisode des radios libres en France, devenues 'radios commerciales' ou restées associatives, témoigne également de cette tension liées à la professionnalisation et la rentabilisation d'une activité amateur, dans le contexte de maturation d'un média [...] Les radios libres sont fondées sur l'enthousiasme, le militantisme et le sponsoring, à la frontière entre le hobby, l'activité militante et l'activité professionnelle ; elles s'autofinancent dans les premiers temps grâce à 'l'astuce et la magouille' »[43]. Une partie des créateurs de webzines, rédacteurs et animateurs bénévoles de sites Web, aspirent à « professionnaliser » leur activité et à en tirer suffisamment de ressources pour vivre. « À plus long terme, certains créateurs de webradios envisagent, en cas de succès du service d'en faire une petite entreprise rentable qui leur permettrait de vivre de leur passion »[44]. Dans de nombreux projets éditoriaux sur Internet, la ligne de démarcation entre démarche bénévole et démarche professionnelle n'apparaît pas clairement. Parfois, des fondateurs d'*e-zines* sont parvenus à générer un revenu à partir de leur activité bénévole. D'autres ont même réussi à créer leur propre société. La période du boom de la nouvelle économie située entre 1999 et 2001 s'est révélée propice au financement de maints projets éditoriaux. Si quelques éditeurs de webzines amateurs ont pu en profiter pour monter leur entreprise, peu d'entre elles ont survécu à la crise du secteur. Aujourd'hui, menant de front travail salarié et implication bénévole au service de leur webzine, beaucoup de passionnés du Web éditorial souhaitent s'engager dans la voie de la professionnalisation et cherchent un modèle économique viable qui leur permette progressivement de rémunérer leur travail d'éditeur de contenu en ligne.

Quelques *e-zines* ont ainsi évolué vers des formules plus « professionnelles ». Chronic'art est un exemple de webzine lancé par des amateurs passionnés qui ont, dès le début, cherché à trouver des sources de financement, sans toutefois devoir renoncer à leur indépendance. Spécialisés dans des domaines comme la technologie, la culture, le sport et le loisir notamment, certains *e-zines* permettent à leur créateur de toucher quelques revenus, en grande partie grâce à la publicité. Parfois connus pour le sérieux des textes publiés, ces webzines spécialisés peuvent, auprès d'annonceurs, se prévaloir d'une fréquentation régulière et d'une audience dite très « qualifiée ». Ces sites éditoriaux qui s'adressent à des communautés (sportifs pratiquants, cinéphiles, passionnés, etc.) apparaissent comme des supports de choix pour des annonceurs qui mènent des campagnes de marketing direct de plus en plus ciblées. Pour la personne ou le collectif qui gèrent le site, les recettes

---
[43] BEUSCART, J.-S., « Le devenir des innovations non marchandes sur l'Internet. Une étude des modèles économiques des Webradios », *Réseaux*, n° 125.
[44] *Idem.*

publicitaires, lorsqu'elles existent, n'assurent pas forcément l'équivalent d'un salaire mais constituent le plus souvent un complément de revenu. Les passionnés de bandes dessinées, de « polar », d'équitation ou encore de parapente, se retrouvent sur des webzines qui, le plus souvent, servent également de portails communautaires. Toutefois, le contenu publié par ces webzines n'intéresse pas uniquement un petit microcosme de passionnés. Les webzines spécialisés constituent également une source d'information pour les journalistes. Un journaliste Web d'un site spécialisé dans les nouvelles technologies, nous a confié qu'il consultait régulièrement le site personnel d'un spécialiste de technologies pointues.

Les webzines d'information générale

En France, il n'existe pas d'exemple de webzine d'information générale qui ne soit rattaché, à l'instar du célèbre webzine américain Salon.com, à un média classique. L'organisation de la collecte et du traitement de l'information étendus à de vastes domaines nécessite des moyens importants. Or, même à l'époque de l'euphorie pour l'Internet naissant, rares ont été les projets éditoriaux d'information générale « purs Web », capables de rivaliser avec les versions Web des médias traditionnels, tant le défi éditorial et économique paraissait difficile à relever. Comment arriver à bâtir ex nihilo un « produit d'information » qui puisse faire le poids face aux sites Web du *Monde*, de *Libération* ou du *Nouvel Observateur*, pour ne citer qu'eux ? La seule tentative notable fut le quotidien en ligne d'information générale Canoe.fr, déclinaison française du site Canoe.ca. qui appartient au groupe de communication Canadien Quebecor. Le groupe souhaitait conquérir des parts de marché en Europe, dans le secteur de l'édition en ligne, en adaptant pour la France et l'Espagne une formule canadienne à succès. Lancé en septembre 2000 grâce à l'appui financier de Quebecor et en synergie avec le site Canoe.ca, Canoe.fr qui comptait une quinzaine de journalistes expérimentés[45] n'a jamais pu concurrencer les principaux sites français d'information, en terme d'audience. Au moment de sa fermeture, Canoe.fr comptait environ un million de pages vues par mois alors que le directeur en espérait dix fois plus. Le site a fait les frais de la crise du secteur ainsi que des changements de stratégie du groupe canadien. Ainsi, le site d'information Canoe.fr n'a vécu qu'une seule « saison », de septembre 2000 à septembre 2001.

---

[45] « Nous avons délibérément engagé des journalistes ayant plusieurs années d'expérience plutôt que des jeunes fous du Web. Internet est une course de fond qui se gagne sur la qualité du contenu », Alain-Marie Caron, directeur de la rédaction de Canoe.fr, cité dans un article de 01net.com daté du 14-09-2000, « Canoë.fr veut devenir le bateau amiral des quotidiens en ligne », A. Billet.

Les acteurs « hors média » de l'information en ligne

Les webzines spécialisés : le cas des « cityguides »

Spécialisés dans des domaines comme le sport, la technologie, le cinéma, les jeux vidéo, les « sorties » ou les « femmes », des webzines ont réussi à s'imposer sur leurs marchés de niche respectifs. Ces webzines sont apparus dans leur grande majorité à la fin des années 1990, au moment de l'explosion du nombre de sites Web. Ces jeunes journaux ou portails 100% Web font aujourd'hui figure de « vétérans » du monde de l'Internet. Créés pour la plupart par des sociétés Internet (type start-up) à vocation uniquement éditoriale ou non, ces webzines ont tous connu d'importantes difficultés entre 2000 et 2001. Crise publicitaire, reflux des investissements, cession de participation au capital des start-up, etc. Comme toutes les activités liées à Internet, le secteur de l'édition en ligne a en effet été secoué par une vague de rachats, de fusions et de concentrations. Certaines de ces jeunes sociétés Internet ont réussi à absorber leurs concurrentes pendant que d'autres passaient sous le contrôle de groupes (de presse ou de communication notamment) de plus grande taille avant de connaître de profondes restructurations. Néanmoins, cette période marquée par les faillites en cascade a permis aux éditeurs de webzines qui ont survécu à la crise, de renforcer leur leadership sur leur marché après la disparition d'un grand nombre de leurs concurrents. Pour la responsable éditoriale d'un webzine d'information sportive, dans les « niches » de l'information en ligne il n'y a pas de place pour les seconds. « *Le premier empoche la mise, c'est la loi du winner-take-all* » [Paris. Janvier 2004]. Du côté des webzines dits « féminins », seuls quelques-uns ont survécu. Parmi eux, Newsfam.com et le leader du secteur Commeaufeminin.com. Ces sites éditoriaux représentent les seuls concurrents de Plurielles.com, le portail féminin d'*e-TF1*, la filiale multimédia de TF1. Entre 1999 et 2000, des dizaines de sites Web consacrés aux femmes avaient vu le jour. La plupart d'entre eux ont, depuis, arrêté leurs activités[46].

---

[46] Vivrefemmes.com, femmeOneline.com, Touteslesfemmes.com, etc. Tous ces webzines ou portails féminins ont disparu.

	WEBZINES « INDÉPENDANTS »	WEBZINES DEPENDANTS D'UN GROUPE	WEBZINES DISPARUS
CINÉMA	*Allocine* (propriété de Vivendi jusqu'en 2003) *Commeaucinéma* *Cinefil*	*Chronic'art*	
SPORT	*Sport* *Sport24*	*Sportever* (Société Sportever)	*Sportal*
TECHNOLOGIE		*Journaldunet* (groupe Benchmark) *01net* (groupe Test) *Znet* (CNet News)	*Transfert*
FÉMININ	*Commeaufeminin* *Planetesfemme* *Newsfam*	*Plurielles* (TF1)	*Vivrefemme* *FemmeOnline* *Touteslesfemmes*
CITYGUIDE	*Cityvox* (racheté par *Webcity* en 2003)	*Maville* (Ouestfrance) *Vivalaville* (Télégramme de Brest) *Wanadooregion* (Wanadoo/FT)	*Bestofcity* *Webstub* *Viapolis* *VivaNice*

Tableau 1. Les webzines classés par domaine de spécialité

Les acteurs « hors média » de l'information en ligne

On comptait en 2001, une quinzaine de sites ou de réseaux de sites d'informations et de services locaux, appelés guides de ville en ligne ou « cityguides ». En 2006, il n'en restait que quatre. Parmi eux, un seul, Cityvox, appartient à une société Internet. L'opérateur France Telecom, via sa filiale Internet Wanadoo, dispose quant à lui d'un réseau de portails locaux. Les autres réseaux de cityguide, Maville.com (Groupe Ouest-France) et Vivalaville.com (*Le Télégramme de Brest* et *Le Républicain Lorrain*) sont la propriété de groupes de presse.

Considérée comme le premier réseau de cityguides français, Webcity, société lyonnaise créée en 1998 par Alexandre Dreyfus, s'est rapidement développée à partir de Lyon pour réussir à couvrir les principales villes françaises. Initiée par Webcity et très vite imitée, la formule qui s'est imposée est celle de l'agenda en ligne des sorties et de l'actualité culturelle. Avant de développer cette formule « qui marche », Alexandre Dreyfus définissait le projet initial de Webcity comme : « *une plateforme généraliste en réseau spécialisée dans l'information locale et les services de proximité. Après, je l'ai appelé, média-portail. Media-portail de proximité parce que..on donne de l'info [..] c'était essayer de dire, Webcity c'était ce côté info, service, commerce c'était [...] vraiment l'idée de devenir un intermédiaire quotidien, quasi quotidien, du futur.* » [Lyon. Avril 2003.]

Se défendant d'avoir voulu « *faire de la PQR* », Alexandre Dreyfus qui se définit comme un pur « *enfant du Web* », a imposé *Webcity* dans ce que Franck Rebillard nomme l'environnement médiatique local (EML)[47], bousculant les baronnies de la presse traditionnelle. Webcity est rapidement devenu un sérieux concurrent des médias locaux engagés sur le terrain de l'information en ligne. Pour son fondateur : « *l'Internet de demain c'est l'Internet de proximité [...] que le Web de demain, ça sera un Web de proximité, ça sera un Web local* ». Cette conviction allait faire écho aux volontés de nombreux acteurs de l'industrie de l'information (quotidiens régionaux, radios, télévisions, opérateurs de téléphonie, etc..) souhaitant développer une activité Internet ancrée dans l'espace local. En effet, la dimension locale sur Internet représente au tout début des années 2000 un enjeu important, comme l'ont montré les recherches menées par le groupe de Lannion[48]. Il apparaît dès lors évident aux « *promoteurs de l'Internet en France (réseaux physiques et services) que le local constituera une entrée majeure sur la toile* »[49]. Néanmoins, la prophétie ne s'est jamais vraiment

---

[47] REBILLARD, F., « Trafic d'affluences », in *Inform@tion.local*, 2002, *op.cit.*
[48] RUELLAN, D et THIERRY, D. (dir.), *Nouvelles technologies de communication : nouveaux usages ? nouveaux métiers ?*, 2000, *op.cit.* PAGES, D. et PELISSIER, N., *Territoires sous influences/2*, 2001, *op.cit.* DAMIAN, B. et alii (dir.), *Inform@tion.local*, 2002, *op.cit.*
[49] RUELLAN, D et THIERRY, D., *Ibid*, p.192.

réalisée. Alors qu'en matière d'information locale en ligne, les besoins ont sans doute été, à l'époque, surévaluées, la croissance du marché de la publicité et des petites annonces n'a pas atteint les objectifs escomptés. Ce marché qui a repris sa progression depuis 2004 a subi une compression logique au moment de *l'e-krach*. La formule du portail local d'entrée sur le Web n'a pas connu le succès attendu malgré l'intérêt pour le créneau du « local » exprimé par les investisseurs, d'une part, qui ont davantage misé sur les cityguides que sur d'autres projets éditoriaux en ligne, et, d'autres part, par les acteurs (média et hors media) de l'information sur Internet.

Pour évoquer la bataille des cityguides[50], il faut revenir au début des années 2000. Le dynamisme de l'Internet éditorial secoue les monopoles et oligopoles de l'information locale. De nouveaux acteurs, médias et hors médias (start-up, opérateurs de télécommunication...) débarquent sur le territoire de l'information locale – considéré traditionnellement comme la chasse gardée de la PQR – en proposant des offres de contenu et de services de proximité à destination d'un public d'internautes concernés par l'information régionale, locale, voire microlocale. Pendant que les start-up telles que Webcity et Cityvox, partent à la conquête de ce marché émergent, le groupe NRJ qui cherchait déjà à développer sa politique d'implantation locale, prend la tête de Bestofcity, un réseau de guide de ville. De son côté, l'opérateur France Telecom, via sa filiale d'accès Internet Wanadoo, lance son réseau de portails locaux sous la marque Voilàrégion, qui devient, en 2003, Wanadoorégion.

Face à cette concurrence nouvelle sur le terrain du local, des journaux de province qui ont déjà lancé leurs propres sites Web, profitant ainsi de leur capacité de maillage du territoire local, de leur savoir-faire journalistique et de leur notoriété à l'échelle régionale mais aussi nationale, souhaitent en parallèle développer leurs réseaux de cityguides en ligne. La filiale multimédia du groupe Ouest-France crée alors Maville.com, un réseau de portails de ville de l'ouest de la France (Nantes, Rennes...). *Le Télégramme de Brest*, associé au *Républicain Lorrain*, est à l'origine de Vivalaville.com, qui couvre principalement les villes de Bretagne et d'Alsace. De son côté, un projet du nom de Viapolis, initié par *Le Figaro, Libération* et certains titres de la PQR, vient concurrencer en 2001 les cityguides déjà existants. Le projet baptisé M6ville.fr, projet de sites urbains d'information rattachés au réseau des locales de la chaîne M6, reste sans doute l'expérience la plus courte. Elle ne dura que les premiers mois de l'année 2001. Peu après, les difficultés s'accumulent pour tous ces acteurs de l'information locale et les fermetures de sites se succèdent. Alors que le réseau Vivalaville du *Télégramme de Brest* est un temps menacé, c'est *Viapolis* qui cède le premier

---

[50] M. Delberghe, « La presse lance la bataille des cityguides sur Internet », *Le Monde*, 30 mars 2000.

Les acteurs « hors média » de l'information en ligne

après que le quotidien *Sud-ouest* ait repris, seul, les rênes du projet. NRJ cède Bestofcity à Webcity à la fin 2002 avant que la société lyonnaise ne soit elle-même rachetée en juin 2003 par Cityvox, son concurrent marseillais.

Figure 3. Citivox, le réseau de guides de villes

Certains cityguides ont fait le choix de rester uniquement centrés sur la couverture de l'information d'une seule ville. C'est le cas de Webstub.com à Lyon, de Parisavenue.com et de ViaNice (qui ouvre des sites à Lyon et Toulouse avant de se recentrer sur sa région d'origine). Ce dernier se démarque quelque peu des autres cityguides dont l'approche est, comme le remarque Denis Ruellan, « positive et non polémique, supposée coller aux comportements des jeunes urbains internautes connectés et branchés [...] Là où Webcity se fait le porte-parole d'une jeunesse consommatrice et déconnectée des questions politiques, ViaNice joue la fibre du poil à gratter, de la culture alternative et communautaire, du média dérangeant »[51].

Mais tous ces sites en marge des grands réseaux de cityguides ont cessé leur activité entre 2001 et fin 2002. Nous pouvons aujourd'hui dire que la bataille des cityguide a conduit à une « monopolisation » de l'information en ligne locale, tendance déjà en germe lorsque François Demers et Nicolas Pélissier analysaient en 2001 les phénomènes de l'Internet de proximité[52]. Wanadoorégion, Cityvox et Maville occupent désormais le terrain de l'Internet

---

[51] RUELLAN, D et THIERRY, D. *op.cit*. p. 198.
[52] PAGES, D. et PELISSIER, N., *Territoires sous influences/2, op.cit.*

local. Ce dernier est aujourd'hui occupé par les quotidiens régionaux et les communautés territoriales locales qui proposent des vitrines ou des éditions Web, ainsi que par les derniers sites portails, rescapés de l'époque faste des cityguides, qui se définissent comme neutres politiquement et idéologiquement, et qui diffusent une information utilitaire et divertissante.

Les « consumer webzines »

Nous ne pouvons pas terminer l'état des lieux de la presse 100% Internet sans évoquer les webzines de marque ou d'entreprise. Ces webzines occupent une place à part. Derrière leur apparence de journaux d'information très professionnels, il s'agit en réalité d'outils de marketing et de communication *corporate*. Equivalents sur Internet des *consumer magazines*, ces webzines utilisent les codes classiques de la presse magazine et l'idiome journalistique.

Les grandes entreprises se sont en effet dotées depuis plusieurs années d'un nouvel outil de communication : le *consumer magazine*. Ce type de publication, très en vogue dans les pays anglo-saxons notamment, ne s'est imposé en France que tardivement. Si, les sociétés de transport aérien et ferroviaire (*TGV magazine*, *Eurostar* etc.) lancent leur magazine de bord dans les années 1980, c'est dans les années 1990 que se développe ce type de presse – Danone crée *Danoé* en 1993. Distinct de la presse d'entreprise dite « interne » qui peut être définie comme l'ensemble des publications éditées par l'entreprise et destinées à ses salariés, le *consumer magazine* est un magazine qui se tourne vers l'extérieur et s'adresse au grand public. Cette approche de la communication dite *B2C* (*business to customer*) se distingue également du traditionnel « mailing » ou publipostage. Les *consumer magazines* ne sont ni des catalogues ni de simples prospectus publicitaires. Il s'agit de publications conçues comme de véritables journaux dans le respect des principes et des techniques de la presse magazine. Si la partie informative se doit toujours d'être centrale et de paraître crédible, afin que le lecteur puisse s'approprier sans crainte cet outil d'information, la fonction indirectement commerciale donne au *consumer magazine* son identité hybride. Pour que la démarche éditoriale ne soit pas perçue comme le simple habillage informationnel d'un discours commercial, un subtil équilibre doit être trouvé par l'entreprise éditrice. Média d'entreprise ou média de marque, ce produit éditorial hybride a progressivement trouvé, entre le rédactionnel et le promotionnel, sa place dans le champ de plus en plus métissé de l'information-communication.

Aujourd'hui, les entreprises qui ont le plus recours à ce support de communication se situent principalement dans les secteurs de la grande distribution, des services (mutuelles, opérateurs de téléphonie, etc.), des transports, de l'automobile et de la culture. La fonction d'un *consumer magazine* allie la recherche de fidélisation de ses clients avec une stratégie de communication ouverte sur un public plus large de consommateurs potentiels. Même si les entreprises déploient par ce moyen de gros efforts d'information sur leurs produits, avec le souci affiché de partager une « expertise », le but recherché est d'évoquer, à travers l'ensemble des sujets traités, les valeurs que la marque prétend défendre. La volonté de gagner en notoriété fait ici partie des principales motivations. En engageant un dialogue avec son client, c'est l'efficacité commerciale à long terme qui est visée. Le credo du marketing relationnel consiste à inscrire la relation client dans un contexte de confiance susceptible de faciliter l'acte d'achat.

Dans ce contexte, Internet apparaît comme un complément indispensable dans la stratégie de communication de l'entreprise, dès lors qu'il permet de décliner sous format électronique le contenu du *consumer magazine*. Plus qu'une simple duplication de l'existant, Internet favorise la dimension interactive et élargit l'audience du magazine tout en réduisant les coûts de la publication. Internet est en effet l'outil idéal du marketing relationnel. À la différence des sites Web officiels d'entreprises ou de marques, les *consumer webzines* proposent du contenu informatif et ludique (articles, conseils, jeux, etc.). La fonction première des sites Web, conçus souvent comme des vitrines marchandes sur Internet, est de présenter l'entreprise (le groupe), de décrire ses produits et prestations, et parfois de mettre en relation direct l'internaute avec les services commerciaux. Le contenu informatif est en général réduit à sa stricte dimension promotionnelle. Du côté des *consumer webzines*, le discours tenu à l'internaute, au consommateur ou au simple curieux, est un discours de complicité active censé faire appel à son intelligence et affûter son intérêt pour « l'univers » de l'entreprise ou de la marque. Ces types de produits éditoriaux qui se distinguent de plus en plus nettement des simples sites institutionnels – même si leur indépendance n'est pas totale puisque la partie magazine est parfois hébergée sur le site *corporate* – proposent de véritables articles et dossiers, de facture journalistique.

Les entreprises ainsi tentées par le métier d'éditeur ont aujourd'hui tendance, par le biais de leur *consumer*, à vouloir dépasser les limites de leur champ d'intervention. Leur approche de la communication se veut de plus en plus iconoclaste. Elles n'hésitent pas à diversifier les thèmes abordés dans leur support de communication, même si les responsables de *consumer* gardent à l'esprit qu'ils ne sont pas légitimes à parler de tous les sujets. Pourtant, la RATP va produire et diffuser de l'information sur la culture, de musique pendant qu'une mutuelle comme la MAIF produira pour son magazine (*Jevousils*) des articles assez pointus sur le trecking, le dopage ou des controverses scientifiques. Quant à la Caisse d'Epargne, elle a ouvert en octobre 2005, www.espritrunning.com, un site dédié à la course à pied. À travers cette stratégie communicationnelle, qui n'est certes pas apparue avec Internet, on perçoit la volonté grandissante de l'entité communicante d'opérer une relégation formelle de l'aspect commercial à l'arrière-plan de la démarche éditoriale (désintéressée) afin de créer un autre type de relation avec sa « cible ». L'entreprise ne s'adresse pas à un simple consommateur mais à un individu dans sa globalité. Certaines entreprises souhaitent tellement rester discrètes que leur nom, ou le nom de la marque, disparaît du titre et de l'adresse URL du site. Il arrive que le nom de la marque soit même gommé (et l'adresse URL) de la surface du *consumer webzine*. C'est le cas de storelesinfos.com, un portail d'informations et de services sur le domaine du store, édité par la société Dickson-Constant.

Figure 4. Le webzine de la Caisse d'Epargne spécialisé dans le domaine de la course à pied

La frontière entre les différentes catégories de webzines – *consumer*, portails ou journaux en ligne de la presse magazine – devient de plus en plus floue. Les éditeurs de la presse magazine ne peuvent éviter de se poser la question des conséquences chez leurs lecteurs de la confusion que produit la banalisation du genre magazine. Même si leur nature reste différente, les produits éditoriaux en ligne tendent à homogénéiser leur forme et leur contenu rédactionnel. Outre cette ressemblance, il faut souligner que les portails, les webzines et les *consumer magazines* se professionnalisent en empruntant au

Les acteurs « hors média » de l'information en ligne

journalisme, les techniques, les discours et les valeurs[53]. Ceux qui ne produisent pas en interne le contenu qu'ils éditent veillent à ce que les agences et les professionnels avec lesquels ils travaillent appliquent les mêmes règles et principes de professionnalisme.

Les *consumer* apparaissent de plus en plus comme des concurrents potentiels des médias. Alors que certains *consumer magazines* (papier) optent pour des formules payantes, les éditeurs de presse magazine craignent en effet de devoir à terme se partager les ressources publicitaires avec les *consumer* qui intéressent de plus en plus les annonceurs. Certes, ce phénomène de brouillage des frontières n'est pas nouveau. Nous souhaitons néanmoins insister sur le fait qu'Internet accentue le flou. Si les *consumer webzines* se donnent l'aspect de véritables magazines en ligne en empiétant sur le terrain de la presse magazine, l'objectif visé n'est pas tant la conquête de parts de marché que l'impact produit sur les lecteurs. Grâce à l'exploitation intelligente d'un savoir-faire journalistique détenu par ses fournisseurs de contenu – les prestataires d'expertise et de services rédactionnels, tels que les agences de contenu en ligne dont nous avons parlé – l'entreprise initie une relation commerciale transfigurée par l'approche journalistique. Elle espère tirer le maximum de profit (symbolique) de ce mode de communication qui pousse loin la logique de la mise en suspens de sa vocation commerciale.

> « *Les gens qui font appel à nous ont intégré l'idée qu'ils avaient besoin de faire travailler des journalistes, que ça avait un prix, que ça avait une valeur ajoutée aussi, qui est de communiquer selon un code qui est bien perçu du grand public [...] quand une marque juge opportun de communiquer à destination du grand public par le biais d'une information pratique, conseil, et donc d'un ton journalistique et d'une valeur ajoutée journalistique, elle comprend le besoin de ne pas biaiser la relation.* » [Responsable d'une agence de contenu en ligne. Paris. Octobre 2004.]

Le professionnalisme des éditeurs de webzine se mesure à l'aune de leur capacité à entretenir le flou quant à la véritable nature de leur démarche éditoriale. Toutefois les *consumer webzines* ne sont pas les seuls journaux en ligne à alimenter ce type d'ambiguïté. Nous verrons plus loin que les instances professionnelles des journalistes ont été contraintes pendant la période d'euphorie des débuts d'Internet de faire la chasse à toute une série de sites promotionnels déguisés en sites d'information. Mais sans aller jusqu'à évoquer

---

[53] On se reportera ici au travail de William Spano sur les consumer magazine culturels : « Les magazines culturels de marque sous l'emprise du journalisme », in *Communication & langages*, n°97, 2004.

de telles pratiques qui s'apparentent plus à des formes d'escroquerie, nous constatons qu'il est difficile de distinguer les « vrais médias » parmi tous ces webzines. Nous désignons par là les webzines édités par des sociétés qui se sont conformées aux règles fixées par la Commission de la carte d'identité professionnelle (CCIJP) et pour lesquelles travaillent des journalistes reconnus comme tels. Il n'en demeure pas moins que, malgré une telle distinction, la ressemblance entre les différents webzines reste troublante.

Les éditeurs purs Web et les intermédiaires de l'information en ligne sont-ils concurrents des éditeurs traditionnels qui se sont positionnés sur Internet ? À l'instar des frontières qui séparent ces différentes catégories de producteurs, les limites entre rivalité, complémentarité et coopération semblent difficiles à saisir. Lequipe.fr est opposé, sur le terrain du sport, à des éditeurs pur web (Sport24.com) et fournit dans le même temps du contenu au portail d'AOL. Si les webzines spécialisés ne peuvent pas réellement faire de l'ombre à des journaux d'information générale, il n'en va pas de même des « sites-portails » qui attirent les amateurs d'information rapidement consommée (type dépêches d'agence). D'autre part, les éditeurs ont longtemps débattu, notamment au sein du Geste, association des éditeurs en ligne, de la question Google News. Le journal automatique de Google est-il un concurrent ou une vitrine pour les éditeurs ? Participe-t-il au même titre que les agrégateurs au pillage des contenus des éditeurs ? Pour l'AFP, qui a intenté un procès à Google, la réponse ne fait guère de doute. Mais pour les autres éditeurs, il est difficile de trancher. De la même manière, il n'est pas toujours simple de faire le distinguo entre les acteurs et les informations disponibles sur le réseau. Avec l'homogénéisation des produits médiatiques et la complexité des rapports qu'entretiennent les différents acteurs de l'information, le flou gagne du terrain et devient de plus en plus constitutif du média Internet. Après avoir passé en revue les nouveaux éditeurs et intermédiaires de l'information, nous allons maintenant nous arrêter sur les éditeurs traditionnels.

CHAPITRE II
La presse en ligne : une histoire récente

Dès le milieu des années 1990, la presse écrite et audiovisuelle s'est tournée vers Internet. Les éditeurs de la presse écrite sont les premiers à avoir créé de réels sites d'information. En lançant leurs éditions électroniques, ces éditeurs souhaitaient, dans un premier temps, tester les capacités du nouveau média dans un esprit « bricoleur ». Internet n'a pas immédiatement été perçu comme le moyen approprié au service d'une stratégie de captation d'un nouveau public et de valorisation des contenus existants. Au tout début, la publication en ligne était plutôt conçue comme un jeu sans véritable enjeu. Mais les éditeurs traditionnels ont rapidement dû définir les contours de leur politique éditoriale et commerciale face notamment à la concurrence des nouveaux venus. Nous allons à présent nous arrêter sur les médias existants qui se lancent sur le marché de l'information en ligne. Il faut préciser que nous nous concentrons essentiellement sur les sites Web des journaux – nous désignons ces sites par l'appellation « sites-titres ». Nous avons en effet fait le choix de ne pas nous attarder sur les sites édités par les chaînes de télévision et les radios, qu'elles soient publiques ou commerciales. D'autre part, si le titre de ce chapitre porte la mention « presse en ligne », il faut préciser que ce terme est ici utilisé dans un sens restreint qui renvoie aux seuls « sites-titres ».

Nous allons revenir sur le contexte de l'émergence de la presse en ligne. Bien qu'apparue récemment, la presse en ligne a ses racines dans les premières expérimentations de presse électronique qui ont été menées en France à l'époque du Minitel. Nous ne perdons donc pas de vue le fait que l'apparition et le développement de cette presse s'inscrit dans le cours de l'évolution des médias et ne marque pas une rupture décisive, comme certains le prétendent. Dans une certaine mesure, la presse en ligne conclut un cycle commencé, à la fin des années 1970 par la numérisation de la production et des contenus. Située au confluent des principales innovations technologiques, organisationnelles, économiques et éditoriales, elle constitue de fait un bon terrain d'observation des transformations que les médias ont connues ces dernières années.

1 - La télématique ou la préhistoire de la presse en ligne

Avant de retracer dans ses grandes lignes l'histoire de la presse en ligne, il nous faut revenir sur la « préhistoire » d'Internet. Il est en effet essentiel de rappeler ici que la presse a connu des bouleversements importants peu avant l'apparition d'Internet. Sans doute plus déterminante que l'apparition d'Internet, l'informatisation des rédactions est un événement majeur dans l'histoire de la presse moderne. Outre le remplacement de la machine à écrire par le micro-ordinateur, elle a entraîné la disparition de métiers et de groupes professionnels dans le secteur de la fabrication notamment. Mais l'intégration numérique des rédactions a aussi eu pour les journalistes de la presse écrite des conséquences pratiques et symboliques fortes.

Au début des années 1980, la presse électronique fait ses premiers pas dans un contexte de changements techniques et organisationnels majeurs. Les éditeurs traditionnels s'associent rapidement aux premières expériences dans le domaine du Vidéotexte. Les services d'information sur Minitel préfigurent, dans une certaine mesure, ce que sera la presse en ligne. Si une partie des journalistes s'enthousiasme pour ces transformations profondes provoquées par le passage au numérique, on observe que ce que d'aucuns nomment sans l'analyser la « résistance au changement » l'emporte souvent dans les premiers temps. Après l'ordinateur, l'introduction d'Internet dans les rédactions ne s'est pas faite sans remous même si, depuis, l'utilisation des réseaux s'est totalement intégrée aux pratiques professionnelles.

À l'heure de l'informatisation des rédactions

Au cours des années 1980 et 1990, le monde de la presse écrite est traversé en profondeur par d'importants changements techniques et organisationnels. L'informatisation des rédactions s'inscrit dans un large mouvement de réorganisation de la fabrication et de la production du journal. C'est l'ensemble de la chaîne des métiers de la presse qui se trouve alors directement affectée par ces changements. Dominé par la corporation des travailleurs du livre, le secteur de la fabrication a sans nul doute connu les bouleversements les plus importants. Avec l'introduction des procédés modernes de fabrication et avec l'informatisation des rédactions, certains métiers se sont rapprochés et ont parfois fini par fusionner. D'autres ont tout simplement disparu. Comme le remarque Jean-Marie Charon[54], l'association photocopieuses-ordinateurs a provoqué la disparition de la compétence pointue du métier qui a longtemps piloté la phase de composition : le typographe-

---

[54] CHARON, J.-M., *La presse en France*, Seuil, 1991.

linotypiste. Appartenant à ce qu'il était convenu d'appeler « l'aristocratie ouvrière », ce dernier est alors remplacé par un opérateur dont les seules qualités sont réduites à la rapidité de frappe. Du côté de l'impression, les rotativistes deviennent, avec l'entrée de l'informatique dans les rotatives offset, de simples conducteurs de grosses machines.

> **Rapport social et innovation technique**
> Suivant ici les enseignements des historiens critiques de la technique*, nous pouvons dire que l'innovation technique appliquée au secteur de la fabrication a clairement servi les visées politiques des directions des entreprises de presse cherchant à neutraliser le potentiel contestataire du syndicalisme ouvrier. Les directions de journaux ont en effet, pendant de longues années, dû supporter la présence d'un groupe professionnel particulièrement combatif, les travailleurs du livre, regroupés dans un puissant syndicat unique de tradition anarcho-syndicaliste (le syndicat du livre CGT) détenant un monopole sur la force de travail. Entre 1960 et 1980, d'importants changements organisationnels reposant sur une série d'innovations techniques ont été réalisés au prix d'investissements lourds et rarement rentabilisés, du fait de la durée d'amortissements extrêmement longue pour les machines utilisées. Dans bien des cas de suréquipements coûteux, la raison économique censée guider ces choix stratégiques dissimule mal les motivations politiques : transformer le rapport de force au sein des entreprises de presse. L'introduction de nouvelles techniques dans le procès de fabrication permet de réduire et de déqualifier la main-d'œuvre (chère et compétente).
>
> *NOBLE, D., *Forces of production*, Knopf, 1984.

Avec l'introduction de l'ordinateur, les frontières entre les différents domaines autrefois très cloisonnés (fabrication, rédaction, administration, commercial), tendent à s'estomper[55]. D'une part, les contours et les contenus des métiers doivent être redéfinis. C'est le cas des documentalistes dont le rôle évolue sensiblement et dont les compétences s'affinent avec l'informatique documentaire. D'autre part, une série de tâches, de savoir-faire et de responsabilités glissent vers l'aval de la chaîne des métiers pour échoir au journaliste. La diversification et la densification des compétences du journaliste, formé à la technique, est le corollaire du processus de déqualification des travailleurs du livre dont la majorité des effectifs sera purement et simplement supprimée[56]. Ainsi, l'introduction de la « PAO » (Programmation assistée par ordinateur) a eu comme effet de faire remonter dans les rédactions certaines tâches traditionnelles de fabrication que prend désormais en charge le journaliste

---

[55] *Ibid.*
[56] Il faut noter que des ouvriers du livre, parmi les plus qualifiés, se sont vus offrir en guise de compensation l'opportunité d'intégrer les rédactions et de se convertir au métier de journaliste.

– notamment le secrétaire de rédaction[57]. L'informatique a conduit à la suppression des maillons intermédiaires et même, comme nous l'avons rappelé, de certains métiers. Elle a également contribué à augmenter la charge de travail et les responsabilités qui incombent aux journalistes. Chez ces derniers, la quantité et le rythme de travail – qui marchent de pair avec la montée de la polyvalence – ont progressé de façon significative. À l'issue de ces changements, le rapport de force entre les différents intervenants de la chaîne de production du journal s'est modifié au profit des journalistes, comme le soulignent Denis Ruellan et Daniel Thierry au sujet de la presse locale[58].

La numérisation de la production a permis de transférer progressivement sur support informatique l'intégralité des articles publiés sur le support papier. Au-delà des changements dans l'organisation du travail et l'équilibre des métiers de la presse, l'informatisation des rédactions fut le préalable à l'émergence d'une véritable presse électronique. La numérisation des contenus a ainsi permis de constituer une « mémoire » électronique du journal capable de pallier la dimension éphémère de l'information de presse (en particulier celle de la presse quotidienne). Elle a offert, par ailleurs, de vastes perspectives quant à la valorisation des archives du journal. Grâce au principe de l'interrogation des bases de données, la consultation des archives, par les professionnels comme par les non professionnels, a gagné en commodité. En outre, la création de bases de données informatisées a posé les bases d'un nouveau marché, celui des archives de presse. Parmi les différents services qu'offre aujourd'hui la presse en ligne, l'accès aux archives informatisées figure en bonne place.

La *Nouvelle République du Centre-Ouest* est le premier journal français à avoir constitué des bases de données en texte intégral. Le quotidien régional commence à indexer ses articles à la fin des années 1970. Dans la deuxième moitié des années 1980, l'AFP, *Le Monde*, *L'Express* et *La Croix*, se dotent de bases de données. Paradoxalement, le quotidien *Libération* qui cherche depuis plusieurs années à afficher une image de journal tourné vers la modernité technologique, n'informatise son service de documentation et ses archives qu'en 1994. Mais à cette époque, le quotidien est déjà engagé dans une réflexion sur la diversification des modes de diffusion externes de ses bases, via le support CD-Rom. L'étape suivante du processus d'informatisation des données du journal comprend donc le passage progressif d'un usage strictement interne (réservé aux journalistes et aux documentalistes) à une diffusion vers l'extérieur,

---

[57] RUELLAN, D. et THIERRY, D., « Production en réseaux et mutations professionnelles du journalisme », in GUEGUEN, N. et TOBIN, L., *Communication, société et Internet*, L'harmattan, 1998.
[58] RUELLAN, D. et THIERRY, D., *Journal local et réseaux informatiques. Travail coopératif, décentralisation et identités des journalistes*, L'Harmattan, 1998.

à destination du lectorat et des consommateurs d'information de presse[59]. Alors que les métiers de la presse font leur « révolution » dans un environnement technique et organisationnel mouvant, les éditeurs réfléchissent à la façon de valoriser la production journalistique. Avec l'expérience des premiers services d'information sur le Minitel, la numérisation des contenus représente le facteur décisif de l'essor d'une presse électronique.

Le Minitel, préfiguration de la presse en ligne

Le développement des services d'information sur Minitel s'inscrit dans le mouvement d'informatisation de la presse française. Lancé en 1982 par les PTT, le Minitel est l'aboutissement d'un travail de recherche menées dans le domaine des télécommunications, et plus précisément celui de la « télématique », produit de l'association entre les télécommunications et l'informatique. Le terme « télématique » a été popularisé à la fin des années 1970 par Simon Nora et Alain Minc, auteurs du rapport commandé par le Président Giscard d'Estaing et intitulé « l'informatisation de la société »[60]. Système d'information et de communication basé sur la norme Videotext, le Minitel se présente comme un objet de communication composé d'un clavier et d'un écran. Il s'agit d'un terminal à partir duquel il est possible d'accéder via le Télétel à un ensemble de services. La concession de ces terminaux par les PTT (puis par France Telecom), va permettre au Minitel, premier système télématique grand public au monde, de se diffuser largement dans tout le pays. Outre l'offre du service d'annuaire électronique, de nombreux services, notamment la réservation automatique (billetterie, etc.), sont alors proposés aux usagers. D'autre part, la fourniture de « contenu » représente une catégorie importante de services. Les entreprises de presse figurent parmi les premiers producteurs d'information payante via le « kiosque »[61] et s'imposent vite comme leader sur ce nouveau marché.

Avec les services d'information, la presse joue donc un rôle de premier plan dans le domaine de l'édition Vidéotext, comme dans l'essor du Minitel en France. Le Minitel, en tant que nouveau support de diffusion, est dès le début considéré avec une attention toute particulière par les éditeurs traditionnels. Ces derniers disposent d'un avantage concurrentiel certain (fond informationnel, liens avec ses lecteurs, notoriété et capacité de promotion) sur les nouveaux

---

[59] MARINO, C., *De la presse écrite à la presse électronique. Vers un nouveau média ?*, Adbs, 1996.
[60] MINC, A. et NORA, S., *L'informatisation de la société. Rapport à M. le Président de la République*, La Documentation française, 1978.
[61] Le « kiosque » est le système de tarification de la durée de communication mis en place par les PTT pour permettre la rémunération forfaitaire des producteurs de contenu.

éditeurs indépendants pour lesquels le coût d'entrée dans l'univers de la télématiques est élevé. Toutefois, la montée des services publics qui commercialisent directement l'information produite, ainsi que le poids croissant des nouveaux éditeurs défendant une vision nouvelle de l'information poussent les éditeurs traditionnels à diversifier leur offre et à innover. Ainsi, les motivations qui ont conduit les entreprises de presse à se lancer dans le Vidéotext et à en développer les usages ont probablement été plus défensives qu'offensives. Les études sur le développement de la presse électronique aux Etats-Unis établissent un constat similaire[62]. C'est la peur de l'obsolescence du format papier et la crainte de perdre du terrain face aux éditeurs spécialisés dans la télématique qui ont poussé les éditeurs traditionnels à prendre position. Ces derniers redoutaient la disparition de la publicité et des petites annonces aux profits du Minitel. Cristina Marino constate que ce concurrent perçu comme un fossoyeur de la presse écrite était voué aux gémonies avant que cette même presse ne crée ses propres services et ne prenne conscience des profits qu'il y avait à en tirer.

L'arrivée de la radiodiffusion dans les années 1920 avait provoqué des réactions semblables de la part des journalistes et éditeurs de presse inquiets face à une concurrence déloyale : réactivité plus grande, pillage des informations par les revues de presse, perte de l'exclusivité des informations, etc. Or des patrons de journaux comme Prouvost avait rapidement saisi la nécessité de se diversifier et ne pas céder le contrôle des ondes à d'autres acteurs. Quelques décennies plus tard, lorsqu'Internet fait son apparition, on retrouve les mêmes appréhensions et les mêmes motifs de justification des projets Web lancés par les acteurs des « anciens » médias. Ces phénomènes réapparaissent immanquablement à chaque nouveau média.

Figure 5. Page écran du service d'information des *Echos* sur Minitel.

---

[62] Voir BOCZKOWSKI, P. J., *Digitizing the news. Innovation in online Newspapers.* 2003, *op.cit.*

La presse en ligne : une histoire récente

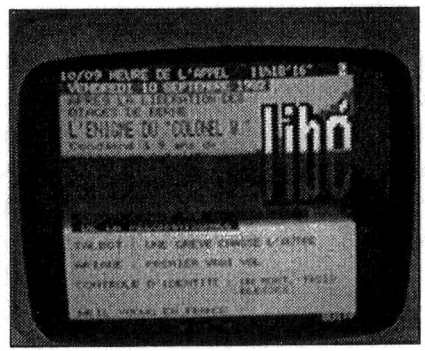

Figure 6. Page écran du service d'information de *Libération* sur Minitel.

Pour les éditeurs traditionnels, s'il est primordial de ne pas céder des parts de ce marché émergent à de nouveaux acteurs, il l'est tout autant d'explorer des alternatives à l'imprimé dans un contexte de changements technologiques majeurs. Profitant d'un savoir-faire reconnu, les éditeurs traditionnels saisissent l'occasion de s'engager dans un processus de diversification multimédia. Les années 1980 sont pour la presse écrite une décennie d'exploration technique, éditoriale et commerciale. Dès lors les journaux se mettent à proposer dans leurs éditions électroniques une grande variété de contenu. Très rapidement, plusieurs questions se posent aux éditeurs dont celle-ci: faut-il transposer le contenu du journal papier sur le service Télétel ou proposer un contenu différent ?[63]. Dans les premiers mois du Minitel, la tendance à la reproduction du modèle de la presse écrite et à la transposition simple du contenu existant apparaît assez forte, comme le remarque Jean-Marie Charon[64]. On retient alors que ce nouveau média constitue un prolongement et un renforcement du « métier » de base de la presse. On fait du service de télématique un « double » électronique du journal puis on l'utilise comme une « vache à lait » grâce au succès des services ludiques[65].

À partir du milieu des années 1980, les messageries et les jeux deviennent en effet la locomotive des services télématiques. Les éditeurs sont conduits à développer au sein de leur service d'information ce genre de contenu ludique et interactif. Très rentables, ces services ne nécessitent pas d'investissements significatifs. Derrière l'engouement pour la Télématique, on entrevoit des perspectives de gains importants. Les jeux et les messageries représentent

---

[63] Il faut souligner ici que lorsque ces éditeurs commenceront à s'intéresser sérieusement à Internet, la question se posera à nouveau.
[64] CHARON, J.-M., « Les métiers de l'édition électronique », *Brises*, n°9, Octobre 1986.
[65] Ces formules apparaissent dans un rapport sur la télématique publié en 1995. *Préfiguration de la presse électronique : les leçons de la Télématique*. Services juridique et technique de l'Information et de la Communication, SJTI, Cabinet Stratégies & mutations. La documentation française, 1995.

l'application porteuse permettant de financer l'information. Dès lors, *Le Parisien, Libération* ou *Le Nouvel observateur*, des titres parmi les plus prestigieux de la presse française, offrent des services ludiques, sources de profits importants. Dans la majorité des cas, ces derniers ne sont pas réinvestis dans la télématique mais contribuent au financement de l'activité « média imprimé »[66]. Le nouveau support est majoritairement vu par les journalistes comme un simple centre de profit. « Le service vidéotext du journal fut donc conçu comme un mal nécessaire, une machine à sous, dont on aurait tort de se passer, mais qui tendait à altérer l'image sociale, culturelle, de la publication écrite, d'où la volonté de séparer nettement la filiale télématique du journal lui-même [67] ».

À cette époque, certains journalistes craignent que leur profession, et la « marque » éditoriale sous la bannière de laquelle ils se placent, ne ressortent ternies à l'issue de ses expérimentations techniques et commerciales. Des polémiques enflent autour de la moralité du Minitel et notamment des services hébergés par les éditeurs de presse[68]. Alors que la presse gère les services de messageries, de jeux, d'astrologie, etc, l'information généraliste perd progressivement sa place sur ce média. Les fonctions rédactionnelles classiques des journalistes cèdent le pas à d'autres types de fonctions, « parajournalistiques », considérées comme beaucoup moins « nobles ». Après 1987 et malgré diverses tentatives pour redonner au contenu informatif une place centrale sur le Minitel, seuls les « fils » d'agence, la couverture d'événements ponctuels (élections, accidents, manifestations culturelles ou sportives, etc.), l'information-service (météo, horaires, fiscalité, vie scolaire, etc.) et spécialisée (financière, sportive), parviennent à trouver leur public. Dans ce contexte, l'information économique et sportive tirent leur épingle du jeu, comme l'exprime le succès du service d'information du quotidien sportif *L'Equipe* (36-15 Lequipe), propriété du Groupe Amaury. Ce groupe de presse a d'ailleurs été avec les quotidiens *Le Parisien* et *L'Equipe*, l'un des premiers à faire du Minitel un axe prioritaire de sa stratégie de développement.

> « *Je suis rentrée au* Parisien *à l'époque où le Minitel était très en vogue (36-15 PL). Je suis entré à l'origine pour m'occuper d'une rubrique « art » [...] Il s'est avéré que ce que recherchaient les gens sur le Minitel, c'était pas forcément de l'art. C'est surtout de l'info, des jeux, quelque chose de beaucoup plus direct, pas trop d'edito... Bon alors du*

---
[66] *Idem.*
[67] Voir CHARON, J.-M., *La Presse en France, op.cit.*
[68] À mesure que les usages se précisent, l'image du Minitel se déprécie. À la fin des années 1980, les messageries roses (« Le Minitel rose ») représentent près de la moitié des usages du Minitel, *idem.*

coup je bifurque vers les flashs d'actu. J'étais à l'époque responsable du service actualité [...] C'était en 86, je crois... le Minitel, il y avait 50 personnes dans la maison c'était la grosse industrie qui rapportait beaucoup d'argent. Après, il y a eu un petit peu trop de monde certainement, et puis la gestion, tout ça, on ne gagnait plus autant d'argent, surtout qu'il y avait une concurrence avec Libé... Du 36-15 PL qui était tout seul après est arrivé 36-15 Libé, 36-15 Le Monde... Bon il y a y avait de la concurrence et le service s'est écrémé, il y avait beaucoup moins de personnes [...] On était de moins en moins nombreux et les papiers... C'était surtout l'automatisation de l'AFP qui marchait très bien [...] Tout a été à la fin automatisé. » [Journaliste Web au *Parisien*. Paris. Décembre 2004.]

Internet : du rejet à l'appropriation

Tout comme la création de services télématiques par la presse, l'usage du Minitel ne s'est pas imposé aux journalistes comme quelque chose « allant de soi ». Les motivations pour s'approprier l'outil et s'investir dans ce nouveau média sont apparues faibles voire inexistantes. L'une des raisons que l'on peut donner à cette indifférence et à ce rejet est que les décisions en la matière ont émané des directions sans que les rédactions ne soient réellement actrices[69]. Or, comme lors du passage sur le Web, d'aucuns n'hésitent pas à invoquer la « culture conservatrice » de la profession pour expliquer les « blocages psychologiques » dont seraient victimes les journalistes face aux innovations technologiques. Ce type d'explication n'est, bien entendu, pas satisfaisant. Il évacue la question de la nature iconoclaste et polémique des contenus sur Minitel, celle du déficit de qualité et d'originalité éditoriales ou encore celle de la perte du monopole du papier sur l'information « chaude » qui pouvait mettre en danger l'existence des médias traditionnels. Autant d'éléments permettant de comprendre les hésitations des journalistes à s'enthousiasmer pour la télématique, un média souvent considéré comme un produit dérivé du journal papier qui n'en aurait pas la « noblesse ».

Toutefois, malgré ces remarques, les journalistes figurent parmi les premiers utilisateurs réguliers de l'outil Minitel. Comme pour l'ordinateur, malgré une réelle résistance à son utilisation, la profession a fini par intégrer ce nouvel outil de travail et de communication. Les rédacteurs ont adopté l'ordinateur et le traitement de texte en raison notamment du confort nouveau qu'ils procuraient. Il est désormais impossible pour un journaliste de concevoir

---

[69] On retrouve ce constat dans le rapport *Préfiguration de la presse électronique : les leçons de la Télématique*. 1995, *op.cit.*

son travail sans l'outil informatique. Bien que des comportements de rejet et une certaine méfiance à l'égard des TIC se soient exprimés, les journalistes se sont également lentement appropriés les outils interactif et multimédia, pour leur correspondance (messagerie électronique) et leur travail de documentation et d'enquête[70].

Dans les premiers temps d'Internet, alors que l'absence de garantie quant à la fiabilité des sources posait de sérieux problèmes éthiques, la dimension encyclopédique du Web rebutait certains journalistes qui ne souhaitaient pas se perdre dans les dédales d'une gigantesque bibliothèque numérique. Pour surnager hors de la masse et du flot incessant d'informations, de nouvelles pratiques et compétences à la frontière entre le métier de documentaliste et celui de journaliste étaient alors requises. Les habitudes en matière de collecte d'information n'ont pas tardé à se répandre avec la diffusion d'Internet. Président de la Commission de la carte d'identité professionnelle à la fin des années 1990, Olivier da Lage affirmait toutefois en 2003, au cours d'un entretien, qu'il y a « *beaucoup de gens qui ont l'accès à Internet et qui sont incapables de faire une recherche correcte sur le Web. Parce qu'ils croient qu'il suffit de taper quelques mots sur Google pour avoir les résultats qu'on veut. Il y a des stratégies de recherche à développer. C'est-à-dire que l'outil, on ne se l'est pas encore approprié.* » [Paris. Juin 2003.]

Les réticences à l'intégration de l'outil Internet dans l'environnement de travail des journalistes sont peu à peu tombées. L'usage d'Internet pour les communications des journalistes et pour leur recherche d'information et de sujets d'articles se développe peu avant 2000. Une enquête menée au cours de l'été 1999 pour le compte de l'ESJ de Lille montrait qu'Internet était déjà à cette époque devenu un outil privilégié du journaliste français. 42% des journalistes interrogés disaient se connecter régulièrement pour : consulter leur messagerie (85%), accéder aux articles et archives de la presse (étrangère et spécialisée), chercher des nouvelles sources (62%), des idées d'articles (33%) et des communiqués (40%). L'enquête révélait également que les journalistes de la presse magazine étaient les plus grands utilisateurs d'Internet et que les pigistes, à la recherche d'idées sur le Web, étaient les plus grands utilisateurs de forums de discussion[71].

---

[70] L'acculturation des jeunes journalistes à l'informatique puis à Internet s'est effectuée relativement en douceur. Sans vouloir attribuer au facteur générationnel un poid déterminant, on peut souligner en nous appuyant sur différents témoignages recueillis que les journalistes dont l'ancienneté dans le métier est élevée ont eu beaucoup plus de mal à s'adapter au nouvel environnement technologique qui s'est mis en place dans les rédactions à partir des années 1980.

[71] HERVOUET, L. « Les journalistes saisis par Internet : usages et précautions d'usage », *Les Cahiers du journalisme*, n°7, juin 2000.

La presse en ligne : une histoire récente

L'incorporation d'Internet dans les pratiques professionnelles a même créé une réelle forme de dépendance au clavier et à la souris. Peter Dahlgren évoque déjà en 1999 le fait que la dépendance au téléphone se mue en dépendance au clavier[72]. Savoir « naviguer » et se repérer sur Internet permet de gagner du temps et devient une partie intégrante des compétences nouvelles du journaliste. Domestiquer l'outil Internet doit alors être considéré comme un nouvel impératif professionnel, nous dit Peter Dahlgren[73]. La machine branchée en réseau finit par concentrer l'essentiel des moyens d'information et de communication qu'utilise le journaliste. L'accès instantané à une somme considérable d'informations, par le biais de moteurs de recherche de plus en plus puissants et efficaces, démultiplie les capacités documentaires du journaliste tout en renforçant sa sédentarité, comme le souligne Olivier da Lage[74].

Les pratiques de travail des journalistes ont évolué sous l'effet cumulé de l'introduction de l'informatique éditoriale, de la numérisation des contenus et enfin, de l'utilisation d'Internet. Malgré les résistances plus ou moins fortes qui ne manquent pas de s'exprimer, la profession adopte un à un ces outils. Aujourd'hui Internet est totalement intégré à l'environnement de travail des journalistes. Dans la pratique, Internet tend même à gagner du terrain sur le « terrain », les journalistes sortant de moins en moins fréquemment des salles de rédaction. Les formations au journalisme préparent leurs élèves à cette sédentarité et encouragent la pratique de l'enquête par Internet, au grand dam des journalistes plus expérimentés. Internet est considéré comme un outil indispensable au « bon » journaliste. Dans bien des cas, ce dernier en est aujourd'hui dépendant. Mais Internet est également un média d'information dont les éditeurs de journaux sont, comme nous allons le voir, des acteurs de premier plan.

2 - Heurs et malheurs de la presse en ligne

L'apparition de la presse en ligne est relativement récente. En France, cette presse a un peu plus de dix ans. Strictement confidentielle à ses débuts, elle est devenue aujourd'hui incontournable. La lecture de la presse en ligne s'est en effet intégrée aux pratiques d'information quotidienne de millions de personnes partout dans le monde. Les principaux sites d'informations atteignent

---

[72] DALGRHEN, P. « Cyberespace et logique médiatique : repositionner le journalisme et ses publics », in PROULX, S. et VITALIS, A. (dir) *Vers une citoyenneté simulée : médias, réseaux et mondialisation*, Apogée, 1999.
[73] DALGRHEN, P., *ibid.*
[74] Da LAGE, O., « La presse saisie par Internet », *Communication & langages*, n°129, septembre 2001.

aujourd'hui des audiences comparables, voire supérieures, à celles des plus gros tirages de la presse régionale et nationale. Si la fréquentation de la presse en ligne a crû à un rythme soutenu pendant que la presse écrite n'en finissait pas de perdre des lecteurs, ce que beaucoup redoutaient n'a pas eu lieu. Le Web n'a pas tué l'imprimé. Pour les éditeurs de presse, devenus en quelques années éditeurs multimédia, il est désormais clair que l'un ne va pas sans l'autre. Courte mais mouvementée, l'histoire de la presse en ligne peut se découper en trois périodes : les balbutiements, l'explosion, et enfin la crise qui annonce l'entrée dans l'âge de la maturité.

Une histoire américaine

Avec les « autoroutes de l'information », les grands journaux de la planète découvrent qu'ils peuvent accroître sensiblement leur rayonnement. En ligne, leur capacité de diffusion semble illimitée. Dès lors, le désenclavement de la zone de diffusion du journal fait naître de nombreux espoirs chez les éditeurs de presse et les journalistes. Pour un journaliste du Monde.fr, « *avec Internet, tu ne t'adresses plus à 60 millions de français en disant : 'j'ai mon potentiel ici de lecteurs parce qu'à l'étranger,* Le Monde, Libé *ou* Le Figaro, *c'est quasiment rien mais là... que tu sois à Bangkok, Buenos Aires ou Tokyo, d'un coup t'as un potentiel... In fine, c'est 7 milliards d'individus'* » [Paris. Janvier 2004]. L'extension de l'ère de diffusion d'un journal est sans conteste une réalité avec Internet. Un journal en langue espagnole comme le quotidien ibérique *El Pais* ou comme le quotidien argentin *Clarin* peut désormais prétendre s'adresser à une audience qui s'étend à toute la zone hispanophone, et bien au-delà.

Alors qu'en 1996, quelques journaux français seulement disposent d'une version électronique, aux Etats-Unis, un nombre important de titres a déjà effectué son passage sur Internet. Les journaux américains ont en effet été les premiers à se lancer massivement à la conquête du Web. Nous avons souhaité faire ici un crochet par l'histoire de la presse en ligne aux Etats-Unis afin de souligner, d'une part, son antériorité et, d'autre part, sa capacité à « montrer l'exemple » aux éditeurs du reste du monde. Les formules éditoriales et les modèles économiques qu'ils ont mis au point seront effectivement souvent copiés en France et ailleurs.

De 1980 à 1995, les journaux américains explorent les alternatives (techniques, éditoriales, commerciales) à l'imprimé, comme le rappelle Pablo J. Boczkowski[75]. Ils concentrent alors leurs efforts sur les « produits éditoriaux » qui peuvent être délivrés sur les ordinateurs personnels connectés à des services en ligne. En 1993, le *San Jose mercury News* lance son édition en ligne. Le

---

[75] BOCZKOWSKI P.J.*Digitizing the news*, 2004, *op.cit.*

journal californien est, depuis, considéré comme le premier journal à avoir développé une version électronique, en ligne. L'intérêt de cette antériorité, somme toute anecdotique, tient essentiellement à sa dimension symbolique. Au cœur de la Silicon Valey californienne, la ville de San José incarne « l'El Dorado » du nouveau capitalisme à l'heure du lancement, par l'administration Clinton, des grands travaux touchant aux infrastructures des « autoroutes de l'information ». Le quotidien de San José ouvre donc la voie de la presse en ligne aux médias américains.

Peu après, en 1994, les hebdomadaires nationaux *Newsweek* et *Time,* puis les grands quotidiens *The Chicago Tribune, The New York Times, The Los Angeles Times* et *The Boston Globe* lui emboîtent le pas. La plupart des journaux qui se lancent dans l'aventure de l'édition en ligne intègrent, dans les premiers temps, des services de distribution électronique dits « propriétaires », comme ceux d'AOL, de Compuserve ou de Prodigy. À la différence du Web, réseau ouvert, ces réseaux fermés sont réservés à des abonnés qui payent pour accéder à un ensemble de services en ligne. Entre 1992 et 1994, l'essentiel de l'activité Internet des journaux passe par ces serveurs propriétaires auxquels sont abonnées près de quatre millions de personnes. Mais, à partir de 1995, les journaux américains passent progressivement sur le Web dans l'espoir de toucher un public plus large. En 1996, la plupart des grands journaux américains ont déjà effectué leur passage sur Internet. La fin de la décennie 1990 correspond à un période faste pour le Web. Les investissements explosent. Les rédactions Web et le contenu des sites s'étoffent. Profitant de la notoriété de leur « marque », et de leur réputation de professionnalisme, les grands journaux généralistes parviennent à conquérir un public d'internautes toujours plus nombreux. La fréquentation des sites augmente et double même chaque année entre 1995 et 1998. Parmi ces internautes, les lecteurs du journal, abonnés de la version papier, ne forment qu'une minorité. Dès lors, le site Internet apparaît comme un bon vecteur de renouvellement du public et fait ainsi l'objet de toutes les attentions de la part des équipes de direction des journaux et des groupes de presse.

Sur le plan stratégique, les réflexions s'engagent alors sur le contenu du journal en ligne et son modèle économique. Plusieurs modèles sont essayés : transposition simple du contenu du papier, sur Internet (*repurposing & shovelware*), complément et enrichissement du contenu préexistant (*recombining*) ou création d'un contenu propre dans lequel peuvent figurer des images, du son, etc. Dans la deuxième partie des années 1990, la plupart des journaux en ligne fonctionnent sur le modèle de la transposition simple. Il s'agit d'une tendance qui s'observe à l'échelle mondiale. Or, depuis, les journaux se sont mis à créer du contenu original pour Internet en tirant profit des capacités du média[76]. Quant au mode de financement des éditions électroniques, les divergences existent au sujet de la question centrale du « payant » et du « gratuit », et les formules adoptées alternent au rythme des modes. Néanmoins, les leviers principaux de financement des projets Web restent la publicité, la vente de contenu (au particulier ou par syndication) et le commerce en ligne. Jusqu'à présent, les solutions envisagées reposaient sur un dosage subtil entre ces différentes sources de revenu. Mais, comme nous le verrons plus loin, rares sont toutefois les éditions en ligne qui atteignent la rentabilité. Le succès du site Web (payant) du *Wall street journal*, le célèbre quotidien économique très prisé dans les milieux d'affaire, fait partie des exceptions notables à la règle.

> **Des journaux 100% Web**
> Contrairement à l'exemple français, une presse d'information générale 100% Internet s'est développée aux Etats-Unis. Nous pouvons citer les trois principaux webzines dont la notoriété dépasse les frontières des Etats-Unis : Salon, Slate et The Drudge Report. Salon, webzine culturel et politique, a survécu à la crise d'Internet et a évité la faillite annoncée comme inévitable en 2003. Il continue de proposer un journalisme qu'il qualifie d'« irrévérent » et d' « indépendant ». Issu d'un « piquet de grève virtuel », Salonmagazine.com est lancé par David Talbot, en 1995. À l'occasion d'un conflit social, en 1994, des journalistes en grève du quotidien *San Francisco Examiner* décident d'ouvrir un site Web, le San Francisco Free Press. Suite au succès du site, David Talbot, un ancien militant gauchiste qui souhaite créer une revue littéraire, profite de cette dynamique et du soutien de quelques investisseurs pour faire de ce site provisoire un véritable journal en ligne. Rapidement, l'équipe de journalistes s'étoffe et le journal devient quotidien. Dans un entretien accordé au journal *Libération*, David Talbot revient sur l'origine du projet. « La presse était devenue timorée, ennuyeuse et inoffensive. Je voulais faire quelque chose de sexy et intelligent. À la fois populaire et engagé »*. L'esprit anticonformiste et la qualité des articles de Salon confèrent au webzine une solide réputation et lui permettent de s'imposer comme l'un des journaux en ligne les plus appréciés, aux Etats-Unis comme à l'étranger. Rebaptisé Salon.com en 1999, le webzine détenu par le groupe Salon magazine, un temps coté en bourse (Nasdaq), connaît encore quelques difficultés économiques**.
> Lancé en 1996 par Mickaël Kinsley, un ancien journaliste vedette de la chaîne CNN, et financé par le géant de l'informatique Microsoft, Slate.com a, dès sa création, voulu être un « laboratoire du journalisme en ligne » et afficher une totale indépendance à l'égard de son propriétaire. Son premier numéro comporte d'ailleurs un dossier intitulé « Is Microsoft evil ? »***. Le pari des fondateurs de Slate était d'autant plus difficile que les velléités monopolistiques de Microsoft, suscitaient à cette époque de vives inquiétudes. Pour beaucoup d'observateurs, Slate représentait alors un moyen pour Microsoft de pénétrer le monde de la presse en ligne après s'être intéressé aux services sur Internet. Magazine d'actualité sérieux, Slate s'est progressivement imposé comme une valeur sûre de la presse en ligne, sans toutefois être parvenu à « révolutionner » le journalisme comme l'ambitionnait Kinsley avant de démissionner, fin 2002. Le webzine, cédé en décembre 2004 au *Washington Post*, peut toutefois se prévaloir d'être rentable.

---

[76] *Ibid.*

La presse en ligne : une histoire récente

> Le Drudge Report, du nom de son principal animateur, Matt Drudge, est une expérience originale dans le monde de la presse en ligne. Depuis 1994, Matt Drudge met en ligne sur son site des informations, pas toujours vérifiées, glanées notamment sur le Web (sur les forums de discussion). La rumeur, la polémique, l'information qui filtre des rédactions des grands médias et des lieux du pouvoir, constituent le fond de commerce de celui que l'on présente comme l'agitateur du Web. Considéré comme le symbole d'un « journalisme de caniveau », le Drudge report représente pour beaucoup une menace pour l'éthique journalistique puisque son succès tient au fait qu'il court-circuite la chaîne de vérification de l'information. Matt Drudge, journaliste atypique, s'est réellement fait connaître en janvier 1998, en révélant sur son site que le magazine *Newsweek* hésitait à publier les propos d'une conversation téléphonique portant sur la liaison entre le président Clinton et une stagiaire de la Maison Blanche. Le Drudge Report est, depuis, considéré comme le webzine qui a « sorti » l'affaire Lewinski, ce scandale politico-judiciaire qui constitue un événement central dans le développement de la presse en ligne. En formant un large réseau d'informateurs, simples internautes ou journalistes professionnels « frustrés » que « leur chef ne les laisse pas écrire telle ou telle histoire »****, le Drudge Report sort du lot des simples webzines amateurs. Le site www.drudgereport.com génère beaucoup de trafic. Il est devenu une source d'information très consultée par les internautes et les journalistes américains. Elevé au rang de symbole de la « cyberrévolution », le Drudge Report qui est un média sans journalistes (2 personnes seulement) compte près de 5 millions de pages vues par jour et attire beaucoup d'annonceurs.
>
> *N. Levisalles, « Le journalisme intelligent tient « Salon », *Libération*, Cahiers multimédia, 26 février 1999.
> ** E. Lohmann, « Salon, la qualité coûte trop chère », *Sunday Times*, article traduit et reproduit dans le hors série de *Courrier international*, « Le guide mondial de la presse en ligne », 2003.
> *** « Microsoft, patron de presse libérée », *Libération*, Cahiers multimédia, 28 juin, 1996.
> **** Luc Lampriere, « Matt Drudge, celui par qui le scandale arriva », *Libération*, Cahiers multimédia, 30 janvier 1998.

Le temps des pionniers (1995-1998)

Dans la continuité des expériences menées avec le Minitel, les entreprises de presse françaises vont commencer à entrevoir, avec le développement des réseaux d'information – les fameuses « infos routes » ou « autoroutes de l'information » dont on parle depuis 1993 – de nouvelles opportunités en matière de captation d'audience et de diversification de leurs supports de diffusion. On peut d'ores et déjà distinguer plusieurs périodes dans la courte histoire de la presse en ligne en France. Rappelons que par le terme « presse en ligne » ou « journal en ligne », nous désignons les versions Internet des journaux papier. Hormis quelques références à d'autres acteurs de l'information (médias audiovisuels, webzines, portails, etc.), nous nous intéressons ici aux sites Web des principaux titres de la presse écrite.

Les premiers sites Web de journaux sont créés entre 1995 et 1996. Si certains de ces sites mettent déjà en ligne le contenu du journal (du moins une partie), la plupart n'offrent que peu de contenu éditorial. À cette époque, la priorité des managers de presse est de mettre en visibilité le titre (ou plutôt la « marque ») sur ce nouveau support. Initialement simples vitrines en ligne à l'aspect plutôt sommaire, les sites Web des médias traditionnels vont progressivement devenir de véritables journaux multimédia en ligne. Entre 1998 et 2000, la grande majorité des journaux français se dote d'un site Web éditorial. Après 2000, la crise du secteur Internet contraint les entreprises de presse à revisiter leurs stratégies de développement sur le Web. Malgré les difficultés à trouver un modèle économique susceptible de rentabiliser l'activité Internet, les journaux en ligne survivent à la crise. Aujourd'hui Internet fait partie intégrante de la stratégie des entreprises de presse qui résonnent en terme de complémentarité entre les différents supports, papier, Web et maintenant téléphone portable et baladeur numérique. L'axe papier-Internet[77] représente le cœur de l'approche multimodale de la diffusion de l'information de presse.

Engagé, en partenariat avec l'INA (Institut National de l'Audiovisuel), dans un projet de mise en ligne de ses archives, le journal *Le Monde diplomatique* ouvre son site Web au début de l'année 1995. Le lancement de la version électronique en ligne du mensuel inaugure l'ère de la presse en ligne en France. Peu après, les grands journaux amorcent le passage du support papier au support Internet. Les projets Web qui se développent alors s'inscrivent dans la continuité des expériences de la télématique. Ainsi, dans la presse française, les services d'information sur Minitel ont bien souvent guidé la réflexion des concepteurs de sites d'information et délimité les contours des futurs projets Web. Parfois, comme ce fut le cas aux *Echos*, la personne nommée responsable du site Web est un transfuge du Minitel. Philippe Jannet qui travaillait depuis 1983 sur les services d'information sur Minitel (*Le Parisien*...) est en effet l'archétype du journaliste qui a fait « carrière » dans l'édition électronique. Formé au service télématique, il y est resté jusqu'en 1996, avant d'intégrer la rédaction Web du journal.

L'émergence d'Internet coïncide avec la découverte des limites techniques du Minitel, spécificité française. La qualité graphique des interfaces et les possibilités offertes par le langage html en matière d'interactivité font prendre un « sérieux coup de vieux » au Minitel. Toutefois, au milieu des années 1990, la présence encore forte du Minitel, l'existence d'une presse électronique (télématique), et les faibles capacités d'investissement des entreprises de presse,

---

[77] Le quotidien *Libération* crée en 1996, à l'occasion de la présentation de la nouvelle formule de son site Web, le concept de « Bimédia ».

peuvent expliquer le fait que les journaux français tardent à effectuer leur passage sur Internet. En France, et contrairement à d'autres pays européens comme la Suède ou l'Angleterre, le taux d'équipement en micro-informatique et le nombre de connexion à Internet restent faibles jusqu'à la fin de la décennie 1990. Dans ce contexte particulier de longue maturation de la presse en ligne, des rapports d'experts se multiplient pour inciter au développement du multimédia[78] et atténuer les effets de ce que le sens commun qualifie de « retard français ».

À la fin de l'année 1995, les premiers quotidiens ouvrent leur site, quasi simultanément. C'est un titre de la presse régionale, les Dernières Nouvelles d'Alsace qui lance en septembre le mouvement. Suivent, fin 1995, Libération et Le Monde. L'attribution de la paternité du premier site d'un quotidien français donne lieu jusqu'à aujourd'hui à une lutte symbolique. L'enjeu est, pour ces grands quotidiens, de consolider leur image de journaux modernes ouverts sur les progrès technologiques, les médias et l'information « de demain ». Libération s'est lancé clairement dans une politique de promotion de la « révolution digitale » et fait en sorte que ça se sache. Ainsi, plus de dix ans après la création de son site Web, pour l'annonce du lancement de la quatrième version du site, le 18 octobre 2005, Serge July réaffirme qu'en « septembre 1995, Libération lançait le premier site d'informations électroniques »[79]. Pour les cadres du journal, cette primogéniture ne fait donc l'objet d'aucun doute. « Notre ambition est de conforter le rôle pionnier qui a été celui de Libération dans un domaine dont l'importance va croissant pour toute entreprise de presse »[80].

Porté par une équipe de passionnés des TIC mais ignoré par la rédaction, le site Internet de Libération voit le jour peu de temps après le lancement des Cahiers du multimédia, premier supplément hebdomadaire spécialisé dans le domaine, vendu le mardi avec le journal du jour. Depuis les années 1980 et le lancement de ses services d'information sur le Minitel, l'orientation « nouvelles technologies » marque nettement l'identité du journal et par conséquent celle de ses lecteurs. Avec l'arrivée d'Internet et le boom de la nouvelle économie, la place qu'accorde le journal à l'information sur les dimensions économiques et sociales des phénomènes technologiques renforce un peu plus la réputation de Libération comme journal « branché » – dans le sens de « branché sur l'innovation technique ». Cette orientation « techno » du journal lui vaudra, d'être rebaptisé « L'Echo des start-up » par un journal satirique de critique des

---
[78] BOURDIER, J.-C., rapport sur la presse multimédia, La presse et le multimédia, Ministère de l'économie, des finances et de l'industrie, 1997.
[79] « Libération à l'heure du Bimédia », Libération, 18 octobre 2005.
[80] « Libération.fr fait page neuve », Libération, 18 octobre 2005.

médias, *PLPL*. Malgré la crise de la nouvelle économie et du secteur de l'information en ligne, *Libération* continuera de jouer la carte de la technologie.

Le quotidien *Le Monde* insiste également de son côté, sur sa position de « pionnier français du secteur »[81]. Officiellement le site Web du *Monde* est en ligne depuis le 19 décembre 1995. La date choisie correspond à une date anniversaire, celle des 51 ans de la création du *Monde* par Hubert Beuve-Mery, à la libération. Il serait erroné de croire que la création d'un site Web représente pour chaque entreprise de presse l'accomplissement d'un dessein longuement mûri dans le cadre d'une vision stratégique très claire. Bien au contraire, il ressort de nos entretiens que, bien souvent, l'activité Internet a été portée, dans l'ombre, par des individus et des petites équipes à qui les directions de groupe ou de publication ont délégué cette mission ; mission dont les objectifs étaient pour le moins évanescents. Caractérisées par la motivation de leurs membres et l'enthousiasme de leurs responsables[82], ces équipes éditoriales ont avancé par tâtonnement et sans disposer de moyens financiers conséquents.

Le passage du papier au Web est un peu chaotique. Ni l'aspect des sites, ni leur architecture, ni leurs modalités de navigation, ni leur contenu, ni leur modèle économique ne sont alors définis. Lorsque les précurseurs de la presse en ligne font leurs premiers pas sur le réseau mondial, tout est évidemment à inventer. Plutôt que de prétendre réellement offrir un service à la très petite communauté d'internautes, le site Web sert avant tout à convaincre les managers de l'utilité d'une version en ligne. Parfois l'intérêt pour le Web est apparu de façon presque contingente. En guise d'expérimentation « grandeur nature » des potentialités qu'offre le nouveau support, certaines entreprises de presse profitent d'un événement pour lancer leur site Web. En 1996, la réunion des pays du G7 qui se tient à Lyon est l'occasion pour le quotidien régional *Le Progrès* de tester le potentiel du média Internet. Ainsi, à la suite de ce projet éditorial ponctuel qui a contribué à établir les bases du futur site du journal, *Le Progrès* décide de lancer sa version en ligne.

---

[81] D'après Bruno Patino président du *Monde interactif*, dans le supplément du *Monde*, « Les comptes du groupe, 2003 », 5 juin 2004.
[82] Parmi les acteurs pionniers de la presse en ligne, certains ont marqué de leur empreinte le monde du journalisme en ligne et influencé pour un temps les concepteurs et responsables de sites. C'est le cas de Michel Colonna D'Istria – fondateur du premier site du *Monde* puis directeur de la filiale *Le Monde Interactif* jusqu'à son départ pour Libération.fr en mai 1999. On peut également citer Philippe Jannet des *Echos* et Corinne Denis de *L'Express*, aujourd'hui respectivement Président et Directrice adjointe du Geste, association des éditeurs.

La presse en ligne : une histoire récente

L'essor de la presse en ligne (1998-2001)

Les journaux en ligne ne prennent réellement leur essor qu'au moment de la deuxième vague de création de sites qui débute autour de 1998. Si, à cette date, la plupart des journaux disposent déjà d'une version Internet, les projets éditoriaux en ligne prennent une toute autre dimension. Entreprises et groupes de presse accélèrent leur diversification multimédia en mettant en œuvre les moyens d'une politique ambitieuse. Des stratégies vont rapidement se dessiner. Dans les entreprises de presse, la structuration de l'activité Web passe notamment par la constitution de pôles ou départements ad hoc (« multimédia », « numérique », « Internet »). À cette époque, l'investissement afflue en direction des services Web ainsi que des filiales multimédia qui se créent en cascade. Les entreprises et groupes de presse optent pour différentes stratégies qui s'échelonnent entre l'internalisation de l'activité Web et multimédia et l'externalisation complète ou partielle de ces activités. La création de filiales multimédia, sociétés dont le capital est le plus souvent partagé entre des investisseurs extérieurs et l'entreprise ou le groupe de presse, représente une voie intermédiaire[83].

La filialisation offre ainsi un levier de financement, tout en permettant aux éditeurs, qui disposent du savoir-faire journalistique, de garder un contrôle sur la stratégie économique et la politique éditoriale. Beaucoup d'acteurs de la presse quotidienne régionale et nationale se dotent alors de filiales spécialisées dans la production et l'édition multimédia. En partenariat avec Grolier interactive, du groupe Lagardère, *Le Monde* crée une filiale, Le Monde interactif, qui prend en charge le développement et la gestion de son site-portail (rebaptisé en 2000 Toutlemonde.fr) ainsi que le supplément hebdomadaire du journal (Le Monde interactif). De leur côté, *Ouest France* et *Le Télégramme de Brest* développent leurs activités Web et multimédia via leurs filiales respectives, TC multimédia (qui deviendra Ouest-France Multimédia) et Cyber ouest. Dans la zone Est, le quotidien *Les Dernières Nouvelles d'Alsace*, et *l'Est Républicain*, figurant tous deux parmi les pionniers du Web, s'associent pour créer une filiale multimédia, SdV Plurimedia. Quant au groupe Bayard Presse, il crée, grâce à l'apport de capitaux du groupe Suez BayardWeb, une *joint-venture* dont la vocation est de concevoir une plate-forme Web rassemblant tous les sites des titres du groupe.

La presse française d'information générale qui vit une situation de crise depuis de longues années, place dans la presse en ligne beaucoup de ses espoirs. Pour les éditeurs de la presse quotidienne notamment, le contexte est en effet à la morosité : baisse constante du lectorat, hausse des coûts de production-

---

[83] *Le Figaro* ou bien *L'Equipe* optent pour la création de filiales qu'elles contrôlent à 100%.

diffusion, etc. Le renouveau de la presse traditionnelle et, parfois, la survie même des titres, semblent alors dépendre de son adaptation à l'univers d'Internet. L'essor des activités éditoriales liées à Internet, malgré une rentabilité incertaine, laisse augurer aux managers de presse, une évolution favorable à leur « métier ». Une tendance forte de l'époque consiste à détacher, physiquement, l'activité Web ou multimédia de la rédaction des titres papier. Cette autonomisation de la partie Internet s'explique par la volonté de donner à l'activité Web une visibilité plus grande et les moyens d'amorcer une dynamique propre portée par une nouvelle génération de journalistes. Le personnel des rédactions Web est en majorité plus jeune que celui du journal papier. Il règne dans ces rédactions une atmosphère de décontraction. Dans leurs locaux séparés du journal, les journalistes du Web créent leur propre culture de travail, une culture fortement imprégnée de « l'esprit start-up ».

À travers la constitution de filiales et de services Internet autonomes, le Web acquiert une relative indépendance à l'égard des rédactions du papier. L'équipe chargée du Web dispose d'une latitude plus grande pour développer ses « produits » originaux et échapper à ce qui est alors perçu comme « l'inertie » du support traditionnel dont le personnel est présenté, par les « gens du Web », comme rétif au changement. En outre, cette autonomie de la partie Web, propice à l'innovation éditoriale, apparaît comme un avantage dans un contexte marqué par l'apparition de concurrents nouveaux, étrangers à l'univers des médias et de la culture journalistique traditionnelle. Au-delà de la dimension matérielle (les moyens alloués sont souvent très importants), cette indépendance apparaît comme un signe de reconnaissance du nouveau support et des espoirs qu'il suscite. Avant d'être réintégré, en 2005, dans les nouveaux locaux du groupe, Boulevard Blanqui à Paris, Le Monde interactif, filiale du quotidien *Le Monde*, disposait de ses propres locaux, Quais de la Loire. Dissociée de la rédaction du journal, la rédaction du Parisien.fr a, quant à elle, migré à Issy-les-Moulineaux, sur « *le site de la Silicon Valley parisienne* », comme le dit une journaliste du site Web, dans les mêmes locaux que Lequipe.fr. Le retour à St Ouen au siège du journal a eu lieu, en 2002, après la crise du secteur.

Entre 1998 et 2001, la taille des équipes dédiées au Web croît sensiblement et le recrutement de techniciens (webmasters, infographistes, etc.) et de journalistes bat son plein. Cyber ouest, la filiale du *Télégramme de Brest* qui réalise de nombreux sites locaux (Vivalaville) compte jusqu'à 65 personnes en 2000. Les effectifs du Monde.fr se réduisent au début à quatre personnes. Après la création de la filiale Le Monde interactif, en 1999, les effectifs dépassent la trentaine. À *Libération*, le site est géré dans les premiers temps par quatre ou cinq personnes. Au plus haut de la vague de recrutement, en février 2001, l'équipe Web comptera également jusqu'à une trentaine personnes.

La presse en ligne : une histoire récente

À cette époque, le site Web n'est plus considéré, par le management, comme le « jouet » coûteux de quelques passionnés de machines ni comme une belle vitrine en ligne du journal qui ne rapporte rien. Les médias traditionnels, écrits et audiovisuels, redéfinissent les contours de leur stratégie Internet et se lancent activement à la conquête de parts de marché dans le secteur de l'information en ligne. La nouvelle génération de sites Web incarne la politique de diversification multimédia dans laquelle sont engagés les principaux médias. L'orientation générale consiste à améliorer le « produit » phare, en l'occurrence le journal en ligne, version Web du journal papier. Cependant, certaines filiales multimédia appartenant à des sociétés ou à des groupes de presse sont tentées de créer de « nouvelles marques » et de développer des produits éditoriaux originaux. C'est le cas du groupe Socpresse, éditeur du *Figaro*, qui gère le portail de ville, Parisavenue.com. La société Ouest-France crée, parallèlement au site Web du journal (France-Ouest.com qui deviendra Ouest-france.com), le réseau de sites d'information locale Maville. De son côté, Le groupe Test, propriétaire de nombreux titres de presse spécialisés dans l'informatique, lance un site éditorial sans équivalent papier (100%Web), 01net.com qui connaît une réelle réussite. Quant au groupe Bayard, dans le cadre du portail BayardWeb, il décide de créer un site éditorial axé sur la religion baptisé Croire.com.

« *En fait, j'avais été un peu happée dans la synergie BayardWeb au moment où Bayard avait décidé de lancer ce projet dans le courant 2001. Ils ont proposé à des journalistes du groupe de se lancer sur le projet. Il y avait pas mal d'argent qui était mis par Bayard. C'était un des projets de développement du groupe. [...] Il y avait tout à créer [...] On créait une marque nouvelle, on créait un titre nouveau en ligne, et on n'avait pas de vis-à-vis en terme de papier* » [Ex journaliste Web à Croire.com. Paris. Décembre 2004.]

Autour de l'année 2000, l'heure est au développement de « produits » multimédia interactifs : son, images (photos, infographie), forums, *chat*, etc. Cette époque prolifique en idées et en projets éditoriaux est une époque d'exploration des potentialités du nouveau support. Mais limités par les contraintes techniques, notamment par la faible pénétration du « haut débit », les éditeurs d'information en ligne doivent patienter pour pouvoir utiliser des documents qui exigent, comme la vidéo, de grandes capacités de « bande passante ». Outre l'ouverture sur le multimédia (son, images), le contenu écrit se diversifie. La matière première des versions en ligne des titres papier a toujours été, sauf à de rares exceptions, le contenu du journal. Il s'agit d'une sélection ou de l'intégralité du contenu du journal mise à disposition de l'internaute, le plus souvent gratuitement. Néanmoins, les éditeurs ont très tôt pensé proposer un contenu éditorial propre à Internet, conçu spécialement pour le site par des équipes *ad hoc*. Fils de dépêches, éclairages thématiques, dossiers, infographies, compléments d'information (textes bruts, interviews), liens vers les sources, etc.

Mais ne faudrait-il pas se contenter d'une simple transposition sur le site du contenu du journal, pour ne pas lui couper l'herbe sous le pied ? La question demeure. Également pris dans cette problématique, des travaux d'universitaires et des rapports d'experts ont établi que l'équilibre entre la reproduction de l'existant et la production d'un contenu propre au Web était bien souvent précaire. En matière de contenu en ligne, plusieurs logiques et plusieurs « écoles » s'opposent. Des éditeurs optent pour la transposition sur le Web du contenu créé pour l'édition papier. D'autres pratiquent la reprise d'éléments du journal papier mais l'enrichissent en ajoutant du contenu original.

Souhaitant se détacher radicalement du contenu du support papier, quelques éditeurs (très peu nombreux) ont opté, au risque parfois de brouiller le message envoyé à leurs lecteurs, pour la création d'un site Web alimenté par un contenu ad hoc. C'est le cas notamment de l'hebdomadaire *Marianne* qui, comme nous l'avons vu, a confié pendant deux ans à une agence sous-traitante (L'île des médias) la réalisation et l'entretien de son site Web, Marianne-en-ligne.fr. La tâche des rédacteurs de l'agence était alors de produire des informations dans « l'esprit Marianne », sans copier le contenu du papier. Pour des raisons différentes, qui tiennent plus à la question sensible des droits de reproduction des articles de ses journalistes, *Le Figaro* a voulu se lancer dans un projet de journal en ligne très indépendant du titre papier, tout en conservant la marque *Le Figaro*. Malgré de nombreux échecs, la période antérieure à 2001 s'est en effet révélée propice à de nombreuses expérimentations qui firent plus ou moins long feu. Comme le rappellent plusieurs acteurs de cette période, dans le domaine de la presse et du journalisme en ligne, « tout était à inventer ».

La crise (2001-…)

La Tribune, *L'Equipe* et *Le Figaro* font partie des derniers grands quotidiens à s'être lancés sur le Web (entre 1999 et 2000)[84]. Leur arrivée sur

---

[84] Deux titres de la presse quotidienne font encore à cette époque figure d'exception. Le journal *La Croix* ne lance son site éditorial, Lacroix.fr, qu'en 2002, après l'échec du portail BayardWeb. Quant au quotidien régional Le *Dauphiné Libéré*, il s'est rapidement doté d'un site vitrine à vocation promotionnelle qui se présentait comme un portail pour commerçants locaux, sans contenu éditorial. Le quotidien ne changera de formule qu'en avril 2005 en lançant un véritable site éditorial. *Le Dauphiné libéré* est le dernier grand quotidien français à s'être doté d'une version en ligne. Le quatrième quotidien français en terme d'audience, après avoir rattrapé son retard, tente même de prendre une longueur d'avance en s'aventurant, à

La presse en ligne : une histoire récente

Internet est tardive et intervient peu avant la crise du secteur qui provoquera la chute des investissements et des recettes publicitaires. Le début de cette nouvelle phase de la courte histoire de la presse en ligne coïncide donc avec l'*e-krach*, importante crise boursière et financière qui grève momentanément les espoirs des éditeurs de presse sur Internet. Les filiales, les services et les rédactions Web des journaux sont profondément déstabilisés par la crise. De nombreux projets sont ajournés ou abandonnés, faute d'argent ou de perspectives de rentabilité à court terme. La priorité est à la recherche d'économie, après des mois de dépenses : compression des coûts, retour à des principes de gestion rigoureux, réduction des effectifs, etc. En 2001 et 2002, les plans sociaux se suivent à une cadence soutenue comme dans la filiale Internet du groupe Lagardère (Lagardère Active Broadband) qui licencie une grande partie des journalistes travaillant pour les sites Elle.fr et Parismatch.fr. Le Parisien.fr se recentre sur une équipe restreinte. Quant à *Libération*, le département Internet est le premier à être touché par cette nouvelle crise qui aggrave la situation financière du journal. Libération.fr perd les deux tiers de ses effectifs pour ne conserver qu'une dizaine de personnes. Le groupe Bayard, qui s'était lancé dans un projet de portail (BayardWeb) au moment où s'amorçait le reflux de la vague Internet, décide en 2002 de se recentrer sur les sites des quatre titres phares du groupe. La moitié des effectifs de BayardWeb est supprimée.

Dès la fin de l'année 2000, de nombreuses entreprises engagent une restructuration en profondeur de leurs activités Web, au risque de faire du journal en ligne, une « coquille vide ». Arrivé tardivement, en octobre 2000, sur le terrain de la presse en ligne, *Le Figaro* s'est lancé dans un projet de site éditorial ambitieux. La version en ligne du journal a ainsi pris place au sein du pôle numérique du groupe Socpresse (dont les activités multimédia comptaient Parisavenue, Cadresonline...) au moment même où la situation de certains sites Web commençait à se dégrader. Le projet de journal en ligne du *Figaro*, dense en contenu et autonome par rapport au papier, est brutalement stoppé en décembre 2000, deux mois seulement après son lancement. Sur les trente personnes affectées à la gestion du site Web, trois seulement (1/10e) restent pour entretenir un site « a minima ». Pour le nouveau directeur délégué des éditions multimédia de la Socpresse, Laurent Souloumiac, l'objectif est alors de revenir aux principes fondamentaux de l'économie capitaliste : « dépenser moins tout en gagnant plus »[85]. Dès lors, le contenu du site se compose de dépêches d'agences

---

l'occasion de la campagne présidentielle de 2007, dans l'espace virtuel de *Second life*. Avec le succès de son site participatif Quelcandidat.com, *Le Dauphiné Libéré* boucle sa rénovation numérique et apparaît comme le champion du Web2.0. « Le 'Dauphiné' passe du papier à la 3D », Frédéric Roussel, *Libé Ecran*, 27 avril 2007.
[85] « Laurent Souloumiac (Socpresse) : l'objectif est de dépenser moins tout en gagnant plus », www.journaldunet.fr, 7 février 2001.

et d'une sélection d'articles du journal du jour. La rédaction Web du *Figaro* peut ainsi être réduite à sa portion la plus congrue puisque aucun contenu spécifique n'y est produit. Cette formule « à l'économie » lui a plutôt bien réussi puisque l'audience du site a grimpé plus rapidement que celle de nombreux sites concurrents.

Les politiques de restrictions budgétaires qui conduisent à réviser à la baisse les ambitions des sites Web d'information coïncident paradoxalement avec un mouvement à la hausse de l'audience, une diffusion sociale plus large d'Internet ainsi qu'une certaine maturité de la presse en ligne. En outre, des événements majeurs sur le plan international comme les attentats du 11 septembre 2001 et la guerre en Afghanistan, vont définitivement donner à Internet sa dimension de support d'information incontournable. Dès les premières campagnes de « la guerre mondiale contre le terrorisme », Internet acquiert le statut de média de référence. Même si, le 11 septembre 2001, « Internet n'est pas à la hauteur d'un événement planétaire », comme le soulignent Jean-François Fogel et Bruno Patino[86], la hausse soudaine de l'audience des sites d'information a permis de prendre la mesure de l'intégration du nouveau média dans les pratiques d'information. Les succès d'audience des sites d'information sont même à l'origine de ce qui est considéré comme l'échec retentissant d'Internet. Alors qu'au même moment, les chaînes de télévision mettent en place un dispositif de retransmission en direct et organisent des éditions spéciales, le réseau des réseaux ploie sous le nombre de connexions. Débordés par des taux de connexion inhabituels, la majorité des sites d'information « plantent » ce jour-là. À la fin 2001, alors que la presse en ligne entre dans une période profonde de crise, le média Internet est devenu, malgré ses limites techniques, un support d'information incontournable. Depuis, Internet a su consolider sa place au cœur des stratégies industrielles et éditoriales des éditeurs de presse. Les grands journaux ne peuvent plus désormais concevoir leur politique de développement sans y intégrer la nécessaire « synergie entre le Web et le papier ».

> *« On a commencé à parler en mai-juin 2001 de plan social dans le journal. Il n'y avait plus d'argent, plus rien, et on est arrivé au 11 septembre 2001. Il y a eu cette actualité énorme qu'on a traitée de façon très lourde, très exhaustive, on a fait des tonnes et des tonnes de trucs, on a fait des sons, on téléphonait aux correspondants à New York. On posait trois questions, on enregistrait ça, on mettait ça en ligne, on a plein d'internautes qui nous ont envoyé des documents, notamment des photos de New York... Et puis le plan social est arrivé et les gens sont partis*

---

[86] *Une presse sans Gutenberg*, 2005, *op.cit.*

dans les premiers mois de 2002. A la fois, le 11 septembre ça a été une expérience, comment dire, sur le plan de la production, ça a fait énormément d'audience sur le site. Ça a été une espèce de summum de ce qu'on pouvait faire dans le sens 'site d'actualité'. Ça a donné une importance au Web en général dans le monde entier. Donc ça a été un sommet en terme d'information... et de visibilité que ça a donné aux journalistes de Libé. Après ça s'est consolidé avec la guerre en Afghanistan, etc... mais en même temps ça a aggravé la crise économique et ça a achevé de mettre le Web à terre. À la fois le Web a montré sa puissance comme média d'information, et il a fait plouf parce que l'argent, ça s'est totalement arrêté, ça a été la dernière phase de l'éclatement de la bulle, ça a été un paradoxe, un nœud dans l'histoire du Web. » [Chef de service-adjointe des éditions électroniques à *Libération*. Paris. Juin 2004.]

3 - Une économie incertaine

La plupart des journaux sont amenés, pendant la période de crise qui s'ouvre en 2001, à mettre au point de nouvelles versions de leurs sites Web. La question du financement des activités Web qui avait été jusque-là différée se pose alors avec d'autant plus d'acuité que la viabilité des journaux en ligne n'est pas assurée, faute de revenus suffisants. Comme nous allons le voir, la recherche du modèle économique – ou plutôt de la réponse à la question « comment gagner de l'argent avec l'information sur le Web ? » n'a pas débouché sur des résultats réellement probants. À l'issue de cette période de profondes mutations dans le secteur de la presse en ligne, le modèle qui est parvenu à s'imposer possède de troublantes ressemblances avec celui qui prévaut dans la presse écrite : une dose de publicité et une dose de contenu payant. Le principe de la gratuité de l'information qui dominait sur Internet jusqu'en 2001 ne rencontre plus, en effet, beaucoup de défenseurs du côté des éditeurs de sites. En développant des formules (en partie) payantes, les responsables des journaux en ligne tablent sur la notoriété de la « marque » et parient sur une conversion *in fine* des internautes en clients de services payants.

Qui paie, sur Internet, l'information produite par des professionnels ? Comment rentabiliser à terme un journal en ligne ? Si les questions relatives à l'économie de l'information en ligne concernent beaucoup d'acteurs, médias et hors médias, nous allons ici nous concentrer sur les publications électroniques des éditeurs de la presse papier. Comment les sites Web des journaux génèrent-ils des revenus ? Trois catégories de moyens de gagner de l'argent s'offrent aux managers : la publicité, la vente de contenu (syndication de contenu, abonnement, paiement à l'acte) et le commerce en ligne.

L'enjeu se situe dans l'équilibre entre ces trois modes de financement. Néanmoins, au moment de l'étude, la publicité représente, de loin, la part la plus importante des revenus des sites de contenu. Les résultats d'une enquête menée par une association britannique regroupant des éditeurs électroniques du monde entier (Association of Online Publishers), permettent de mettre à jour la façon dont sont réparties les différentes sources de revenus de la presse en ligne. Ainsi, en 2004, la part de la publicité atteignait plus de 50%, celle de la vente de contenu (par syndication, abonnement ou à l'acte), environ 25% et enfin celle du commerce en ligne (services et petites annonces) 10%[87].

Comme nous l'avons vu, l'histoire de la presse en ligne a été marquée par une alternance de cycles courts. Avec la crise du secteur de l'Internet dont les effets se font fortement sentir à partir de 2001, coïncide une inversion de tendance dans l'économie de la presse en ligne. L'information sur Internet ne se donne plus aussi facilement. En effet, la gratuité pour l'internaute ne s'obtient, dans la plupart des cas, qu'à condition de trouver des modes de financement indirects de la production de contenu. La vente d'espaces publicitaires représente bien souvent la principale source de revenus pour les éditeurs. Le modèle reposant en grande partie sur la publicité domine jusqu'en 2000-2001. Mais, conséquence directe de l'explosion de la « bulle Internet », la chute des ressources publicitaires met en péril l'équilibre économique de la presse en ligne. Sans la manne publicitaire, les finances des sites d'information s'assèchent très vite et les éditeurs doivent impérativement chercher d'autres ressources. Les formules payantes vont dès lors se multiplier. Selon les périodes et les éditeurs, plusieurs formules sont expérimentées : la commercialisation de l'accès aux archives (paiement à l'acte, au lot...), l'abonnement à un ensemble de service (formule « Premium »), etc. Bien que le marché publicitaire ait réamorcé en 2004 un cycle de croissance, le contenu des journaux en ligne est, en 2007, majoritairement payant.

De la gratuité de l'information

Jusqu'aux années 2000, la plupart des journaux en ligne optent pour des formules gratuites. Pour un titre, l'objectif premier est de faire connaître son édition électronique. Il lui faut capter une audience et générer du trafic. Le contenu mis en accès libre sert à attirer et à retenir le lecteur sur le site. Dans un

---

[87] « Les sites de contenu mixent e-pub et contenus payants », www.journaldunet.com, 17 mars 2004.

premier temps, c'est le journal qui finance le site jusqu'à ce que la publicité en ligne fasse une progression spectaculaire. Dès lors, comme l'essentiel des recettes provient de la publicité, la stratégie commerciale des responsables des sites se concentre sur la valorisation de l'audience auprès des annonceurs. La gratuité pour l'internaute est envisagée comme un principe temporaire devant correspondre à la phase de décollage du journal en ligne. En outre, si certains éditeurs s'essayent au payant, le lancement de formules payantes est ajourné à plusieurs reprises à la fin des années 1990. L'accès gratuit reste à cette époque le mode le plus répandu dans la presse en ligne. Rares sont les journaux à s'être, dès le début, orientés vers des formules dans lesquelles la partie payante prédomine. Nous pouvons toutefois citer deux exemples de quotidiens spécialisés dans l'économie et la finance qui ont fait ce choix-là. L'un est américain, l'autre français. Animés par la conviction de produire une information à forte « valeur ajoutée », par conséquent commercialisable, les responsables de ces journaux en ligne ont conçu des sites qui proposent une consultation payante de l'information. Le célèbre quotidien américain des milieux d'affaires *The Wall Street journal*, tout comme le quotidien économique *Les Echos* ont suivi une ligne similaire. Dans leur modèle économique, une part importante des recettes provient des abonnements. *The Wall Street journal* est l'un des rares exemples de réussite économique de la presse en ligne. Le choix d'opter pour une formule payante a évité à ces quotidiens de devoir subir les contrecoups d'un changement de politique économique susceptible de nuire à l'image du journal en ligne et de rebuter les internautes.

La culture de la gratuité

La culture de la gratuité, largement répandue sur Internet, représente, dans les premières années (1995-1998), un obstacle important au développement économique de la presse en ligne. Le passage au modèle payant semble d'autant plus impopulaire que la grande majorité des échanges sur Internet ne relève pas directement de la logique marchande. Certes, l'arrivée des entreprises privées et l'essor des activités commerciales en ligne contribueront à changer progressivement la donne. Mais « l'esprit d'Internet » reste marqué par l'influence des premières communautés d'utilisateurs des réseaux de communication électronique. Dans les milieux scientifiques comme dans ceux de la contre-culture techno-libertaire, la liberté de circulation de l'information, le partage des connaissances et la « coopération en réseau » font partie d'un ensemble de valeurs et de pratiques qui donnent forme au premier « esprit d'Internet ». Les pionniers de l'underground techno-communautaire ont en effet œuvré à réaliser leur projet planétaire de « communautés virtuelles » via l'usage subversif des technologies d'information en réseau. L'esprit « hacker »[88] a, dans une certaine mesure, fait écho à l'esprit qui anime la communauté scientifique, première utilisatrice des réseaux d'information dans le but d'améliorer l'échange et le partage horizontal des connaissances à des fins non lucratives. Le sociologue américain Merton a parlé de « communisme scientifique » pour qualifier cette organisation de la production intellectuelle basée sur les principes de coopération, de partage, de désintéressement.

Longtemps réduit à un réseau public de communication utilisé presque exclusivement par la communauté des chercheurs, Internet s'ouvre, avec l'invention du Web dans les années 1990, à de nouveaux publics. Et les marchands ne tardent pas à coloniser le « cyberespace ». Internet a fini par incarner la nouvelle frontière du capitalisme. Mais alors que l'industrie du Web se développe, on peut voir dans la culture de la gratuité une survivance des valeurs des communautés pionnières du réseau, valeurs qui contribuent à légitimer Internet. De cette façon, le discours de la gratuité sur Internet sert de paravent à la propagation des logiques marchandes qui tendent désormais à s'insinuer dans tous les interstices des échanges sur les réseaux. Si, comme ont pu le montrer dans leurs travaux Thierry Penard et Godefroy Dang Nguyen, les échanges gratuits sur Internet sont supérieurs en quantité comme en qualité, il semble que cet constat minimise la progression des logiques marchandes qui parviennent à tirer parti des réalisations les plus novatrices de l'Internet gratuit. Toutefois, il serait erroné de penser que les logiques marchandes visent l'hégémonie totale. Bien au contraire. L'Internet marchand se nourrit de la sève de l'Internet non-marchand qu'il ne cherche nullement à étouffer. « La valeur se crée à l'articulation entre le Web non-marchand et le Web commercial »[89]. Michel Gensollen démontre que c'est grâce à la présence du Web non-marchand que le Web marchand parvient à se développer. C'est dans les espaces (tels que les communauté en ligne ou les blogs) qui ne sont pas a priori dédiés au commerce que, bien souvent, les internautes forment leurs décisions d'achat dans les meilleures conditions. Pour l'auteur, il est clair que tout le monde a intérêt à préserver la vitalité du secteur non-marchand de l'Internet, à commencer par les marchands eux-mêmes.

---

[88] Le philosophe finlandais Pekka Himanen a tenté de donner une définition du « hacker » et de ce qu'il nomme « l'éthique hacker ». Avant que le terme ne soit appliqué aux pirates informatiques, « hacker » est le nom que se donne un groupe de programmeurs du MIT, au début des années 1960. « Individu qui programme avec enthousiasme » et pour qui « le partage de l'information est un bien influent et positif », le hacker défend une éthique qui transfigure la relation classique au travail, à l'argent et aux autres. HIMANEN, P., *L'éthique hacker et l'esprit de l'ère de l'information,* Exils, 2001.
[89] GENSOLLEN, M., « La création de valeur sur Internet », *Réseaux*, n°97, 1999.

La presse en ligne : une histoire récente

La diffusion rapide des logiques marchandes dans un univers où s'échangeaient jusque-là essentiellement des informations de nature scientifique et technique, à vocation non lucrative, renvoie les « hackers », « cyberpunk » et leurs utopies, au rang d'icônes du folklore de l'Internet. Les défenseurs de la « netiquette »[90], de l'Internet communautaire et les membres de la communauté du « libre » (l'informatique « partagée »), contribuent moins à renouveler par la critique les pratiques et l'imaginaire d'Internet qu'à perpétuer les mythes fondateurs sur lesquels s'appuie l'Internet marchand pour étendre sa domination. Ce dernier utilise à son profit les idées les plus porteuses qui ont été incubées au sein de l'Internet non-marchand. Par exemple, les succès de l'industrie du Web 2.0 sont étroitement dépendants de la vigueur des pratiques d'échanges gratuits. Ainsi, les profits des sites de partage de photos (Flicker) et de vidéos (YouTube, Dailymotion, etc.) reposent sur la captation et la valorisation commerciale de ces pratiques. Dans le modèle économique de la « gratuité pour l'internaute », l'esprit et les valeurs du partage et du don servent de moyen de légitimation du cadre marchand dans lequel peuvent exister les échanges gratuits. Dans la presse en ligne comme ailleurs, la règle qui veut que la gratuité ne soit jamais totalement gratuite se vérifie. La gratuité permet de construire l'audience la plus large possible dans le but de la « vendre » aux annonceurs. Par ailleurs, la gratuité du contenu a souvent, comme contrepartie, la communication des informations personnelles des internautes. « *On assume totalement notre modèle basé sur la diffusion gratuite des contenus contre publicité. En sachant que tout n'est jamais gratuit en fait mais c'est basé aussi sur le fait de s'enregistrer pour accéder à certains contenus, etc. [...] Le vrai modèle, si vous voulez est d'avoir une audience que l'on connaît, on a ses coordonnées, on sait où lui écrire, on a son email, etc..* » [Emmanuel Parody, directeur de la publication de *Zdnet*. Paris. Janvier 2004.]

Le « prix » et la « valeur » de l'information

Le thème de la gratuité des échanges d'informations et des produits culturels en ligne figure bien au cœur des réflexions sur la régulation des modes de relation et d'échange sur Internet. Nous venons de voir que dans leur majorité, les sites de journaux ont dans un premier temps opté pour la gratuité. Partis à la conquête d'un public d'internautes et d'annonceurs, les sites éditoriaux adoptent le modèle du « simple marché ». À la différence de la presse traditionnelle dont la caractéristique est de vendre son « produit » (journal) deux fois, à deux acheteurs distincts, le lecteur et l'annonceur, la presse en ligne ne se vend qu'une fois, à l'annonceur. Même si, progressivement, sur une base de gratuité, certains services payants sont ajoutés (consultation des archives,

---

[90] La « netiquette » correspond à code moral de bonne conduite sur applicable sur Internet.

informations personnalisées...), le principe de la vente du contenu à l'internaute est resté, jusqu'en 2001, marginal. La vente de bandeaux publicitaires à des annonceurs constitue la plus grande partie des ressources des sites d'information.

Les managers comme les « experts » qui se prononcent sur cette question craignent que la gratuité ne transforme sensiblement la relation du lecteur à son journal (dans sa version électronique). Ils mettent en avant le fait que l'acte de payer pour accéder à une information revêt une signification fortement symbolique. Si on osait la comparaison, on pourrait dire que l'argent joue ici un rôle similaire à celui qu'il tient dans la thérapeutique psychanalytique. « Un peu à la manière de la consultation chez le psychanalyste, pour que ça paye, il faut que ça coûte », soulignent les auteurs d'une étude sur la presse gratuite[91]. Tel serait le principe justifiant la vente de l'information imprimée. Payer son journal, tout comme payer son psychanalyste, sont des gestes qui doivent signifier un engagement volontaire pour s'informer, dans le premier cas, et pour soigner ses névroses dans l'autre. D'autre part, l'information est le fruit d'un travail spécifique, celui d'une équipe de journalistes professionnels. La produire a un coût. Il faut donc que ses consommateurs en aient conscience en assumant une partie de ce coût de production. Le contrat liant le lecteur à l'éditeur repose sur ce credo largement répandu dans le monde de la presse.

En France, malgré son prix relativement élevé en comparaison d'autres pays gros consommateurs de presse, le journal reste un bien accessible puisque la publicité et les subventions directes et indirectes couvrent la majorité des coûts de production et de diffusion. Dans le cadre de l'essor de la presse industrielle, au milieu du XIXe siècle, une série d'innovations technologiques et commerciales (publicité) ont permis d'augmenter la diffusion du journal en réduisant son prix de vente (la réussite du *Petit journal* créé par Polydore Millaud, premier « journal à un sou »). La politique commerciale de la presse populaire a contribué à démocratiser l'accès à la presse. La pénétration sociale large d'un bien autrefois réservé à une élite a en effet reposé sur une politique de prix de vente bas. Jusqu'à la première guerre mondiale, le prix du journal à l'unité, modique, baisse constamment, en francs constants, pour ne remonter qu'après la seconde guerre mondiale[92].

Mais, bien que faible, le prix du journal confère à cet objet un peu particulier une valeur. Ce n'est qu'avec l'apparition de la presse gratuite que la vente du journal aux lecteurs cesse d'être considérée comme une chose

---

[91] AUGEY, D., LIPANI VAISSADE, M.-C., RUELLAN, D., UTARD, J.-M. ,« Dis à qui tu te donnes...La presse quotidienne gratuite ou le marketing du don », in RINGOOT, R., UTARD, J.-M., *Le journalisme en invention*, PUR, 2005.
[92] CHARLES, C., *Le siècle de la presse (1830-1939)*, Seuil, 2004.

« naturelle ». La gratuité remet en cause l'économie symbolique et l'économie réelle de la presse. La remise en question du modèle traditionnel du double marché semble saper les bases économiques déjà fragiles de la presse. Au-delà de la dimension économique, c'est la question de la croyance dans la valeur de l'information qui se pose crûment. Si le lecteur n'a plus à payer pour l'information qu'il reçoit, quelle peut bien être pour lui la valeur de cette information ? Bien que la pratique de la gratuité de l'information soit plus ancrée dans la presse en ligne que dans la presse écrite, elle peut être considérée comme de nature à « corrompre » l'information, ou du moins, à lui ôter de sa qualité. Si l'information sur Internet est gratuite, d'où quelle provienne, le risque est grand qu'à terme disparaissent les différentes catégories (information vs communication ; journalisme professionnel vs journalisme amateur) et la légitimité de leurs fondements. Ceci explique que parmi les défenseurs de l'option payante nous trouvons des journalistes attachés au fait que leur production ne finisse pas emballée dans un grand tout info-communicationnel.

Le thème de la gratuité de l'information a marqué l'évolution des médias modernes. Si l'accès aux programmes d'information des médias audiovisuels a un prix (l'équipement en matériel de réception et, en France, la redevance), on considère généralement que cette information est gratuite puisqu'il n'y a pas d'acte d'achat directement associé à la consommation du programme – ce qui n'est, bien entendu, plus le cas dans le cadre du programme ou de la vidéo à la demande (VOD). Depuis l'apparition de chaînes et de stations privées, la publicité est devenue la principale source de revenus des médias audiovisuels. Auditeurs et téléspectateurs ne payent donc pas directement pour visionner les programmes[93]. Alors que la télévision payante (chaîne à péage à l'acte ou à l'abonnement comme Canal+, bouquets de chaînes du câble et du satellite, VOD, etc.) est en progression depuis 20 ans, la tendance inverse se confirme avec une nouvelle génération de presse gratuite. Les journaux gratuits d'information générale de type *Metro* et *20 minutes,* qui ont fait leur apparition dans le métro parisien à l'aube de la décennie 2000, ou, plus récemment, *Direct soir*, incarnent la réussite économique de cette nouvelle presse gratuite financée par la publicité.

La presse gratuite a fait son apparition dans les grandes villes de France et des titres de presse spécialisée comme l'hebdomadaire gratuit *Sports*, distribué dans la région parisienne, se sont lancés dans la foulée des quotidiens. Ainsi, à travers le prisme de certains débats et polémiques qui ont entouré le lancement de ce nouveau type de presse gratuite, il est possible d'effectuer un parallèle

---

[93] Il faut rappeler que les entreprises répercutent le coût de la publicité dans le prix de vente de leurs produits, services ou biens de consommation. Les auditeurs et téléspectateurs qui sont également consommateurs participent donc indirectement au financement des programmes payés par la publicité.

entre des problématiques de la presse papier gratuite et celle de la presse électronique. D'une part parce que l'essor de la presse gratuite a concordé avec de nouvelles habitudes en matière de consommation d'information gratuite prises au contact d'Internet. D'autre part, parce que dans cette presse nouvelle, des similitudes existent dans la présentation de l'information, brève et brute, censée correspondre à de nouvelles pratiques de lecture (notamment chez les jeunes urbains) mais qui traduisent plutôt les nouvelles conceptions de l'information étroitement liées à la façon dont le marketing pense le produit éditorial. Surtout, une partie des critiques a porté sur le thème de la dépendance de cette presse à l'égard des annonceurs. Comme la presse gratuite et la presse en ligne dépendent quasi exclusivement de l'argent des annonceurs, il est difficile de dire que leur indépendance éditoriale est intacte.

Comme nous l'avons vu, Internet apparaît dans ses premières années comme l'univers de la gratuité. Le financement de la presse en ligne dépend étroitement des revenus de la publicité. L'immense majorité des produits éditoriaux, webzines ou portails, lancés par les nouveaux acteurs de l'information – ces *new comer*, start-up et groupes hors-médias, se positionnent sur le marché de l'information en ligne – fonctionnent également sur le principe de la consultation gratuite. La question de la gratuité se pose alors de façon aiguë. Dans un contexte marqué par la chute constante des ventes, certaines voix dissidentes remettent en question la pertinence du modèle économique de la presse payante. Faire payer le lecteur est-il encore bien nécessaire ? Dans le milieu de la presse en ligne, certains vont jusqu'à affirmer que la justification du modèle payant, le « double marché », repose plus aujourd'hui sur un mythe que réellement sur une réalité économique. Il est en effet dans l'intérêt d'éditeurs de journaux en ligne gratuits (Zdnet, 01net...) de contester la légitimité du modèle payant. L'un des principaux arguments utilisés par les défenseurs du modèle payant est que la qualité a un prix. Pour une journaliste Web d'un hebdomadaire, « *quand on paie, c'est une garantie de qualité, vous savez. En plus c'est pas faux, quand le service est payé, la personne qui le fournit est tenue par un engagement.* » [Paris. Mars 2005.]

Ainsi, les lecteurs n'accorderaient pas la même attention et le même crédit à une information présentée dans un support gratuit. Il n'est pas étonnant que les défenseurs de cette position se recrutent essentiellement dans les rangs de la presse traditionnelle. Contestant l'argument de la nécessité économique et symbolique de la vente du journal au lecteur, un éditeur d'un média 100% Web donne deux exemples qui expriment, selon lui, l'hypocrisie avec laquelle continue de se poser la question gratuit-payant. D'une part, les célèbres

La presse en ligne : une histoire récente

opérations de marketing offensives des news magazines qui proposent des offres promotionnelles pour recruter de nouveaux abonnés sont accompagnées de cadeaux dont la valeur approche souvent celle de l'abonnement lui-même. « *Prenez la dif d'un hebdo... l'abonnement. Si vous voulez, vous avez un cadeau qui, comme par hasard, vaut le prix de l'abonnement, super radio réveil ou la chaîne hifi qui va avec, on peut dire que l'abonnement est gratuit* » [Directeur de la rédaction de Zdnet.fr. Paris. Janvier 2004]. D'autre part, une partie croissante de la presse relève de la distribution gratuite (bien que préalablement payée par les sociétés de transport) dans les avions ou les trains. « *Combien il y en a qui sont diffusés gratuitement, payés par Air France, par la SNCF, mais diffusés gratuitement dans les avions, dans les trains. Et récemment dans les parkings parisiens, etc., vous verrez* Le Figaro, Le Figaro *est le 1er journal gratuit de France.* » [Idem.]

À travers ces deux exemples, il est possible de dire que le journal est, dans une certaine mesure, quasiment offert au lecteur. Le véritable enjeu de ces démarches commerciales réside dans l'augmentation de la diffusion : ce que le marketing nomme le taux de « prise en main ». L'important ici est de vendre la plus large audience possible à des annonceurs, quitte à brader ou à céder gratuitement le produit. « *Le but de tout ça, c'est simplement pour pouvoir dire à l'annonceur : 'j'ai tant de lecteurs !'* » [Idem.]

Il faut préciser que l'économie de la presse en ligne ne se réduit pas à l'opposition entre deux modèles, le « payant » d'un côté et le « gratuit » de l'autre. Il ne faut pas raisonner de manière binaire. D'un côté le modèle de la gratuité totale de l'offre de contenu payé par la publicité et/ou le commerce en ligne, et de l'autre, celui de l'accès intégralement payant à l'information avec ou sans publicité. « *En général, on dit toujours qu'il y a un modèle gratuit opposé à un modèle payant et qu'il faut choisir entre l'un ou l'autre, en réalité si on regarde comment fonctionnent les grands médias sur Internet, tout le monde est sur un modèle hybride* ». Comme le fait remarquer ce responsable de site éditorial, sur Internet, les modèles économiques sont toujours hybrides et reposent sur un équilibre souvent précaire entre différentes formules mêlant gratuité et vente de l'information. Si un journal comme *L'Humanité* a fait le choix, depuis le lancement de son site en 1996, d'offrir gratuitement l'accès à tout son contenu en ligne, il faut noter qu'il s'agit d'une exception. Tous les autres titres font payer, au minimum, l'accès à leurs archives. Même Liberation.fr qui continue, certes, de mettre à disposition gratuitement les articles récents du journal, a décidé en 2002 de faire payer l'accès à ses archives. Ainsi, sans vouloir reprendre à notre compte la vision fausse d'une opposition stricte entre deux modèles antagoniques, notre propos est plus ici de souligner le changement de philosophie managériale provoqué en grande partie par la crise du secteur Internet : on est passé du gratuit au payant.

Le modèle payant

Progressivement, à partir de 2000, la gratuité tend donc à s'effacer derrière la multiplication des formules payantes. La nouvelle économie entre en crise alors même que l'augmentation de l'audience des sites des grands médias commence à se faire nettement sentir. Outre les plans sociaux dont nous avons parlé, pour remédier à la chute des recettes publicitaires et à la crise de l'investissement, le management du Web s'engage dans une politique de complémentarité entre offre gratuite et offre payante. Une part plus importante du contenu ainsi que de nouveaux services proposés à l'internaute passent en consultation payante. Une réflexion s'engage alors autour de ces questions. Quel contenu faut-il faire payer à l'internaute ? L'information du jour, la plus « fraîche », ou au contraire les archives ? Le contenu propre au Web réalisé par les équipes Web ou celui du journal papier ? Des services complémentaires (jeux, forums, multimédia...) ? Dans leur majorité les journaux en ligne vont opter pour la mise à disposition gratuite de l'intégralité ou d'une partie seulement du contenu de l'édition (papier) du jour ou du dernier numéro. Mais, dans le même temps, ils rendent de plus en plus payant l'accès aux archives et aux services annexes.

Avec l'apparition de formules payantes, les responsables prennent le risque de perdre un grand nombre de lecteurs et d'abonnés gratuits au contenu en ligne, voire de condamner le journal en ligne si le passage au payant intervient trop brutalement. Faire payer un contenu qui était jusque-là gratuit est une opération délicate qui peut entraîner des réactions de rejet de la part d'internautes. C'est ce qui s'est passé pour un webzine spécialisé dans l'information people locale.

« Et je ne vous parle même pas des remarques assassines que j'ai eues quand j'ai osé mettre en place cette affaire-là. Pour vous donner un ordre d'idée [...] moi à l'époque, j'avais pas fait la distinction, c'était volontaire, j'avais pas dit 90% du site sera gratuit et le reste payant. J'avais dit : 'tout sera payant...' Lyonpeople passe au payant sans faire de distinction. Ça a hurlé dans la ville. [...] Vous imaginez. J'ai eu des courriers incendiaires : comment ça se fait, on viendra plus, c'est dégueulasse, machin... Vous vous imaginez ? On ose essayer de dire : 'il faut qu'on s'en sorte, il faut qu'on fasse un petit peu de payant', et les mecs, ils nous incendient. » [Rédacteur en chef de Lyonpeople. Lyon. Octobre 2003.]

La presse en ligne : une histoire récente

Le quotidien irlandais, *The Irish Times* a perdu 95% de l'audience de son site en le rendant payant[94]. Lorsque le quotidien espagnol *El Pais*, décide en 2002 de limiter l'accès de son site, jusque-là gratuit, aux seuls abonnés, son audience s'est également effondrée. Malgré les avertissements concernant l'impact négatif d'un tel changement brutal de cap, l'abandon partiel de la gratuité peut être interprété comme un moyen de rassurer managers et actionnaires plutôt que comme le remède efficace pour parvenir à gagner réellement de l'argent. En effet, les fortes baisses d'audience liées au passage au modèle payant ont eu un effet direct sur la négociation des tarifs publicitaires. Ce phénomène a été observé partout. Le nombre d'abonnés et le taux de fréquentation chutent avec le passage à une formule payante, entraînant vers le bas le prix de vente de l'espace publicitaire. Paradoxalement, cette orientation nouvelle semble convenir, provisoirement du moins, aux directions et aux gestionnaires des sites pour lesquels la vente du contenu représente une source de revenu tangible quoique faible. L'important est de constituer un vivier d'internautes prêts à payer pour accéder en ligne à l'information de presse.

« *Jusque-là, tous les articles du journal étaient mis en ligne [...] mais on a voulu le faire payant et ne laisser gratuitement que le journal des 15 derniers jours et les articles qu'on sélectionne pour mettre dans des dossiers. On a senti une très nette descente d'audience. Et l'audience est importante, puisque l'audience commande la pub, c'est quand même un peu emmerdant... Mais la gratuité complète était quand même assez mal vécue par le reste du journal.* » [Chef de service-adjointe des éditions électroniques à *Libération*. Paris. Juin 2004.]

Une expression très usitée dans le monde de l'information en ligne sert, à elle seule, à désigner le nouvel état d'esprit du management de la presse en ligne : la formule « Premium ». De nombreux sites éditoriaux, à commencer par Lemonde.fr en 2002, lancent leur formule « premium ». Il s'agit de proposer aux internautes un abonnement à un ensemble de services en ligne, « personnalisés » et à « forte valeur ajoutée ». Si une partie du journal du jour ainsi qu'un fil de dépêches d'agence restent toujours accessible gratuitement en ligne, l'internaute est invité à s'abonner pour bénéficier de certains avantages en lien avec une offre éditoriale élargie : accès aux archives, à des dossiers, à des documents multimédia (infographies, vidéos) ou à un système d'alerte, etc. Bien entendu, à chaque formule payante fonctionnant sur le mode « Premium », correspond un « pack » spécifique de services qui varie d'un site à l'autre. Cette politique commerciale a comme conséquence d'établir une hiérarchie entre les

---

[94] « La solution : faire payer l'usager », article traduit et repris du journal anglais *The Independent*, Hors-série du *Courrier International*, « le guide mondial de la presse en ligne ».

contenus proposés sur les sites d'information. D'un côté, un contenu riche ou « enrichi » pour les abonnés et, de l'autre côté, un contenu « pauvre », « standard » pour les non-abonnés. Objet de nombreuses critiques, le changement de cap de la politique commerciale des journaux en ligne aboutit à la dualisation qualitative de l'audience en fonction de critères économiques. Selon leurs dispositions à payer ou non, les internautes sont divisés en deux classes : une « classe affaire » et une « classe économique ».

Le journal *Les Echos* qui a choisi dès le début de faire payer, sur son site Internet, le contenu du journal papier, propose un contenu original gratuit fourni par sa rédaction Web. La volonté affichée par la direction du journal est alors de valoriser la production du papier. Sur la majorité des sites Web de quotidiens et de newsmagazines, ce sont les articles récents du support papier ainsi que les dépêches d'agence et parfois les mises à jour quotidiennes effectuées par la rédaction Web qui sont consultables gratuitement. La formule la plus répandue repose, comme nous l'avons souligné, sur la vente des archives et des services à valeur ajoutée. Dans les nouvelles formules payantes, le contenu gratuit fait figure de « produit d'appel ». Ainsi, la partie gratuite sert à attirer puis à retenir l'internaute sur le site, l'objectif étant de l'abonner aux services payants. En 2004, seul Lemonde.fr pouvait se vanter du succès de sa politique d'abonnement mensuel aux services payants. « Premier site d'information en langue française », selon Bruno Patino, Président du Monde Interactif, le site du *Monde* recense environ 13 millions de visites par mois[95] et compte alors 55 000 abonnés à la partie payante. Même si, à partir de 2003, les effets de la crise commencent à se dissiper et si les signes de reprise économique sont perceptibles, la tendance ne s'infléchit pas et le modèle payant se consolide. En avril 2005, Leparisien.fr qui proposait jusque-là un accès gratuit à la majorité de son contenu, passe à une formule quasi intégralement payante. Dans le même temps, le site Web de L'hebdomadaire *Courrier International* augmente son offre de services payants et réduits par conséquent la partie gratuite. Arrivé tardivement, en avril 2005, sur le terrain de la presse en ligne, *Le Dauphiné libéré* a choisi de ne mettre à disposition gratuitement qu'une part restreinte de ses éditions du jour.

Le modèle mixte et les sources de revenus complémentaires

Alors le principe de la gratuité perd du terrain, il semble que le modèle économique de la presse en ligne se stabilise aujourd'hui autour de l'équilibre

---

[95] En octobre 2004, le site comptabilisait 13,4 millions de visites par mois, selon le baromètre publié par Médiamétrie-e Stat. Premier site d'information généraliste en France, Lemonde.fr devance nettement ses principaux concurrents, Libération.fr avec 4,5 millions de visites et Lefigaro.fr avec 4,1 millions.

La presse en ligne : une histoire récente

entre l'abonnement payant et la publicité. C'est bien le modèle mixte (ventes aux internautes et publicité) qui est en expansion après les premières années d'expérimentations éditoriales et commerciales.

Les autres sources de revenus, tels que le commerce en ligne (*e-business*) restent extrêmement marginales. Certes, la commercialisation en ligne de biens et de services plus ou moins rattachés à l'activité éditoriale a représenté, essentiellement pour les nouveaux acteurs de l'information (start-up d'Internet), un moyen de financement complémentaire à la publicité. Mais ces éditeurs de sites Web qui avaient parié sur le développement rapide de la pratique de l'achat en ligne, ont dû à une époque revoir leurs modèles économiques. Même si l'acte d'achat en ligne s'est banalisé ces dernières années, il reste encore associé à certains services payants comme les petites annonces (immobilier, emploi, auto, etc.), la réservation en ligne (trains, vols, séjours, spectacles...) ou l'achat de produits culturels (les livres ainsi que la musique et les films depuis la mise en place des systèmes de téléchargement payant). S'ils sont moins nombreux à le faire que les nouveaux éditeurs, les éditeurs traditionnels proposent tout de même parfois ce type de prestations généralement sous-traitées à des sociétés spécialisées. Ces partenaires reversent alors à l'éditeur un pourcentage, souvent faible, du montant de la commande effectuée à partir du site.

Si la vente en ligne représente une part non négligeable des revenus pour les portails, certains sites d'information spécialisée ou sites de médias audiovisuels privés (TF1, Skyrock), les journaux n'ont pas réellement souhaité explorer cette piste pour leur site Web. La raison principale est que la vente de produits ou de services n'est pas la vocation des sites éditoriaux. Craignant de perdre en crédibilité, les responsables des éditions électroniques ont été attentifs, sur ce terrain du moins, à ne pas brouiller le message ni mélanger les genres entre commerce, information et commerce de l'information. Même à l'époque où fleurissait « l'économie d'Internet », il leur était difficile de se présenter à leur public comme éditeurs d'information et, dans le même temps, (cyber)marchands.

Toutefois, la tentation a parfois été grande, de la part de certains éditeurs, de transformer la version électronique de leur journal en plateforme d'informations et de services marchands, sur le modèle des sites-portails à la mode à cette époque. Même le quotidien français de référence, *Le Monde*, a été pendant un temps séduit par les sirènes du commerce en ligne. En 1999, Le PDG du Monde interactif expliquait sa vision iconoclaste du nouveau site Web du *Monde* dans lequel devait s'articuler soigneusement la fonction d'information et la fonction commerciale. « Autour d'un contenu éditorial fort, chaque chaîne proposera de la documentation, de l'interactivité (chat, e-mail, newsletter) et des services commerciaux (réservation de billets de spectacles avec la FNAC, achats en ligne avec Webstore, QXL, billets d'avions avec Anyway) »[96].

Toutefois la majorité des éditeurs de sites-titres n'a pas osé briser le tabou. On ne peut raisonnablement pas, pensent-ils, faire dans le même temps et dans le même espace de l'information et du commerce. Les professionnels de l'information défendent opiniâtrement ce principe. C'est du moins ce qu'ils déclarent lors des entretiens que nous avons effectués. Cette opposition des journalistes explique en partie pourquoi les espaces dédiés au commerce en ligne sur les sites-titres ne sont pas davantage développés. Le fait d'éviter que ne se généralise la pratique des transactions commerciales au sein même du site éditorial, sanctuaire de l'information journalistique, n'a pas pour autant réglé la question sensible du « mur de l'argent ». Avec Internet, une forme nouvelle de publicité est née, remettant en cause la séparation entre publicité et commerce. L'une des caractéristiques de la publicité en ligne est en effet de permettre l'intégration de deux actes jusqu'ici distincts (du moins dans la publicité de presse) : prendre connaissance d'une information publicitaire, d'une part, et acheter le produit ou le service en question, d'autre part. En seulement quelques clics, un internaute peut effectuer une commande à partir d'un simple bandeau publicitaire. Les différents modules de publicité interactive présents sur les sites Web sont donc véritablement des « trappes » à consommateurs. À partir d'un site éditorial, un internaute peut acheter un produit ou un service en ligne sans même qu'un espace ait été réservé à cet effet et sans que l'éditeur ne l'ai décidé. Nous reviendrons plus en détail sur la question de l'*e-pub* et de ses principaux enjeux.

L'économie de la presse en ligne est en train de se consolider sur la base d'un modèle mixte alliant publicité et vente directe à l'internaute. La croissance du marché publicitaire – la publicité apporte l'essentiel des revenus des sites d'information – est repartie en 2004. Avec 1,13 milliards d'euros investis en 2005 et une progression annuelle des recettes de 78% en 2004 et de 75% en 2005[97], l'*e-pub* se porte bien, ce qui explique en partie la bonne santé de la presse en ligne. La part de marché d'Internet dans les plans médias des annonceurs croît à un rythme soutenu. Elle reste néanmoins encore faible si l'on prend en considération l'audience d'Internet qui ne cesse d'augmenter – aux Etats-Unis, l'audience d'Internet est déjà supérieure à celle de la télévision chez les 18-25 ans. En France, l'audience des deux sites-titres leader, Lemonde.fr et

---

[96] Entretien avec Alain Giraudo publié dans *Stratégies*, N°1121, 5/11/1999.
[97] Source : TNS-Media.

Lequipe.fr, culmine respectivement à 25,8 et 34,5 millions de visites par mois[98]. Ces succès d'audience font des médias traditionnels de référence des acteurs de premier plan de l'information en ligne.

---

[98] Source : Ojd.com et Mediametrie.fr.

CHAPITRE III
Métiers de l'information et journalisme Web

Établir une topographie des « métiers » de l'information sur Internet n'est pas plus aisé que lister les acteurs de l'information en ligne. Dans un secteur où l'évolution technologique et organisationnelle est permanente, la définition du contenu des métiers tout comme la délimitation de leurs contours, posent problème. Sur Internet, les métiers sont jeunes et extrêmement labiles. Ils peinent par conséquent à prendre réellement forme. Au sein de la nébuleuse de métiers axés sur l'éditorial, nous allons voir que le journalisme en ligne occupe une place à part, en haut de la hiérarchie. Celle-ci tient notamment au fait que l'univers symbolique du journalisme exerce une forte attraction chez les professionnels de l'information (rédacteurs Web, webmasters éditoriaux, etc.). Si ces derniers s'identifient souvent aux journalistes professionnels, ils n'en possèdent pas le statut. Alors que le statut exerce une fonction de discrimination, on constate qu'il n'existe pas dans les faits de différence tranchée entre les métiers de l'information et de la communication en ligne. Le flou règne d'autant plus sur les frontières professionnelles que le journalisme en ligne ne peut, aujourd'hui, être défini que « mollement ». Contre la persistance des croyances dans la « pureté » professionnelle du journalisme, l'enquête a révélé que l'indifférenciation des métiers de l'information et de la communication ne cesse de progresser. L'étude du journalisme en ligne met bien en lumière les phénomènes d'interpénétration des territoires, d'influences croisées et d'hybridation des profils. Malgré les tentatives menées par les instances professionnelles pour éclaircir la situation et maintenir une césure claire entre les métiers, nous avons bien affaire à un « continuum de métiers de la communication », comme l'écrit Erik Neveu[99].

---

[99] NEVEU, E., *Sociologie du journalisme*, 2001, *op.cit*, p. 96.

1 - Les métiers de l'information sur Internet

Dans le sillage de l'apparition d'Internet, une multitude de métiers voient le jour dans la deuxième moitié des années 1990 (webmaster, webdesigner, intégrateur html, etc.). Internet accouche donc de métiers qui ont en commun un lien filial à cette technique nouvelle ainsi qu'une dépendance élevée à l'égard du changement technologique. Or, construire une identité de métier et définir un contenu de métier nécessitent un minimum de stabilité. Aussi, le rythme soutenu de l'innovation technologique fragilise-t-il ces jeunes métiers et contrarie-t-il leur structuration, processus nécessairement long. Les métiers de l'Internet sont mis au défi de réduire la tension entre le temps court de la technique et le temps long des processus sociaux. Les métiers de l'information en ligne font leur apparition dans un contexte extrêmement instable. Nous allons faire un panorama de ces métiers spécialisés dans le contenu et qui se situent juste en marge du journalisme.

Le webmaster : « l'homme-orchestre du Web »

Au sein de la nébuleuse des métiers de l'Internet, le webmaster occupe une position centrale. Le terme « webmaster » – ou « webmestre » – désigne une activité professionnelle en évolution perpétuelle et dont les contours n'ont jamais été réellement délimités. À l'instar d'autres métiers de l'Internet, le webmaster ne se laisse pas facilement enfermer dans une définition stable. « Webmaster » signifie littéralement « maître du Web ». Considéré comme le plus vieux métier du Web, avec plus de dix ans d'existence[100], le webmaster incarne cet « homme-orchestre », « homme à tout faire » du Web[101], dont la fonction consiste principalement à gérer des sites Web, de la création jusqu'à la maintenance. Mais dans la presse comme dans le discours des professionnels interrogés, à l'évocation du nom de la fonction « webmaster », les mêmes qualificatifs reviennent : « flou », « imprécis », « fourre-tout ». Pour certains, « webmaster » désigne à la fois « tout et rien ». Pour d'autres, ce métier « n'existe pas » en tant que tel. Autonome et polyvalent, le « maître du Web » à qui incombe la conception et la maintenance de sites Web est avant tout un professionnel multicompétent. Son degré de polyvalence varie néanmoins en fonction de la taille du projet Web dans lequel il est impliqué. En effet, plus la

---

[100] La fonction de webmaster est née aux Etats-Unis en 1992, dans le sillage du développement des BBS (*Bulletin board systems*), serveurs privés, gérés par des « system operators ». DUMONS, O., « l'homme-orchestre du net », *Le Monde Interactif*, 8 septembre 1999.
[101] Ces expressions sont tirées d'articles de la presse spécialisée (*Le Monde informatique*) et de la presse d'information générale (*Le Monde* et suppléments).

structure est importante, plus les effectifs nécessaires à la conduite d'un projet Internet sont élevés, et plus la division du travail sera marquée.

Dans le Journal Officiel du 16 mars 1999[102], il est écrit que le terme « webmaster » est « l'équivalent étranger » de « l'administrateur de site, de serveur », dont le rôle consiste à assurer la « maintenance et le suivi d'un site, d'un serveur ». Comme tant d'autres, cette définition n'est pas satisfaisante. Les limites des fonctions du webmaster sont floues et ne se réduisent pas à l'animation et à la maintenance d'un site. Si l'on tente d'en définir les contours, le travail du webmaster consiste, d'une part, à sélectionner, convertir, éditer, mettre à jour des contenus, et assurer la cohérence éditoriale d'un site Web. D'autre part, il comprend la gestion technique, l'animation du site et la communication avec l'extérieur (internautes, prestataires, clients, etc.).

Entre 1998 et 2001, le nombre de sites Web et les besoins en matière de réalisation de projets Internet ont explosé en France. La carence en main-d'œuvre et en compétences dans un secteur d'activité en plein essor, à la croisée des chemins entre les domaines de l'informatique, de l'éditorial et du commercial, a fait du webmaster un professionnel très courtisé. Par ailleurs, le métier de webmaster doit sa notoriété à l'importante couverture médiatique dont il a bénéficié à cette époque. Au seuil de l'année 2000, ce nouveau métier profite en effet directement de la visibilité médiatique offerte à tout ce qui a trait au phénomène Internet. Une simple recherche effectuée à l'aide des moteurs des sites Web de quelques journaux nous renseigne sur la quantité d'articles qui se réfèrent à l'activité de webmaster. En 2000, le mot « webmaster » apparaît à 49 reprises dans l'ensemble des articles du quotidien *Le Monde* et ses suppléments, et 38 fois dans *Le Figaro* et ses suppléments. Curieux de saisir les particularités d'un métier émergeant dans le flou et en marge de leur profession, les journalistes se sont ainsi longuement penchés sur les caractéristiques de ce « chef d'orchestre du Web »[103]. Bien que le contingent des travailleurs de l'Internet soit resté extrêmement faible numériquement, les nouveaux métiers du Web ont fait l'objet d'une attention toute particulière de la part des médias[104]. Ces derniers ont contribué à donner une vision grossissante de la réalité. Une journaliste s'interroge : « qui aurait parié il y a dix ou quinze ans, que le webmestre serait un des métiers dont on parle le plus aujourd'hui ?[105] ».

---

[102] « Vocabulaire de l'informatique et de l'Internet », http://www.gouv.fr.
[103] « Coincé entre le contenu et la technique [...] formé sur le tas aux technologies Internet émergentes [...] de profil plutôt technique, il était polyvalent et relativement autonome », « Webmestre : à la croisée du fonctionnel et du technique », *Le Monde Informatique*, 23 septembre 2000.
[104] On peut par exemple mentionner ici l'existence d'une rubrique « Métier » au sein du supplément du *Monde* consacré à l'univers des NTIC et d'Internet, *Le Monde Interactif*, qui a cessé de paraître en 2002.
[105] ROLLOT, C. « L'avenir des métiers », *Le Monde Interactif*, 3 juin 2000.

Un webmaster est souvent présenté comme un passionné d'informatique. Jusqu'à l'amorce du mouvement de professionnalisation du webmastering, il était difficile de dresser un profil-type de ce professionnel aux multiples facettes : autodidacte de l'informatique, adepte des techniques d'information et de communication, usager précoce des réseaux, journaliste ou graphiste passionné de technologie, etc. Dès les débuts d'Internet, la toile recèle quantité de sites Web conçus par des webmasters amateurs. Avant d'être considéré comme une activité professionnelle, salariée, le webmastering est pratiqué de manière bénévole. Traduction d'une passion pour ce nouveau média, d'un désir d'informer et de communiquer librement, le fait de concevoir des sites Web est avant tout perçu comme un plaisir. Il est d'ailleurs fréquent que le webmaster professionnel continue d'exercer ses activités bénévolement, et qu'il conçoive des sites Web pour son propre compte ou celui d'amis, d'associations et de collectifs.

Dès l'apparition d'Internet, des sites d'information indépendants (ou webzines) voient le jour. Motivés par la perspective de profiter de ce nouvel espace d'expression libre en y apportant leur propre contribution, des « webmasters » se sont exercés au journalisme. Parmi ces webmasters tournés vers l'éditorial, certains ont même initié de véritables journaux électroniques et sont parfois parvenus à transformer leur activité bénévole en travail rémunéré. C'est le cas du webzine culturel *Chronic'art*[106]. D'autres ont acquis à travers cette expérience de publication en ligne une réputation solide dans le monde du journalisme. L'expérience et le savoir-faire accumulés à travers la participation à un webzine indépendant ont donc pu, dans certains cas, être valorisés professionnellement. Grâce à la réputation qu'ils ont acquise sur Internet, des webmasters bénévoles ont réussi à se faire une place dans le journalisme. Certains exercent aujourd'hui dans des titres prestigieux. C'est le cas notamment d'Erwan Cario (actuellement journaliste à *Libération*) ou de Pierre Lazuly qui s'est fait connaître avec son site *Lementeur*[107]. Par ailleurs, éditer un webzine ou un site personnel peut servir une démarche de recherche d'emploi. Un site fonctionne alors comme une carte de visite pour le webmaster apprenti journaliste. Dans le cadre d'une stratégie de positionnement sur le marché du travail, un site Web éditorial permet de rendre visible de façon originale les qualités rédactionnelles de son concepteur.

« Je me suis dit : 'ouais, il y a des mecs qui font leur journal intime en ligne, c'est super bien, allons-y, un autre exercice de style' [...] Toujours dans l'optique de me faire remarquer et de trouver des liens. Et

---

[106] www.chronicart.com.
[107] www.lementeur.org.

Métiers de l'information et journalisme Web

mon site Internet m'a permis d'avoir de trouver des boulots. »
[Journaliste pigiste. Paris. Janvier 2004.]

Dans les premières années d'Internet, la mise en œuvre des projets Web repose bien souvent sur les seules épaules du webmaster, professionnel polyvalent. Mais entre 1997 et 2000, les activités dites « multimédia » se structurent et le développement d'Internet entre dans « sa phase industrielle »[108]. Le processus qui conduit à la séparation des fonctions sur Internet s'engage alors. Certaines des tâches effectuées par le webmaster sont redistribuées sur d'autres métiers. L'image du webmaster « bricoleur », « artisan » et « homme à tout faire du Web »[109], n'est plus réellement représentative de la réalité. La métafonction de webmaster entre dans un processus d'éclatement. Les webmasters tendent à se spécialiser dans la technique ou le contenu. Toutefois, beaucoup de webmasters peuvent encore se définir comme des professionnels de l'Internet « généralistes », capables d'accomplir une grande variété de tâches[110]. C'est le cas notamment au sein des sites Web de petite taille où le webmaster conserve ses caractéristiques premières de maître d'œuvre polyvalent même s'il délègue une partie de ses tâches. Les webmasters que nous avons interrogés dans le cadre de notre enquête font tous référence à cette évolution de leur métier qu'ils expliquent par des facteurs techniques et organisationnels.

Quid aujourd'hui du degré de professionnalisation du webmastering? La spécialisation croissante des activités atteste du fait que les métiers de l'Internet tendent, dans une certaine mesure, à se professionnaliser. Mais Sylvain Bureau, qui a enquêté sur les métiers du Web, constate qu'il existe très peu de formations spécifiques de webmaster, indice classique du niveau de professionnalisation d'un métier[111]. Par ailleurs, les webmasters déplorent un déficit de reconnaissance, preuve que quelques années (2004) après l'*e-krach*, le métier phare de l'Internet a perdu la place de choix qu'il occupait. En outre, Sylvain Bureau mentionne le fait que le terme webmaster a été supprimé des grilles du CIGREF (Club informatique des grandes entreprises françaises) où il était présent à la fin des années 1990 et au début 2000[112]. « Webmaster » continue néanmoins à être utilisé malgré la grande diversité des fonctions que l'on peut grouper sous ce terme.

---

[108] FERCHAUD, B., « Webmestre : un métier ? », *Documentaliste*, 2000, vol 37, n°3-4.
[109] Expressions tirées des entretiens que nous avons menés auprès d'anciens webmasters.
[110] BUREAU, S., « La professionnalisation des nouveaux métiers liés aux technologies de l'information : un déterminant dans les processus d'adoption ? Le cas des technologies Web », *Système d'information et management*, Vol. 11, n°1, mars 2006.
[111] *Ibid.*
[112] *Ibid.*

Le webmaster éditorial

> « *Enfin... le terme webmaster... C'était le grand malentendu... ça encombrait les petites annonces pendant des mois. Le webmaster est un faux métier qui n'existe pas [...] simplement oui, et bien, il y a des gens qui ont une activité, on va dire éditoriale, d'édition en ligne, qui sont tout seul, qui font tout et que, du coup, par commodité, on a appelé « webmaster ». Mais webmaster, d'un point de vue métier, ça n'existe pas. Vous avez des gens qui s'occupent du contenu, vous avez des informaticiens qui assurent la maintenance des machines. De plus en plus, les éditions en ligne sur Internet, c'est des boulots de contenant et de contenu et qui se rencontrent sur Internet, mais qui ne sont pas ensemble. Un webmaster, au début, chez nous, à la limite c'était un informaticien qui aidait les journalistes à fabriquer les pages, il faisait un peu tout, c'est pas une situation normale. Au début de certaines entreprises, il n'y a que deux personnes, ils font tout. Le webmaster c'est ça, le mec tout seul ! Faut mettre un nom : il s'appelle webmaster. Pas de problème ! [...] Mais ça entretient la confusion sur l'idée qu'il y a une sorte de personne magique qui gère le contenant, le contenu et que l'Internet c'est formidable, ça a apporté ça [...] Les écoles, celles qui ont encore des formations webmaster... elles envoient des gens à l'ANPE.* »
> [Directeur de rédaction d'un webzine. Paris. Janvier 2004.]

Si l'on en croit ce directeur de rédaction, l'éclatement des fonctions du webmaster et leur redistribution entre une partie contenant, et une partie contenu, devaient « logiquement » s'imposer. Aujourd'hui, la séparation des fonctions du webmaster se lit même au sein des classifications professionnelles officielles. Ainsi, la nomenclature Rome de l'ANPE codifie différemment la fonction « webmaster » selon qu'elle correspond au domaine de l'éditorial ou à celui de la technique. La fonction « webmaster » dispose de deux codes distincts : 32213 pour « Webmaster (ligne éditoriale d'un site Web) », et 32321 pour « Webmaster (conception réalisation de sites Web) ». Le premier dépend de la catégorie « Professionnels de l'information et de la communication » (322), et le second de la catégorie « Professionnels de l'informatique » (323)[113].

Une nouvelle figure professionnelle est ainsi progressivement apparue pour répondre aux besoins croissants en matière de gestion de contenu en ligne : le webmaster éditorial. L'apparition d'un webmaster spécialisé dans le contenu correspond à la structuration d'un champ de compétences à la marge des métiers traditionnels de l'information et de la communication. Il existe aujourd'hui

---
[113] http://rome.anpe.net/candidat/

quelques formations professionnalisantes de « webmaster éditorial ». De l'avis de Guillaume Bourgeois, le responsable du master « Web éditorial » de l'Université de Poitiers qui s'est intéressé de près à la question de la professionnalisation de ce nouveau métier, la partie contenu aurait été trop longtemps négligée au profit du contenant. Ce constat est partagé par les responsables d'agences de contenu que nous avons rencontrés et dont le « métier » consiste à proposer à des clients une « offre » de contenu en ligne. Ils posent ensemble la question de la place du contenu sur le Web et déplorent sa trop grande pauvreté. Internet reste, dans l'imaginaire, un univers peuplé d'informaticiens. S'ils ont des compétences et des profils différents, s'ils relèvent de divers systèmes de protection sociale, les salariés des entreprises du net sont majoritairement associés au monde de la technique, de l'informatique ou des télécommunications. Comme le remarque Philippe Metzger, les métiers nés avec Internet sont, pour la plupart, des métiers issus de compétences informatiques[114].

En plaidant, en 2001, en faveur d'une Convention collective pour les start-up[115] – qui ne verra finalement jamais le jour – Jean-Marie Messier, alors président de Vivendi, partait du constat qu'il n'existait pas de règles collectives spécifiques régissant l'univers professionnel d'Internet. En effet, la majorité des entreprises du net qui ont adopté une Convention collective ont opté pour la Convention Syntech, du nom de la fédération de syndicats de sociétés de conseil, d'ingénierie, d'études et de services informatiques (SSII). Le 5 juillet 2001, un accord national relatif à « l'introduction des métiers de l'Internet dans la convention nationale des bureaux d'études techniques, cabinets d'ingénieurs-conseils et des sociétés de conseils » a été signé, suite à la demande de professionnels et de chefs d'entreprise du secteur. Cet accord vient confirmer la tendance qui concourt à réduire Internet à sa seule dimension technique. La consultation des outils statistiques telles que les Nomenclatures d'activité française (NAF) de l'Insee[116], ou la Nomenclature ROME utilisée par l'ANPE, le montre bien. La seule allusion à une activité professionnelle liée à Internet figure dans la catégorie « Activités informatiques » de la NAF, sous les mentions « conception de pages Web » et « création, développement de sites Web ». Plusieurs métiers d'Internet tels que « Chef de projet Internet » ou « Concepteur de site Web » apparaissent dans la catégorie « Professionnels de l'informatique » (code ROME 323). Les métiers d'Internet sont donc encore

---

[114] METZGER, P., *L'inévitable destin social de l'Internet*, Les éditions des Rioux, 2004.
[115] GAUDENZ, C., « Une Convention collective pour les start-up ? », *Stratégies* n°1178, 9 février 2001. KAHN, A., « Les salariés du net ont-ils besoin d'une Convention collective ? », *Le Monde Economie*, 27 février 2001.
[116] http://recherche-naf.insee.fr/SIRENET_Template/Accueil/template_page_accueil.html.

majoritairement associés au domaine de l'informatique. L'aspect éditorial apparaît alors comme secondaire dans un secteur, celui des métiers d'Internet, fortement dominé par la technique.

Pour les artisans du Web éditorial, l'enjeu réside donc dans la valorisation de la dimension éditoriale du « Webmastering ». À côté du webmaster, chargé plutôt de l'aspect technique (intégration html, gestion du serveur, etc.), le « webmaster éditorial » doit être un professionnel du Web, spécialisé dans la gestion de contenu en ligne et l'écriture multimédia. Au tournant des années 2000, les premières annonces pour des emplois de « webmaster éditorial » font leur apparition. Depuis, on recense régulièrement dans la presse et les sites Web spécialisés des offres d'emploi pour des postes de « webmaster éditorial », preuve du succès relatif du terme.

Le webmaster éditorial prend en charge les parties « stratégie éditoriale » et « gestion de contenu », afin d'assurer une meilleure cohérence éditoriale du site pour lequel il travaille. Comme l'explique Guillaume Bourgeois, le diplôme de niveau master intitulé « Webmaster éditorial » repose « *grosso modo sur trois piliers* » qui correspondent aux trois dimensions de son profil professionnel. Le premier pilier, et le plus important, correspond à la partie « *information-communication, rédactionnel, éditorial* ». Le second est « *le pôle technique* », c'est à dire « *savoir ce qu'il y a sous le capot. Comment marche le moteur. Ils n'ont pas besoin d'être des mécaniciens avertis mais ils ont besoin de savoir ce que c'est* ». Le troisième pôle est celui de « *l'organisation du travail* », du « *business* ». Il s'agit de « *l'aspect opérationnel du Web éditorialiste en tant que personne qui mène à bien des projets pour lesquels on lui a donné des sous, et pour lesquels il va devoir éventuellement sous-traiter, embaucher, donc réaliser des budgets.* » [Intervention lors d'une conférence. Grenoble. Novembre 2003.]

Pour le créateur de cette filière, un « webmaster éditorial » ou « Web éditorialiste » doit détenir des compétences dans ces trois domaines distincts, avec toutefois une spécialisation dans l'éditorial. « *Nous ne voulons pas former des bidouilleurs, mais des gens qui sont excellents dans certains domaines sans avoir toutes les connaissances techniques du Web. Mais il est certain que la personne qui va s'occuper d'un site Internet portera plusieurs casquettes (journalistique, marketing...)* » [*Idem*]. On retrouve dans la nébuleuse des métiers de l'Internet éditorial, des caractéristiques communes : la transversalité des compétences et une certaine forme de polyvalence attendue du professionnel du Web. Le profil du « webmaster éditorial » repose sur un savant mélange entre compétences techniques, éditoriales et managériales. À l'instar de la majorité des métiers spécialisés dans le contenu en ligne, le « webmaster éditorial » possède donc un profil hybride.

Des métiers hybrides et instables

Nous avons donné les raisons pour lesquelles les métiers de l'Internet étaient majoritairement rattachés à la sphère technique. Néanmoins, ces « métiers » peuvent être répartis dans trois grandes catégories : technique, contenu et gestion. Les « fiches métiers » de la presse écrite ainsi que la littérature spécialisée[117] fournissent des descriptions de profils professionnels que l'on peut ainsi associer à l'une ou l'autre de ces catégories. Du côté du pôle « technique », on trouve des métiers appartenant à l'univers de l'informatique : ingénieur, développeur, administrateur de bases de données, intégrateur html, hotliner. Du côté du pôle « éditorial » ou « contenu », on trouve des métiers qui relèvent de la nébuleuse de l'information, de la communication et de la documentation : journaliste ou rédacteur en ligne, webmaster éditorial, fournisseur et gestionnaire de contenu, documentaliste en ligne, webdesigner. Enfin, du côté du pôle « gestion », du monde du management, du commerce et de la publicité, on trouve des métiers tels qu'ingénieur ou responsable commercial, chef de projet, chef de publicité, marketer en ligne, etc.

Précisons d'emblée que les métiers de l'Internet ne se laissent pas facilement enfermer dans ce genre de catégories hermétiques. Au contraire, la particularité de la nature d'un bon nombre de ces jeunes métiers est de transcender les catégories. Ainsi, sur Internet, beaucoup de jeunes métiers incorporent ces trois dimensions (technique, éditoriale et commerciale-gestion) et peuvent ainsi être qualifiés d'« hybrides ». Situés à cheval entre ces différents pôles, ils intègrent des éléments de plusieurs cultures et pratiques professionnelles : le journalisme, la communication, l'informatique, le marketing, etc... Comme le souligne Yann Bertacchini en conclusion de la présentation de sa topologie des « métiers émergents de la nouvelle économie »[118], les offreurs d'emploi attendent des postulants une certaine forme de « pluricompétence ». Les professionnels de ces métiers hybrides ont la particularité de disposer de compétences transversales (rédactionnelles, relationnelles, techniques, de gestion). Cette pluricompétence qui permet une approche transversale de leur activité est censée conférer une force à celui qui peut s'en prévaloir. Comme le remarquent Luc Boltanski et Eve Chiappelo[119], la

---
[117] *Les métiers du multimédia et de l'Internet*, L'Etudiant, 2002.
[118] BERTACCHINI, Y., « Métiers émergents de la nouvelle économie », *Terminal*, Printemps 2001.
[119] BOLTANSKI, L., CHIAPPELO, E., *Le nouvel esprit du capitalisme*, Gallimard, Paris, 1999.

nouvelle doxa managériale valorise fortement le personnage de l'employé polyvalent capable de se placer aux différents points nodaux des réseaux professionnels[120]. À l'instar de la figure du « marginal sécant »[121] qu'utilisent Michel Crozier et Erhard Friedberg, les professionnels des métiers hybrides du Web jouent, grâce à leurs « appartenances multiples », un rôle « d'intermédiaire » et « d'interprète » qui leur permet, dans un « monde connexionniste », de disposer d'une certaine aura. Le Chef de projet représente parfaitement celui qui se montre capable de faire le lien entre des zones d'expertise différentes. Jouant un rôle actif dans l'expansion et l'animation de réseaux – un rôle de « médiateur » – il possède l'art de concilier des contraires et sait réunir et mettre en communication des personnes très différentes[122]. La pluricompétence et la capacité à embrasser plusieurs cultures professionnelles sont constitutives du professionnalisme des métiers hybrides du Web.

Sans doute est-il nécessaire ici de nous arrêter sur les métiers qui se situent au carrefour entre plusieurs univers professionnels et dont les principales fonctions relèvent de la « médiation ». Ici, la métaphore du « chef d'orchestre » convient particulièrement bien. Dans le domaine qui nous intéresse, celui du contenu en ligne, on trouve le « webmaster éditorial », le « chef de projet éditorial », le « responsable éditorial Internet », « l'animateur éditorial d'un site Web », le « gestionnaire de contenu » ou le « content manager »[123]. Tous les noms de métiers que nous venons de citer ne relèvent pas d'une terminologie officielle. Il s'agit de titres de postes tirés des offres d'emplois publiées dans la presse, répertoriées et présentées sur le portail Categorynet[124]. Après avoir analysé, pendant plus d'un an, entre 2003 et 2004, le contenu de ces offres d'emploi pour des métiers « hybrides » de l'information en ligne, nous pouvons dessiner les grandes lignes du profil des professionnels du Web que les employeurs recherchent.

---

[120] Le professionnel « pluricompétent » peut dès lors être considéré comme le « grand » de la « cité par projet » – c'est-à-dire comme celui qui incarne les plus fortement les valeurs du nouveau « monde ». On trouve une définition des concepts développés dans le cadre des économies de la grandeur, dans : BOLTANSKI, L., THEVENOT, L., *De la justification. Les économies de la grandeur*, Gallimard, 1991.
[121] Concept initialement développé par Jamous, le « marginal sécant » est « un acteur qui est partie prenante dans plusieurs systèmes d'action en relation les uns avec les autres et qui peut, de ce fait, jouer le rôle indispensable d'intermédiaire et d'interprète entre des logiques d'actions différentes, voire contradictoires. », CROZIER, M. et FRIEDBERG,E. *L'acteur et le système*, p. 86.
[122] BOLTANSKI, L., CHIAPPELO, E., 1999, *op.cit*.
[123] Le *content manager* est le responsable de la partie contenu d'un site Web. De manière générale, sur Internet, les anglicismes sont très répandus. Les noms de métier n'échappent pas à la règle.
[124] www.categorynet.com.

À l'instar du « chef de projet multimédia »[125], les professionnels de ces métiers doivent tout d'abord disposer des qualités managériales de « meneurs », « d'animateurs » d'hommes et de projets. À la charnière entre les services de l'entreprise, les domaines de compétences, les prestataires et les clients, ils doivent savoir coordonner les hommes et les actions. Managers d'équipes polyvalents et polyglottes, ils doivent arriver à faire travailler ensemble des professionnels (journalistes, infographistes, intégrateurs, commerciaux etc...) dont les intérêts, la culture et le « langage de métier »[126] diffèrent fortement.

Ces derniers doivent savoir combiner capacités relationnelles et rédactionnelles, connaissances de l'écriture, de la technique et du marché. Ils sont censés savoir et pouvoir rédiger, sélectionner, hiérarchiser, synthétiser, enrichir et mettre à jour l'information. Ils disposent idéalement d'un certain sens de la créativité, de connaissances techniques minimum, de connaissances sur les organisations en général et sur leur entreprise en particulier, ainsi que de compétences en matière de gestion d'un budget et de la relation client. Bien entendu, le profil que nous venons de dresser est un profil générique : chaque poste, en fonction des contextes, répond à des exigences particulières.

Nous avons vu qu'on ne peut pas encore réellement dire que, sur Internet, les métiers sont structurés. Même si le flou de la première période tend progressivement à se dissiper, les contenus des métiers ne sont pas définis et leurs frontières ne sont pas déterminées. En outre, pour désigner le même type de tâches, il n'est pas rare, comme le montre l'étude des offres d'emplois, de trouver une grande variété de dénominations. Parfois les champs de compétences respectifs d'un « rédacteur en chef pour le Web », d'un « animateur éditorial d'un site Web », d'un « chef de projet éditorial » ou d'un « Web content editor » se recoupent. Les métiers paraissent alors interchangeables. Un ancien salarié d'une « start-up » évoque la perception qu'il a du flou généralisé concernant la dénomination et le contenu de métier.

« Il n'y avait pas de mot pour définir notre travail. On faisait un peu tout. Et quand il n'y a pas de nom, on colle une étiquette. J'étais « Webmaster » quelque chose... et après la première vague de licenciements on est devenu « chefs de projet Internet », je crois...mais on faisait sensiblement la même chose. » [Webmaster éditorial. Grenoble. Novembre 2003.]

À la grande époque des start-up, les noms et contenus de métiers évoluaient presque aussi rapidement que les technologies et les *business model*

---

[125] SEGUY, F., *Les produits interactifs et multimédias*, PUG, 1999.
[126] Sur la dimension langagière du travail, on se réfère à l'article de Josiane Boutet. BOUTET, J. (dir), *Le monde du travail*, La Découverte, 1998.

liés à Internet[127]. Il était alors fréquent, comme l'indique cet ancien salarié de start-up, que les noms de métiers et les profils de postes changent au rythme des réorientations de l'activité de l'entreprise. Outre ces mouvements incessants qui rendaient instables tant les structures de métiers que les identités professionnelles, il faut ajouter le fait que des métiers et des noms de métiers disparaissaient totalement, très peu de temps après être apparus. « *Il y a eu une période très courte de trois mois où il y avait plein de sociétés qui cherchaient des spécialistes du référencement. C'est quelque chose qu'on ne voit plus. Il y a des métiers comme ça qui émergent et qui disparaissent aussi rapidement* ». [Ex-webmaster éditorial. Paris. Novembre 2003]. Parmi les fonctions et appellations rapidement passées de mode, citons ici en exemple les noms construits à partir du préfixe « cyber », préfixe qui, dans la deuxième partie des années 1990, connotait les valeurs positives liées à l'idée de progrès et traduisait une fascination pour les nouvelles technologies : « cyberjournaliste », « cyberdocumentaliste », « cyberformateur », etc.

Le cycle de vie des métiers tend à se raccourcir toujours plus, et épouse désormais celui des technologies et des entreprises de la nouvelle économie. Le temps qui court entre l'apparition d'un métier et sa disparition peut donc être très bref. Les métiers « muent » et changent de nom incessamment. Sur Internet, métiers et professions (dans le sens de groupes professionnels) résistent assez peu aux effets de corrosion du temps. Nous pouvons même dire que l'utilisation de ces termes issus du langage courant et de la sociologie des professions (« métier », « profession », « professionnalisation ») n'est plus véritablement pertinente. L'établissement d'une profession correspond en effet à un processus long. Quant au contenu et aux idéologies de métiers, ils reposent sur des critères stables. Or nous constatons que, dans l'univers du Web, les temporalités paraissent trop courtes pour que s'institutionnalisent des compétences et des pratiques et pour que se construisent des identités de métier.

Certes, l'abaissement de la durée moyenne de vie des métiers est un phénomène sur lequel il conviendrait de se pencher plus longuement. Nous pouvons toutefois considérer que nous touchons ici à un point nodal du rapport entre l'évolution des structures sociales et l'évolution des structures psychiques. Les métiers et les collectifs de travail sont de plus en plus labiles et fragiles, à l'instar de beaucoup de liens sociaux. Les formes d'organisation et d'action collectives, d'une part, et les manières d'être, de faire et de penser, d'autre part, s'ajustent mutuellement. Comme le constatent Luc Boltanski et Eve Chiappello,

---

[127] Parmi les différentes modes de l'Internet, nous pouvons citer celle des annuaires et du référencement de sites, celle des portails ou celle, plus anecdotique, des noms de marques et concepts marketing finissant en « oo » : Kelkoo, Yahoo !, Boo, etc.

le néo-management promeut la figure de l'individu détaché de toute appartenance fixe et durable. « Loin d'être attaché à un métier ou agrippé à une qualification, le grand se révèle adaptable, flexible, susceptible de basculer d'une situation dans une autre très différente et s'y ajuster, polyvalent, capable de changer d'activité ou d'outil »[128]. Alors que le « projet » tend de plus en plus à se substituer au « métier », le lien social a plus de force lorsqu'il est faible comme le suggère Richard Sennett[129]. Nous aurons l'occasion de revenir sur ce point lorsque nous aborderons la question de la professionnalisation des journalistes en ligne.

2 - Travailleur de l'information en ligne vs journaliste professionnel

L'expression « travailleurs de l'information en ligne » que nous utilisons dans ce travail est une expression générique. Le webmaster éditorial, comme le journaliste en ligne ne sont ici que des parties de ce « tout ». Pourquoi alors opposer les travailleurs de l'information sur Internet aux journalistes en ligne professionnels, le tout et la partie ? Pour pouvoir répondre à cette question, il faut considérer que la séparation entre métiers du journalisme et métiers de la publicité et de la communication se situe au fondement de la légitimité de la profession de journaliste. Dans le champ de l'information et de la communication, les journalistes constituent une catégorie à part et travaillent en permanence à affirmer leur différence. L'existence d'un statut spécifique, de formations ad hoc, d'associations professionnelles, ainsi que d'une mythologie propre, entérine cette différence. Le prestige social dont bénéficie la profession suffit à justifier les efforts qu'elle déploie pour garder le contrôle de son territoire professionnel. Pour y pénétrer, l'impétrant doit montrer patte blanche. Or, cette séparation formelle entre le journalisme et les métiers de l'information-communication repose sur des bases de moins en moins solides. Nous souhaitons ici démontrer que ces frontières sont encore plus fragiles sur le média Internet qu'ailleurs. Malgré une volonté clairement affichée de dissocier les journalistes des autres professionnels de l'information sur Internet, une certaine forme d'indifférenciation l'emporte, tant les territoires du journalisme en ligne sont mouvants.

---

[128] BOLTANSKI, L., CHIAPELLO, E., 1999, *op.cit*, p.169.
[129] SENNETT, R., *Le travail sans qualité*, 2000, *op.cit*.

La CCIJP et la question du journalisme sur Internet

Parmi tous les producteurs d'information sur Internet, quels sont ceux qui peuvent se prévaloir du titre de journaliste ? C'est sur cette question que les membres de la Commission de la carte d'identité des journalistes professionnels (CCIJP), institution paritaire puisque les représentants des journalistes et ceux des éditeurs sont à nombre égal, ont été assez tôt amenés à se pencher. « Créée par la loi du 29 mars 1935, la Commission a pour objet de délivrer une carte d'identité de journaliste professionnel aux postulants qui remplissent les conditions fixées par la même loi [130]». En d'autres termes, la CCIJP délivre la « carte de presse » qui « constate » et objective le statut de journaliste professionnel de son titulaire, tel que la loi de 1935 le définit. La définition légale du journaliste, dont Denis Ruellan souligne le caractère « tautologique »[131], est inscrite dans l'article L.761-2 du Code du travail : « Un journaliste professionnel est celui qui a pour occupation principale, régulière et rétribuée l'exercice de sa profession, dans une ou plusieurs publications quotidiennes ou périodiques ou dans une ou plusieurs agences de presse et qui en tire le principal de ses ressources ».

Comme le remarque Olivier Da Lage, Président de la CCIJP entre 1998 et 2003, il n'est pas toujours facile de déterminer si un candidat à l'obtention de la carte (ou à son renouvellement) remplit ou non les critères prévus par la loi[132]. Les choses se compliquent en effet lorsque le postulant n'est pas directement employé par un organe de presse classique, s'il n'est pas payé aux barèmes professionnels ou s'il n'est pas rattaché à la Convention collective des journalistes. En outre, le flou[133] qui caractérise le professionnalisme des journalistes n'aide pas la Commission à arbitrer dans certains cas litigieux. Il demeure néanmoins que la Commission doit « trouver des réponses à des situations que n'avait pas envisagées le législateur de 1935, sans pour autant sortir du cadre légal [134]». La Commission doit maintenir une tension, toujours précaire, entre l'administration de la masse des journalistes, la majorité, à qui les règles s'appliquent sans difficultés et la prise en compte de cas complexes qui doivent rester une minorité afin de ne pas nuire au bon fonctionnement de la Commission.

---

[130] www.ccijp.net.
[131] RUELLAN, D., *Le professionnalisme du flou*, PUG, 1993. *Les pros du journalisme*, PUR, 1998.
[132] DA LAGE, O., *Obtenir sa carte de presse et la conserver*, Guide Legipresse, Victoires-Editions, 2003.
[133] RUELLAN, D., *op.cit.*
[134] DA LAGE, O., *op.cit*, p.12.

Les principales transformations qui traversent le monde des médias et du journalisme, liées notamment aux évolutions démographique, juridique, sociale et technologique, ont conduit la Commission à clarifier sans cesse ses positions. L'histoire contemporaine du journalisme est en effet rythmée par ces moments où la profession a intégré de nouvelles populations de journalistes. Le cas de figure le plus fréquent d'ouverture du groupe correspond bien entendu à l'apparition d'un nouveau média – lorsque de nouvelles techniques et de nouveaux savoir-faire émergent et viennent par conséquent délimiter les contours d'une nouvelle forme de journalisme (une nouvelle spécialité). Dans un article consacré aux journalistes en ligne, Denis Ruellan évoque l'intégration dans la profession des métiers du journalisme qui ont fait leur apparition au cours du XXe siècle : sténographes, radio-reporters, cinéma-reporters, infographistes, etc[135]. En outre, de nouvelles problématiques sont apparues durant les dernières années avec l'émergence de nouvelles formes de communication sociale (presse territoriale, syndicale, associative...), de structures de production (agences audiovisuelles) et de nouveaux supports de diffusion d'information (Internet et nouveaux médias). La profession est donc régulièrement confrontée à la problématique de l'ouverture et de la fermeture de son territoire. Il est cependant à noter que depuis une quinzaine d'années, les situations complexes se multiplient rendant aux membres de la Commission la tâche malaisée.

Dès le milieu des années 1990, la Commission a été amenée à prendre en considération des demandes spécifiques, émanant de journalistes au profil particulier – ces derniers sont alors communément appelés « cyberjournalistes », « journalistes on-line » ou « journalistes Web ». Dans un contexte particulièrement agité par l'apparition d'Internet, la Commission se voit sollicitée par les directions et les salariés de jeunes entreprises d'Internet et des filiales contrôlées par des entreprises de presse. Journalistes et éditeurs découvrent un nouvel univers et de nouvelles problématiques. Les discussions, débats et polémiques se multiplient alors autour de ce qu'il est convenu d'appeler un « nouveau journalisme » qui, selon les uns, « menace » la profession et, selon les autres, en représente le seul « avenir » possible. Il faut bien préciser que la Commission n'a eu aucune difficulté à traiter les demandes effectuées par des journalistes employés par une entreprise de presse et travaillant pour un site Web adossé à un média existant. Un journaliste qui travaille pour le site Web du journal *Le Monde* ou de Radio France est reconnu comme un journaliste à part entière et bénéficie du statut. Mais le problème s'est

---

[135]RUELLAN, D. « On line. Un journaliste comme les autres », *Les cahiers du journalisme* n°5-décembre 1998.

notamment posé au sujet de sites Internet d'information qui ne dépendaient pas d'entreprises de presse mais d'éditeurs 100% Web. Lors d'un entretien que nous avons eu avec lui, Olivier Da Lage déplore, en nuançant tout de même son propos, le fait que la Commission ait été « trop lente » sinon à résoudre le problème du moins à « trouver sa réponse » au problème.

Très prudente dans un premier temps, la Commission s'est appuyée sur l'ensemble des réflexions qu'elle a menées en amont sur un autre dossier qui s'est avéré délicat, celui des sociétés de production audiovisuelle. Après des débats « très vifs » et « très longs », comme le reconnaît un journaliste syndiqué au Syndicat national des journalistes (SNJ) et membre de la CCIJP, la Commission a décidé en 1996 de délivrer la carte de presse aux journalistes des sociétés de production audiovisuelle (les « boites de prod ») qui ne sont reconnues ni comme entreprises de communication ni comme agences de presse. Après avoir résolu ce cas épineux, la Commission a poursuivi dans cette direction pour tenter de définir sa position au sujet du journalisme en ligne « professionnel ». Procédant largement par analogie avec le cas des journalistes des sociétés de production audiovisuelle, la Commission a donné, à travers la décision du 14 mai 1998, sa définition du journalisme sur Internet. C'est dans le souci du respect de « l'esprit de ceux qui ont voté la loi de 1935 » que la Commission a accordé la carte à des « gens qui font du journalisme » mais qui auraient été tenus à l'écart de la profession si une interprétation rigoureuse des textes avait prévalu. Par cette décision, la Commission a confirmé le fait que les frontières de la profession sont en mouvement perpétuel. La morphologie de la profession des journalistes évolue donc sous l'effet d'une dynamique d'agrégation complexe de groupes et d'individus. Avec les Sociétés de production audiovisuelle et les entreprises de l'Internet, la Commission a pris coup sur coup deux décisions d'une importance majeure. Elle a ainsi ouvert les portes de la profession à des travailleurs de l'information qui prétendent à la carte de presse mais dépendent de structures dont les statuts juridiques diffèrent des statuts des entreprises de presse. Comme le dit Olivier Da lage : « *dans le journalisme en ligne, il y a des gens qui travaillent pour des entreprises de presse au sens classique et d'autres pas* ». Il a dès lors fallu que la profession s'adapte à cette nouvelle donne. Plus que jamais, la position de la Commission témoigne du fait que le journalisme, profession éclatée, s'exerce sous de multiples cieux. Ouverte aux influences qui contribuent à la métisser toujours davantage, la profession de journaliste n'est jamais plus insaisissable que lorsqu'il est question d'en clarifier les contours.

Métiers de l'information et journalisme Web

> **Les critères d'attribution de la carte de presse pour un journaliste Web**
> La Commission a ainsi décidé d'accorder la carte de presse au journaliste employé par une entreprise Internet à condition que cette dernière respecte tous les critères précis qui ont été énoncés. Peut se prévaloir du statut de journaliste professionnel, un journaliste Web qui :
> - est rattaché à la Convention collective des journalistes et à l'une de ses qualifications,
> - relève soit d'une filiale d'entreprise de presse, soit d'une structure disposant d'une personnalité juridique distincte (société, association) dont les statuts doivent prévoir explicitement et à titre principal une mission d'information à l'égard du public,
> - travaille sur une information en ligne qui doit être réactualisée périodiquement (le demandeur doit produire des copies d'écran en nombre significatif avec des adresses URL),
> - exerce des tâches journalistiques dans une structure journalistique (rédaction, direction de l'information).
>
> Source : Olivier da Lage, *Obtenir sa carte de presse et la conserver*, Guide Legipresse, 2003.

Olivier Da Lage précise que la décision de la Commission émane d'une réflexion nourrie des discussions engagées avec les éditeurs de sites Web. Pour lui et contrairement à ce qui a pu être dit et écrit, il ne s'agit pas d'un quelconque *« oukase tombé du ciel. [...] En fait une bonne partie de la démarche de réflexion de la Commission est venue des éditeurs de sites d'information eux-mêmes qui ont dit : 'bien voilà, moi, je vais embaucher des journalistes ; je veux qu'ils soient considérés comme journalistes, mais en même temps j'ai peur qu'ils ne le soient pas donc dites moi ce que je dois faire'. Donc voilà il y a eu un dialogue aussi avec les éditeurs et quand on a édicté nos critères, un grand nombre de ces éditeurs se sont mis en conformité. C'est important. [...] Donc il y a eu une interaction, ils ont tenu compte de ce qu'ils nous ont dit et on a tenu compte de ce qu'ils nous ont dit.»* [Paris. Juin 2003.]

À ce sujet toujours, un membre de la Commission remarque également qu'*« il y a des gens qui jouent le jeu, surtout des éditeurs, et des éditeurs qui ne jouent pas le jeu. Il y a des éditeurs qui disent : 'nous n'avons pas une mission d'information mais nous voudrions que nos gars soient journalistes'. Ça va pas ! D'ailleurs la 1ère année en 98, un certain nombre de cartes ont été mise en attente de mise en conformité avec les demandes de la Commission. La plupart des entreprises se sont mises en conformité. »* [Journaliste et membre de la CCIJP. Paris. Janvier 2004.]

Arnaques au journalisme et cas litigieux

La Commission a été conduite très tôt à fixer des critères discriminants permettant de distinguer les journalistes professionnels de ceux qui ne peuvent pas, légalement, prétendre l'être. Si elle a décidé de prendre le problème « à bras le corps », c'est notamment dans l'intention de déjouer ce qui peut être considéré comme des « arnaques » au journalisme. La Commission a dû étudier un certain nombre de cas. L'un de ses membres nous a assuré que la CCIJP n'avait pas reçu, entre 1998 et 2002, pléthore de dossiers de prétendants au statut provenant de site éditoriaux non adossés à des médias traditionnels. Toutefois, pendant cette période, la Commission s'est montrée particulièrement vigilante. En effet, parmi les demandes qui lui sont parvenues, certaines présentaient, au premier examen, toutes les apparences de demandes recevables, mais lorsque l'on « grattait un peu », il n'en était rien. Comme le souligne un membre de la CCIJP, « *il y a des centaines de gens qui sont à côté, qui ont toutes les apparences de journalistes mais qui n'en font pas* ». La Commission s'est donc penchée sur certains sites Web qui se sont révélés, après enquête, être des sites de promotion travestis en sites éditoriaux indépendants. Des éditeurs de sites contrôlés par des entreprises commerciales ont en effet tenté de véritables « coups promotionnels » sous le couvert d'une démarche éditoriale désintéressée.

« *Des entreprises totalement commerciales montées par un grand groupe de distribution qui présentaient une vitrine parfaite au regard des critères de la Commission et c'est seulement en allant gratter un petit peu qu'on a découvert le pot-aux-roses. Donc j'aurais tendance à dire que si il y a eu des erreurs, ce ne sont pas des abus, ce sont des erreurs, c'est que la Commission s'est fait tromper par des demandes.* » [Journaliste et membre de la CCIJP. Paris. Janvier 2004.]

Ce type d'opérations consistait à jouer la carte du journalisme et à créer la confusion avec un produit médiatique conforme en apparence aux standards formels du genre journalistique. En essayant de déjouer la vigilance de la Commission, les concepteurs de tels sites promotionnels ont, d'une certaine manière, tenté d'obtenir un « label » de média d'information indépendant grâce à l'octroi du statut de journalistes professionnels pour leurs salariés.

« *On a vu proliférer des sites qui, soi-disant, étaient des sites d'information, qui en avaient toutes les apparences mais qui, quand on grattait, étaient des sites de communication institutionnelle ou de promotion pour des agences de voyages ou des grands magasins. Donc on n'a pas eu nécessairement tort de considérer que c'est pas parce que ça avait l'apparence de l'information que ça en était [...] Je me rappelle avoir vu des demandes vachement bien présentées, mais quand on regardait de plus près c'était en fait un site promotionnel d'une agence de voyages qui, sous couvert de reportages, permettait de vendre les voyages correspondants, et j'ai vu un autre site qui relevait d'une chaîne d'hypermarchés, je ne me rappelle plus lequel c'était... Auchan, Carrefour... enfin peu importe, et ça se présentait comme de l'information et comme en plus les sites peuvent parfaitement acheter aux agences de presse des modules d'information qui se glissent quelque part dans l'écran, ça peut faire illusion [....] Il est évident que ça s'est fait avec la complicité ou à l'initiative de l'employeur qui disait : 'je vous promets un statut journalistique, je sais comment la Commission veut qu'on présente le dossier donc on va le faire' et ...c'est vrai que à première vue ça paraissait très bien. Et puis en regardant un petit peu plus près, en allant surfer sur le site en question, on découvrait qu'il y avait des choses bizarres. Qu'il n'y avait pas beaucoup de contenu au delà de la présentation idyllique de paysages et qu'on pouvait acheter le voyage en cliquant au bas de l'article, donc là forcément...on change un peu notre...et la première vue était favorable.* » [Olivier Da Lage. Paris. Juin 2003.]

Les personnes que nous avons interrogées insistent sur la légitimité de l'action de la Commission en tant que « Commission de professionnalité », comme la qualifie Olivier Da Lage. La Commission se présente alors comme garante du contrôle du territoire professionnel. Elle est censée protéger le statut du journaliste en interdisant son instrumentalisation au profit d'entreprises de promotion commerciale ou institutionnelle – comme le montrent les quelques tentatives d'usurpation du titre de journaliste que nous venons de citer. Mais il existe des cas de figure litigieux qui ne relèvent pas d'intentions malhonnêtes et qui ont mis en exergue les limites de l'action de la Commission. Avec le boom Internet et l'explosion des offres éditoriales en ligne (sites d'informations spécialisées ou « grand public »), des éditeurs ont sollicité la CCIJP afin que leurs employés obtiennent la carte et soient ainsi reconnus comme journalistes à part entière. Parmi les start-up de l'Internet qui ont joué cette carte, nous pouvons citer Webcity, la plate-forme de guides de ville sur Internet dont nous avons déjà parlé. Son directeur, Alexandre Dreyfus, a en effet très tôt demandé à la Commission de délivrer une carte de presse à ses rédacteurs. Malgré les doutes exprimés par des membres de la Commission quant au caractère journalistique du contenu proposé, la CCIJP s'est prononcée positivement à condition que la société Webcity se mette en conformité avec les critères énoncés. Ce qui a été fait, comme le rappelle une ancienne journaliste de Webcity : « *C'était vachement valorisant, je trouve, pour Webcity de dire que derrière, il y avait vraiment des journalistes, que c'était pas des rédacteurs pris comme ça, à la sauvette ou quoi que ce soit. Il y avait forcément une crédibilité apportée au produit. C'était incontestable.* » [Lyon. Novembre 2003.]

Inversement, les rédacteurs Web du *Journaldunet* qui ont fait, à la même époque, leur demande à la Commission ont été « déboutés ». Le motif invoqué tenait à l'identité de l'entreprise éditrice. En effet, la société Benchmark qui édite le *Journaldunet* est une société d'audit et de conseil. Pour cette raison, elle ne peut pas salarier des journalistes. Benchmark aurait toutefois pu créer une entité juridique distincte dédiée à l'édition du site éditorial. Elle n'a pas souhaité le faire et ses « rédacteurs » se sont donc vu refuser l'octroi du statut par la Commission qui avait proposé ce montage en guise d'arrangement. La décision a été prise sans que la Commission n'ait à préjuger de la qualité ou du caractère journalistique du travail effectué par les journalistes du site[136]. Et ce refus ne semble souffrir d'aucune contestation. Benchmark reste une société de conseil et non un éditeur de presse. Du point de vue de la CCIJP, il faut bien parvenir à arrêter le « tracé de la frontière » du territoire du journalisme.

Nous nous trouvons ici face à une situation exemplaire, à plus d'un titre, des ambiguïtés liées à la discrimination entre journalistes professionnels et journalistes sans le statut. Les principes sur lesquels repose cette discrimination ne s'appuient en priorité ni sur la nature ni sur la qualité du travail du journaliste. Si Benchmark avait accepté de se plier aux critères de la Commission, ses rédacteurs auraient obtenu le statut de journaliste. Or le contenu produit n'aurait nullement été affecté par ce changement. Preuve qu'on ne juge pas ici le contenu. Ce phénomène n'est bien entendu pas propre à Internet. Toutefois, les exemples provenant de la presse en ligne illustrent bien le fait que la ligne de démarcation légale qui permet de distinguer les journalistes professionnels des autres journalistes ne recoupe pas la ligne de démarcation morale qui sépare « bons » et « mauvais » journalistes.

« *La Commission n'a pour seule mission que d'attribuer la carte à ceux qui remplissent les conditions légales. Elle n'est pas là pour dire qui sont les bons et qui sont les méchants, qui fait bien son travail et qui le fait mal.* » En précisant cela, Olivier da Lage[137] rappelle que la Commission ne dispose d'aucune prérogative en matière de déontologie. Cette question de la déontologie qui n'a jamais fait l'objet d'un consensus dans la profession met en avant les limites de la Commission dont le rôle se cantonne à vérifier les

---

[136] Interrogés sur le sujet, des membres de la CCIJP et des journalistes nous ont dit qu'ils trouvaient que les rédacteurs du *Journaldunet* effectuaient à leurs yeux « un vrai travail de journaliste » bien qu'ils n'en aient pas le statut.
[137] 2003, *op.cit.*

conditions de l'ouverture contrôlée de la frontière professionnelle tracée en 1936 à partir d'un texte de loi. Si la profession est parvenue à se doter d'un organe (CCIJP) chargé de déterminer parmi les prétendants au statut qui sont ceux qui y ont droit, elle ne s'est jamais dotée d'un code de déontologie. Dans la première partie du XXe siècle, bien que les acteurs de la construction du groupe professionnel aient cherché à « moraliser les pratiques », ils n'ont pas souhaité créer, à l'instar des médecins ou des avocats, un Ordre professionnel qui puisse régler notamment les questions de déontologie. L'effort de délimitation du champ social d'intervention des journalistes s'est concentré sur les modalités du tri à effectuer dans la profession pour en « chasser les amateurs ». Celui qui est considéré comme l'architecte du groupe des journalistes, Georges Bourdon, déclarait lors de l'inauguration de la Commission, en 1936 : « Nous ne connaissons que deux frontières, celle de la profession et celle de la moralité ». Depuis, et malgré sa volonté affichée dès l'origine de s'attaquer à la régulation des mœurs de la profession, la CCIJP n'opère que sur la première frontière, celle de la profession, et non sur la seconde, celle de la moralité.

Inclure, exclure : le travail sur les frontières

À travers son rôle de « police » des frontières professionnelles (et non de « police du Web » comme se défend de l'être la CCIJP par l'intermédiaire de son ancien président), la Commission réaffirme en permanence le mythe du journalisme « pur » séparé de la communication et du commerce, « impurs ». Ainsi, ce mythe offre au travail de la Commission une caution assez puissante. Le journalisme doit rester hermétique à la communication. Le groupe professionnel doit donc s'efforcer de contenir hors de lui tous ceux qui ne peuvent prétendre au statut, au risque de perdre de son crédit et parfois même de sa dignité. Néanmoins la réalité s'entête. Les frontières sont de plus en plus floues entre l'intérieur et l'extérieur de la profession. La Commission reconnaît que son arbitrage est rendu toujours plus difficile. Il s'agit pour elle de faire pour le mieux face à l'essor des nouveaux cadres et supports du travail journalistique, à l'éclatement de la profession et à l'hétérogénéité grandissante des situations d'exercice du journalisme. La question du journalisme Web n'est qu'un révélateur de plus de la difficulté de la mission confiée historiquement à la Commission, mission qui consiste à conserver la maîtrise de la dynamique d'ouverture du groupe professionnel à de nouvelles populations.

À l'époque du vote de la loi sur le statut de journaliste professionnel, la présence d'individus assimilés aux journalistes faisait problème. Comme l'a bien montré Denis Ruellan, la préoccupation première des « pères fondateurs » de la profession était d'en exclure les écrivains, hommes politiques ou notables, contributeurs plus ou moins réguliers de la presse. L'urgence était à « l'épuration » de la profession. Depuis, la Commission se concentre essentiellement sur les modalités de l'intégration à la profession de nouveaux « profils ». Elle tâche alors de répondre à la question : comment inclure de nouvelles catégories de journalistes ? Ainsi la profession a absorbé les journalistes de la presse gratuite et les journalistes de la presse syndicale ou associative. En revanche, si la situation reste encore aujourd'hui confuse pour les journalistes des collectivités territoriales, ceux de la presse d'entreprise n'ont toujours pas droit à la carte de presse. Malgré l'intense lobbying pratiqué par le syndicat des journalistes d'entreprise (UJJEF), ces derniers sont encore aujourd'hui tenus à l'écart du champ du journalisme professionnel[138]. Bien qu'en réalité, du fait d'une précarité grandissante, de nombreux pigistes professionnels contribuent régulièrement à la presse d'entreprise sans que cette contribution ne dépasse le plafond de rémunération fixé à 49% du total de leurs émoluments mensuels[139], les journalistes d'entreprise continuent d'incarner, pour les journalistes, une catégorie presque honnie qu'il convient de maintenir à l'écart de la profession.

Le rôle de la CCIJP consiste à « défendre » la frontière du champ – bien que celle-ci tende à s'estomper toujours davantage – et à traquer les irrégularités exemplaires, les abus en tout genre. Inclure et exclure, définir ce qui relève du journalisme professionnel de ce qui n'en relève pas, telle est sa mission « fondamentalement subjective »[140]. Dans le cas qui nous intéresse et qui a suscité de vifs débats (celui de la définition du journalisme Web), la Commission a, en arrêtant une liste de critères discriminants, déterminé la ligne de fracture entre deux catégories : les journalistes Web et les autres. Ces derniers sont pour la plupart des rédacteurs Web, des travailleurs de l'information sur Internet qui ne remplissent pas les conditions de l'attribution de la carte de presse, telles que nous les avons rappelées. De l'autre côté, la catégorie journalistes Web, catégorie non-homogène, regroupe d'une part les journalistes d'agences et d'entreprises de presse (ou de leur filiale) et, d'autre part, les journalistes de sites d'information 100% Internet à qui la Commission a reconnu le caractère journalistique.

---

[138] Dans son *Livre Blanc du journaliste de presse d'entreprise*, paru en 2004, l'UJJEF déclare vouloir « aboutir à la reconnaissance du métier de journaliste de presse d'entreprise » et obtenir un statut pour le « journaliste de presse d'entreprise salarié occasionnel » à l'instar de son « cousin de la presse éditeur ». l'UJJEF revendique le droit d'utiliser le terme de « journaliste » et insiste sur les « points communs » existants entre la « presse d'entreprise » et la « presse éditeur ». Pour les journalistes et employeurs à l'origine du Livre blanc, « il faut donc que les journaux d'entreprise soient de vrais journaux réalisés par de vrais journalistes ». www.ujjef.com.
[139] ACCARDO A., *Journalistes précaires*, 1998, *op.cit.*
[140] DA LAGE, O., *op.cit*, p.104.

Comme nous l'avons vu au sujet des rédacteurs Web du *journaldunet*, la limite entre la catégorie de journalistes Web, encartés, et celle des travailleurs de l'information sur Internet, non encartés, n'est pas évidente à établir. Néanmoins, en souhaitant dessiner les contours légaux de la pratique du journalisme sur le Web, la Commission a produit une césure dans un espace professionnel où évoluent des travailleurs de l'information dont les profils et les pratiques se ressemblent grandement. « *Encore une fois, comme toute frontière, parfois la frontière passe au milieu d'un village. J'espère qu'on ne va pas faire des guerres tribales, mais...* » [Olivier Da Lage. Entretien. Paris. Juin 2003]. Ces propos expriment en outre certaines limites de cet outil de légitimation professionnelle qu'est la carte de presse, considérée dans le milieu du journalisme comme un véritable « sésame ». Les résultats du mécanisme d'inclusion-exclusion (le tracé de la « frontière ») apparaissent ainsi objectivés dans un bout de carton. La carte est bien la matérialisation d'une forme d'arbitraire instituée dont on trouve certaines similitudes dans le « diplôme ». Au sujet des conséquences du verdict scolaire, Pierre Bourdieu[141] oppose deux types d'effets : les « effets de consécration » et les « effets de condamnation ». Alors que pratiquement rien ne sépare le dernier reçu du premier recalé, cet infime écart au départ se transforme en énorme différence à l'arrivée. Il ne faut pas mésestimer les conséquences que la décision de la CCIJP produit, tant sur le plan pratique que symbolique, pour les titulaires comme pour les non-titulaires de la carte de presse.

Ainsi, beaucoup de rédacteurs Web ne peuvent prétendre obtenir la carte de presse et doivent renoncer aux avantages matériels ainsi qu'à la sécurité et au prestige qu'elle procure. La valeur de la carte tient principalement au pouvoir qui lui a été conféré d'assigner une identité à son détenteur. Il s'agit bien d'une « carte d'identité » qui marque l'appartenance à une communauté professionnelle, l'adhésion à ses codes et à ses valeurs. Ne pas l'avoir signifie être rejeté en marge du groupe. La principale conséquence d'un refus est donc d'ordre symbolique. Une non-reconnaissance obère sensiblement les possibilités d'identification du postulant au groupe des journalistes. Dans la plupart des cas, celui qui n'obtient pas le statut de « journaliste », ne bénéficie pas d'un statut de substitution. Il se trouve alors rejeté hors de l'espace journalistique dans une zone indéterminée du monde de l'information-communication. Certains travailleurs de l'information en ligne peuvent s'identifier à un autre référentiel métier, aussi précaire soit-il, comme nous l'avons vu (Webmaster éditorial, chef de projet, gestionnaire de contenu, etc.). Pour d'autres prétendants journalistes, le processus identificatoire semble bloqué. L'identité qui leur est assignée est une identité « par défaut ». Bien souvent, les « rédacteurs Web » sont ceux qui

---

[141] BOURDIEU, P., PASSERON, J-C., *La reproduction*, Editions de Minuit, 1971.

ne peuvent pas revendiquer le statut de « journaliste Web ». Ainsi défini par la négative comme « celui qui n'est pas » journaliste, le rédacteur Web se contente souvent d'exercer les fonctions de journaliste sans en avoir le titre.

> *« Là je ne vais pas vous cacher que symboliquement j'aimerais bien avoir ma petite carte de presse étant donné que j'ai un profil journalistique. »* [Rédacteur Web. Paris. Juillet 2003.]
> *« C'est vrai qu'avoir la carte de presse, tout de suite ça confère une certaine légitimité. Parce qu'en général les gens qui ne connaissent absolument rien au journalisme, tout de suite, la question qu'ils te posent, c'est : 'est-ce que tu as ta carte de presse ?' Il n'y a pas la moitié qui sait à quoi ça ressemble la carte de presse. Mais il y a toujours ce symbole, cette légende de la carte de presse. Je suis journaliste, j'ai la carte de presse. »* [Rédacteur Web. Paris. Juillet 2003.]

Rédacteur Web, une identité par défaut?

Comment les rédacteurs Web, à qui le statut de journaliste a été refusé, vivent-ils cette non-reconnaissance ? Certains rédacteurs que nous avons rencontrés expriment un sentiment d'injustice amplifié par le mépris qu'ils perçoivent de la part des journalistes encartés. Un travailleur de l'information en ligne traduit son sentiment dans ces termes : *« C'est comme si on faisait la rubrique chiens écrasés dans la feuille de chou locale, c'est limite pire, quoi ! »* [Paris. Juin 2003.]

La méconnaissance de la position de la CCIJP sur ce point précis, combinée parfois à la méconnaissance des critères de délivrance de la carte d'identité professionnelle, conduit certains rédacteurs ou anciens rédacteurs à croire que la Commission a souhaité délibérément exclure du statut l'ensemble des membres de la catégorie des « journalistes Web » à laquelle ils estiment appartenir. Ils interprètent la position stricte de la Commission – elle en reconnaît elle-même la relative sévérité – comme un acte « politique » visant à condamner le journalisme sur Internet. Issus, dans l'ensemble, de filières d'information-communication ou de formations en journalisme considérées par la profession comme des formations de « seconde zone », ces rédacteurs Web sont moins sensibles aux discours de légitimation professionnelle. Pour eux, le rejet de leur demande signifie que tous les journalistes Web sont forcément destinés à exercer leur métier hors du statut. Cette confusion provient du fait qu'ils n'ont pas connaissance de l'existence des critères de discrimination entre journalistes Web et rédacteurs Web.

> « *Il y a un autre problème avec la presse en ligne, c'est que la Commission de la carte de presse n'a jamais pensé forcément au cas des journalistes en ligne. Donc ils n'ont jamais statué sur ce cas.* » [Rédacteur Web. Paris. Juillet 2003.]
> « *Un journaliste en ligne c'est pas un vrai journaliste ! La preuve est que c'est difficile d'avoir la carte de presse. C'est pas officialisé, quoi !* » [Rédacteur-cyberveilleur. Grenoble. Novembre 2003.]

De manière générale, on peut constater à travers les propos des personnes interrogées – et notamment certaines anecdotes – que l'exclusion du groupe des journalistes peut provoquer quelques blessures narcissiques. Il faut d'autant moins minorer les effets de ce sentiment d'exclusion que dans la majorité des cas, ces professionnels s'identifient aux journalistes. Ils doivent, en certaines occasions, supporter le regard d'indifférence, sinon de condescendance, que les journalistes encartés leur portent. Les faits viennent régulièrement leur rappeler qu'ils bénéficient d'un traitement différent des journalistes encartés. Citons par exemple certains de ces rituels sociaux qui font partie de la routine journalistique, tels que la participation aux conférences de presse, les demandes d'interviews ou d'accréditations presse. Pour les journalistes non encartés travaillant pour un site d'information Internet, obtenir certaines accréditations ou interviews peut s'avérer extrêmement compliqué. Hormis les coûts symboliques de la non-reconnaissance, l'absence de la carte souvent s'avère être un obstacle.

> « *Il n'y a qu'une fois où honnêtement j'ai été énervé de ne pas avoir ma carte de presse, c'est parce qu'au Salon du livre, il y a tellement de demandes pour rentrer dans le Salon qu'ils demandent la carte de presse. Ce qui est assez étonnant, mais ça existe encore, ce type de réflexe. Donc voilà. C'est vrai qu'avec une carte de presse, les portes s'ouvrent devant vous.* » [Rédacteur Web. Paris. Août 2004.]
> « *Je rage d'ailleurs puisque systématiquement, ils me posent la même question et à chaque fois, je suis obligé d'apporter des justificatifs avec une page du site à imprimer et à envoyer par fax pour expliquer qu'on fait de l'information. Donc c'est un peu navrant.* » [Rédacteur Web. Paris. Janvier 2004.]

À plusieurs reprises, les rédacteurs Web non encartés ont exprimé au cours des entretiens une certaine frustration de ne pas pouvoir bénéficier des mêmes avantages matériels que les journalistes encartés. Néanmoins, quelques-uns pouvaient soutenir simultanément que la carte « *ne sert pas à grand chose* » puisque « *c'est pas la carte qui fait le journaliste* ». S'agit-il d'un paradoxe ? Le fait d'attirer l'attention sur les seuls avantages matériels permet de minimiser les effets symboliques de la non-reconnaissance. Ainsi, il est possible de percevoir les ressorts des mécanismes psychiques de défense à l'œuvre derrière cette dénégation de l'importance symbolique de la possession de la carte de presse. Christophe Dejours[142] a montré que les stratégies individuelles et collectives de défense contre la souffrance au travail avaient comme point commun de reposer sur un déni de ce qui fait souffrir. Or, on trouve un mécanisme similaire dans le fait de résister, consciemment ou non, à la frustration de ne pas posséder le statut de journaliste. Ces petites souffrances narcissiques peuvent en effet nuire à l'investissement dans le travail. Bien qu'elles soient légitimes, dans la mesure où elles protègent le sujet, les stratégies de défense dont parle Christophe Dejours sont généralement « conservatrices » dans le sens où elles entravent l'action individuelle et collective et encouragent l'acceptation de l'ordre des choses tel qu'il est. En l'occurrence, elles concourent ici à ce que le professionnel de l'information en ligne accepte de ne pas être éligible au statut de journaliste.

> « *Moi finalement ça ne me posait pas trop de problèmes parce que la carte de presse, ça sert pas à grand chose. Finalement on se débrouille très très bien sans la carte de presse. C'est intéressant de l'avoir quand on veut aller voir les expos sans faire la queue, sans payer, ça ouvre des portes assez facilement, mais ces portes-là elles s'ouvrent également dès lors qu'on est journaliste et qu'on peut prouver qu'on l'est.* » [Rédacteur Web. Paris. Août 2003.]

Journaliste ou rédacteur : une différence en trompe-l'œil

Sur le marché des offres d'emploi, la confusion au sujet du statut réel des postulants, journalistes professionnels ou non, est entretenue par le flou et la variété des dénominations utilisées pour décrire les postes à pourvoir : « journaliste multimédia », « journaliste/rédacteur Web », « concepteur-rédacteur-Internet », etc.[143] Une remarque préalable s'impose ici. À la suite de la crise du secteur de l'Internet – « l'e-krach » de 2000-2001 qui a conduit de nombreuses sociétés Internet à déposer le bilan et qui a contraint la plupart des entreprises de presse à restructurer leurs activités Web – les offres d'emploi dans le domaine de l'information et de la communication en ligne ont fortement décru. Si, depuis 2003 une reprise s'est lentement amorcée, un tri a néanmoins été opéré à cette époque. L'éventail des noms de métiers s'est resserré et les

---

[142] DEJOURS, C., *Travail, usure mentale*, Bayard, 2000, 2ᵉ ed.
[143] Offres publiées sur le portail.Categorynet.com.

offres peu « sérieuses » qui accompagnaient le développement de la bulle Internet se sont raréfiées. Cependant, même si les choses apparaissent désormais un peu plus claires que dans les premiers temps d'Internet où les abus et les cas complexes étaient légion, beaucoup d'ambiguïtés subsistent encore autour des offres d'emploi de journalistes Web. Nous allons donc tenter de définir, sinon l'identité, du moins le statut de ceux qui se cachent derrière les profils de postes proposés.

Sur le portail Categorynet, entre juillet 2003 et mai 2004, parmi les offres d'emploi ou de stage relevant des activités éditoriales en ligne, on en recense 24 qui contiennent le terme « journaliste », 52 celui de « rédacteur » et 7 les deux à la fois (journaliste/rédacteur). Dans ce dernier cas d'offres d'emplois qui s'adressent à des « journalistes », il s'avère après vérification que les emplois dont il est question n'entrent pas dans le cadre de la définition du journalisme professionnel telle que la Commission l'a établie. On donnera deux exemples :

- « *Concepteur-rédacteur/journaliste Web H/F (Levallois-Perret-Fr)-30-04-2004. Description du poste : vous concevez et rédigez les messages publicitaires à partir de l'axe de campagne défini par les services commerciaux. Vous avez aussi en charge une rubrique ou même un site. Vous assurez la rédaction des communiqués de presse, des présentations d'articles et des catalogues.* » Ici, le titulaire du poste ne peut pas prétendre au statut de journaliste étant donné la nature de son travail. Il s'agit en effet d'un poste d'attaché-presse ou de chargé de communication incompatible avec l'exercice du métier de journaliste.

- « *Chargé de communication/Web Journaliste (h/f) (Bretagne-FR) – 10-06-2003 (attaché territorial – catégorie A – filière administrative) Description du poste : Au sein du Service Communication, rattaché à la Direction Générale des Services Départementaux, vous aurez en charge la mise à jour et le développement du site Internet du Conseil Général, en étroite collaboration avec les journalistes du service et les correspondants de communication des pôles* ». Indépendamment du contenu du travail, le fait que l'employeur soit une administration justifie le refus de délivrer la carte. Jusqu'à présent, le statut de fonctionnaire ou d'agent contractuel est incompatible avec celui de journaliste professionnel.

Dans ces deux exemples, le terme « journaliste » ne fait pas référence au « statut » de journaliste professionnel. Il évoque plutôt le « métier », c'est-à-dire un champ de compétence et un type particulier de « professionnalisme ». Les futurs titulaires de ces postes dont l'intitulé comprend le mot « journaliste » ne peuvent en aucun cas prétendre pouvoir bénéficier du statut de journaliste. Inversement, dans de nombreux cas, sous les emplois de « rédacteur Web» se cache en réalité un véritable travail de journaliste professionnel, non reconnu comme tel. Souvent, les rédacteurs Web se dissuadent ou sont dissuadés de demander la carte de presse. La confusion entre journaliste et rédacteur est d'autant plus grande que, dans l'ensemble, le contenu des postes que l'on a observés se ressemble. Qu'il s'agisse d'emplois de « rédacteurs Web » ou de « journalistes Web », les profils de poste convergent. Le contenu du travail comprend souvent l'écriture et la réécriture d'articles, de dépêches, de *newsletters*, et la gestion et mise à jour des contenus des sites.

Au-delà de la seule question du statut, le phénomène de « banalisation » du journalisme qui résulte de l'homogénéisation des pratiques professionnelles augmente encore les effets de brouillage sur la frontière. Bien entendu nous ne sous-entendons pas que ce que nous décrivons est propre au journalisme sur le Web. Les transformations qui touchent les métiers du journalisme et qui en gomment les contours dépassent très largement la seule sphère d'Internet. Les mouvements de recomposition des territoires du journalisme et de la communication sont transversaux et permanents. Néanmoins, nous postulons qu'avec l'essor du média Internet s'affirment les tendances à l'interpénétration des territoires, au métissage des cultures professionnelles et à l'hybridation des profils. La grande variété des acteurs en présence et l'extrême instabilité d'un secteur où l'espérance de vie d'une idée, d'un projet ou d'une entreprise est sensiblement réduite, ont contribué à refaçonner les cadres anciens de la pratique et des normes professionnelles. Dans cette configuration erratique, la souplesse – la flexibilité ou l'adaptabilité en langage managérial – est alors le maître mot. Le professionnel de l'information en ligne, journaliste ou non, est donc conduit à renoncer à une définition rigide et définitive de son identité et de sa culture professionnelle.

3 - Un professionnalisme hybride

Entre 1998 et 2001, le secteur d'Internet, fortement attractif, connaît une croissance spectaculaire qui s'accompagne de nombreuses créations d'emploi. Les sites Web d'information se créent en cascade. Des besoins en matière de main-d'œuvre se font alors sentir dans le domaine éditorial. Bien qu'inférieur à celui des techniciens ou des commerciaux, le contingent des travailleurs de l'information en ligne gagne progressivement en importance.

Dans un contexte marqué par une forte concurrence entre les éditeurs de sites, les recrutements s'effectuent à une cadence soutenue. Face à la pléthore d'offres, les demandeurs d'emploi se trouvent en position de force. Dans ce contexte, les compétences se monnayent cher et les employeurs doivent souvent revoir leurs exigences à la baisse. En effet, à cette époque, les compétences recherchées par les managers de projets Internet sont assez rares et peu disponibles. Les employeurs doivent dans bien des cas se contenter d'une main d'œuvre peu expérimentée mais très bien rémunérée. La tendance inflationniste des salaires qui a permis à certains salariés du net de caresser des rêves de fortune rapide s'explique par le volume élevé des capitaux engagés dans le secteur d'Internet. Il faut souligner que cette tendance n'a pas réellement concerné le secteur de l'édition de contenu en ligne, parent pauvre d'Internet. Toutefois, on retient de ce premier âge d'or de l'économie d'Internet que les perspectives en matière d'emploi et de salaire s'offrant à cette génération de jeunes diplômés dont l'horizon a été pendant longtemps obstrué par un chômage de masse, semblent heureuses.

« *À l'époque on m'a proposé pour mon premier job, je crois, c'était juste de modérer quelques objets sur ibazar.fr, seulement la nuit. De 18h30 à une heure du matin, avec deux pizzas, très sympa. On me proposait 32KF net. Est-ce que quelqu'un aurait continué dans ces circonstances ses études de journalisme [rire] ? Donc voilà, j'ai signé.* » [Ex-salarié de start-up. Grenoble. Novembre 2004.]

Dans les start-up de l'Internet, lorsqu'il s'agit de constituer ex nihilo des équipes rapidement opérationnelles, on peut observer que les employeurs font souvent l'économie des règles qui président traditionnellement au recrutement. Ainsi, les critères de sélection des candidats, tout comme la forme de l'entretien d'embauche, y sont pour le moins approximatifs. « *Mon premier poste c'était intégrateur html. J'avais postulé pour un poste de chef de projet. À l'entretien, la direction avait déjà choisi un mec parce qu'il était mignon, voilà, c'est comme ça que ça marchait aussi.* » [Ex-rédactrice Web. Paris. Octobre 2004]. Le jeu qui s'engage entre le recruteur et le candidat laisse en outre une grande place au « bluff », comme le souligne un ancien salarié de start-up. « *Il y avait beaucoup de bluffeurs, et puis impossible de savoir si les gens bluffent ou pas [...] Les mecs, ils avaient tous 20-25 ans, ils avaient pas de passé parce c'était leur premier job* ». [Directeur de rédaction. Paris. Janvier 2004]

Seuls les postes clefs dont l'attribution représente pour l'entreprise un véritable enjeu font l'objet d'une attention spéciale. Pour le reste, nul besoin de recourir à une méthodologie particulière (graphologie, etc.) ni à de quelconques chasseurs de tête[144]. À la grande époque des start-up, lorsque les sociétés

---

[144] EYMARD-DUVERNAY, F. et MARCHAL, E., *Façons de recruter. Le jugement des compétences sur le marché du travail*, Métailié, Paris, 1996 ; GAUTIE, J., GODECHOT, O., SORIGNET, P.-E., « Chasse de tête et marché du travail des cadres dirigeants : premières pistes », IXes Journées de sociologie du travail, Paris, 27-28 novembre 2003.

recrutaient, il fallait faire du chiffre et traiter des volumes importants plutôt que d'essayer de trouver les personnes les mieux adaptées aux postes à pourvoir. Un ancien employé d'une start-up évoque l'entretien d'embauche pour son premier emploi dans le secteur de l'Internet. « *Je me suis présenté devant quelqu'un qui est devenu par la suite un ami. Il m'a dit : tiens installe-toi là [...] C'est quelque chose de très simple. Je l'ai fait pendant dix minutes et je me suis dit : 'tiens le test doit être fini !' Je suis allé le voir. Il fumait sa clope sur le parking. Je lui ai demandé si c'était bon ou pas. Il m'a dit : 'ben là ça fait dix minutes que t'es engagé'. À l'époque ça se passait comme ça, on engageait absolument n'importe qui, la preuve, vous arriviez, vous étiez engagé. C'était quasiment celui qui prenait la première rame de RER, celle qui allait plus vite, avait plus de chance d'être engagé que l'autre. Là je vous parle d'un temps révolu [...] ça n'existe plus depuis 2001. C'était en 96* » [Webmaster éditorial. Grenoble. Novembre 2003].

Dans ces conditions, il est préférable que le candidat montre des dispositions à épouser « l'esprit start-up » (être décontracté, souple, réactif, passionné, etc.). Inutile donc de jouer la carte du professionnalisme. Les variables objectives (diplôme, expériences professionnelles, etc.) pèsent peu dans la balance. Beaucoup de salariés de start-up ont été recrutés sans diplôme particulier ou débauchés de leur école pour être formés dans l'entreprise.

« *Personnellement quand j'ai commencé cette école de journalisme j'avais peu de compétences en matière de communication. Par contre j'avais une grande curiosité d'apprendre, j'étais relativement malléable je dirais.*» [Rédacteur Web. Lyon. Novembre 2004.]

« *Je fais partie de ces personnes qui sont tombées dans le Web un peu par hasard et qui ont été choisi pour leur jeunesse d'esprit et une adaptabilité intéressante. A l'époque il n'y avait pas de formation, il n'y avait rien de Web et la moyenne d'âge à X c'était 25ans quoi. A cette époque à X, on prenait que des stagiaires qu'on formait et qui devenaient salariés. On prenait des gens en stage pour 3 mois et à la fin de leur stage il fallait qu'on embauche. Donc c'était eux ! C'était vraiment de la formation sur le tas.* » [Journaliste Web. Paris. Janvier. 2005.]

Des profils hybrides

Au tournant des années 2000, en raison d'une forte demande de rédacteurs Web, la main d'œuvre vient rapidement à manquer. Grands consommateurs de cette main d'œuvre, les nouveaux éditeurs (« 100% Internet ») souffrent d'une réputation assez mauvaise. Ils sont en effet suspects

Métiers de l'information et journalisme Web

de ne pas respecter les canons du professionnalisme journalistique et de commettre des entorses à la déontologie. Ainsi, et alors que la ferveur pour Internet ne cesse de croître, les postes offerts par les éditeurs « pur Web » n'attirent pas les journalistes ni les prétendants journalistes. Il apparaît clairement que les plus dotés d'entre eux en capital journalistique (notamment les diplômés d'Ecole de journalisme) sont beaucoup plus enclins à s'orienter vers les médias traditionnels, plus prestigieux. Mais au-delà de la question de la réputation des éditeurs purs Web, c'est le média Internet en lui-même qui ne dispose pas d'une bonne image auprès des journalistes. Pour cette raison, les sociétés Internet, les entreprises de presse et leurs filiales Web sont parfois contraintes de se passer des services de journalistes et amenées, par conséquent, à élargir les bases de leur recrutement. Il n'est dès lors pas rare que des jeunes diplômés d'écoles de commerce ou de communication intègrent les équipes éditoriales.

Toutefois, il faut souligner que, dans un contexte favorable à l'embauche, les sites d'information en ligne constituent pour beaucoup de journalistes ou d'apprentis journalistes, un moyen rapide d'accéder à l'emploi et d'intégrer la profession. Internet facilite en effet l'intégration au groupe professionnel de journalistes en quête d'expérience et relativement pauvres en « titres » négociables sur le marché de l'emploi. A cette époque, on trouve plus fréquemment, dans les rédactions Web, des non-diplômés ou des titulaires de diplômes moins « cotés » (écoles privées, diplômes d'information-communication, etc.) que dans les rédactions des médias traditionnels. Certains travailleurs de l'information considèrent le passage par un site Web comme le moyen idéal de faire ses « premières armes » dans le journalisme. Il s'agit pour eux de la première étape de leur parcours professionnel. L'expérience sur Internet est alors utilisée comme un « marchepied » pour pouvoir accéder, dans un premier temps, à une profession qu'ils savent extrêmement « fermée », puis, dans un second temps, briguer des postes plus intéressants. Alors que ne cessent de s'allonger les périodes de « mise à l'épreuve » et de se multiplier les « séquences pré-professionnelles »[145], Internet est perçu comme un bon « sas d'entrée » dans le journalisme.

« Internet avait permis à l'époque justement à tous les gens qui s'étaient un peu orientés vers cette voie du journalisme, de trouver vraiment la brèche pour entrer dans ce milieu-là, dans ce métier-là, pour faire leurs premières armes [...] ça a donné l'occasion, l'opportunité, aux gens qui arrivaient sur le marché du travail de trouver leur place, et de

---

[145] MARCHETTI, D. et RUELLAN, D. *Devenir journaliste*, La Documentation française, 2001. V. Devillard et alii, *Les journalistes français à l'aube de l'an 2000. Profils et parcours*, Editions Panthéon-Assas, 2001.

faire leurs premières armes, d'avoir un premier contact avec la réalité de ce métier-là. » [Ex-employée de start-up. Lyon. Juillet 2004.]

Le secteur d'Internet semble alors adapté aux stratégies de placement sur le marché du travail des diplômés d'écoles privées et de jeunes formations en journalisme et multimédia qui égrènent à cette époque. Pour les responsables de filières et d'Ecoles créées dans le sillage de l'apparition des nouveaux médias numériques (Cd-Rom, produits multimédia interactifs, etc.), l'explosion des sites et des besoins éditoriaux en ligne est considérée comme une véritable aubaine. En raison de l'importance de ces besoins, ces formations plus jeunes et moins prestigieuses parviennent donc à assurer des débouchés à leurs diplômés. Certes, ces derniers viennent grossir le contingent, déjà important, des travailleurs de l'information et de la communication. La conjoncture particulière contribue à leur faciliter sensiblement la recherche d'un emploi. Il arrive qu'ils décrochent sans difficulté un poste de journaliste, poste qui, dans un autre contexte, leur aurait été quasi inaccessible. Comme beaucoup de professionnels de l'information sans le statut, ils représentent ces « auxiliaires » du journalisme traditionnellement maintenus en marge de la profession, ou du moins en marge de ses positions dominantes. Mais pendant la déferlante Internet, parenthèse qui n'a pas tardé à se refermer, ils ont su saisir les opportunités qui s'offraient à eux.

L'offre de formation à l'information-communication en ligne, vient compléter les formations et les programmes existants. Jeunes et fragiles, les spécialisations « multimédia » ou « Internet » des écoles de journalisme françaises ne s'adressent qu'à un faible nombre de personnes. En parallèle, certaines Universités comme le Celsa à Paris proposent des formations hybrides aux métiers de l'éditorial en ligne. A l'intersection de ses principales filières, le Celsa a créé un diplôme ad hoc, le « master professionnel SIC spécialité 'J-infocom' (Journalisme spécialisé, information on line et communication) »[146]. L'objectif de cette formation est de donner « des compétences dans la perspective des nouveaux métiers en plein essor dans le cadre de la société de l'information et de la connaissance ». Ainsi, cette formation a été clairement positionnée à cheval entre le journalisme et la communication. Cette orientation de l'offre de formation aux métiers de l'information en ligne confirme la tendance à la « perméabilité » croissante des champs de la communication et du journalisme[147]. Si, depuis les années 1980, la progression de l'offre de formation universitaire en information favorise cette tendance, avec Internet et les formations multimédia, la constitution de profils professionnels hybrides est clairement encouragée.

---

[146] www.celsa.fr.
[147] DEVILLARD, V. et alii, *op.cit*, p. 137.

Dans leur majorité jeunes et sans véritables expériences professionnelles, les journalistes recrutés par les rédactions Web et les sociétés Internet, n'ont pas tous fréquenté les écoles de journalisme reconnues par la profession. Si la proportion de journalistes diplômés d'Ecoles reconnues est approximativement la même dans la rédaction Web que dans la rédaction papier d'un titre prestigieux comme *Le Monde*, dans les rédactions des sites 100% Web le nombre de diplômés des grandes écoles est faible, voire nul. Dans un contexte concurrentiel où la main d'œuvre tend à manquer, les responsables de sites Web se montrent moins attachés à la nature du diplôme qu'à des critères comme la polyvalence, la motivation et la capacité d'adaptation. Aussi les recruteurs recherchent-ils des profils de travailleurs multicompétents comme nous l'avons déjà souligné. Un vent nouveau souffle sur les rédactions Web des entreprises de presse et des sociétés de l'Internet. Ces dernières s'ouvrent à d'autres cultures professionnelles. Parmi les nouveaux journalistes, l'éclectisme des profils prévaut bien souvent. Mais cette « ouverture » met à l'épreuve la définition traditionnelle du professionnalisme et de la morale professionnelle.

On trouve dans les rédactions Web, des journalistes autodidactes, des passionnés d'informatique, des diplômés d'écoles de commerce, etc. À la différence des journalistes qui ont suivi un cursus plus « classique », ces nouveaux venus dans le métier ont plus de chance de méconnaître, ou même de transgresser délibérément, les valeurs et les normes professionnelles. « *Il est arrivé, c'est sûr, que je remette un article sur un sujet qu'on m'avait soumis gentiment parce qu'on était partenaires. C'est clair ![...] On se sent un petit peu...forcément, il y a une petite pression. C'est difficile d'aller contre, de ne pas aller dans le sens du poil, c'est vrai.* » [Ex-journaliste Web. Lyon. Septembre 2004.]

Les entretiens réalisés auprès de cette population le montrent assez bien. Il existe chez ces journalistes Web un rapport décomplexé aux pratiques et aux valeurs professionnelles. Des sujets, qui font souvent figure de tabous au sein du groupe des journalistes, sont abordés sans gêne particulière ; certains interviewés n'hésitant pas à évoquer des pratiques considérées, dans une optique normative, comme des entorses à la déontologie journalistique et que la profession condamne.

« *Hormis le journal télé en ligne, on avait des clients sur Internet qui nous demandaient en général des articles spécialisés [...] c'était des demandes très précises en fait, ils savaient ce qu'ils voulaient et on leur donnait ce qu'ils voulaient [...] Il fallait orienter notre article d'une façon précise, suivant ce qu'ils voulaient, toujours rester positif [...] là on avait juste des règles à suivre et nous on avait juste... le ton, la méthode c'était la même. Nous décidions des articles. On avait carte blanche tout en restant dans la ligne éditoriale, dans la commande. On était libres tout en restant fidèles au principe... [Tel client] nous demandait de l'angoisse, de la peur on lui en donnait. [Tel autre] nous demandait du fun, du sport... Je vivais pas ça comme faire de la com [...]c'est vrai que je déteste qu'on associe communication et journalisme [...] De toute façon il fallait bien avoir les moyens de vivre. C'était un apport financier, on allait pas cracher dessus. On ne pouvait pas dire non à ces gros clients. Ils payaient pour avoir les sujets, tu fais ce qu'ils veulent avoir. On a une commande. Ils payent. Tu fais ce qu'ils veulent !»* [Ex-journaliste Web. Paris. Octobre 2004.]

À partir des discours tenus sur leurs pratiques, nous pouvons dire que la tolérance aux entorses à la déontologie est assez élevée chez les journalistes Web qui travaillent pour le compte de nouveaux acteurs de l'information en ligne (*pure player*). Ces derniers consentent plus facilement à effectuer des tâches que des journalistes de médias classiques et reconnus réprouvent en général. Ils le font d'autant plus facilement que la distance, tant objective que subjective, avec les journalistes appartenant au pôle dominant du journalisme est importante. S'ils partagent quelques références communes puisées aux sources de la mythologie professionnelle, une partie des professionnels de l'information en ligne semblent en décalage avec les représentations et définitions dominantes des missions du journalisme professionnel.

Ces jeunes salariés accordent d'autant plus facilement certaines « faveurs » à leur entreprise, qu'ils s'identifient au projet et considèrent le patron comme un « copain » ou comme un leader charismatique à qui l'on ne peut rien refuser. « *J'étais contre ce voyage de presse pour Degriftour, mais le chef m'a un peu convaincue.* » [Entretien. Lyon. Septembre 2004]. Lorsque le management fonctionne à l'affect comme dans beaucoup de start-up[148], le respect de certains codes de déontologie s'avère être à géométrie variable. D'autre part, comme beaucoup de journalistes touchés par la précarité, des journalistes du Web effectuent alternativement des travaux de communication, dans le cadre de la presse d'entreprise et de collectivités, et des travaux de journalisme.

Avec l'essor des sociétés Internet spécialisées dans la fourniture de contenu en ligne à destination de clients médias et hors médias, des journalistes Web ont dû développer une certaine forme de « bivalence ». Ainsi, des salariés

---
[148] Au sujet des formes de mobilisation des employés de start-up, on renverra le lecteur à un article publié en 2005. ESTIENNE, Y., « La mobilisation des (Net)travailleurs de la « nouvelle économie » : gouvernement des hommes et contraintes d'autonomie », *Etudes de communication*, n°28, 2005.

et pigistes employés par des prestataires de service tels que les agences La Mine, Angie, ou Toutlecontenu, doivent fréquemment jongler avec différentes casquettes[149]. Nous pouvons donner l'exemple du travail effectué par les rédacteurs de la société L'île des médias dont nous avons déjà parlé dans la première partie. Dans un entretien, un ancien employé de cette société nous relate la manière dont il organisait, à une période donnée, son travail entre l'alimentation en contenu original du site du journal *Marianne* et la gestion du contenu du portail de la SNCF. Au sein de la même structure, il devait partager son temps entre le journalisme et la communication institutionnelle. Il est intéressant de souligner que s'il dissocie bien, au cours de l'entretien, ces deux types d'activités, la description qu'il fournit de son travail trahit une certaine forme de clivage de son identité professionnelle. « *Avant tout, je me considérais comme un rédacteur au sein de l'Ile des médias, l'entreprise qui m'employait, qui me salariait, j'étais rédacteur [...] Maintenant, quand je bossais pour Marianne-en-ligne, pour moi j'étais journaliste à part entière, dans le sens 'journalisme de la presse papier'.* » [Rédacteur Web. Paris. Juillet 2004]. Nous pouvons ici avancer l'hypothèse que ce travailleur de l'information en ligne est parvenu à négocier entre des pratiques et des accroches identitaires différentes afin de réduire au maximum les effets déstructurants de ce clivage. Mais l'ambiguïté demeure. À partir de cet exemple, il nous semble possible d'observer la constitution, en creux, d'un type de profil hybride à l'intersection des territoires du journalisme et de la communication.

Un journalisme métissé

 « *La frontière entre journaliste professionnel et journaliste non professionnel, elle est plus délicate qu'avant à définir.* » [Journaliste Web. Paris. Juin 2004.]

L'émergence de ces profils hybrides dans la sphère du journalisme Web s'inscrit dans la continuité des transformations profondes que connaît la profession et qui ont été mises à jour par la sociologie du journalisme. Parmi les évolutions notables, on peut citer ici l'augmentation de la mobilité professionnelle. Les travaux statistiques de grande ampleur menés auprès des détenteurs de la carte de presse (enquêtes de l'IFP de 1990 et 1999[150]),

---

[149] Il faut préciser que ces agences de contenu en ligne sont des entités juridiques distinctes de l'entité éditrice. Le journaliste qui est rémunéré par cet organisme intermédiaire, et non par l'organisme éditeur de la publication à laquelle il contribue, ne peut obtenir par ce biais la carte de presse.
[150] IFP-SJTI-CCIJP, *Les journalistes français en 1990*, La documentation française, 1992; MARCHETTI, D., RUELLLAN, D., *op.cit.* ; DEVILLARD, V. et alii, 2001, *op.cit.*

fournissent des indications sur la nature chaotique de beaucoup de parcours professionnels ainsi que sur l'abaissement du niveau de différenciation entre information et communication[151]. Entre 1990 et 1999, on note une augmentation du nombre des personnes ayant exercé, avant l'obtention de la carte, des activités « non-journalistiques » dans le domaine de l'information-communication ou dans d'autres domaines.

La hausse du nombre des séquences pré-professionnelles nous renseigne donc sur le fait que le rythme des conversions au journalisme de « communicants » s'est intensifié au cours de la dernière décennie. Si l'enquête de 1999 ne permet pas de connaître le devenir des journalistes « sortants », ni les raisons pour lesquelles ils ont quitté, entre 1990 et 1998, la profession, elle a le mérite de mettre en lumière les « parcours discontinus ». Au sein de la catégorie des journalistes définis comme « instables », certains sont sortis de la profession définitivement. D'autres effectuent des allers-retours réguliers entre l'intérieur et l'extérieur. L'intégration professionnelle de ces journalistes est alors plus faible et peut rompre sous le poids de leur instabilité perpétuelle. Cette situation qui les fragilise peut parfois s'expliquer par le fait qu'ils ne sont pas passés par une école de journalisme. Toutefois, l'incertitude qui caractérise le vécu professionnel d'un nombre croissant de journalistes doit être replacée dans le contexte de l'imposition d'un nouveau cadre normatif délimité par le néomanagement et dont l'idéologie du « risque », dans sa version positive, est le pivot.

Arme au service de l'offensive idéologique menée par les défenseurs du libéralisme, le « risque » est en effet perçu comme une nécessité et comme une valeur. Alors qu'en France, le Medef s'est emparé du thème de la « société du risque » pour fustiger l'attitude « frileuse » qui consiste à rechercher la stabilité et la sécurité dans le travail, le théoricien anglais de la « Troisième voie », Anthony Giddens[152] met en avant les risques subjectifs (les incertitudes de l'action) contre les risques objectifs (industriels, écologiques, sanitaires, etc.)[153] afin de souligner les aspects positifs du risque. Dès lors, les valeurs et les

---

[151] RIEFFEL, R., « Vers un journalisme mobile et polyvalent ? », *Quaderni*, N°45 – Automne 2001.

[152] « Les opportunités et l'innovation sont les deux faces positives du risque », GIDDENS, A., *La Troisième voie, le renouveau de la social-démocratie*, Seuil, 2002, p.76.

[153] Ulrich Beck montre bien que la modernité industrielle a vu la démultiplication et la socialisation des risques et des menaces. Un principe général d'incertitude commande désormais l'avenir de la civilisation. *La société du risque. Sur la voie d'une autre modernité*, Flammarion, Paris, 2001. Mais grâce à un étonnant retournement des valeurs, la notion de risque a réussi à être associée au courage, à l'audace et à l'aventure. On vante les mérites de ceux qui savent prendre des « risques » : risque entrepreneurial, risque professionnel, risque matériel. D'une certaine façon, la représentation positive du risque est une réminiscence de l'esprit d'aventure qui prévalait à l'ère préindustrielle. Ulrich Beck rappelle que le héros réel ou imaginaire prenait des risques individuels et mettait au défi les hommes et la nature.

conventions associées à la stabilité et à ce qui tient dans la durée (la carrière, le statut, le CDI, etc.) vont vers le déclin. En parlant de « socialisation asociale », Robert Castel a bien su montrer que « l'instabilité » était en passe de devenir un « état »[154]. Pour l'individu des sociétés modernes, l'instabilité ne relève plus du cadre de l'étape transitoire. Le transitoire qui dure met l'individu à l'épreuve de l'apesanteur sociale. Les métiers du journalisme n'échappent pas à cette tendance générale.

Ainsi, chez les journalistes aussi, la mobilité tend à s'accentuer. Comme le remarque Dominique Marchetti, la mobilité peut être aussi bien géographique, thématique et fonctionnelle[155]. Nous nous intéressons ici plus spécifiquement à la mobilité par-delà les frontières professionnelles. Pendant que les communicants perfectionnent leurs pratiques du journalisme, les journalistes sont conquis par la communication. « Piger » pour la presse d'entreprise occupe une part croissante de l'activité des journalistes « instables » et précaires. Même si nous ne disposons pas en la matière de données fiables, Rémy Rieffel avance qu'un « nombre non négligeable » de journalistes est devenu « communicateurs » ou « relationnistes »[156]. Les enquêtes statistiques existantes ne nous permettent pas de mesurer l'ampleur de phénomènes tels que celui de la double ou de la pluriactivité professionnelle (journalisme et communication) des pigistes dont le nombre ne cesse d'augmenter. Il faudrait détailler la composition des revenus des pigistes afin d'en extraire la part qui correspond aux activités non-journalistiques (les « boulots de com »). On aurait alors une idée plus précise de l'ampleur du phénomène d'aller-retour entre les activités de communication et de journalisme. Les pigistes conservent leur statut à partir du moment où ils réussissent à faire la preuve que 50% de leurs revenus provient de leur activité de journaliste. Or si, pour un pigiste, le fait de compléter ses revenus de manière régulière avec des « boulots de com » relève de pratiques répandues et connues, elles n'ont pas fait l'objet à ce jour de véritables études. Personne ne s'est encore penché sur les effets que ce mouvement institué de balancier entre le journalisme et la communication produit sur les pratiques et les idéologies de métier. Pourtant ces effets sont réels. La banalisation des profils hybrides, des trajectoires accidentées et de l'entremêlement des fonctions de journalisme et de communication agit sur l'habitus d'une frange grandissante de la population des journalistes.

---

[154] CASTEL, R., *Les métamorphoses de la question sociale*, Fayard, Paris 1995, CASTEL, R., HAROCHE, C., *Propriété privée, propriété sociale, propriété de soi*, Fayard, 2001.
[155] *Les journalistes français en 1990*, 2001, *op.cit.*
[156] « Vers un journalisme mobile et polyvalent ? », 2001, *op.cit.*

> « Bon, j'ai une petite expérience en communication pure parce que, justement, après cette période d'euphorie, est arrivée la période de crise et de pénurie, donc je me suis un peu réorientée vers la com, et là, actuellement, j'oscille un peu entre les deux fonctions. C'est-à-dire à la fois des missions ponctuelles de communication, soit au sein d'institutions telles que... par exemple, j'ai travaillé pour la Caisse d'allocations familiales, et un travail de pigiste...je garde un pied dans ce milieu là par le biais, justement, de contrats de pigistes.» [Ex-journaliste Web. Lyon. Juillet 2003.]

> « Donc aujourd'hui, la presse – et c'est pas dû à Internet – elle est en train de se modifier. On a moins de journalistes permanents, et donc, la différence n'est plus aussi claire entre le professionnel qui ne fait que du journalisme, et les autres. Il y a énormément de pigistes qui vivent plus ou moins du journalisme... La fiabilité qui opposait le professionnalisme du journaliste titulaire de la carte de presse ou le journaliste professionnel, et le journaliste non professionnel ou le communicant, c'est plus du tout évident de l'avoir ». [Journaliste Web. Paris. Novembre 2003.]

Notre enquête ne nous a pas permis de mesurer le volume des reconversions partielles ou définitives des journalistes Web depuis 2001. Néanmoins, nos entretiens et l'examen d'une cinquantaine de CV publiés sur le site Categorynet nous indiquent que l'éclatement de la bulle publicitaire et l'hécatombe des sociétés Internet (la vague dite de *start-down*) ont poussé massivement journalistes et rédacteurs Web vers le chômage ou la reconversion. La majorité des journalistes Web issus de cette période autant glorieuse qu'éphémère était, après 2001, contrainte à effectuer ces allers-retours entre le journalisme et la communication qui font aujourd'hui partie de la réalité du vécu professionnel de nombreux journalistes. Après l'âge d'or, le reflux brutal des offres d'emploi puis, rapidement, les licenciements et restructurations des activités Internet ont interrompu la « carrière » de jeunes journalistes. Il a fallu que survienne l'*e-krach*, pour que les journalistes Web, dont la situation était jusqu'alors relativement confortable, soient confrontés à cette réalité du métier. Les faillites et les restructurations des rédactions et des sociétés Internet ont subitement libéré sur le marché du travail une main-d'œuvre composée de jeunes journalistes issus du Web et sans véritable expérience dans les médias traditionnels. Si cette crise, à travers notamment la chute des recettes publicitaires, n'a pas uniquement affecté les médias et journalistes d'Internet, il demeure que ces derniers, moins insérés professionnellement, ont été le plus directement et durablement affectés.

Les quelques éditeurs 100% Internet qui n'ont pas été contraints de cesser leur activité entre 2000 et 2002 ont toutefois réduit de façon drastique leurs effectifs et ont réorienté leurs dépenses et leurs activités. Bien souvent, l'éditorial fut le pôle le plus touché par les mouvements de restructuration. Comme le remarque une ancienne journaliste de start-up, il était alors préférable de conserver des personnes à la technique pour « faire tourner le site » et des personnes au commercial pour « vendre » des services et de l'espace publicitaire, que de garder des journalistes, d'autant que la production de contenu pouvait être externalisée. Au sein des rédactions et filiales Internet des entreprises de presse, le choc a été, en général, moins brutal. Si la plupart des équipes Web ont été démantelées pour ne conserver qu'une rédaction Web restreinte, les journalistes Internet ont été reclassés au sein de la rédaction ou, le cas échéant, du groupe. La « maison-mère » a absorbé les journalistes et les licenciements ont touché en priorité les personnes, non journalistes, recrutées pendant l'âge d'or du Web.

Au cours de la période précédant la crise, Internet a en effet suscité des vocations et permis à des apprentis journalistes d'entrer dans le métier. Mais après 2001, les vagues de licenciements succèdent aux vagues d'embauches. Dans ce secteur, l'horizon en termes d'emplois est désormais bouché. Le groupe des journalistes Web est décimé, comme le reconnaît un membre de la CCIJP : « Effectivement, après l'explosion de la bulle Internet, le nombre de demandes de carte au titre de chômeur a explosé. » [journaliste, membre de la CCIJP. Paris. Février 2004]. Pour rebondir après leur expérience dans le journalisme Web, certains journalistes et rédacteurs sont devenus pigistes pour différents médias (presse écrite, Internet, etc..). Ils doivent alors affronter une forte concurrence sur un marché du travail très tendu en raison, notamment, de l'arrivée des « naufragés » du Web. Beaucoup passent par une période de chômage assez longue, qui s'étend sur plusieurs mois et même plusieurs années. Afin de réduire la durée de cette période, la plupart des travailleurs de l'information en ligne ont opté pour une réorientation de carrière, définitive ou transitoire, comme nous l'avons vu. Certains abandonnent le journalisme, poussés par la nécessité après une longue période de « galère » et de piges trop rares et insuffisamment rémunératrices. Ceux qui espèrent retrouver du travail dans l'univers de l'Internet intègrent des formations pour « enrichir leur profil » et accroître leur « employabilité ». Ainsi, des journalistes et rédacteurs Web, plus attachés au Web qu'à leur métier d'origine ou d'adoption, le journalisme, ont notamment décidé de se former à la technique en suivant des formations en webmastering. Recontactés plusieurs mois après les entretiens que nous avions eus avec eux, d'anciens rédacteurs et journalistes Web en recherche d'emploi nous ont confirmé qu'ils avaient, comme beaucoup de leurs anciens collègues de travail, changé de profession (enseignants, agents de la fonction publique, chargés de communication, attachés de presse, etc.).

> « *En ce qui concerne les journalistes plus spécifiquement Internet, cette catégorie bien particulière de jeunes journalistes, de « néojournalistes », arrivés dans le journalisme parce qu'ils ont poussé la porte d'un site Internet, beaucoup se sont retrouvés sur le carreau et ont changé de métier. Ils sont effectivement reconvertis dans la com, dans des sites marchands, dans pas mal d'activités connexes mais en dehors de la presse. Qui dans la vente, qui dans la com ou dans la promo.* » [Journaliste Web, membre de la CCIJP. Paris. Janvier 2004.]
> « *Moi, je suis content d'avoir trouvé ce boulot [de modérateur de chat sur SMS], j'ai une ancienne collègue qui est vendeuse à Printemps* ». [Pigiste. Paris. Juin 2003.]
> « *Les autres, ils sont toujours au SMIC à travailler pour la mairie du 13e, à faire du rédactionnel sur les nouveaux platanes* ». [Exjournaliste Web. Paris. Novembre 2003.]

Une bonne partie des journalistes Web que nous avons rencontrés ont opté pour un changement complet de domaine d'activité ou bifurqué vers les métiers de la communication. Cette dernière option est certainement la plus aisée. Les anciens journalistes Web connaissent effectivement bien le milieu de la communication pour avoir établi et entretenu avec ses membres (chargés de communication, attachés de presse, dircoms, etc.) des relations de travail. Si cette reconversion peut apparaître coûteuse sur le plan symbolique, elle est clairement envisageable pour cette population qui entretient souvent des rapports distants avec l'orthodoxie journalistique.

> « *Je me sens pas assez journaliste dans le sens...où je me revendique pas en tant que telle. Je me sens journaliste mais pas seulement, voilà ! Je pourrais très bien faire autre chose. Ou plutôt je me suis sentie journaliste pendant toute cette période là, je peux passer à autre chose voilà sans problème. C'est vraiment selon les opportunités qui se présenteront à moi. C'est vrai que psychologiquement ça me fera bizarre d'être attachée de presse, voilà, mais bon, au lieu de recevoir les communiqués c'est moi qui les écrirai, c'est pas... du moment où il y a toujours du rédactionnel et du relationnel dans mon métier, je serai contente.* » [Ex-journaliste Web. Paris. Octobre 2004.]

Internet aura contribué à faire et à défaire des « carrières » de journalistes en l'espace de quelques mois. Une partie importante de la population des travailleurs de l'information en ligne qui a émergé avec l'essor du média Internet a quitté les rangs du journalisme après la crise. D'aucuns attendaient, au moment de l'enquête, une conjoncture meilleure et une reprise des activités éditoriales en ligne. Mais par leur seule présence aux portes du marché du travail, ces travailleurs de l'information en ligne exercent une forte pression sur l'emploi, à l'instar des ouvriers surnuméraires jetés dans « l'armée industrielle de réserve ». Qu'ils aient été intégrés ou exclus du groupe des journalistes professionnels, ils ont contribué collectivement à questionner la définition du journalisme Web et l'identité de ceux qui l'exercent. Les mouvements provoqués par l'apparition (puis l'éparpillement) de cette nouvelle population de journalistes n'ont pas manqué de fragiliser les contours du territoire professionnel. Ces mouvements à la marge nous rappellent une fois de plus à quel point les frontières de la profession sont poreuses.

CHAPITRE IV
Un journalisme dominé

Après avoir tenté d'analyser les dynamiques à l'œuvre aux frontières du journalisme en ligne (l'hybridation croissante des métiers de l'information et de la communication en ligne), nous allons à présent nous arrêter sur la question de la professionnalisation des journalistes Web et sur la position qu'ils occupent au sein de la hiérarchie professionnelle. À l'issue de notre enquête, nous sommes en mesure de dire que le journalisme Web appartient au pôle dominé du champ journalistique. Afin de déterminer l'appartenance objective d'une catégorie de journalistes au pôle « dominé », nous nous sommes basés sur les critères définis par Julien Duval à propos de la presse économique[157]. Pour cet auteur, les principales caractéristiques du « capital journalistique » d'un média sont : la capacité de production de l'information (et plus particulièrement de l'information inédite), la capacité de prise de position éditoriale, le volume des citations et des reprises, l'ancienneté et le passé du média, et enfin la présence de diplômés d'écoles (et notamment d'écoles prestigieuses). Si l'on reprend les éléments de cette définition du capital journalistique, nous pouvons affirmer que les médias Web et, par conséquent, les journalistes en ligne en sont très peu dotés. Peu nombreux, invisibles et inconnus du public, ces derniers disposent de très peu de pouvoir (mesuré à l'aune des relations qu'ils entretiennent dans le champ du pouvoir) et effectuent souvent un travail, sinon ingrat, du moins peu valorisant.

Mais avant d'entrer dans la description du contenu du travail des journalistes Web, nous commencerons ce chapitre en montrant que la spécialité « en ligne » a du mal à s'imposer en tant que telle dans le champ journalistique. La professionnalisation du journalisme en ligne, catégorie floue et dominée, semble problématique. La nouveauté du média Internet, l'histoire courte mais mouvementée de la presse en ligne, et les efforts déployés par les journalistes des médias traditionnels pour conserver leur position dominante dans le champ ont constitué autant d'obstacles à la structuration de cette activité spécifique et à son élévation dans la hiérarchie professionnelle.

---
[157] DUVAL, J., *Critique de la raison journalistique*, 2004, *op.cit*, p. 330-331.

Le journalisme après Internet

1 - « Journalisme Web », une spécialité à construire

La réflexion menée par la CCIJP au sujet des sites Web d'information a permis de déterminer qui, parmi les professionnels de l'information en ligne, pouvait prétendre *de jure* au statut de journaliste. Toutefois la Commission a, par l'intermédiaire de ses représentants, déclaré publiquement et à plusieurs reprises qu'elle n'avait ni la vocation ni l'intention de donner par ce biais une définition « officielle » du journalisme Web en tant que nouvelle spécialité journalistique. Si elle est en droit d'attribuer le statut au journaliste Web qui respecte les critères qu'elle s'est au préalable fixés, elle n'est en aucun cas habilitée à définir le contenu de son travail. Comme nous l'avons dit, la question concernait essentiellement les salariés des sociétés Internet qui éditent des sites Web d'information (éditeurs « purs Web »). Ainsi, dans la foulée des décisions officielles de la CCIJP, la profession a ouvert ses portes à une nouvelle population de journalistes. Or, bien qu'ils aient en commun d'exercer leurs fonctions sur le même support, Internet, nous ne pouvons pas considérer pour autant que ces « nouveaux » journalistes appartiennent à une même catégorie ni à un groupe homogène. Nous allons même montrer que les « journalistes en ligne » n'existent pas en tant que groupe constitué. À l'issue de notre enquête, aucun élément probant nous autorise à penser que le journalisme en ligne est en passe d'être reconnu comme spécialité journalistique à part entière.

L'impossible professionnalisation

Le journalisme en ligne reste donc un objet professionnel difficile à identifier. On ne dispose pas encore de définition précise de cette activité journalistique. Les journalistes en ligne souffrent d'un déficit de reconnaissance à l'intérieur comme à l'extérieur de la profession. Cela tient d'abord au fait qu'ils n'existent pas en tant que groupe et moins encore en tant que « groupe unifié » ou « sujet collectif capable d'actions et de volitions » comme l'écrit Luc Boltanski[158]. Provenant d'horizons et de médias divers (nouveaux éditeurs et médias traditionnels), les acteurs du journalisme en ligne ne se reconnaissent pas mutuellement comme des membres d'un même groupe, liés par le sentiment d'avoir des expériences à partager, des intérêts communs à défendre et une identité professionnelle à bâtir. Aussi, les conditions d'élaboration d'un projet commun ne semblent-elles pas être réunies. La question de l'identité des journalistes en ligne est ouverte, et l'accès à la reconnaissance reste une gageure. Plus de dix ans après l'apparition des premiers sites d'information, le travail d'invention et d'objectivation du journalisme en ligne n'est toujours pas engagé.

---

[158] BOLTANSKI, L., *Les cadres*, *op.cit*, p.48.

Un journalisme dominé

Peut-être plus aujourd'hui qu'hier, la lutte pour la reconnaissance du journalisme Web est au point mort. Nous n'avons pas relevé de tentative véritablement probante visant à donner au journalisme Web un contenu et une définition légitime. Les maigres expériences qui méritent d'être évoquées ici sont, d'une part, la création des communautés de professionnels sur Internet (les forums de discussion *j-liste1*, *J-liste2* et *Journaligne*), et, d'autre part, le projet d'une association de journalistes et d'éditeurs en ligne qui n'a jamais vu le jour et dont l'initiative revient à la journaliste Anne Thézenat du Montcel, fondatrice de feu l'agence de contenu Editoile.

L'histoire du journalisme est marquée par l'intégration continue à la profession de nouvelles populations (cinema-reporter, radio-reporters, etc.). En outre, afin de mieux pouvoir agir pour leur reconnaissance, les journalistes spécialisés ont pris l'habitude de se regrouper en associations professionnelles. Ces dernières ont d'ailleurs fonctionné, à bien des égards, sur le mode du groupe de pression. Au début du XXe siècle, l'essor des associations spécialisées a participé du processus de professionnalisation[159] du journalisme : associations de journalistes scientifiques, de journalistes municipaux, de nouvellistes parisiens, de journalistes sociaux[160], de journalistes de la presse médicale, spécialistes de la critique dramatique et musicale[161], etc. Les associations de journalistes fleurirent alors même que l'on présentait le journalisme comme une profession libérale et que l'individualisme semblait régner dans la profession. Ces groupes de journalistes spécialisés ont-ils mis au défi l'unité de la profession alors en cours d'organisation[162] ? Malgré leur volonté de construire et d'affirmer leur identité propre, les associations et les syndicats professionnels ont activement pris part au travail de légitimation du groupe des journalistes dans son ensemble. Sandrine Lévêque parle à ce sujet de « double travail de légitimation » mené à cette époque par les journalistes sociaux, comme journalistes d'une part, et comme journalistes spécialisés d'autre part[163]. Œuvrer à la construction du groupe des journalistes professionnels et à la création d'une association de journalistes spécialisés n'avait rien de contradictoire.

---

[159] DELPORTE, C., *Les journalistes en France 1880-1950. Naissance et construction d'une profession*, Seuil, 1999. MARTIN, M., « La grande famille : l'association des journalistes parisiens (1885-1939) », *Revue historique*, janvier-mars 1986.
[160] LEVEQUE, S., *Les journalistes sociaux. Histoire et sociologie d'une spécialité journalistique*, PUR, 2000.
[161] ANGLADE, S., « Des journalistes au théâtre. Identité professionnelle et espace parisien (1880-1930) », in C. Delporte (dir), *Médias et villes (XVIII-XXes.)*, CEHVI, 1999.
[162] DELPORTE, C., montre qu'à cette époque « un grand reporter se sent plus proche d'un confrère d'un autre journal exerçant un autre métier, que du chroniqueur théâtral de la feuille qui l'emploie », *op.cit*, p. 115.
[163] *Op.cit*.

Dans la presse de cette époque, dès qu'une nouvelle rubrique apparaissait, une association de journalistes se constituait dans la foulée. Plus tard, au moment de l'apparition des médias audiovisuels, soucieux de valoriser leur travail et d'être reconnus comme journalistes en tant que tels, les radio-reporters et les journalistes de télévision créent à leur tour leur propre syndicat et s'engagent dans la voie de la professionnalisation[164]. Comment expliquer, au regard de cette histoire de la profession, que la question du journalisme en ligne en tant que spécialité journalistique n'ait pas encore été saisie collectivement par ceux-là même qui la font vivre? Peut-être manquons nous encore de recul et de temps pour pouvoir saisir le processus par lequel le journalisme en ligne tend à s'institutionnaliser ? Toutefois, nous pouvons dès à présent essayer d'avancer quelques éléments d'explication de la faiblesse de sa structuration.

Tout d'abord, il serait vain de vouloir comparer des époques et des contextes très différents. À la fin du XIXe et au début du XXe siècle, l'esprit d'association anime les journalistes. Même si les dirigeants de la presse bourgeoise souhaitent tenir leur personnel à l'écart de l'influence séditieuse du syndicalisme ouvrier, le renouveau du mouvement syndical a fortement imprégné les journalistes. Alors que le journalisme est considéré comme un milieu dans lequel règne un fort individualisme, l'essor de la presse industrielle et les profondes transformations économiques et sociales qui marquent cette période de forte expansion du capitalisme (industrialisation, urbanisation, alphabétisation), ne manquent pas d'avoir une incidence sur la profession des journalistes. Progressivement s'opère une mutation du mode de représentation dominant de leur identité et de leur rôle social. Autrefois écrivain solitaire au service d'une entreprise intellectuelle et individuelle, le journaliste se perçoit dès lors comme un membre d'une « corporation »[165], engagé dans une entreprise collective dont la mission consiste à informer et à former le citoyen. Ainsi, le journaliste cherche à faire corps avec ses semblables. Cette attitude tempère d'autant plus les penchants à l'individualisme du journaliste qu'elle s'inscrit

---

[164] BOURDON, J., « Les journalistes de télévision, l'émergence d'une profession (1960-1968) », in MARTIN, M. (dir), *Histoire et médias. Journalisme et journalistes français, 1950-1990*, Albin Michel, 1991.

[165] À ce sujet, William Sewell évoque la survivance au XIXe siècle de ce qu'il nomme « l'idiome corporatiste ». Plus que le simple vocabulaire, c'est un certain esprit des corporations dont héritent les ouvriers français à la fin de l'ancien régime. « Être un corps », posséder un « esprit commun », appartenir à une « communauté de métier », tels sont les termes qui expriment la dimension morale qui survit à la Révolution française et aux lois d'Allarde et Le Chapelier qui liquident les anciens « corps de métier ». Partie intégrante de leur conscience de classe naissante, « l'idiome corporatiste » des ouvriers français a été associé au développement du socialisme et aux révolutions ouvrières (1830, 1848). Cette volonté inaltérée de renouer avec des formes de solidarité professionnelle et de promouvoir le droit d'association débouchera en 1881 sur la loi légalisant les syndicats professionnels. SEWELL, W.-H., *Gens de métier et révolution*, 1983, *op.cit*.

dans le cadre d'une prise de conscience de sa condition de salarié d'une entreprise de presse. Le processus de construction du groupe des journalistes est contemporain de la généralisation du salariat et du rapport social qu'il induit. À l'ère de la presse industrielle et de ses grandes organisations hiérarchisées, si les journalistes, dans leur majorité, continuent d'avoir le sentiment de faire partie de la « grande famille » du journalisme, ils développent dans le même temps la conscience de leurs intérêts de salariés qui les opposent aux patrons de presse, leurs « ennemis de classe ».

Un siècle plus tard, l'émergence d'une spécialité journalistique (le journalisme en ligne) fait, sans doute possible, écho à des interrogations plus profondes sur la dimension collective dans le journalisme et, plus généralement, sur l'évolution du rapport de l'individu au collectif dans le monde du travail qui a connu de profondes transformations au cours du XXe siècle. Différents travaux de sociologues ont montré que l'on assiste, depuis près de trente ans, à un phénomène de délégitimation des formes classiques de solidarité, d'organisation et d'action collectives. Cette tendance se traduit, en France notamment, par une forte désyndicalisation et par le déclin des collectifs traditionnels de travail. Au sujet de la perte d'audience et de force des syndicats, Dominique Andolfatto et Dominique Labbé avancent plusieurs raisons[166]. On peut mentionner parmi les causes multiples de la désyndicalisation, les effets de la répression antisyndicale, de la crise des secteurs à forte implantation syndicale qui correspond également au déclin du mouvement ouvrier, des restructurations des entreprises ou bien encore de la professionnalisation des syndicats. En outre, les stratégies managériales de contournement des syndicats ont joué dans ce processus un rôle central (gestion des ressources humaines, communication d'entreprise, etc.). La mobilité professionnelle, l'éclatement des statuts et l'individualisation des salaires et des situations de travail sont des facteurs de la désyndicalisation et, de manière générale, de l'érosion de l'organisation collective. La « désintégration » des communautés de travail qui met en jeu des individus atomisés est le produit du changement de modèle productif dominant – le passage du fordisme au toyotisme – qui s'inscrit dans la nouvelle phase d'expansion du capitalisme. En outre, les changements culturels, voire même anthropologiques, tels que « la montée de l'individualisme qui place au premier plan la réalisation personnelle et dévalorise les engagements collectifs[167] » ne sont bien entendu pas, pour les spécialistes de la question, étrangers à ce phénomène.

---

[166] ANDOLFATTO, D., LABBE, D., *Sociologie des syndicats*, La Découverte, 2000.
[167] *Idem.*

Indépendamment de la seule sphère du travail, des recherches en sciences humaines et sociales ont récemment tenté de mettre à jour, l'existence de mutations anthropologiques de grande ampleur qui auraient affecté le rapport individu-collectif[168]. Robert Castel parle à ce sujet d'un phénomène « d'individualisation-décollectivisation »[169] qui articule l'hypertrophie de l'individu dans les « sociétés d'individualisation croissante »[170] et le recul des formes traditionnelles d'organisation et d'action collective. La promotion de la figure de l'individu sans attaches, qui se construit de manière « autoréfentielle »[171] et se pense comme un être entièrement émancipé du social et autosuffisant, n'est évidemment pas étrangère à ce recul de la dimension collective. Le « métier » de journaliste ne pouvait échapper à cette tendance qui voit la nécessité de l'action collective disparaître du champ des consciences. Paraphrasant Denis Ségrestin, nous pouvons dire que, de manière générale, la communauté de « métier » n'incarne plus réellement la « communauté pertinente de l'action collective »[172] même si des sociologues des professions ont mis en avant le fait que le « métier » représente toujours une « référence identitaire majeure » pour les français[173].

Avec la mobilité croissante des individus et la progression du travail indépendant (qu'il faut replacer dans le cadre des stratégies managériales de contournement du doit du travail et des protections liées au statut de salarié), les cadres et les conventions de l'action collective perdent peu à peu de leur matérialité. Face à ce constat, Richard Sennett en appelle au renouveau du « métier », capable selon lui de remédier aux effets déstructurants pour les individus de la perte de sens et du déclin du sentiment collectif. Pour « contrer la culture du capitalisme », le métier posséderait une « vertu cardinale qui manque au travailleur, à l'étudiant ou au citoyen idéalisé de la nouvelle culture : l'attachement »[174]. Cet hommage rendu à l'utilité sociale des « métiers » ne manque pas de faire écho, un siècle plus tard, au projet de Durkheim consistant à réhabiliter les « corporations » en tant qu'elles répondent à des « besoins durables et profonds »[175]. Ces « groupes intermédiaires » entre l'individu et l'Etat devaient assurer une fonction de régulation sociale et garantir la

---

[168] GAUCHET, M., « Essai de psychologie contemporaine », *Le Débat*, mars-avril 1998. AUBERT, N. (dir), *L'individu hypermoderne*, Eres, 2004. On se référera également sur cette question aux écrits d'Alain Ehrenberg et de Dany-Robert Dufour.
[169] CASTEL, R., *L'insécurité sociale*, op.cit.
[170] L'expression est de Norbert Elias, *La société des individus*, Fayard, 1991.
[171] DUFOUR D.-R, *L'art de réduire les têtes*, 2003, op.cit.
[172] SEGRESTIN D., *Le phénomène corporatiste*, 1984.
[173] PIOTET, F., *La révolution des métiers*, PUF, 2002.
[174] SENNETT, R., *La culture du nouveau capitalisme*, Albin Michel, 2006, p.157.
[175] DURKHEIM, E., *De la division du travail social*, (préface à la seconde édition) PUF, 1998, p.11.

socialisation et la moralisation des travailleurs dans une société où la division du travail, poussée à l'extrême, était à l'origine de graves troubles psychologiques et sociaux.

Nous ne sommes pas en mesure de vérifier les conséquences que ces tendances de fond produisent sur la population des journalistes en ligne. Toutefois nous pouvons dire que la faiblesse du niveau d'autonomisation et de reconnaissance de la spécialité « journalisme en ligne » n'est pas étrangère au déclin des cadres traditionnels de l'expérience collective qui caractérise notre époque. Ce phénomène représente en effet un obstacle de taille à la constitution de nouveaux métiers (ou spécialités) auxquels serait identifié un groupe, en tant que personnage collectif capable de mener à bien la lutte pour la reconnaissance et pour la défense des intérêts de ses membres. Nous pouvons en outre invoquer des raisons plus spécifiques au monde de l'Internet. L'instabilité de ce secteur fragilise sensiblement les jeunes métiers et fonctions du Web. Comme nous l'avons vu au sujet de la nébuleuse des métiers d'Internet, le processus de professionnalisation est bien souvent entravé du fait des contraintes qu'impose la temporalité propre d'Internet (brièveté des cycles économiques et technologiques). Par ailleurs, l'isolement des travailleurs de l'information en ligne, et leur dissémination dans de petites structures et rédactions ne sont pas propices à l'émergence d'une dynamique commune. « *C'est même pas des équipes, les gens sont seuls... et tout seul, on ne peut rien faire ...Ils n'ont pas forcément de lien avec les autres qui font à peu près la même chose sur d'autres sites titres.* » [Journaliste Web. Paris. Janvier 2004.]

Journaliste Web : un journaliste inconnu

Le journalisme en ligne n'existe pas en tant que spécialité journalistique instituée et les journalistes en ligne n'existent pas en tant que groupe constitué. L'absence d'un annuaire professionnel dédié à cette catégorie de journalistes, et l'absence de rubrique spécifique Internet dans l'annuaire officiel « Médiasig »[176] corroborent ce constat. D'autre part, aucune nouvelle classification n'a vu le jour dans la Convention collective, permettant de différencier un journaliste Web d'un journaliste de presse écrite et de désigner par un terme propre et approprié les spécificités des tâches effectuées par un journaliste sur Internet. Les représentants des éditeurs et des journalistes se sont jusqu'à présent contentés d'appliquer aux journalistes d'Internet les dénominations de fonctions de la presse écrite : « rédacteur », « rédacteur en chef », « chef de service », « chef de rubrique », « documentaliste », etc. En outre, les grilles de salaires ne font nullement mention d'une spécialité Web.

---
[176] http://mediasig.premier-ministre.gouv.fr/

Le journalisme après Internet

Ainsi le journalisme en ligne n'a pas accès aux principaux modes de représentation (statistique, politique, cognitif) qui permettent de fixer la réalité d'un groupe ou sous-groupe social[177]. Le travail proprement politique de mobilisation du groupe et de codification de ses pratiques n'a pas été effectué en amont. Les journalistes en ligne n'ont pas conscience de faire partie d'un groupe. Il ne peut donc y avoir ni représentant, ni porte-parole, ni organe représentatif (association, syndicat)[178] des journalistes en ligne. « *J'ai l'impression que sur Internet les journalistes ont du mal à dire : mais qu'est-ce que je vais faire avec lui ? Alors qu'objectivement ils ont à peu près le même boulot...Je suis journaliste agricole, qu'est-ce que je vais faire avec ...J'ai rien à lui dire. C'est assez cloisonné.* » [Journaliste Web. Paris. Juin 2004.]

Le sentiment qui prédomine chez les journalistes en ligne que nous avons interrogés est celui d'appartenir à une profession (le journalisme) et à une entreprise (d'autant plus lorsqu'il s'agit d'un média prestigieux). Quant à leur spécialité, le journalisme sur Internet, elle n'est que très peu mentionnée en tant que telle. « *On est des journalistes avant tout !* » apparaît comme la réponse la plus courante à la question « *Comment vous définiriez-vous ?* ». En effet, ces journalistes se définissent eux-mêmes rarement comme des « journalistes Web » ou « journalistes en ligne ». Cette désignation leur semble trop « floue », « fourre-tout » pour qu'ils s'y reconnaissent. Beaucoup de choses ont été dites et écrites, notamment entre 1998 et 2002, au sujet du « journalisme en ligne ». Malgré cette abondante littérature journalistique et scientifique[179], le journalisme en ligne reste un objet mal défini et mal connu. Il n'existe pas encore d'outils permettant d'en obtenir une représentation statistique satisfaisante. La dernière enquête de l'Institut Français de Presse (IFP) portant sur les titulaires de la carte de presse (1999) fait néanmoins partie des sources auxquelles nous pouvons nous fier. Celle-ci mentionne, à de rares reprises[180],

---

[177] DESROSIERES, A., *La politique des grands nombres. Histoire de la raison statistique*. La Découverte, 1993. DESROSIERES, A. et THEVENOT, L., *Les catégories socio-professionnelles*, La Découverte, 2000 (dernière ed.).

[178] Luc Boltanski a rendu compte du long travail de construction et d'institutionnalisation de la catégorie hétérogène des cadres dans : *Les cadres, la formation d'un groupe social*, Minuit, 1982.

[179] On se réfère ici à un ensemble de travaux : DE LAUBIER, C., *la presse en ligne*, « Que sais-je ? », PUF, 2000 ; PAGES, P. et PELISSIER, N., *Territoires sous influence/2*, L'Harmattan, 2001; RUELLAN, D. et THIERRY, D., in *Nouvelles technologies de la communication : nouveaux usages, nouveaux métiers*, L'Harmattan, 2000 ; DAMIAN, B. et alii., *Inform@tion.local*, 2002, *op.cit*. PELISSIER, N., « Un cyberjournalisme qui se cherche », *Hermès* n°35, 2003 ; PELISSIER, N., « Cyberjournalisme : la révolution n'a pas eu lieu », *Quaderni*, n°46, hiver 2001-2002. Les *Cahiers du journalisme*, n°5, décembre 1998, et n°7, juin 2000.

[180] DEVILLARD, V. et alii, *op.cit*. En bas de la page 24, une note précise que « l'effectif très

Un journalisme dominé

l'existence, parmi les grands secteurs des médias, du secteur « Internet-multimédia ». L'enquête recense, pour ce secteur, 66 personnes, ce qui correspond à 0,2% du total des effectifs des journalistes titulaires[181]. En 1999, le nombre de journalistes travaillant dans la presse en ligne est, en comparaison des 22 082 journalistes de la presse écrite, dérisoire.

Ces 0,2% dont plusieurs travaux scientifiques font mention, nous paraissent, même pour l'époque (1999), trop faibles pour rendre compte de la réalité. En outre, rien ne nous permet de connaître l'identité de ces 66 journalistes. Nous pourrions toutefois supposer que ces journalistes appartiennent aux deux grandes catégories dont nous avons déjà parlé et sur lesquelles nous allons revenir. La première correspond aux entreprises de presse existantes ou à leurs filiales, et la seconde aux sociétés Internet (qui éditent des journaux 100% Web), qui ont réussi à être reconnues comme médias à part entière. Or il semblerait, d'après les renseignements fournis par un membre de la Commission, que les choses soient un peu plus complexes que cela. Dans ces 0,2%, on retrouve les journalistes de la seconde catégorie (médias 100% Internet) et les journalistes des filiales des entreprises de presse telles que *Le Monde Interactif*. Les journalistes des sites-titres (sites adossés à un support préexistant) qui ne relèvent pas d'une structure économique indépendante sont, quant à eux, dilués dans la masse des journalistes et répartis dans les différents secteurs (presse, télévision, radio etc.). Les journalistes du site Web de *Libération* ne font, par exemple, pas mention de la spécificité de leur travail. Ils sont journalistes à *Libération* et par conséquent enregistrés par la Commission comme journalistes de la presse écrite et non pas comme journalistes de la presse en ligne.

> *« C'est là où c'est un peu injuste. Les sites sont gérés directement par les journaux. La Commission n'a pas forcément les éléments pour savoir qui travaille pour le Web et qui travaille pour le papier : ils sont*

---

faible du secteur 'Internet-multimedia' ne permet pas de l'analyser. Les chiffres le concernant ne seront donc donnés que pour mémoire tout au long du travail ».

[181] Ce pourcentage date de 1999. L'explosion du nombre de sites d'information ne s'était pas encore produite. En outre, après les faillites en cascade des sociétés Internet, beaucoup de journalistes Web ont changé de support, ont perdu leur carte ou l'ont renouvelée au titre de chômeur. Il est donc très difficile d'estimer le nombre de journalistes Web, comme le montrent les incertitudes de l'ancien Président de la CCIJP interrogé en 2003. À la question « *A combien estimez-vous le nombre de journalistes qui travaillent pour des sites d'information ?* », Olivier Da Lage répond « *Je n'en suis pas sûr. Entre 400 et 600, mais je ne saurais pas dire avec certitude [...] 0,2% ? Non je dirais plus, de l'ordre de 2% plutôt. Ça ferait entre 600 et 700* ». Quelques mois après un ancien membre de la CCIJP nous certifiait : « *On totalise quand même du monde. Et ça fait comme ça, à vue de nez, oui, entre 1500 et 2000 journalistes qui sont titulaires de la carte de presse 2003 parce qu'ils travaillent sur Internet* ».

147

déclarés comme travaillant pour X. Le support déclare : 'il travaille pour tel magazine' ; on ne sait pas si c'est le magazine.fr ou le magazine papier [...] En règle générale, à de rares exceptions près, le distinguo c'est : structure économique indépendante ou non. À partir du moment où il y a une structure indépendante, les cartes sont comptabilisées. Donc effectivement, les chiffres donnés par la Commission sont inférieurs à la réalité. Ensuite, ce qu'il faut voir, enfin, ça joue à la marge mais ça joue à la marge de toutes les stats de la Commission, c'est que les gens n'ont pas forcément eu leur carte au nom d'un seul titre, notamment tous les journalistes pigistes qui vont à la fois travailler pour le en ligne, le papier, la radio ou la télé... Ils sont rangés dans quelle catégorie ceux-là ? Donc la pluriactivité fausse encore les chiffres. » [Journaliste, membre de la CCIJP. Paris. Février 2004.]

Pour obtenir une idée plus précise du nombre de journalistes qui travaillent exclusivement pour le média Internet, nous avons effectué un décompte des effectifs des rédactions Web des grands titres de la presse nationale d'information générale (quotidienne et hebdomadaire)[182]. Nous avons retenu dix sites en fonction du critère de l'audience. Dans les rédactions de ces sites, en juin 2005, on recensait 83 journalistes Web [*Tableau 2*]. Il faudrait ajouter à ce chiffre les journalistes de l'ensemble des sites-titres (presse régionale, presse magazine, presse spécialisée, etc.), ceux des chaînes de télévision, des radios et des agences, et enfin ceux des portails et des webzines (journaux 100% Internet). En l'absence d'un tel recensement, il est impossible de connaître précisément le nombre des journalistes Web en France. Nous ne pouvons pas non plus réellement nous fier aux estimations des membres de la Commission de la carte que nous avons interrogés et qui donnent une fourchette trop large pour que nous puissions nous en servir (entre 500 et 1600).

---

[182] Il s'agit de sept quotidiens nationaux (*Le Monde*, *Libération*, *Le Figaro*, *La Croix*, *l'Equipe*, *Le Tribune*, *Les Echos*) et de trois hebdomadaires (*Le Nouvel Observateur*, *l'Express*, *Courrier International*).

Un journalisme dominé

Lemonde.fr	21
Lequipe.fr	12
Lefigaro.fr	3
Libération.fr	7
Latribune.fr	5
Lesechos.fr	11
La-croix.com	4
Lexpress.fr	5
Nouvelobs.com	10
Courrierinternational.fr	5

Tableau 2. Les effectifs de journalistes dans les rédactions Web
(presse nationale) en 2005

Nous avons constaté que certains « journalistes Web » étaient invisibles. En effet, le recensement des journalistes en ligne est rendu extrêmement aléatoire puisqu'une partie d'entre eux n'apparaissent pas, en tant que tels, dans les statistiques. Cette volatilité traduit bien l'une des réalités du journalisme en ligne professionnel. On a pu constater l'absence d'une dynamique collective autour de la question de cette spécialité. Le flou statistique renforce un peu plus l'éclatement et grève les chances des journalistes en ligne de créer un groupe, une unité. En outre cette division repose, comme nous allons le voir maintenant, sur un puissant clivage entre deux grandes catégories : les journalistes des sociétés Internet et les journalistes des sites-titres.

Clivages et hiérarchies internes au journalisme Web

Nous avons vu que le statut délimite une frontière « officielle » à l'intérieur de l'espace du journalisme en ligne. L'univers de la production d'information en ligne est donc divisé entre journalistes encartés et journalistes non-encartés puisque, comme le rappelle Olivier Da Lage, il n'y a pas « *d'exercice illégal du journalisme* ». Néanmoins, si chacun peut faire du journalisme, la CCIJP dispose du pouvoir de distinguer, parmi les gens qui prétendent exercer le métier de journaliste sur Internet, les professionnels, reconnus comme tels, et les non-professionnels. Après avoir mis en évidence le cadre de l'exercice professionnel du journalisme sur Internet, nous avons vu que le « journalisme Web », en tant que spécialité journalistique exercée par un (sous)groupe, avait un faible niveau de réalité objective. Nous allons à présent tenter d'expliquer les raisons pour lesquelles il n'existe ni unité ni homogénéité au sein de la population des journalistes encartés, travaillant sur Internet. Mais il faut avant tout bien distinguer à l'intérieur de cette catégorie que nous mobilisons dans notre travail, deux classes de journalistes. Les journalistes qui travaillent pour un site adossé à un journal, une agence, une chaîne de télévision ou une radio (dit « site-titre »), et les journalistes qui travaillent pour le compte d'une entreprise qui édite un ou plusieurs sites d'information (dit « 100% Web »).

Au travers des discours tenus par les personnes interrogées, il apparaît que la légitimité des journalistes des sites-titres est, incontestablement, supérieure à celle des journalistes des médias 100% Internet. Les premiers se considèrent et sont considérés comme de véritables journalistes. Ce qui n'est pas le cas des seconds qui estiment parfois être traités comme des « journalistes de seconde zone ». Nous constatons qu'il existe au sein de la catégorie des « journalisme Web », une hiérarchie relativement claire. Celle-ci recoupe la hiérarchie des positions des journalistes dans l'espace des médias traditionnels et se superpose à la hiérarchie sur laquelle repose la distinction entre médias « nobles » et médias « ignobles ». Les nouveaux éditeurs, médias 100% Internet et leurs jeunes équipes éditoriales, font majoritairement, notamment depuis la crise du secteur d'Internet, figure d'épouvantails pour la profession. Depuis la faillite de la nouvelle économie, les journalistes Web des médias traditionnels s'efforcent de ne pas être assimilés aux journalistes des sites 100% Internet, à cette nouvelle génération de journalistes nés avec Internet, portés aux nues puis tombés en disgrâce avec l'échec des projets éditoriaux en ligne.

L'enjeu porte sur la défense de la réputation du groupe dans son ensemble. Les journalistes des sites-titres se présentent en effet comme les seuls garants véritables de la fiabilité de l'information publiée sur Internet. Ceux-ci considèrent souvent que trop peu de journalistes Web font du « journalisme » au sens noble du terme. Toute information qui n'émane pas de médias connus et reconnus est, pour eux, automatiquement sujette à caution. Ni leurs confrères, ni le public ne devraient dès lors accorder de crédit à ces nouvelles sources d'information (portails, webzines, etc.) qui « ne font que reproduire des dépêches d'agence » et ne « vérifient pas les infos qu'ils donnent ». Il s'agit pour ces journalistes de dénoncer les formes corrompues de journalisme qu'engendrerait Internet. Aussi, quand ils n'affichent pas à l'égard des journalistes de médias 100% Internet une profonde indifférence, ils cherchent à se désolidariser de ces nouveaux venus. Ils entretiennent alors à leur égard une forte suspicion. Disposent-ils bien du statut professionnel ? Ont-ils été formés au métier ? Sont-ils aussi rigoureux ? Souvent, dès lors qu'ils ne sont pas affiliés à un titre reconnu, les journalistes Web sont suspects de vouloir usurper le statut. Le fait d'évoquer ce climat de défiance larvée nous aide à comprendre les raisons pour lesquelles les conditions de la création d'une spécialité Web ne sont pas encore aujourd'hui réunies.

Il faut avant toute chose préciser que l'expression « journalisme en ligne » ou « journalisme Web » est aujourd'hui fortement connotée. Elle renvoie aux excès de l'époque de la nouvelle économie des start-up et correspond à une catégorie floue qui comprend sans distinction les professionnels de l'information et de la communication en ligne. Dans une étude sur la presse en ligne[183], Ann M. Brill montre qu'aux Etats-Unis, le terme *online journalism* réfère à toute personne travaillant sur du contenu éditorial en ligne. Cette appellation générique concourt à rendre encore plus floue que dans les médias traditionnels la frontière entre fonctions éditoriales, publicitaires et marketing. Par conséquent, indépendamment de la perception qu'ils ont des spécificités de leur activité, les journalistes en ligne professionnels sont tentés de se défaire de l'étiquette « journalistes en ligne ».

Notre enquête nous a montré que les logiques identitaires se cristallisent prioritairement sur l'appartenance au groupe professionnel (les journalistes) et à l'entreprise (le type de média, le titre). Dans la définition de leur identité professionnelle, la référence au support (le Web) arrive bien après. Cette tendance semble se confirmer à mesure que l'on s'approche du pôle dominant du champ journalistique. Lorsqu'on travaille sur le site Web du *Monde*, on se définit d'abord comme un « journaliste » et un « journaliste du *Monde* », bien avant de se présenter comme un « journaliste Web ». Lorsqu'ils se présentent à nous, ces journalistes ne mentionnent que rarement leur « particule » (Web ou en ligne). Les formules les plus courantes sont : « *je suis journaliste à X, je travaille sur le site Web du journal* ». Leur manière de se présenter et de décrire leur identité rend compte du fait que les journalistes des sites Web des médias traditionnels souhaitent en priorité affirmer leur légitimité de journaliste aux yeux de leurs pairs des médias traditionnels. Quant aux journalistes des médias 100% Web, leur priorité semble être de construire les bases de cette légitimité qui leur est déniée.

Même s'il faut apporter quelques nuances, nous sommes en mesure d'établir pour les journalistes en ligne français le même constat qu'Ann M.

---

[183] BRILL, A. M., « Online journalists embrace new marketing function », *Newspaper research journal*, *op.cit*, 2001.

Brill[184]. Moins les journalistes en ligne se sentent acceptés par les journalistes traditionnels, plus ils insistent dans leur déclaration sur la ressemblance qui existe entre leur travail et celui des journalistes traditionnels. Dans l'enquête d'Ann M. Brill, 83% des journalistes Web interrogés estiment que, dans l'ensemble, leur travail est similaire à celui de leurs homologues du papier. Ainsi l'essentiel de l'effort de légitimation des journalistes Web va porter sur la reconnaissance par leurs pairs de leur identité de journaliste. En insistant sur ce qui les rapproche plutôt que sur ce qui les oppose aux journalistes traditionnels, l'attitude des journalistes Web nous éclaire sur les raisons de l'absence d'une forme identitaire qui leur soit propre. Bien souvent, leur travail de légitimation s'appuie sur le fait de renoncer au nom et à la qualité de « journaliste en ligne ».

Si les journalistes Web des médias traditionnels insistent sur leur appartenance à la profession, ils tâchent, par la même occasion, de se différencier de ceux à qui l'on accole plus facilement l'étiquette « journalistes Web » : les journalistes des médias 100% Web. En effet, la figure du journaliste Web est encore, pour beaucoup, associée au professionnel du journalisme qui travaille pour un webzine tel que *Zdnet*, *Allocine* ou *Commeaufeminin*, ou un portail tel que Yahoo ou AOL. Certes, avec l'éclatement de la bulle Internet, le nombre de journalistes Web appartenant à cette catégorie a fortement diminué. Bien que nous ne disposions pas de chiffres, comme il a été précisé antérieurement, nous pouvons penser que les journalistes des sites-titres représentent la fraction la plus importante du contingent des « journalistes Web ». Néanmoins ces derniers ne cherchent nullement à le savoir ni à le faire savoir. Comme nous l'avons vu, il ne s'agit pas, pour eux, d'un motif de fierté. À l'intérieur comme à l'extérieur de la profession, il est donc préférable d'être identifié simplement comme un journaliste des *Echos*, par exemple, plutôt que comme un journaliste du site Web des *Echos*. Voilà pourquoi nous pouvons parler du journalisme Web comme d'une forme dominée de journalisme. Pour poursuivre dans cette direction, nous allons à présent nous arrêter sur les rapports qu'entretiennent les journalistes des éditions papiers avec leurs homologues des éditions électroniques. Comment ces derniers sont-ils perçus ?

2 - Les « anciens » et les « modernes » : des rapports troubles

> *« Au début à Canal Numedia, les mecs nous prenaient pour des marginaux, ils ne savaient pas trop ce qu'on faisait, ils ne comprenaient pas. Ensuite, ça a été le boom, et on a été des débaucheurs, il y a eu plein de gens de Canal+ qui nous disaient : 'ouais moi je me casse de la télé,*

---
[184] *Idem.*

*ça chlingue. Moi, je vais plutôt faire du web parce que c'est super cool !'
Donc là on a commencé à être très mal vus par certaines personnes à
Canal. Tu vois, on leur piquait des gens, on était arrogants, machin.
Après, avec le cassage de gueule...c'était : 'bien fait pour votre gueule
vous n'avez eu que ce que vous méritez, vous n'avez que grillé du fric qui
était à nous, machin truc !'* » [Webdesigner. Paris. Janvier 2004.]

« *Entre, grosso modo, 1994 et deux ans en arrière, il y a eu une
période un peu délirante. Pendant cette période délirante, on a vu, donc,
des journalistes inquiets, perturbés par l'arrivée de ce nouveau média,
des luttes de pouvoir dans tous les journaux, à la fois avec la direction
informatique, à la fois avec les journalistes en ligne qui n'étaient pas
considérés comme de vrais journalistes.* » [Journaliste Web. Paris.
Novembre 2003.]

Journalistes Web : une menace pour la profession ?

Si, pendant sa phase de décollage, le média Internet a fait l'objet d'une certaine indifférence de la part des journalistes « établis », ces derniers ont fini par nourrir un sentiment de méfiance à l'égard du nouveau support. Internet incarnait un média concurrent capable de déstabiliser le marché de l'information. Un média émergeait et, dans son sillage, de nouveaux acteurs de l'information (portails, agrégateurs, webzines, etc..) allaient pouvoir proposer des contenus éditoriaux originaux et des services en ligne. La réussite économique fulgurante de ces nouveaux venus – nommés *new comers* dans le jargon du monde d'Internet – a suscité chez ces journalistes un mélange de crainte et de mépris. L'insolence avec laquelle certaines start-up venaient bousculer sur leur territoire les entreprises de presse parfois séculaires, véritables institutions médiatiques, offrait matière à controverse[185]. Si ces nouveaux venus qui focalisaient tant l'attention pouvaient se permettre de narguer les acteurs traditionnels de l'industrie de la presse, il faisait alors peu de doute que leurs journalistes allaient remettre en cause les conventions en vigueur dans la profession. Il était clair que ces journalistes d'un nouveau type représentaient une menace pour toute la profession. Si, comme l'écrit Nicolas Pelissier[186], le « cyberjournalisme » a incarné « le mythe mobilisateur » auquel la profession a, pendant une période, tenté de se raccrocher, il est rapidement devenu une figure repoussoir.

---

[185] On peut faire référence à la guerre ouverte que se livrèrent sur le marché publicitaire local et régional, les différents acteurs de l'information locale en ligne. DAMIAN, B. et alii., *Inform@tion.local*, 2002, *op.cit*.
[186] PELISSIER, N., « Cyberjournalisme : la révolution n'a pas eu lieu », *Quaderni*, *op.cit*.

Entre 1998 et 2002, les entreprises de presse et leurs filiales Internet augmentent sensiblement leurs effectifs Web. En majorité jeunes et acculturés aux nouvelles technologies, les nouveaux venus ont tendance à déranger les journalistes « installés ». Cette nouvelle génération de journalistes qui a souvent été présentée comme l'avenir de la profession est rapidement perçue, dans les rédactions, comme une « bande d'arrogants ». L'importance des budgets alloués à cette époque aux divers projets éditoriaux sur Internet tend en effet à augmenter la confiance des responsables des sites et des journalistes Web. À mesure que grandit le poids des investissements engagés dans les projets Web, les journalistes des éditions Web gagnent en légitimité. Au moment même où les rédactions et les filiales Web prennent de l'envergure, certaines directions de journaux comme celles du *Parisien*, de *Ouest France*, ou du *Monde*, optent, comme nous l'avons vu, pour la déconcentration. Les rédactions Web sont « relocalisées » et s'émancipent de la tutelle directe de leur « maison-mère ». Cette prise de distance physique qui marque symboliquement une indépendance conquise à l'intérieur du titre apparaît comme le signe du pouvoir acquis par le Web et ses journalistes. L'autonomie sur le plan organisationnel et éditorial est la preuve de la vitalité et de la force du Web. Malgré leur manque d'expérience professionnelle, les journalistes en ligne gagnent rapidement en assurance, comme le remarquent certains journalistes Web : « *C'est vrai qu'à une époque, ils se croyaient un peu les rois du monde.* » [Paris. Juin 2004] ; « *Ceux qui étaient sur le Web avaient un peu la grosse tête et n'avaient pas envie de fricoter forcément avec leurs collègues papier puisque ... c'était un peu archaïque désormais.* » [Journaliste Web. Paris. Juillet 2004.]

À l'intérieur de la profession, Internet contribue à accentuer une ligne de fracture entre « modernes » et « anciens », qui va en partie épouser l'opposition entre journalistes traditionnels et journalistes Web. Le rapport de force tend à cette époque à s'inverser au profit des journalistes du Web. La rivalité entre les deux populations de journalistes au sein des groupes et des rédactions, grandit au rythme de l'inflation des discours prophétiques annonçant l'avènement d'un « journalisme nouveau », miroir de « l'homme nouveau » conquis par les technologies de l'information et de la communication. Il était dit que le succès d'Internet devait fatalement précipiter le déclin des médias classiques. Les entreprises et leurs journalistes affrontaient alors les « nécessités » de la « modernisation ».

L'idéologie de l'ère de la nouvelle économie est fortement teintée de positivisme technologique. Par ailleurs, les nouvelles technologies de l'information et de la communication (TIC) jouent un puissant rôle symbolique. Elles contribuent en effet à réactiver les mythes et utopies communicationnelles dont le XXe siècle regorge. La « communication » et le « millénarisme technologique » fonctionnent comme le grand capharnaüm idéologique de l'ère de la « fin des idéologies »[187]. « Société de l'information », « société de la communication » et « TIC » forment un « grand récit de substitution » dont l'avantage est, comme l'écrit Erik Neveu, de disqualifier la posture critique et d'évacuer la problématique du pouvoir et de la domination au profit de la « vision d'une société plus égalitaire, plus polycentrique »[188]. Internet dont le développement et la popularité explosent dans les années 1990 apparaît comme l'élément central du mythe de la société nouvelle, pacifiée et unifiée grâce aux techniques d'information et de communication.

La technique apparaît, dans l'imaginaire social, comme salvatrice. Les réseaux d'information et de communication sont censés transfigurer les rapports sociaux. Nulle raison dès lors de s'opposer à la technologisation de l'environnement de travail. Dans le quotidien des pratiques professionnelles, les TIC prennent une place de plus en plus centrale. Les journalistes qui ne maîtrisent pas la technique prennent conscience qu'ils risquent de subir une forme définitive de déclassement. Benoît Grevisse parle au sujet de la catégorie des journalistes qui apparaissent comme réfractaires et non-branchés, d'une « sous-classe journalistique »[189]. Le complexe qui atteint les journalistes renforce ainsi leur crainte d'être remplacés par de nouveaux journalistes venus du Web. Cette crainte apparaît bel et bien comme le produit de cette pression sociale qui justifie la diffusion et l'adoption des TIC dans les champs sociaux et professionnels.

Dans ce contexte, le thème de la substitution progressive du Web au papier trouve un large écho chez les journalistes engagés dans la défense des médias traditionnels. Il est important, aux yeux des journalistes de presse écrite, de rappeler que le support prioritaire doit rester le journal papier et que l'essentiel des efforts doit se porter sur le support papier. Mais alors que la transposition du contenu du papier vers le Web – dont l'accès est, de surcroît, majoritairement gratuit – s'impose comme la formule la plus répandue, la peur de la « cannibalisation » du papier par le Web devient un thème central. Ce terme de « cannibalisation » fait généralement référence au risque de transfert des sources de revenu (audience, petites annonces et publicité) du support papier vers le support Web. Le site Web et son modèle économique seraient

---

[187] L'ensemble des discours « des fins », la « fin des idéologies » (Daniel Bell) ou la « fin de l'histoire » (Francis Fukuyama), ont comme socle idéologique commun l'anti-communisme. Ces prophéties auto-réalisatrices visent à en finir avec la lutte des classes et la radicalité politique.
[188] NEVEU, E., *Une société de communication ?*, Montchrestien, 1994.
[189] GREVISSE, B., « Journalistes sur Internet : représentations professionnelles et modification des pratiques en culture francophone », *Les Cahiers du journalisme*, n°5, décembre 1998.

susceptibles de tuer le support original. De moins en moins nombreux, les lecteurs de la presse quotidienne menaceraient désormais de délaisser leur journal pour se tourner vers Internet et les sites qui proposent l'information gratuitement. Entre 1998 et 2002, beaucoup de débats internes ou non à la profession, s'articulent autour d'une série de questions. Le (site)Web cannibalise-t-il le journal papier ? Le papier va t-il disparaître ? Les journalistes traditionnels vont-ils être remplacés par les « cyberjournalistes » ? Colorés de multiples fantasmes, ces débats s'inscrivent dans un contexte difficile pour la presse : chute des tirages, déclin des pratiques de lecture du journal, baisse et volatilité des recettes publicitaires, etc... La presse papier semble alors confrontée à un péril imminent. Internet s'apprête à devenir son fossoyeur. Quant aux journalistes, ils devront rester vigilants pour ne pas disparaître face aux « cyberjournalistes ».

« En 99 et 2000, ils ont embauché des jeunes quoi. Comme moi. J'avais 25 ans. Les gens du quotidien ont vu une flopé de jeunes gens débarquer sur Internet, c'était l'époque où tu avais des papiers dans la presse sur la cannibalisation etc ...et ils nous regardaient et franchement certains disaient vous êtes l'avenir et tout...Ils nous voyaient comme limite arrogants, comme si on allait les bouffer du jour au lendemain etc... quoi. Il y a eu une certaine méfiance enfin ...ouai une méfiance en disant voilà est-ce qu'ils vont nous 'bouffer', entre guillemets » [Journaliste Web. Paris. Décembre 2004.]

Le Web : une opportunité de carrière?

Le discours sur la menace diffuse que représenterait Internet pour la profession s'inscrit au cœur d'une « pédagogie de la crise » qui vise à resserrer les rangs des troupes autour de la défense des valeurs du journalisme et de la crédibilité des médias traditionnels. Néanmoins, alors qu'ils sont perçus par beaucoup comme une menace, les journalistes Web suscitent une forme de fascination auprès des journalistes plus enclins à adhérer aux discours ambiants portant sur le « changement », « l'innovation » sociale et technologique. Si une minorité d'entre eux se met très tôt à Internet, la majorité des journalistes ne commence à s'intéresser aux potentialités d'Internet, comme outil de communication, de documentation et d'information, qu'à partir du moment où un plus large public est conquis. Considérant jusque-là Internet tantôt avec indifférence, tantôt avec crainte, les journalistes entrent, à la fin des années 1990, dans un processus d'acculturation relativement rapide. D'objet de répulsion, Internet devient en l'espace de quelques mois, objet de passion, comme le remarque Gilles Klein, un pionnier du journalisme Web et co-animateur de la liste *J-liste*. « *J'appelle ça 'l'effet de sidération'. C'était la bulle Internet, quand je suis arrivé à* Elle, *on m'a dit : 'Gilles, je ne sais pas me servir de mon magnétoscope, l'Internet, je n'y crois pas, je sais pas comment ça marche'. Et puis, en 2000, on m'a dit : 'où as-tu acheté tes chaussures ?' Je dis : 'dans un magasin'. 'Oh, tu ne les as pas achetées en ligne ? Mais t'es complètement dépassé !'* » [Paris. Novembre 2004.]

Les regards se tournent alors vers Internet comme vers un horizon radieux. Avec ce nouveau média, s'ouvre une multitude de possibilités : innovations éditoriales, nouvelles écritures, nouvelles relations avec les lecteurs, etc. Comme le remarque un employé de la filiale numérique d'une chaîne de télévision, « *tout était à inventer* ». Devenir journaliste Web pouvait correspondre, dans l'esprit de certains journalistes, à une façon de combler des désirs de changements professionnels. Attirés par l'aventure, une minorité d'entre eux se définit alors comme des « *pionniers* » ou des « *évangélisateurs* ». Des journalistes que nous avons interrogés se remémorent « *cette époque d'enthousiasme, de la ruée vers l'or, le wild west* » où il fallait conquérir un territoire vierge et prêcher pour un nouveau média et une approche renouvelée du journalisme. Ce territoire « vierge » est également le lieu vers lequel convergent des journalistes ou des entrepreneurs engagés dans ce que Pierre Bourdieu nomme des « stratégies de rattrapage »[190]. Détenteurs d'un capital social et de capitaux spécifiques (compétences informatiques) mais faiblement dotés en capitaux scolaires et en capital journalistique (pas de diplômes ad hoc), ces individus, menacés, d'une certain façon, de « déclassement », se « rattrapent » grâce à Internet et au développement de la presse en ligne. Certes, on trouve parmi eux plus de managers que de journalistes. Exemple type de ces enfants de la bourgeoisie en échec scolaire qui ont fait carrière dans l'Internet éditorial, Alexandre Dreyfus, fondateur de la société *Webcity*, « quitte l'école à 18 ans », avant de passer le bac, pour monter sa première entreprise.

Malgré l'intérêt soudain pour Internet et les illusions qu'il génère, peu de journalistes situés dans les hauteurs de la hiérarchie professionnelle se montrent attirés par l'expérience de la presse en ligne. Du côté des journalistes en poste dans des médias à forte notoriété, les départs pour les start-up de d'Internet qui se créent en série ou pour les rédactions Web des entreprises de presse qui s'étoffent progressivement sont alors très limités.

« *Je ne suis pas sûr qu'il y ait jamais eu un engouement très large chez les journalistes traditionnels pour aller sur Internet. Moi, je me suis*

---

[190] BOURDIEU, P., « Classement, déclassement, reclassement », *Actes de la recherche en sciences sociales*, n°24, 1977.

senti une exception pendant longtemps. Des gens comme moi qui avaient déjà travaillé 20 ans dans la presse écrite et qui voulaient absolument aller sur Internet, il n'y en a pas eu tant que ça. » [Responsable éditorial. Paris. Décembre 2004.]

Même si les conditions s'avèrent souvent avantageuses (salaires plus élevés, autonomie plus grande), la majorité des journalistes ne considère pas Internet comme une bonne opportunité en terme de carrière. Le choix d'Internet est donc souvent un choix par défaut ou bien un choix d'opportunité pour de jeunes diplômés (de formation moins prestigieuses) en quête d'expériences et de reconnaissance professionnelles, des journalistes en recherche d'emploi, des pigistes cherchant les moyens de sortir de la précarité qu'ils subissent dans la presse traditionnelle, ou des personnes souhaitant effectuer une reconversion dans le journalisme. Tels sont, dans les premières années de la presse en ligne, les profils de la majorité des journalistes Web. Peu de médias 100% Web peuvent se targuer d'avoir pu débaucher des journalistes de la presse écrite même lors de la courte période 1999-2000 considérée jusqu'à aujourd'hui comme l'âge d'or d'Internet. À l'époque, quelques projets ambitieux tel que le site d'information générale *Canoë*, lancé par le groupe canadien Quebecor, ont fait néanmoins figure d'exception. À l'instar de quelques autres sites, *Canoë* a en effet pu s'attacher les services de plusieurs journalistes de presse écrite dont un ancien journaliste de *Libération* qui a endossé les fonctions de rédacteur en chef du site.

Si les postes de rédacteurs Web n'attirent pas les journalistes des médias traditionnels, ces derniers vont plus facilement être séduits par des postes de responsabilité. Internet représente une chance pour des journalistes qui ont une « âme de manager », de passer le pas. La connaissance du métier est censée leur procurer un avantage certain sur d'autres entrepreneurs potentiels de la presse en ligne. Le témoignage de François Ruffin, ancien élève du CFJ, est, à ce sujet, très révélateur. Il relate, dans un livre qui a créé la polémique, la façon dont un responsable de la spécialité Internet manie la « carotte » pour attirer des élèves journalistes plutôt réticents. « Il y a très peu de journalistes pour l'instant sur le Web. Avec votre diplôme c'est une chance d'intégrer très vite les équipes de management. »[191]. Des journalistes appartenant à des médias dits « de référence » ont ainsi réussi à mettre leurs capitaux spécifiques – expériences professionnelles et légitimité dans le champ journalistique – au service de la conduite de projets éditoriaux en ligne. D'autre part, au sein de leur propre

---

[191] Propos recueillis par François Ruffin. RUFFIN, F., *Les petits soldats du journalisme*, Les Arènes, Paris, 2003.

entreprise de presse, des journalistes se tournent vers le Web dans le but d'évoluer dans leur carrière. Des dispositifs de promotion interne leur permettent d'accéder à des échelons hiérarchiques supérieurs en passant du support traditionnel au support Web. Internet a effectivement représenté, pour certains, l'opportunité d'atteindre plus rapidement un grade de rédacteur en chef ou de chef de service.

> « *Alors ça a été le cas au tout début, au moment de l'euphorie BayardWeb. Comme il y avait des postes hiérarchiques qui se créaient... il y a pas mal de gens qui étaient, à ce moment-là, intéressés pour profiter pour grimper un peu.* » [Journaliste Web. Paris. Décembre 2004.]

Des journalistes gagnés par l'entreprenariat

A l'ère des start-up, le contexte est propice à l'aventure entrepreneuriale. Certains journalistes vont alors tenter leur chance en tant qu'entrepreneur d'Internet. À travers la figure de « l'entreprenaute » – néologisme qui désigne l'entrepreneur de société Internet – l'esprit d'entreprise connaît un net regain de vigueur. Les journalistes ne restent pas en marge de la tendance générale. Séduits par l'univers des start-up, des journalistes choisissent de devenir patrons de sociétés Internet ou d'agences de contenu, alors que d'autres abandonnent complètement leur métier d'origine pour « faire des affaires » sur Internet. Christophe Agnus est « grand reporter » à *l'Express* lorsqu'il décide de lancer *Transfert*, un magazine papier et Internet. Il quitte son poste et « *laisse derrière lui une carrière toute tracée* », comme le dit un ancien salarié du site *Transfert*, pour créer son entreprise de presse. Journaliste à *Libération*, Renaud de la Baume crée quant à lui l'agence L'île des médias peu avant que la fièvre Internet ne s'empare de la nouvelle génération de *self made men*. À la tête d'une petite équipe de journalistes, il se fait connaître notamment à l'occasion d'une opération de rachat de titres (dont *Newbiz* et *Transfert*). Quand Gilles Raillard crée, de son côté, une agence de contenu en ligne, Prod Interactive, il est journaliste pour le portail en ligne de Radio France.

Ces quelques exemples de trajectoires de journalistes touchés par la fièvre de la création d'entreprise traduisent bien l'intérêt que le Web a pu susciter chez des journalistes des médias traditionnels. Si le secteur émergent de la presse en ligne a offert de réelles opportunités, nous ne souhaitons toutefois pas donner à ce phénomène une importance plus grande que celle qu'il a. Même si la culture journalistique et la culture entrepreneuriale s'opposent sur bien des points, de telles trajectoires qui conduisent du journalisme à l'entreprenariat peuvent être observées partout ailleurs dans les médias. La nouvelle économie de l'Internet entraîne seulement la levée de certaines barrières psychologiques à la création d'entreprise.

« *Et certains journalistes ont basculé dans l'entreprenariat. Voilà, je ne dis pas que c'était mal. Moi, je suis resté journaliste, ça ne veut pas dire que je suis plus intelligent, etc. Mais je suis resté modeste. Beaucoup de gens ont cru que l'économie de l'Internet leur permettrait de créer des groupes de presse, des machins, des bidules...rien !* » [Journaliste Web. Paris. Juin 2004.]

Un manque de considération

La situation des journalistes Web change assez brutalement suite à l'éclatement de la bulle Internet. Dès lors, les investissements dans les projets Web sont jugés trop coûteux et pas assez efficaces. Face à la baisse drastique des recettes publicitaires et aux reflux des investissements, les entreprises de presse optent pour la rigueur et reviennent aux principes de « bonne gestion ». Elles revoient leurs objectifs à la baisse, changent de priorités et réorientent leurs stratégies Internet. Après avoir « *dépensé sans compter* », les directions de journaux exigent des équipes Web le respect de critères stricts de rentabilité.

« *Depuis que Dassault a racheté, il faut faire des économies partout. Il faut à tout prix que le site arrive à l'équilibre ou, en tout cas, perde moins d'argent. B. [supérieur hiérarchique] refuse tout, systématiquement, dès que c'est pas gratuit. Dès que tu lui fais un devis pour développer quelque chose et que ça coûte des sous, il refuse. On a des moyens très limités. Dans les conditions actuelles c'est : 'tu fais avec ce que t'as et c'est comme ça'.* » [Journaliste Web. Lyon. Juin 2004.]

La plupart des acteurs de l'industrie de l'information en ligne qui survivent à la crise interrompent définitivement ou momentanément leurs projets de développement multimédia. Les sites d'information créés *ex nihilo* ferment les uns après les autres. De leur côté, après avoir fièrement acquis leur autonomie, les équipes Web des journaux retournent dans le giron de la rédaction papier. Ainsi, en réintégrant les équipes web dans les locaux de la maison-mère, les directions impriment leur volonté d'effectuer un contrôle plus serré sur l'activité Internet et de développer une plus grande synergie papier-Internet. Pendant qu'elles licencient et reclassent les salariés du Web, les journalistes des supports traditionnels en profitent pour contre-attaquer en critiquant les mirages du « cyberjournalisme ». Pour eux, il est désormais clair qu'Internet n'a pas révolutionné le journalisme et que le site ne peut être qu'un miroir du journal. Certains trouvent a posteriori des raisons à la méfiance qu'ils ont développés à l'encontre des jeunes journalistes Web et de leurs responsables jugés « arrogants » ou « frimeurs ». Ils n'hésitent pas à fustiger « *les gens des rédacs Web qui roulaient des mécaniques en expliquant qu'ils étaient l'avenir et que le papier allait mourir* ». [Chef de service Internet. Paris. Juillet 2004.]

Le site Web ne doit plus dorénavant s'écarter du titre. Il doit le servir et non lui faire de l'ombre. Les quelques sites-titres (Marianne-en-ligne.fr, Leparisien.com, Lefigaro.fr, etc.) qui ont souhaité développer une politique éditoriale propre en proposant un contenu original en proportion importante font alors marche arrière. Avec la crise, les questions des débuts refont surface : faut-il se contenter d'un site-vitrine et d'une transposition à l'identique du contenu du support d'origine ? Or, dans cette période d'incertitude qui s'ouvre alors, la vocation du site Web tend à se réduire à la valorisation du contenu déjà existant. Le site Web sert principalement de vitrine au titre. Telle est la conception dominante de la fonction de leur site qui s'impose chez les éditeurs traditionnels : un site-compagnon, très fidèle au titre. Aujourd'hui, nous pouvons observer que cette conception perdure parfois. Comme le souligne une journaliste Web du site du quotidien *La Croix*, celui-ci se cantonne à un rôle de promotion du journal. « *L'idée c'est vraiment, par le Web, faire connaître les contenus* La Croix. » [Paris. Décembre 2004.]

Depuis fin 2003, la presse en ligne sort progressivement d'une période difficile. Encore rares, les réussites de sites-titres comme Lemonde.fr ou Lequipe.fr [192], laissent pourtant augurer du succès économique futur des projets éditoriaux en ligne. Mais si la presse en ligne fait désormais partie intégrante de l'offre médiatique globale, elle rencontre toujours scepticisme et méfiance de la part de professionnels de l'information renforcés dans leur conviction que rien ne doit remettre en cause le rôle et la position des journalistes des médias « traditionnels ». La crise a porté un préjudice durable à l'image des sites d'information en ligne et des journalistes du Web, et d'aucuns se félicitent que la gloire éphémère des journalistes du Web n'ait ébranlé ni la légitimité des « anciens » journalistes, ni le primat du support initial sur le support Internet.

Même si leur position est nettement préférable à celle des journalistes des médias 100% Internet, les journalistes des sites-titres occupent une position dominée dans le champ journalistique. Des journalistes de rédactions ou de filiales Internet de la presse écrite expriment le sentiment que, dans leur majorité, les journalistes du papier ignorent le site Web du titre ainsi que le travail des équipes Web. Ils y sont en général indifférents, quand ils n'affichent pas un mépris à l'égard de tout ce qui vient de la rédaction Web. Les journalistes en ligne que nous avons rencontrés entre 2003 et 2005 déplorent, dans leur immense majorité, le manque de moyens et le peu de considération dont le service Internet fait l'objet de la part des journalistes et de la direction du titre.

« *Il y en a plein qui ne savent pas ce qu'on fait. Ils s'en foutent. Il y a une méconnaissance complète de notre travail, et les efforts qu'on peut faire ne se voient pas* ». [Journaliste Web. Lyon. Juin 2005.]

« *Mais il y a très clairement encore aujourd'hui...des journalistes papier qui ne s'intéressent pas à Internet. Il y a des journalistes de l'*Express *qui ne connaissent pas le site de l'*Express. *Et comme je*

---

[192] Au cours de l'année 2005, la fréquentation moyenne de ces deux sites avoisinait les 13 millions de pages vues par mois : Médiamétrie.

connais pas mal de collègues dans d'autres journaux, je sais que c'est exactement partout pareil. » [Directrice des Editions électroniques du groupe l'Express-l'Expansion. Paris. Décembre 2004.]

Les journalistes en ligne ont conscience de la position objective qu'ils occupent dans le champ. Cette conscience peut les conduire à développer un fort complexe d'infériorité. Les témoignages les plus explicites que nous avons recueillis à ce sujet proviennent de responsables de sites et de chefs de services.

« *Il faut savoir que les journalistes du Web ont un très fort complexe d'infériorité par rapport à leurs collègues du papier. C'est extrêmement net.* » [Chef de service Internet. Paris. Décembre 2004.]

« *Un ancien du Web qui est passé sur le papier disait que jusqu'à présent, jusqu'à ce qu'il passe sur le papier, les gens l'ignoraient dans le couloir. Depuis, ils ne l'ignorent plus. Je pense qu'il y a un peu de parano là-dedans mais c'est pas complètement faux, à mon avis.* » [Responsable éditorial. Paris. Décembre 2004.]

Au déficit de reconnaissance à l'intérieur du groupe (des journalistes en général et des « collègues » du journal en particulier), s'ajoute le déficit de reconnaissance à l'extérieur. D'une part, il est fréquent que les « papiers » produits par des membres de la rédaction Web ne soient pas signés. En règle générale, lorsque le site du *Monde* ou celui de *Libération* publie un article, seule la mention Liberation.fr ou Lemonde.fr apparaît. Cette pratique renforce l'anonymat des journalistes en ligne. D'autre part, les interlocuteurs réguliers d'un média, les sources, engagent et entretiennent peu de relations avec les rédactions Web. La rédaction Web ne bénéficie pas des faveurs des interlocuteurs traditionnels des journalistes (sources) qui, jusqu'à ces dernières années, ne se souciaient guère d'intégrer la dimension Internet dans leurs stratégies de relation avec la presse. Peu spécialisés et peu connus, les journalistes du Web restent dans l'ombre. La pauvreté de leur « carnet d'adresse » constitue l'un des principaux facteurs de la marginalité des journalistes Web et de la faiblesse de leur prestige professionnel.

« *Quand moi, j'ai des contacts avec des attachés de presse, quand je demande soit pour des interviews, soit pour m'expliquer une info, à avoir un dirigeant quelconque...bien souvent on me demande si c'est pour le Web ou pour le quotidien et on ne me passe pas la même personne selon que c'est pour le Web ou le quotidien.* » [Journaliste Web. Paris. Janvier 2005.]

Un journalisme dominé

« *Le journaliste qui travaille pour un support en ligne n'est pas considéré comme un vrai journaliste. Et s'il travaille pour une rédaction, c'est pas lui qu'on va inviter. On va inviter machin ou truc de tel ou tel quotidien mais on va pas forcément envoyer une invitation à la rédaction en ligne.* » [Pigiste Web. Paris. Novembre 2003.]

Le complexe du journaliste en ligne

L'histoire d'un *chat* (forum en direct) qui s'est déroulé sur le site Web de l'hebdomadaire le *Nouvel Observateur* et durant lequel le président ivoirien, Laurent Gbagbo a répondu aux internautes, révèle la manière dont les journalistes Web ont parfaitement intégré la hiérarchie des positions et intériorisé le fait qu'ils doivent accepter leur condition de « dominés ». Le journaliste Web qui écrit le compte-rendu met d'autant plus l'accent sur le caractère exceptionnel de cette interview un peu particulière, qu'il considère comme normal le fait que l'édition papier passe avant l'édition électronique.

« *Petite histoire d'un forum particulier. Ou comment Laurent Gbagbo s'est retrouvé presque trois heures durant à répondre aux questions des internautes sur Nouvelobs.com. Ce n'est quand même pas tous les jours qu'on a l'occasion d'organiser un forum en direct avec le dirigeant d'un pays quasiment en guerre. En fait tout a commencé mercredi dernier, le 17 novembre. Ce jour-là, Laure Gnagbé, journaliste au QuotidienPermanent nouvelobs.com, le site d'information continue du Nouvel Observateur, appelle le palais du président ivoirien à Abidjan. But de la manœuvre : obtenir une petite interview, un 'Trois questions à' Laurent Gbagbo sur les événements qui déchirent son pays. Réponse du palais : pas possible, le président est très pris, et puis il a déjà promis une interview au Nouvel Observateur magazine. Vrai, Gbagbo doit accorder un entretien à Robert Marmoz, grand reporter, envoyé spécial de l'Obs en Côte d'Ivoire. <u>Tant pis : après tout il n'est pas anormal que le nouvel Obs papier passe avant son édition électronique</u>*. Coup de chance (pour nous en tout cas), Robert est rappelé à Paris et doit rentrer avant d'avoir pu rencontrer son interlocuteur. Tiens donc et si on lui demandait d'intercéder pour nous 'donner' sa place ? Première expérience. Marmoz revient jeudi matin au journal. Rencontre. Il est OK et appelle fissa le palais présidentiel, où il tombe sur l'un des plus proches conseillers du président. Brillant numéro du reporter qui connaît parfaitement son monde, et le tour est joué : le forum aura lieu [...]* ».

*C'est nous qui soulignons

Même si l'on constate que la réputation du média Internet s'est nettement améliorée depuis la crise du début des années 2000, il demeure que les éditeurs de sites d'information disposent dans l'ensemble d'un faible « capital journalistique ». Nous utilisons « capital journalistique » en référence à la sociologie de Bourdieu et en nous appuyant sur les travaux de Julien Duval. Nous allons lister ici les principales caractéristiques de ce capital spécifique, tel que le définit l'auteur de *Critique de la raison journalistique*[193]. L'objectif est de mettre au travail ce concept dans le cadre de notre étude sur la presse en ligne et ses acteurs.

- *Les capacités de production de l'information (propres au média)* :

Dans les rédactions et les sociétés Web, la taille réduite des équipes éditoriales est un obstacle majeur au développement des capacités de production. Les sites d'information produisent très peu et reproduisent beaucoup (contenu existant, dépêches, communiqués, etc.).

- *Le volume des citations et des reprises* :

Les articles et sujets publiés sur Internet sont très peu cités et repris par d'autres médias. Cette situation s'explique notamment par le fait que la production « propre » y est réduite comme nous venons de le voir. En outre, jusqu'à présent, le journalisme en ligne se prête peu au travail de reportage et d'enquête en raison de la faiblesse des moyens dont disposent les rédactions en ligne.

- *L'ancienneté et le passé du média* :

Avec près de dix ans d'existence, la presse en ligne n'a pas encore son histoire. Aucun site d'information ne peut dès lors se prévaloir d'un passé glorieux comme c'est le cas de certains titres de presse dont l'histoire prestigieuse tient de lieu de rente.

- *La capacité de prise de position* :

Il est rare que les rédactions des sites adossés à des titres de presse (« sites-titres ») affichent leur position au sujet des faits d'actualité. Média de reproduction plutôt que de production, ces sites Web se cantonnent à transposer les chroniques et éditoriaux publiés dans le journal. De manière générale, la figure de l'éditorialiste n'a pas trouvé sa place dans la presse en ligne.

- *La signature de grands noms extérieurs à la rédaction* :

Cette pratique est pour le moment inexistante sur Internet. Néanmoins, certains sites se sont récemment mis à héberger des blogs de personnalités du monde politique, de la culture ou de l'économie. Ces produits médiatiques hybrides laissent à penser que des genres tels que le « billet d'humeur » ou « l'éditorial » sont en train de se renouveler.

- *La présence de diplômés d'école et d'écoles prestigieuses* :

Dans la profession, le taux de diplômés d'écoles de journalisme croît régulièrement. Et ce taux est d'autant plus élevé que l'on prend en compte, d'une part, les médias les plus prestigieux et, d'autre part, les cohortes les plus jeunes. Il n'est pas surprenant dès lors de trouver un nombre important de diplômés dans les effectifs des rédactions Web des « sites-titres » (titres prestigieux et populations jeunes). D'autant plus que le passage par le Web y est

---

[193] DUVAL, J., *Critique de la raison journalistique*, 2004, *op.cit.*

Un journalisme dominé

de plus en plus considéré comme une étape nécessaire avant d'intégrer la rédaction papier. Toutefois les diplômés d'écoles sont assez rares dans les sites de titres moins prestigieux et dans les médias 100% Internet.

À l'aune des indicateurs établis par Julien Duval, Internet apparaît comme un média objectivement dominé. Quant au journalisme en ligne, il souffre d'une image globalement dépréciée. Lorsque François Ruffin écrit son livre pamphlet, il fait le constat que la spécialité Web, menacée au CFJ, est « un peu la poubelle de l'école »[194]. Partagé par la plupart des élèves, ce sentiment refléterait le peu de considération que les futurs représentants de l'élite professionnelle auraient à l'égard de ce type de journalisme. Nos entretiens confirment cette idée. Dans la hiérarchie professionnelle, le journaliste Web occupe les positions subalternes. « *Le journaliste qui travaille pour un support en ligne n'est pas considéré comme un vrai journaliste.* » [Journaliste Web. Paris. Mars 2005.]

Contrairement à la tendance qui se dessinait à l'époque du boom Internet, le fait de travailler pour l'édition Web est considéré comme une sorte de « déclassement ». Le Web exerce au sein du groupe des journalistes un effet de répulsion. En interne, les postes à pourvoir au service Web attirent rarement des prétendants. « *Je sais que pour le recrutement du poste de chef de service, ça a été proposé à la rédaction et qu'il n'y a pas eu de rédacteurs ni de chefs de rubriques qui ont postulé.* » [Journaliste Web. Paris. Décembre 2004]. D'autre part, depuis 2001, on retrouve une proportion élevée de journalistes du Web qui affichent clairement leur volonté de quitter Internet. Les nominations au service Web sont aujourd'hui vécues comme une sorte « d'épreuve », sinon de « sanction ». Dans le cadre d'une demande de mutation, le seul poste qui a été proposé à une journaliste d'un quotidien régional fut celui de journaliste Web. La direction lui a signifié que si elle souhaitait vraiment se rapprocher des services centraux du journal et éviter le passage par le Secrétariat de rédaction qu'elle avait pourtant quitté deux ans auparavant, à sa demande, elle ne pouvait pas refuser ce poste de journaliste sur le site Web. Une autre personne nous a raconté l'anecdote d'un chef de service qui a été affecté à la rédaction Web du journal à la suite de problèmes relationnels. « *Il y a un exemple qui est une forme de sanction, de quelqu'un qui dans le papier, ne faisait pas... Il n'était pas content dans le papier...il se trouve que quelqu'un du Web est passé dans le papier à un autre poste. La première personne a été envoyée sur le Web, donc ça a été plutôt mal perçu dans la rédaction.* » [Chef de service Internet. Paris. Décembre 2004.]

---

[194] RUFFIN, F., *op.cit*, p. 139.

Sauf exceptions, actuellement on ne quitte pas volontairement la rédaction du papier pour rejoindre la rédaction Web. La trajectoire ascendante correspond au sens inverse. Après quelques mois ou quelques années passées à la rédaction Web, les journalistes réussissent à gagner la rédaction du journal. Une nomination d'un journaliste Web à la rédaction du journal est interprétée comme une « récompense » pour le travail accompli. D'ailleurs, dans l'organisation interne à l'entreprise, la rédaction Web joue souvent tacitement le rôle d'incubateur. Les jeunes journalistes qui aspirent à intégrer la rédaction d'un titre prestigieux, se forment au sein de la rédaction Web où ils doivent patienter avant d'entrer dans la rédaction papier. Internet leur sert de marchepied vers le papier et une carrière de journaliste.

« *On m'a proposé le Web parce qu'il y avait un départ, et ça m'a été présenté comme : 'voilà tu fais deux ans au Web et puis après tu vas à la rédaction'.* » [Journaliste Web. Lyon. Juin 2004.]

Dans le cadre d'une demande de stage, beaucoup d'aspirants journalistes sont aiguillés vers les rédactions Web où ils pourront « faire leurs armes ». Ce phénomène explique pourquoi le nombre de stagiaires au sein des rédactions Web y est proportionnellement plus élevé. Il arrive également qu'après une période de stage, ou un contrat à durée déterminée, des jeunes journalistes récemment embauchés soient mis à l'essai à la rédaction Internet.

« *Nous, on veut des gens jeunes qu'on forme à notre main, jeunes et adaptables qu'on garde 4-5 ans et qui, ensuite, peuvent passer sur le papier parce qu'effectivement c'est un média moins prestigieux que le papier. Donc des jeunes sont tout contents de trouver du boulot, ils sont très souples et très ...plus ouverts aux nouvelles technologies que les 'vieux', entre guillemets, et en tout cas ont moins d'amour propre, moins de statut à garder pour ne pas perdre la face alors que les anciens, enfin les journalistes plus expérimentés, c'est différent.* » [Chef de service Internet. Paris. Décembre 2004.]

Depuis l'apparition des premières versions en ligne des journaux, la perception que les journalistes ont de leurs homologues du Web a sensiblement évolué. S'il est de plus en plus question aujourd'hui dans les discours des managers de développer des synergies entre le papier et le Web, entre les équipes du journal et celles du site, les cloisons semblent encore solides et la communication entre les personnes et les services reste difficile. Le site Web n'intéresse pas les journalistes du papier et les rédactions Web sont maintenues à l'écart. Après la dissipation de la plupart des craintes et des fantasmes nés avec l'émergence du journalisme en ligne, l'intérêt pour cette forme de journalisme est en effet devenu quasi nul. Par conséquent, le journalisme en ligne reste une activité obscure, aussi méconnue des journalistes que du public. Nous allons donc ici nous attacher à donner un contenu à cette activité journalistique et tâcher de répondre à la question : que font les journalistes en ligne ?

3 - Le travail de journaliste Web

Nous ne souhaitons pas, ici, dresser un portrait type du journaliste en ligne, ni passer en revue le champ de ses compétences et décrire de façon exhaustive les tâches qu'il est susceptible d'accomplir. Parmi les caractéristiques les plus fréquemment citées de son travail, nous ne retiendrons que celles qui sont considérées comme primordiales par nos interlocuteurs et qui corroborent dans le même temps la thèse que nous formulons dans ce chapitre, à savoir que le journalisme en ligne est une forme de journalisme dominée dans le champ. Nous avons ainsi choisi de nous pencher sur les aspects suivants du journalisme en ligne : la sédentarité, le rapport à l'écriture, le rythme soutenu et l'éclatement du travail.

Un journalisme de *desk* : la sédentarité comme norme

« On est vissé à nos bureaux comme on ne l'a jamais été ! » [Journaliste Web. Paris. Juin 2004.]
La très forte sédentarité du journaliste en ligne s'explique par la taille réduite des équipes Web et par la faiblesse des moyens mis à leur disposition. Comme le remarque Corinne Denis, Directrice des éditions électroniques du groupe l'Express-l'Expansion, *« c'est pas tellement le média qui veut que les journalistes soient sédentaires, c'est le mode de travail et le peu de gens qu'il y a sur ce média. Les journalistes qui restent là sur leur bureau, qui ne peuvent pas bouger, c'est parce qu'ils sont trop peu nombreux pour le boulot qu'il font. »* [Paris. Décembre 2004.]
Dans ce cas comme dans bien d'autres, ce sont bien les contraintes économiques et organisationnelles qui, pour l'essentiel, déterminent les limites de l'activité du journaliste Web. En effet, à l'instar des équipes rédactionnelles des médias 100% Internet, les rédactions Web des médias traditionnels comptent aujourd'hui rarement plus de dix rédacteurs. La moyenne se situe dans une fourchette allant de cinq à dix. Lemonde.fr dont le succès se confirme depuis 2003 fait exception avec ses vingt et un journalistes. Pendant la crise du secteur d'Internet, les effectifs des structures et des rédactions Web ont nettement été comprimés. L'exemple le plus spectaculaire est celui du site du *Figaro* qui est

passé de plus de trente personnes dédiées au site, à moins de cinq. L'objectif fixé est alors de réduire le plus possible les coûts. La politique éditoriale des sites-titres se fait moins ambitieuse. Opération coûteuse, la production d'un contenu « propre » est, provisoirement, abandonnée. Certes, la recherche d'une complémentarité et d'une synergie avec le support initial implique le développement de contenus pour le Web tels que les dossiers, les textes bruts (rapport...), les vidéos, les photos (« portefolio »), les animations graphiques et sonores, etc... Néanmoins, dans la plupart des cas, les équipes Web disposent de peu de moyens et tâchent d'assurer l'essentiel : l'animation et l'actualisation du site.

La mise à jour et l'entretien du site éditorial nécessitent une présence permanente des journalistes. En nombre restreint, ces derniers sont rivés à leur poste de travail toute la journée, d'autant que leur travail comprend souvent la dimension veille informationnelle. Grâce à des systèmes d'alerte (les rédactions sont branchées sur les « fils » d'agence), les journalistes sont en mesure de suivre en continu l'actualité « chaude » et d'y réagir. Il leur est demandé, dès que nécessaire, de transformer sur le champ la hiérarchie de la page d'accueil (*home*), en intégrant des dépêches d'agence ou des papiers plus « frais » qui n'ont pas encore été publiés dans le journal. Ainsi, le journaliste Web présente le profil type d'un journaliste de *desk*, que l'on oppose traditionnellement au journaliste « de terrain ». « *On peut dire qu'un journaliste sur Internet c'est plus proche aujourd'hui de gens qui font plus du desk que du grand reportage, ça c'est vrai.* » [Corinne Denis. Paris. Décembre 2004.]

La pratique du terrain et les traditionnelles sorties (en conférence de presse notamment) sont absentes du quotidien du journaliste Web. Ces derniers ne peuvent pas se permettre de « sortir » de la rédaction. En effet, l'organisation du travail s'effectue quasiment en flux tendus et repose sur l'optimisation des « ressources humaines ». Dans ces conditions l'absence, même brève, d'un membre de l'équipe, est susceptible de désorganiser la rédaction. Aujourd'hui, le journaliste Web « *ne peut pas à la fois courir les conférences de presse, écrire, etc. Il faut quand même bien voir qu'un site d'actualisation quotidienne ça demande d'être là tout le temps. C'est du travail de desk. Peu ou pas de sortie, que du téléphone. Ça d'ailleurs, c'est vrai pour beaucoup de sites Internet.* » [Ex-journaliste Web. Paris. Février 2005.]

Dans la division du travail, les journalistes Web se situent aujourd'hui du côté de « *ceux qui restent au bureau et qui font la tambouille* », comme le souligne une journaliste Web d'un grand quotidien [Paris. Juin 2004]. L'apparition et la structuration du journalisme Web s'inscrit dans le cadre plus général de l'évolution vers un « journalisme assis ». Le profil du journaliste de desk type correspond relativement bien à celui du journaliste sur Internet. Ce dernier incarne un journalisme définitivement sédentaire. Les contacts avec le monde extérieur ne s'opèrent plus que par le truchement de dispositifs techniques d'information et de communication. En effet, l'usage systématique des messageries électroniques pour communiquer avec les sources, tout comme celui du téléphone pour réaliser les interviews, sont plus répandus dans les rédactions Web que dans les rédactions traditionnelles même, s'ils tendent à se généraliser.

« C'est toujours mieux d'aller chercher sa propre info. Simplement, ce qu'il faut savoir, c'est que dans la presse écrite, les journalistes sortent de moins en moins. Il y en a quand même beaucoup qui travaillent soit par téléphone, beaucoup par Internet. Ça c'est une tendance générale du métier qui est une tendance malheureuse mais qui aussi est poussée par des soucis de productivité. Moins de monde dans les rédactions, voilà ! et puis il faut reconnaître que ça va plus vite. Perdre une demi-journée pour aller faire 2 feuillets d'interview, ça n'existe plus. Aussi bien sur le papier que sur Internet, mais encore plus sur Internet. » [Journaliste Web. Paris. Janvier 2004.]

La plupart des journalistes Web interrogés déplorent cette trop grande sédentarité. Sur Internet, les journalistes ne disposent pas des moyens leur permettant d'enquêter pour « sortir une information » originale. La pratique de « l'enquête par Internet » est encore plus qu'ailleurs une pratique dominante. Les journalistes de la presse en ligne dépendent davantage des informations fournies par les agences de presse et l'essentiel de leur travail s'articule autour d'informations de seconde main. Comme nous l'explique un journaliste du site d'un grand quotidien, le centre de gravité de son travail se situe très loin du champ de l'investigation, dont la pratique est valorisée professionnellement.

Contrairement au journalisme d'investigation qui a produit ses héros – les enquêtes d'Albert Londres ou celles de Bob Woodward ont nourri les imaginaires et alimentent encore la mythologie du métier – le journalisme de desk, même s'il gagne du terrain, n'est pas considéré comme une forme noble de journalisme. Quant au journalisme sur Internet, il ne possède, du moins jusqu'à présent, ni héros ni moyens de faire « rêver ». Les spécificités du média que certains mettent en avant (interactivité, réactivité, etc.) viennent parfois surseoir, quoique de façon dérisoire, au déficit de prestige qui touche le journalisme Web. *« Tu voyages par le Web. ça vaudra jamais le terrain mais à partir du moment où tu sais que t'es là...tu ne vas pas dire à chaque fois, le terrain, le terrain... Il faut voir différemment la chose. »* [Journaliste Web. Paris. Janvier 2004.]

Le journaliste Web et l'écriture

> « *La façon de travailler c'est évidemment pas ce dont on rêve quand on est journaliste puisque...enfin pas avant tout...Puisque c'est un travail de desk, on bouge pas et on fait une espèce de digest intelligent de l'actualité. L'aspect...dans le métier de journaliste qui est à mon avis le plus intéressant, c'est de rencontrer des gens [rire] et ensuite d'écrire...là on ne rencontre plus de gens et on écrit peu, parce que l'aspect écriture est très peu important...Enfin c'est pas l'aspect écriture dont on peut rêver au sens écriture un peu travaillée.* » [Chef de service Internet. Paris. Décembre 2004.]

Si nous utilisons, à propos du journalisme Web, l'expression « journalisme dominé », c'est en partie du fait de l'absence ou de la quasi absence du travail d'écriture et de production d'articles. Comme le souligne une journaliste Web, « *la caractéristique, c'est que c'est un journalisme, enfin pour ce que j'en ai connu, où on n'écrit pas. C'est quand même une spécificité notable.* » [Journaliste Web. Paris. Décembre 2005.]

> « *Nous, sur le Web, on est plutôt du côté des gens qui n'écrivent pas. Donc on écrit à l'occasion mais c'est pas...Le travail du journaliste qui a ses contacts qui fait ses enquêtes, qui sort ses infos qui signe dans le journal etc. C'est vraiment une branche assez différente des journalistes anonymes, on va dire, qui publient le travail des autres, qui sont dans la mise en scène, mise en forme* ». [Chef de service-adjointe de l'Edition électronique. Paris. Juin 2004.]

Traditionnellement, l'écriture représente une étape centrale du processus de création du « produit » journalistique. Malgré l'existence de conventions d'écriture très puissantes dans le métier, « écrire » un article, ou scénariser un reportage sonore et télévisé, sont des exercices dans lesquels le journaliste investit de sa subjectivité. Et pour bien saisir l'importance de « l'écriture », il faut l'attacher à la notion de « style » qui occupe une place paradoxale dans les représentations des journalistes. En effet, ces derniers sont sans cesse confrontés à une opposition latente entre, d'une part, une volonté de distinction par le style et, d'autre part, la nécessité de respecter le principe de factualité et d'objectivité. Ainsi, deux conceptions du journalisme continuent de s'opposer. Pour mieux comprendre cette opposition, un bref retour sur « l'invention » du journalisme s'impose ici.

On présente la victoire du modèle du « journalisme des faits » sur celui du « journalisme d'opinion » comme constitutive de l'histoire du journalisme moderne. Or, comme le rappelle Michaël Schudson[195], l'idéal de la factualité et la croyance en l'objectivité – qui repose sur une séparation radicale entre « faits » et « opinions » – ne se sont pas imposés sans résistance dans le journalisme américain. Si entre 1830 et la fin du XIXe siècle, une conception non partisane et strictement factuelle de l'information a progressivement gagné en légitimité, le « reportage objectif » n'est pas pour autant devenu la norme dominante du journalisme aux Etats-Unis. Schudson montre bien qu'au début du XXe siècle, contrairement à beaucoup d'idées reçues, le principe de la narration (*storytelling*) – le fait de « raconter une belle histoire » – était supérieur à celui de la factualité – « donner les faits » et seulement les faits. Ainsi, désireux de « raconter des histoires », les journalistes se montraient moins enclins à restituer sommairement les faits qu'à les interpréter à leur manière en élaborant un style d'écriture personnel susceptible de plaire au plus grand nombre. Les journalistes étaient alors vus comme des écrivains plutôt que comme de simples collecteurs de *news*. Même au très sérieux *New-York Times*, l'attachement zélé aux faits n'éteignait pas la préoccupation constante du style. Certes, si dans l'esprit du journalisme moderne, l'idéologie de l'objectivité a fini par l'emporter, il demeure que la volonté des journalistes d'être le plus factuel possible tout en restant agréable à lire et divertissant n'a jamais réellement cessé d'exister. Malgré les contraintes dans lequel il a été enserré, le « style » a survécu à la révolution du journalisme moderne. Le journalisme « à la française » est, quant à lui, fortement empreint du style de l'écriture littéraire. Considéré comme un exercice relevant de l'art de la composition, le travail d'écriture représente une dimension importante et conditionne le maintien d'un rapport esthétique et affectif au métier. Ainsi, le maniement de la « plume » et les plaisirs qu'il procure figurent encore parmi les motivations principales des journalistes.

Or, l'écriture occupe une place marginale dans le contenu du travail du journaliste Web. Dans ces conditions, « *la passion pour l'écriture* » que les journalistes Web revendiquent souvent, parvient difficilement à s'exprimer. Pour combattre un sentiment de frustration, certains journalistes Web choisissent alors de contribuer bénévolement à des webzines et de créer leurs propres blogs. Produire du contenu propre n'était pas, jusqu'à récemment, une priorité pour les éditeurs de sites-titres. Leur attention se portait davantage sur la promotion de la « marque » et la recherche de la rentabilité à court-terme via l'utilisation du contenu existant. Même si la situation évolue rapidement, le travail des journalistes Web consiste encore bien souvent à assurer la bascule sur le site du contenu produit pour le support original plutôt qu'à générer du contenu. Il arrive que ce travail occupe l'intégralité de leur temps. Travail « *de machine* », travail

---

[195] SCHUDSON, M., *Discovering the news, A social history of american newspapers*, Basic books, 1978.

« *répétitif* », tels sont les qualificatifs utilisés par les intéressés eux-mêmes. La référence lexicale à l'opérateur sur chaînes de montage de l'usine fordiste a de quoi étonner dans un secteur d'activité à forte composante intellectuelle et technologique. Le travail est présenté comme ingrat, automatique et requérant un faible niveau de qualification. Certains journalistes Web renvoient d'eux-mêmes une image dépréciative qui les place au rang des « petites mains de l'Internet ».

Comme l'opération de « copier-coller » des articles présents dans des bases de données (la « moulinette ») est, dans la plupart des cas, automatisée, le journaliste Web est alors cantonné à veiller à la bonne conduite du processus de transfert de données. Son rôle s'arrête ici au simple contrôle des opérations. Aussi, dans le journalisme comme ailleurs, l'informatisation peut-elle, contre les idées reçues, produire de nouvelles formes d'appauvrissement du travail. Concrètement, le fait d'exercer la fonction de « supervision » d'un tel processus enferme le journaliste dans un rôle d'auxiliaire de la machine qui transforme le journalisme, travail qualifié, en « travail sans qualité »[196]. En effet, l'informatique n'accroît pas forcément l'intérêt du travail et ne renforce pas automatiquement l'autonomie du travailleur. Le sentiment ambivalent à l'égard de la « machine » et de ses usages se vérifie dans les métiers du journalisme. Si la technique permet d'augmenter le confort de travail et de diversifier les tâches des travailleurs du symbole, elle ne leur offre pas pour autant une grande marge de manœuvre. Des économistes et des historiens des techniques ont montré que, jusqu'à présent, l'innovation technologique a plus souvent servi le dessein des patrons de contrôler et de discipliner le travail, que le contre-projet de libérer le travail et les travailleurs[197]. Contrairement aux nombreuses thèses défendues depuis les années 1970 par les penseurs inspirés du « post-modernisme », souvent prompts à louer les vertus de la technologie capable d'enrichir le travail et d'autonomiser les travailleurs, l'introduction des procédés numériques n'a cessé de renforcer l'emprise de l'organisation sur le travail et de déposséder ceux qui l'exécutent de la maîtrise des procédés et des outils.

---

[196] Richard Sennett donne à l'appui de sa thèse sur la déqualification du travail assistée par ordinateur l'exemple des procédés de fabrication automatique du pain. Avec l'introduction des fours à programmation numérique, l'artisan boulanger perd son savoir-faire et se transforme en « presse-bouton ». *Le travail sans qualités*, 2000, *op.cit.*

[197] Ainsi en est-il du choix des machines-outils à commande numérique dont David Noble a fait l'histoire sociale. Alors qu'elles représentaient une option technologique parmi d'autres options possibles, ces machines ont été introduites dans la production, non pas pour servir les intérêts des ouvriers – à qui la machine ôte un peu de sens à leur travail – mais plutôt pour augmenter l'efficacité du contrôle patronal en incorporant à la machine les logiques du pouvoir. NOBLE, D. *Forces of production, a social history of industrial automation*, Knopf, 1984. On se référera également au texte de Marglin reproduit et traduit dans: TINEL, B., '*A quoi servent les patrons ?'. Marglin et les radicaux américains* », ENS édition, 2004.

Un journalisme dominé

Ainsi, une partie du travail de certains journalistes en ligne consiste à assurer la « *vérification de ce qu'il y a en ligne parce que ça a beau être semi-automatisé, il y a quand même des petits bugs par çi par là. Il y a souvent des infos qui ne sont pas présentes alors qu'elles doivent l'être. Ça, c'est un rôle de surveillance, c'est même pas du SR (secrétariat de rédaction), c'est de la surveillance, c'est de la veille. Ouai, tout ça c'est par rapport à ce qu'il y a dans le canard, pour l'instant on n'écrit rien...* » [Journaliste Web. Rennes. Février 2004]. En diminuant sensiblement les besoins en main d'œuvre mais aussi l'intérêt du travail, l'automatisation a « *fait partir les gens* », comme le dit une journaliste Web. Le travail qui lui est demandé est une double offense faite à son ego de journaliste : ne pas pouvoir produire ou écrire soi-même, et être réduit à devoir valoriser la production des « *autres* ». Cette remarque nous conduit à évoquer les similitudes qui existent entre les fonctions de journaliste Web et celles de secrétaire de rédaction. En effet, le journaliste Web est souvent amené à mettre en page les articles et les photos, à modifier ou ajouter de la « titraille ». « *On a plutôt un travail de SR, on fait de la titraille, c'est-à-dire qu'on 'retire' les papiers, on refait les titres et les chapeaux pour qu'ils rentrent dans nos critères d'espace quoi. On prend des photos pour animer le site, pour mettre à jour la 'home' du site, donc on choisit des photos.* » [Journaliste Web. Paris. Décembre 2004]. Cependant, l'intervention sur les articles (relecture et correction) est beaucoup plus limitée pour le journaliste Web puisque ce travail a été effectué, au préalable, par le secrétaire de rédaction de l'édition papier.

L'essentiel du travail d'éditorialisation du journaliste Web consiste à sélectionner et à hiérarchiser l'information fournie par le support original, les agences de presse et les partenaires ou sous-traitants[198]. Le fait d'organiser et d'actualiser la « home » fait partie des tâches proprement journalistiques que les personnes interrogées mettent en avant. Souvent, les journalistes Web sont également conduits à créer et à alimenter des dossiers thématiques. Cette pratique apparaît comme l'une des spécificités du média Internet. La mise en contexte et en perspective de l'information permet de donner une « *valeur ajoutée* » supplémentaire au contenu produit par les journalistes du support initial. « *Oui, il y a une vraie tendance là-dessus. Là, je suis parti sur des dossiers d'approfondissement, d'enrichissement un peu décalés dans le temps, on continue à le faire, ça rencontre un certain besoin* » [Rédactrice en chef. Paris. Décembre 2004]. Dans le registre de la complémentarité entre le support original et le support Web, les rédactions Web peuvent mettre en ligne des

---

[198] Les médias 100% Internet, tels que les portails (de fournisseurs d'accès Internet notamment) ou les city-guide reproduisent ou retraitent beaucoup de contenu. La plupart du temps, les informations spécialisées (technologie, finance, sport, météo etc....) sont produites en externe et « syndiquées ».

documents dans leur intégralité (rapports officiels, interviews in extenso, etc.) grâce à l'espace disponible sur le site Web. Sur le journal papier, il est de plus en plus fréquent de voir apparaître, à la fin d'un article, la mention « consulter le rapport sur le site ». La pratique de ces renvois tend à légitimer le Web et à valoriser le travail des journalistes en ligne. Ainsi, cette dimension éditoriale est souvent présentée comme un antidote à la frustration de ne pas pouvoir écrire et produire un contenu original. Dans ce domaine, les équipes Web disposent d'une large autonomie.

Le rapport frustré à l'écriture trouve moins son explication dans l'absence totale du travail d'écriture que dans sa conception dégradée. Ainsi lorsqu'elle intervient dans le champ des pratiques du journaliste Web, l'écriture n'est souvent qu'une activité secondaire, subsidiaire, anonyme, purgée des considérations de style et de « *profondeur* ». Dans ces conditions, certains préfèrent même ne pas avoir à écrire du tout. « *Moi je veux bien écrire si j'ai les moyens d'écrire. J'ai pas envie d'écrire euh... en même temps que de faire 40000 autres trucs* ». Les contraintes de production et les faibles moyens dont disposent les rédactions Web conduisent les journalistes à renoncer aux ambitions de l'écriture journalistique comprise dans son sens noble. Le temps et les moyens manquent pour traiter et approfondir un sujet, et pour « soigner » l'écriture. Son rôle est tout autre. Le journaliste Web d'un site titre ne doit pas chercher à se substituer au journaliste du papier qui, lui, est censé disposer des conditions favorables pour enquêter et écrire.

> « *La manière de créer du contenu pour les titres du groupe Bayard et la manière de créer du contenu pour les sites Internet, parce que faut aller plus vite, c'est pas forcément la même manière d'écrire y compris en rigueur, y compris en degré de profondeur, c'est-à-dire qu'on nous demandait plus de contenus, moins approfondis... parce que ... déjà parce qu'on n'avait pas le temps, et puis on nous disait ce que recherchait le lecteur.* » [Journaliste Web. Paris. Décembre 2004.]
> « *On fait des articles sur ce qui tombe, qui sont moins longs que les articles du quotidien, qui sont moins fouillés parce qu'on a moins de temps et qu'on est moins spécialistes que les autres, les journalistes du quotidien.* » [Journaliste Web. Paris. Décembre 2004.]

En outre, dans la majorité des cas, la dimension écriture couvre le travail effectué à partir de dépêches et de communiqués de presse. Il s'agit dès lors de réécriture plutôt que d'écriture. En effet, le journaliste Web écrit rarement mais travaille souvent à partir de matériaux existants « *pré-machés* » qu'il « *re-*

travaille », « *met en forme* », « *enrichit* ». La pratique de la réécriture est donc très répandue dans le champ du journalisme Web. Une dépêche d'agence, un communiqué de presse, parfois même un article du journal seront réécrits pour correspondre au format ou au rythme du Web. « *On travaille quand même plus avec une matière...pré-machée, enfin c'est à dire qu'on travaille vachement avec les fils d'agence, les communiqués de presse.* » [Webmaster-journaliste. Paris. Janvier 2004.]

> **La journée d'une journaliste Web du *Progrès***
> Tous les matins à partir de sept heures, Florence prend connaissance du contenu du journal du jour. Plus précisément elle parcourt toutes les éditions départementales (8) du quotidien pour lequel elle travaille. Elle commence alors à récupérer dans la base de données tous les articles qui y sont stockés en vrac afin de les mettre en ligne le plus rapidement possible. L'objectif est d'avoir actualisé le site avant midi avec le contenu de l'édition du jour.
> -1° étape : en s'appuyant sur les journaux qu'elle garde ouverts devant elle, elle sélectionne dans la base 90% des articles (quasiment tous les articles excepté les brèves) et les transfere un par un, par copier-coller, sur le site, grâce à un logiciel spécifique. Elle rajoute les surtitres qui n'apparaissent pas et souligne en gras les intertitres en utilisant les balises html.
> -2° étape : à partir de leur titre, elle répartit les articles qu'elle n'a, bien entendu, pas le temps de lire (elle traite entre 600 et 700 articles par jour) dans les sous rubriques *ad hoc* : un article sur un tournoi de foot dans la rubrique « sport », un article sur l'agriculture dans la rubrique « société », etc.
> -3° étape : après avoir effectué ce travail de sélection et de répartition des articles dans les différentes rubriques du site, la dernière étape consiste à surveiller le processus de mise en ligne automatisé. En cas de problème, elle peut relancer la « manip » ou prévenir les responsables du serveur.
> Dans son travail qu'elle juge « machinal », la seule tâche proprement éditoriale que Florence accomplit est de concevoir l'équivalent de la « Une » du site. C'est en effet elle qui met en avant l'une des informations principales du jour à partir des articles d'actualité nationale, internationale ou locale.

Charles de Laubier[199] souligne que les conventions d'écriture qui ont cours dans la presse en ligne ont été établies du temps du Minitel. Le journaliste a dû en effet s'adapter aux contraintes propres à l'écriture télématique. Il fallait produire des textes courts et concis (du fait de la taille des écrans), mettre en avant l'information principale, être rapide et effectuer des mises à jour régulières. Les règles empiriques adoptées par les premiers journalistes du Web doivent donc beaucoup aux innovations menées dans le cadre du développement des services d'information des journaux sur le Minitel. Nous souhaitons évoquer ici l'une des normes de forme qui s'est rapidement imposée sur le média Internet : la concision. Lorsqu'ils s'expriment sur les spécificités de l'écriture en

---
[199] *La presse en ligne*, 2000, *op.cit.*

ligne, les journalistes que nous avons interrogés mentionnent le fait qu'il est important de « faire court ». Cette norme, enseignée dans les écoles de journalisme (plutôt dans les sections spécialisées dans la presse en ligne ou l'écriture multimédia) et dans les formations ad hoc, trouve sa justification dans des considérations d'ordres ergonomiques. Bien que les fabricants de matériel informatique n'aient de cesse de travailler à améliorer le confort de la lecture à l'écran, celle-ci reste fastidieuse. La lecture sur papier ne souffre pas de la comparaison. Jusqu'à présent, les études sur l'utilisation d'Internet et les comportements de lecture indiquent que les internautes préfèrent imprimer les textes qu'ils liront plus tard. Loin d'avoir remplacé le papier, Internet a plutôt contribué à en augmenter les besoins comme en témoigne l'explosion de la consommation de papier machine au cours de ces dernières années. En outre, et peut-être pour ces mêmes raisons, des études de comportements sur lesquelles journalistes et responsables de sites ont pris l'habitude de s'appuyer, montrent que dès qu'il faut utiliser « l'ascenseur » (le curseur placé dans la barre verticale à droite de la fenêtre et qui permet de faire défiler le texte), il y a une déperdition d'intérêt pour le texte et un « effet zapping ». La proportion des internautes qui lisent jusqu'au bout un article long est faible. Aussi faut-il éviter de faire des textes qui obligent l'internaute à trop utiliser l'ascenseur. C'est bien pour cette raison qu'un site comme Lequipe.fr a fait en sorte que l'intégralité du contenu de sa page d'accueil (*home*) entre dans une seule page-écran.

« Pour moi l'écriture multimédia, c'est ça quoi, écrire bref, voilà c'est bref [...] On n'écrira jamais un long article...on sait très bien que l'idéal c'est d'avoir un article qui correspond à un écran [...] Ça va de soi. Déjà que...tout ça c'est de l'empirisme, pas besoin de conférencier là-dessus, il suffit de lire ...Donc j'imagine un papier qui fait 3-4 écran, c'est voué à l'échec. Ça, c'est des choses qu'on apprend et qui vont de soi. » [Journaliste Web. Rennes. Février 2004.]

D'après certains journalistes interrogés, la longueur maximum qu'un article peut atteindre est l'équivalent de deux pages-écran. Sur Internet, les articles doivent donc être courts pour correspondre aux habitudes de l'internaute, telles que les décrivent ces études qui utilisent des outils du marketing. Alors que l'espace disponible sur Internet est « *illimité* », « *infini* » comme se plaisent à nous le rappeler certains interviewés, lorsqu'ils écrivent, les journalistes Web s'efforcent de respecter le format court. Il ne s'agit pourtant pas d'un paradoxe. La norme de concision n'est pas propre à la presse en ligne. Elle tend en effet à s'imposer dans tous les types de presse. La réduction des formats et la diminution de la taille des articles correspondent à une tendance forte qui suit la percée des logiques du marketing éditorial. Une fois encore, la presse magazine donne l'exemple de la marche à suivre. Créé en 1996, l'hebdomadaire *Marianne* a fait d'un choix éditorial (promouvoir les articles très courts) un argument commercial. Or, si rien de tel n'est explicite, c'est bien le marketing qui fournit une justification aux choix éditoriaux. Des études marketing montrent que les articles courts et les brèves constituent les unités rédactionnelles les plus lues. Il faut donc tâcher de faire concis afin de cadrer avec les pratiques dominantes de lecture.

La presse gratuite d'information qui a fleuri peu après 2000 dans les grandes villes européennes et françaises entérine la réussite d'un modèle éditorial basé sur le format tabloïd, un nombre de pages réduit et des articles très courts[200]. Censés pouvoir être lus en vingt minutes – par un nouveau type de lecteur « consommateur-zappeur » [201]– généralement dans le métro, à l'entrée duquel il sont distribués, les journaux *Metro, 20 minutes,* et ceux du réseau *Plus* (qui comprend, début 2006, six villes de France) ont la réputation d'être des journaux « légers », avec des articles très courts et en faible nombre[202]. Même si les journalistes de cette presse n'ont pas « choisi » de « proposer une matière concise et factuelle au lecteur au détriment d'une approche fouillée et analysée »[203], il demeure que la concision est consubstantielle à cette presse issue d'une démarche marketing.

Bien qu'on admette que la concision soit, dans un sens, liée à la « contrainte imposée par l'espace dont les journaux disposent », nous ne pouvons souscrire à l'affirmation qu'il est « probable que si les journaux trouvent bientôt leur équilibre financier la doxa du fait concis sera de plus en plus revisité »[204]. L'injonction de « faite court ! » correspond, à l'instar de « Faite attractif ! », à une nouvelle conception de l'information qui ne cesse de gagner du terrain. La presse en ligne s'inscrit dans ce mouvement. Lorsque les journalistes Web doivent écrire ou mettre en forme un article, ils ont donc en tête cette règle de concision. « *On ne veut pas habituer l'internaute à perdre son temps à l'écran. Comme partout dans la presse, c'est les brèves qui sont le plus lues, c'est court. Pour intéresser quelqu'un c'est pas évident. Le papier au*

---

[200] HIRTZMANN, L., et MARTIN, F., *Le défi des quotidiens gratuits (Montréal-Paris)*, Multimondes, 2004.
[201] AUGEY, D., LIPANI VAISSADE, M.-C., RUELLAN, D., UTARD J.-M. « Dis à qui tu te donnes…La presse quotidienne gratuite ou le marketing du don », in RINGOOT, R., UTARD, J.-M., *Le journalisme en invention*, 2005, *op.cit*.
[202] En moyenne, *Metro Montreal* compte deux fois moins de pages que *Le Monde* et deux fois moins d'articles. Au sujet de la taille des articles, le travail de comparaison révèle que la surface moyenne d'un article de *Metro Montréal* est trois fois moins importante que celle du *Monde*. À *Metro*, l'utilisation de dépêches et de brèves est quasi systématique. Le ratio brève/article y est de 98% contre 52% au *Monde*, HIRTZMANN, L. et MARTIN, F., *op.cit*.
[203] AUGEY et alii, *op.cit*, p.104.
[204] *Idem*.

kilomètre, c'est fini ! » [Ex-journaliste Web. Paris. Février 2004]. Ainsi, le journaliste Web écrit peu d'articles originaux. Lorsqu'il écrit, il doit écrire (et souvent réécrire à partir d'un matériau existant) vite et concis. Le rapport des journalistes à l'écriture repose bien sur une frustration qui n'est que rarement dissimulée.

Produire plus et plus vite

Si la faiblesse de la taille et des moyens des équipes Web jouent sur la mobilité des journalistes Web en leur interdisant d'aller à la « *pêche aux nouvelles* », elle a également des effets sur les exigences en matière de productivité du travail. L'activité du journaliste en ligne consiste, lorsqu'il écrit, à produire à un rythme soutenu des « papiers » et des brèves, certes plus courts en taille que la moyenne des articles de presse écrite, mais en plus grand nombre. Paradoxalement, dans la presse en ligne, la quantité produite « par tête » est souvent plus élevée que dans la presse écrite. Le site Web doit en effet être sans cesse alimenté en contenu par un petit nombre de journalistes. Le problème se pose avec plus d'acuité dans les médias qui ne sont affiliés à aucun support (100% Web). Lorsque la production de l'essentiel du contenu repose seulement sur les épaules des quelques journalistes que comptent les équipes éditoriales, le rythme de production est forcément élevé, et ce d'autant plus que l'équilibre précaire du modèle économique des éditeurs Web menace toujours de rompre. Comme le fait remarquer le rédacteur en chef adjoint d'un webzine: « *C'était la course à la production comme on peut le voir dans certaines rédactions où les journalistes font du desk, du desk pur parce qu'ils n'ont pas le temps effectivement d'approfondir les sujets et de travailler...quand on produit 2-3-4 papiers par jour, on fait du desk pur.* » [Rédacteur en chef actualité. Paris. Décembre 2004.]

Certains journalistes de ces structures déplorent le fait qu'aujourd'hui encore la priorité se porte sur la quantité de contenu produit, plutôt que sur la qualité. Comme dans les premiers temps d'Internet, les sites éditoriaux doivent bien souvent être « remplis », par n'importe quel moyen. Comme l'explique un ancien salarié d'une start-up: « *à l'époque on ne cherchait pas à apporter un contenu de qualité (...) on vous payait pour rester 24h/24 le nez collé au clavier et produire du contenu. On ne vous payait pas pour produire un bon contenu, on vous payait simplement pour qu'il y ait des pages.* » [Ancien pigiste Web. Grenoble. Novembre 2003.]

Les sites d'information ont, dans leur majorité, épousé le modèle de la chaîne d'information en continu. La nécessité de maintenir un flux constant d'informations *up to date* contraint le personnel, en nombre restreint, à s'ajuster en permanence aux exigences d'une couverture rapide de l'actualité. « *Nous, c'est vraiment dégainer rapidement, quoi. Aller à l'essentiel, au factuel, au plus rapide* ». [Journaliste Web. Paris. Décembre 2004]. Très dépendants du rythme de l'actualité (succession plus ou moins rapide d'événements médiatiques), les journalistes Web doivent surveiller les fils d'information et s'ajuster aux cadences imposées par le traitement instantanée de l'information. Grands consommateurs de dépêches d'agence, ils doivent écrire ou réécrire des brèves et des articles courts, constituer des dossiers et mettre en ligne dans l'urgence des informations jugées primordiales, parfois même jusqu'à tard dans la soirée (résultats d'élections, de rencontres sportives, etc.). Le principe de la réactivité est installé au cœur de la routine du travail du journaliste Web. Les exigences de l'organisation de la production en « flux tendu » imposent un rythme proche de ce que les journalistes appellent « le temps réel », qui correspond en réalité au temps de la réaction à une alerte, qui doit être le plus court possible. « *Internet c'est l'actualité tout de suite, sans délais d'attente* » [Journaliste Web. Paris. Octobre 2003]. Dans les rédactions Web, « avoir le temps » est bien souvent considéré comme un luxe. Pour certains journalistes interrogés, il faut disposer d'un minimum de temps pour concevoir et rédiger un article en respectant les règles de professionnalisme, ce que ne leur permet pas de faire le rythme de la presse en ligne. « *Avoir quatre heures pour écrire un papier permet de faire 1000 fois plus de choses, des choses complètement différentes que quand on a une info où on nous demande déjà de la donner en quatre lignes et en ayant à peine le temps de la lire quasiment, enfin j'exagère, et de la donner de façon assez développée dans la demi-heure* ». [Journaliste Web. Paris. Mars 2005.]

En tant que média, Internet partage avec la télévision ou la radio d'information en continu, les caractéristiques du « média de l'immédiat », du média du direct. Internet permet en effet de réduire au maximum le temps qui sépare le moment de l'écriture d'un article de celui de sa diffusion. Contrairement à la presse écrite où les contraintes de fabrication (impression) et de diffusion (transport, distribution, vente) rendent difficilement compressible le temps qui sépare le bouclage d'une édition et la lecture du journal, le Web permet de s'émanciper en partie des contraintes spatiales et temporelles. Pour transporter des « bits », nul besoin de camion ni de temps de transport, s'extasiait au milieu des années 1990 l'expert en prospective du MIT, Nicholas Negroponte[205]. Il ne fait guère de doute que les directions des journaux en ligne ont souhaité tirer profit de tels atouts dans un contexte médiatique fortement concurrentiel, dans lequel obtenir la primeur de la diffusion d'une information confère des gratifications symboliques et parfois matérielles. Ainsi, beaucoup de

---

[205] NEGROPONTE, N., *L'homme numérique*, 1995, *op.cit.*

sites éditoriaux ont opté pour une diffusion de l'information en continu. Leur page d'accueil (*home*) est réactualisée en permanence même si certains sites, comme celui du *Monde*, conservent le principe de l'édition à heure fixe qui leur permet de rafraîchir la totalité ou une partie seulement du site avec une véritable régularité.

Dans la majorité des sites-titres, le contenu et la hiérarchie de l'information évoluent tout au long de la journée. Mais il est important de souligner que les sites des newsmagazines ou de certains mensuels ont également opté pour un rythme quotidien. Internet bouleverse ainsi la culture éditoriale des acteurs traditionnels de l'information de presse. Pour mettre en avant son passage à une temporalité quotidienne et infraquotidienne, le site du *Nouvel Observateur* a pris le nom de « Quotidien permanent ». Comme beaucoup d'acteurs de l'information en ligne, *Le Nouvel observateur* a adopté un rythme de production et de diffusion proche de l'instantané en comprimant les délais et en augmentant les cadences.

« *Il y a une accélération évidente sur Internet aujourd'hui. Les mensuels font de l'hebdo, les hebdos font du quotidien, les quotidiens font du fil d'agence, quoi. On est dans le rush, dans l'immédiateté. Il y a quand même une grande partie des internautes qui veulent du 'tout-de-suite', qui veulent du fil d'agence en permanence, ce qui pose des problèmes pour les journaux traditionnels.* » [Corinne Denis. Directrice des Editions électroniques du groupe l'Express-l'Expansion. Paris. Décembre 2004.]

Un site Web doit être en évolution permanente. Il doit vivre. Telle est la conviction des responsables de sites. La page d'accueil ne doit en aucun cas être figée, même lorsque la vocation du site est de reproduire le contenu d'un hebdomadaire. Le site doit répercuter « l'information chaude » dès qu'elle « tombe ». « *Là on devient vraiment le média Internet. On n'a pas d'horaires ou quoi que ce soit. Dès qu'une info tombe, elle doit absolument être sur nos sites.* » [Chef de projet Internet. Rennes. Janvier 2004.]

Contraint de se conformer à cette exigence très vite érigée en norme professionnelle, le journaliste Web doit mettre en œuvre certaines qualités telles qu'écrire de façon rapide, claire et concise. « *Mais sur le métier du journaliste Web...il y a une des choses qui est importante, c'est d'écrire vite [...] Le média te prend tellement dans la rapidité, il t'impose un tel rythme que si tu n'écris pas vite, si t'es pas instantané, quitte à le retirer un quart d'heure après pour l'améliorer, t'es mort ! Il y a ce côté instantané, ce côté rapidité qui joue sur ton rythme d'écriture. Il faut être plus rapide, plus performant.* » [Journaliste Web. Paris. Janvier 2004].

Même si ce rapport particulier au temps et à l'écriture peut leur paraître grisant, plusieurs journalistes que nous avons interrogés évoquent les « ratés » de l'information en flux tendu. L'élévation des cadences de la production journalistique raccourcit, voire annule, le temps de la réflexion et de la vérification. Comme le souligne un journaliste Web, « *le risque c'est de mettre un truc en ligne trop vite. Là, je reconnais que sur Internet c'est le problème* » [Paris. Janvier 2004]. D'autres déplorent les effets négatifs des contraintes de production : pauvreté du style et augmentation des fautes de frappe (coquilles), d'orthographe et de syntaxe. Dans un article publié en 2003, Jane B. Singer[206] a listé les principales critiques qui ont, aux Etats-Unis, été adressées au journalisme Web et a souligné les répercutions du travail dans l'urgence sur les pratiques et les représentations des journalistes en ligne américains. Davantage préoccupés par la vitesse d'obtention de l'information que par sa véracité, ces derniers transigent davantage sur le respect de la rigueur professionnelle et sur la vigilance à ce qui peut porter atteinte à la crédibilité du média. Conduit à se plier aux sollicitations des internautes, souvent décrits comme des consommateurs exigeants et pressés d'accéder aux informations toujours plus « chaudes », le journalisme Web s'enferme dans ses contraintes.

Le travail morcelé : la question de la spécialisation

Dans les structures et rédactions Web, les journalistes sont, la plupart du temps, moins spécialisés que dans les rédactions de la presse papier. Nous utilisons le terme « spécialisé » dans le sens de « spécialité thématique » qui se traduit généralement par l'inscription du journaliste dans une rubrique et par son appartenance à un service (économie, politique, sport, etc.). Une fois de plus, le facteur déterminant est la taille réduite des équipes Web. Peu spécialisé, hormis dans certains webzines, le journaliste Web doit pouvoir écrire et organiser l'information quelle qu'en soit la nature et le sujet. « *Quand on est sur Internet, c'est ce que je demande à mes journalistes, d'être relativement généralistes, alors que les journalistes du quotidien sont très spécialisés.* » [Responsable de site Web. Paris. Décembre 2004]. Par conséquent, le profil du journaliste Web correspond à celui d'un professionnel polyvalent capable de traiter un large spectre de sujets. Si la position de « touche-à-tout », caractéristique de bien des journalistes, peut lui procurer une certaine satisfaction, elle peut également, dans la pratique, se révéler « inconfortable ». Un ancien journaliste Web estime que

---

[206] SINGER, J. B., « Who are this guys ? The online challenge to the notion of journalistic professionalism », *Journalism*, 2003, *op.cit.*

dans ces conditions il n'était pas en mesure de « *faire correctement [son] travail [...] Quand on créait de l'info, on n'avait pas forcément le temps pour la créer, on n'était pas spécialisé sur la rubrique. En tout cas, je sais que pour moi, ça a été une situation assez inconfortable parce que presque...si vous voulez... ça dépend peut-être du caractère des journalistes, mais, moi, presque ça m'embêtait d'avoir à écrire. Parce que comme on n'était pas dédié à plein temps sur l'écriture et qu'on n'avait pas un secteur à suivre, du coup, on finissait par écrire sur tout et n'importe quoi, plus pour animer un site que pour faire du contenu éditorial.* » [Journaliste Web. Paris. Décembre 2004].

En outre, cette faible spécialisation place bien souvent les journalistes Web dans une position de dépendance à l'égard des journalistes du support initial. En effet, malgré leur autonomie, lorsque les rédactions Web doivent arbitrer entre plusieurs choix d'articles, de sujets ou de « unes », elles font appel à l'expertise des services ad hoc et aux journalistes spécialisés du journal. De même, lorsque les journalistes Web sont supposés réagir « à chaud » à une actualité dans un domaine pointu, ils demandent l'avis aux journalistes compétents quand ils ne leur passent pas directement « commande » d'un papier ou d'une brève spécialement destiné à être publié sur le site. Leur faible spécialisation à l'origine de leur dépendance à l'égard des journalistes du « papier » est bien souvent vécue par les journalistes Web des sites-titres comme une marque d'infériorité.

Un journaliste à tout faire ?

À l'instar des nombreux métiers de l'information sur Internet que nous avons qualifiés « d'hybrides », le journalisme en ligne comprend une multitude de fonctions. Animer un forum, réaliser une interview en direct, écrire ou réécrire des brèves, hiérarchiser l'information, choisir des photos, intégrer des liens hypertextes, mettre en ligne des documents, etc., telles sont quelques-unes des multiples tâches que les journalistes Web sont susceptibles d'effectuer quotidiennement. Cette addition de tâches disparates rend les contours du contenu du travail difficilement saisissables. « *On est souvent multifonction dans Internet* », reconnaît une ancienne journaliste d'un webzine.

L'apparition d'Internet a très tôt permis d'imaginer que le type de journalisme qui émergeait alors allait parfaitement correspondre au « journalisme à tout faire » tel que Erik Klinenberg* en a esquissé, dans ses grands traits, le modèle. À travers cette figure du journaliste « multisupport » l'auteur s'est attaché à mettre en avant des tendances de fond qui poussent à envisager, à terme, un dépassement des frontières des différents métiers du journaliste. S'il est encore trop tôt pour que nous puissions nous prononcer sur ces transformations majeures du métier, la polyvalence du journaliste en ligne peut toutefois fournir quelques éléments corroborants de telles prédictions. Au-delà des stratégies des groupes multimédia qui appuient fortement dans ce sens**, la banalisation de l'usage des outils techniques traditionnels du journaliste (outils de prise de vue, de prise de son et de

> montage) plaide en effet pour la constitution d'un profil de journaliste « homme-à-tout-faire ». Un journaliste Web du site d'un journal de la PQN donne à ce sujet son sentiment : « *Le métier a changé dans le sens où c'est un nouveau support, il a diversifié les tâches du journaliste. Aujourd'hui le journaliste du Web, il n'écrit pas uniquement. Comme c'est un media à part, nouveau, il n'a pas uniquement la tâche d'écrire, de créer il a une tâche aussi technique. Le journaliste web, il peut faire de l'audio, il peut faire du visuel, il fait du montage, donc t'as une sorte de panoplie du journaliste Web.* » [Journaliste Web. Paris. Janvier 2005].
>
> * KLINENBERG, E., « Journalistes à tout faire de la presse américaine », *Le Monde diplomatique*, 1999, *op.cit*
> ** On peut citer le cas de Sportever, groupe présidé par Patrick Chaîne qui détient radios, sites Web, etc., et dont la politique est de former des journalistes « multimédias ».

Une remarque s'impose. La faible spécialisation thématique et la grande polyvalence fonctionnelle empêchent de percevoir une cohérence d'ensemble dans l'activité de beaucoup de journalistes en ligne. Parmi eux, certains déplorent le fait de devoir passer d'une tâche à une autre sans pouvoir dégager une continuité dans la conduite de leur travail qui s'en trouve éclaté. L'insatisfaction qu'expriment les personnes interrogées naît de l'impossibilité dans laquelle elles sont de mener à bien une action qui nécessite une attention et un temps suffisants. Le meilleur exemple, dont nous avons déjà parlé, est celui de l'écriture d'un article. Contrairement à la pratique qui consiste à donner une information en « quatre lignes » dès qu'elle « tombe » en ayant « à peine le temps de la lire », le fait de concevoir un article est une opération gratifiante mais qui requiert des conditions que n'offre pas l'organisation du travail de nombreuses rédactions Web. Les journalistes Web ont le sentiment de « survoler » les choses, d'être un peu trop « touche-à-tout ». Leur champ de compétences s'organise en quelque sorte autour d'une aptitude à « savoir-un-peu-tout-faire-vite ».

Ainsi, le travail du journaliste en ligne serait « en miette ». Prise dans un sens sensiblement différent de celui que lui a donné Georges Friedmann[207], sociologue du travail, cette formule célèbre est ici utilisée pour faire référence au caractère morcelé du travail dans une rédaction Web. Si nous utilisons ici l'expression imagée du « travail en miette » ce n'est donc pas en référence à l'organisation fordienne-taylorienne du travail. Il s'agit plutôt pour nous de montrer que chez beaucoup de journalistes en ligne, le travail est composé d'une multitude de tâches sans liens entre elles : modération, mise en page, écriture,

---

[207] Friedmann a étudié les effets de l'Organisation scientifique du travail (OST) sur les pratiques des ouvriers. Avec l'OST, l'ouvrier de métier disparaît et le travail perd son unité. Il est brisé, parcellisé et distribué par « miettes » à l'ensemble des ouvriers spécialisés (OS) qui effectuent un seul type de tâches répétitives. FRIEDMANN, G., *Le travail en miettes*, Gallimard, 1964.

veille, etc. Au risque de perdre l'impression de continuité dans leur travail, ces journalistes doivent organiser leur temps de travail en menant de front diverses opérations. Mais cet émiettement est-il une caractéristique du travail des journalistes en ligne ? Des travaux récents ont montré que l'introduction et la généralisation des TIC dans l'environnement professionnel, ont rendu l'activité de travail beaucoup plus discontinue. Promues par le néomanagement, la polyvalence et l'autonomie en tant que principes directeurs de l'action visent à mobiliser le maximum des compétences de l'employé et notamment son aptitude à gérer en même temps plusieurs activités sans liens entre elles.

Dans les organisations modernes, tous les soubresauts de l'activité doivent être absorbés à la base par les employés à qui l'on demande de trouver les réponses adéquates aux problèmes dès qu'ils surviennent. Les TIC contribuent à anticiper les aléas de l'activité en même temps qu'elles en renforcent, paradoxalement, l'incertitude. Ainsi, les TIC sursoient constamment aux routines de travail, routines qui sont en quelque sorte bannies de l'horizon des nouvelles organisations. Alors que l'on peut penser que la fonction des TIC est de rendre plus « programmable » et prévisible l'activité, elles la rendent souvent moins saisissable. On remarque que leur présence contribue à augmenter le nombre et la fréquence des interruptions survenant dans le cours du travail. Ainsi, l'une des caractéristiques des TIC est de multiplier les niveaux d'échanges mais également les ruptures de rythme et les « à-coup » dans la communication.

Les managers découvrent que le caractère disruptif du travail dans le nouvel ordre productif est un facteur d'efficacité. Le « bon » comportement du travailleur est alors de s'ajuster aux diverses sollicitations et de faire face en permanence aux imprévus. Ainsi, la « dispersion », terme qui est traditionnellement connoté négativement et qui évoque la distraction et le manque de concentration de l'employé, est en passe, dans les nouvelles doctrines managériales, d'acquérir des vertus éminemment positives[208]. Chronophage et sous-tendu par l'impératif de « joignabilité », l'usage du téléphone fixe et mobile et, plus encore, celui de la messagerie électronique, contribue autant à absorber le temps et l'énergie des employés des secteurs gros consommateurs de TIC – en les soumettant à des formes efficaces de contrôle social – qu'à encourager la dispersion.

Si les normes de comportements liées à l'aptitude à gérer un travail éclaté tendent à s'imposer, la dispersion rend, dans les faits, le travail quotidien difficilement soutenable pour certains salariés. Souvent contraint de travailler dans l'urgence, le travailleur de l'information « assisté par ordinateur » est pris

---

[208] DATCHARY, C., « *Dispersion et Tic* », communication dans le cadre des Doctoriales GDR TIC et société, 2004.

dans une spirale de sollicitations permanentes. Dans les métiers de l'information et de la communication, comme ailleurs, une tension existe bel et bien entre ces nouvelles contraintes normatives et le vécu et les aspirations individuels. La dispersion conserve son caractère négatif pour des journalistes qui déplorent de ne pas arriver à se concentrer sur l'un des aspects de leur travail *« en même temps que de faire 40000 autres trucs »*. Aussi le caractère disruptif de l'activité, pivot du nouveau rapport à la contrainte dans le travail, peut-il perturber l'économie psychique des individus soumis à un tel régime de mobilisation. À l'horizon, c'est la « panne » qui est à craindre et les pathologies qui lui sont liées. Le travailleur placé en situation de « surchauffe » risque de se trouver soudainement face à son insuffisance et à son impuissance. À cet état correspondent les symptômes de la dépression : paralysie dans l'action, fatigue générale, impossibilité de choisir. Alain Ehrenberg associe en effet la dépression à l'incapacité d'avancer, à la « panne »[209]. Pathologie typique de la modernité, la dépression est l'envers exact du nouveau modèle normatif au nom duquel chacun doit individuellement faire preuve d'initiative, s'adapter en permanence, vivre intensément et se sentir responsable de ses choix.

Bien que nous nous soyons longuement arrêtés sur les aspects les moins valorisants du journalisme en ligne, il serait erroné de conclure que ces aspects prédominent toujours. Il faut en effet souligner que les personnes interrogées ont exprimé, au sujet de leur travail, des motifs de satisfaction et parfois de fierté. Si, comme le souligne Everett Hughes, chaque profession possède une part plus ou moins importante de « sale boulot », elle n'en dispose pas moins de côtés « nobles »[210]. Toutefois, nous ne voulions pas appréhender notre objet d'enquête dans de tels termes. Nous nous sommes rendu compte que la spécialité « journalisme en ligne », aussi insaisissable soit-elle, occupait une position inférieure dans la hiérarchie de la profession. C'est la raison pour laquelle nous parlons d'une spécialité « dominée ». Nouvelle figure du journalisme, figure aux multiples facettes, le journalisme en ligne fait l'objet d'un déficit manifeste de reconnaissance. Considérés avec indifférence ou condescendance par leurs pairs, les journalistes en ligne sont en outre encore associés dans les représentations aux « menaces » qui pèsent sur le journalisme : dilution du journalisme de qualité dans la « communication », dans le « journalisme de marché », ou encore dans les marais du journalisme amateur, comme nous allons à présent le voir.

---

[209] EHRENBERG A., *La fatigue d'être soi. Dépression et société*, Odile Jacob, 1998.
[210] HUGHES, E., *Le regard sociologique*, 1996, *op.cit.*

CHAPITRE V
La banalisation du journalisme

Nous avons déjà rappelé que les journalistes n'ont pas le monopole de l'information d'actualité. Celle-ci déborde largement les limites du journalisme professionnel, considéré comme le cadre d'application d'une « expertise » reconnue comme telle et faisant l'objet d'une rémunération. Si la pratique du journalisme en amateur existait bien avant Internet, nous souhaitons ici mettre en évidence le fait que les nouveaux médias donnent à cette pratique une nouvelle dimension. Avec Internet, nous serions entrés dans l'ère de « l'amateurisme de masse »[211] et de la dispersion généralisée du journalisme hors de ses frontières[212]. Avec l'essor de l'autopublication et la généralisation du journalisme amateur se constitue progressivement une sphère journalistique « extra-professionnelle ». Nous allons voir que les journalistes craignent par conséquent de perdre leur identité, leur légitimité et leur magistère. Ce chapitre aborde un phénomène qui semble, sur Internet, primordial : l'indifférenciation croissante entre journalisme professionnel et journalisme non-professionnel. Journaliste, amateur, public : ces catégories se chevauchent perdant peu à peu de leur pertinence. À l'ère du « journalisme Web2.O », la participation du public à la production de l'information est plus que jamais recherchée et valorisée (sondages, votes, commentaires, blogs, etc.). À travers une véritable « injonction participative », le lecteur-consommateur d'information est désormais sommé d'être actif.

Les phénomènes sur lesquels nous allons nous arrêter (croissance de l'autopublication, participation, autonomisation et *empowerment* des lecteurs-consommateurs, etc.) réactivent le mythe des techniques de communication comme ferments de la « vraie » démocratie. Le journalisme en ligne baigne dans cet imaginaire puissant où Internet incarne un nouvel « espace public » qui permettrait l'expression libre et absolue de tous en abolissant les médiations traditionnelles. Face à ce qui peut être interprété comme une crise de légitimité

---
[211] L'expression « *Mass Amateurization of Publishing* » est de Clay Shirky, 2002.
[212] *Réseaux*, n°138/Vol24, 2006.

des professionnels de l'information dans un contexte de scepticisme général à l'égard de la fonction de médiateur, le journaliste voit son rôle se transformer progressivement. Le développement d'une critique du journalisme aux multiples facettes rend dès lors nécessaire l'adaptation de la profession aux nouveaux outils et aux nouvelles pratiques de communication. Si l'on assiste, dans une certaine mesure, à un partage du pouvoir et du savoir journalistique, on ne peut pas pour autant parler de marginalisation du journaliste et de son rôle social. Certes, le magistère des journalistes professionnels est ébranlé. Mais ni les journalistes, ni les médias traditionnels, ne sortent exsangues des changements survenus avec l'émergence des nouveaux médias.

1 - L'autopublication en ligne et le « phénomène blog »

Dans les années 1980, des passionnés d'informatique décentralisée, utilisateurs de *Usenet* (réseau de forums de discussion, ancêtre des forums Web d'aujourd'hui) ont tenté de mettre en place les bases d'un réseau de communication horizontale. Pour les membres des communautés Usenet, l'appropriation sociale des réseaux informatiques ne relevait pas d'une nouvelle « utopie » techno-communicationnelle (le « village gobal » de Mac Luhan est l'emblème de « l'utopie planétaire », sans cesse remise au goût du jour[213]), mais bien d'un véritable « projet », tel que le conçoit Cornélius Castoriadis[214]. Il faut rappeler ici qu'Internet est en quelque sorte l'héritier de ce projet global de « communautés virtuelles » issu des milieux de la contre-culture californienne des années 1960 et 1970. Les pionniers de l'informatique en réseau souhaitaient en effet transformer la nature des échanges interpersonnels en inventant une nouvelle façon interactive et décentralisée de s'exprimer, d'informer et de communiquer. Plus besoin d'intermédiaires : des outils bientôt à la portée du plus grand nombre allaient permettre l'expression directe de tous. Ainsi, Internet était présenté comme un espace infini ouvert à la diffusion libre de l'information et à la contestation de l'hégémonie des médias institutionnels et des médiateurs professionnels, les journalistes.

---

[213] MATTELART, A., *Histoire de l'utopie planétaire*, 1999, *op.cit.*
[214] Cornélius Castoriadis oppose le « projet » à « l'utopie » considérée comme quelque chose qui ne peut pas avoir lieu. « Le projet d'autonomie n'est pas une utopie », *Une société à la dérive*, Seuil, 2005.

La banalisation du journalisme

Certes, des traces de « l'esprit hacker »[215] de ces premières communautés sont encore aujourd'hui visibles notamment du côté des défenseurs de l'informatique dite « libre » qui s'oppose à la marchandisation de l'Internet. Mais le grand programme industriel et politique des autoroutes de l'information a en partie écrasé le « projet d'autonomie » des premières communautés informatiques en réduisant Internet à une vaste place de marché virtuelle. La thèse défendue par Luc Boltanski et Eve Chiapello au sujet de la dynamique du capitalisme – le capitalisme se renouvelle et se renforce en recyclant des éléments de la critique qui lui est adressée[216] – s'applique parfaitement à la domestication de l'esprit subversif de ces pionniers. L'esprit de la contre-culture techno-libertaire a en effet été digéré et mis au service de l'industrie de l'Internet et de la critique de l'Etat. Internet est ainsi devenu un espace de convergence entre libertaires et libéraux, comme l'écrit Pierre Musso pour qui le « cyberspace » est « un puissant dissolvant symbolique qui réunit les partisans de la liberté de marché et de la société civile, les libéraux et les libertaires, dans l'antiétatisme »[217]. En tant que dispositif global de relation médiatée (information, communication, transaction), Internet est le véhicule de l'humeur « libérale-libertaire » qui domine l'époque actuelle. La dernière génération de sites Web communautaires (dite du « Web 2.0 ») incarne bien cet esprit de liberté, de partage et de participation de tous parfaitement compatible avec les affaires et le profit. Les « entreprenautes » de la « nouvelle nouvelle économie » ont développé une idée simple mais terriblement efficace : faire produire les gens gratuitement. Un site de partage de vidéos comme YouTube, racheté à prix d'or par Google, n'aurait aucune valeur sans la participation des internautes.

Des entreprises surfent donc sur cette envie partagée de participer à la production culturelle et à la diffusion de l'information. Clef de voûte des discours qui ont accompagné la diffusion planétaire d'Internet, l'idée-force est que le réseau des réseaux offre à chacun la possibilité de développer simplement et à moindre coût ses propres moyens d'information. Toutefois, dans les années 1990, le fait de créer un site Web n'est pas à la portée de tous, contrairement à ce que les discours dominants tendent à faire croire. Seuls les membres d'une petite élite constituée d'amateurs d'informatique équipés en matériel

---

[215] Le philosophe finlandais Pekka Himanen a tenté de donner une définition du « hacker » et de ce qu'il nomme « l'éthique hacker ». Avant que le terme ne soit appliqué aux pirates informatiques, « hacker » est le nom que se donne un groupe de programmeurs du MIT, au début des années 1960. « Individu qui programme avec enthousiasme » et pour qui « le partage de l'information est un bien influent et positif », le hacker défend une éthique qui transfigure la relation classique au travail, à l'argent et aux autres. HIMANEN, P., *L'éthique hacker et l'esprit de l'ère de l'information,* Exils, 2001.
[216] *Le nouvel esprit du capitalisme,* 1999, *op.cit.*
[217] MUSSO, P., « Le cyberspace, figure de l'utopie technologique réticulaire », *Sociologie et sociétés,* vol.32, n°2, automne 2000.

informatique, connectés aux réseaux et maîtrisant le langage html, est alors capable de créer son propre média. Néanmoins, à condition de disposer d'un ordinateur, d'une connexion Internet, d'une place sur un serveur (hébergement gratuit ou payant) et d'un nom de domaine (réservation auprès d'un *registrar*), n'importe qui peut, en droit, mettre en ligne un contenu informatif. Cette particularité du média Internet, qui, contrairement à la presse écrite et audiovisuelle, repose sur un fonctionnement simple et léger[218], explique l'augmentation rapide du nombre de sites Web à la fin des années 1990 et au début des années 2000. La société Netcraft a, en janvier 2006, recensé environ 75 millions de sites Web[219]. En simplifiant considérablement les modalités de la publication sur Internet, les nouveaux outils d'autopublication dont font partie les « blogs » ont permis la démultiplication des émetteurs d'information et favorisé le processus de désintermédiation.

Des « sites persos » aux « blogs »

Dès les premiers balbutiements du Web en France, des internautes ont pu créer leurs propres sites. Certains de ces sites se sont très tôt apparentés à de véritables journaux d'information en ligne, ces « webzines » dont nous avons déjà parlé (le *Scarabée*, *l'Ornitho*, *Les Chroniques du menteur*, etc.). Couramment appelés, à la fin des années 1990, « sites perso » ou « pages perso », la plupart des sites de particuliers se réduisent toutefois à une ou plusieurs pages Web contenant des informations personnelles et des anecdotes qui ne s'adressent souvent qu'aux membres du réseau relationnel de leurs auteurs. Cartes de visite pour les uns, carnets de bord ou journaux intimes pour les autres, les « sites persos » ont mené une vie propre en marge de l'Internet marchand et des turbulences de la nouvelle économie. Il faut souligner que leur existence a contribué à accroître l'attrait du public pour Internet.

C'est en 2002 que l'on commence à parler d'une nouvelle génération de sites, les « blogs » qui appartiennent à la catégorie des « outils de management de contenu » (CMS). Sites Web dynamiques dont la technologie a été créée en 1999 aux Etats-Unis, les « blogs » ont progressivement pris la place occupée par les « sites persos ». Par leur simplicité d'utilisation, ils ont permis d'amplifier le phénomène d'autopublication en ligne. Grâce à la mise au point d'un ensemble d'outils logiciels d'édition de site et de gestion de contenu, le « néophyte » évite

---

[218] L'exercice de comparaison entre les sites personnels ou les webzines et les « radios pirates », qui ont préfiguré les « radios libres » autorisées en 1982, après le vote de la loi sur la communication audiovisuelle, doit prendre en compte que, contrairement aux premiers, les secondes ont nécessité la mobilisation de moyens techniques, humains et financiers plus importants.

[219] L'étude précise toutefois que plus de 50% des sites seraient inactifs. Source : Netcraft.com.

La banalisation du journalisme

désormais « le difficile passage par l'apprentissage d'un logiciel d'édition HTML et la mise en ligne du site sur un serveur à distance via le protocole FTP »[220]. À l'ère du blog, créer et alimenter son propre site n'est plus l'apanage d'une petite élite d'informaticiens ou de bricoleurs passionnés. En deux ans (janvier 2004-janvier 2006), le nombre de blogs dans le monde a littéralement explosé, passant d'un million à 27 millions[221]. Selon Médiamétrie, au troisième trimestre 2006, 3,6 millions d'internautes français avaient déjà créé un blog.

Qu'est-ce qu'un blog ?

Contraction du terme « weblog », néologisme formé de « Web » et de « log » (qui fait référence aux journaux de bord de la marine et de l'aviation américaine), le « blog » est un outil de publication et de communication sur Internet. Malgré l'hétérogénéité des pratiques du « blogging », les blogs constituent le plus souvent l'équivalent, sur Internet, du carnet intime[222], du journal de bord ou du billet d'humeur – les québécois l'ont d'ailleurs renommé « carnet » et les français « bloc-notes ». À l'origine, utilisés essentiellement pour recenser et répertorier des sites Web, les blogs permettent aujourd'hui une multiplicité d'usages avec notamment l'apparition de multiples déclinaisons (photoblog, vidéoblog, audioblog). L'auteur d'un blog peut aussi bien s'en servir pour exprimer ses confessions intimes et ses opinions personnelles que pour relater ses expériences (soirées, voyages, etc.) ou pour produire une analyse de l'actualité ; certains bloggeurs tentent de cette manière de réaliser le fantasme qui consiste à se glisser dans la peau de l'écrivain, du journaliste ou du chroniqueur. On peut, de manière générale, considérer la pratique du « blogging » comme un moyen de socialisation[223] et un support ajusté au désir d'expression, de relation et de « production de soi »[224].

Un blog présente une configuration assez simple et standard. Il s'agit d'un site Web composé de deux ou trois colonnes seulement. Les articles apparaissent dans la colonne principale. Dans les colonnes latérales, on trouve en général la liste des articles archivés et celles des blogs référencés par l'auteur. Un « bloggeur » peut donc publier régulièrement des articles auxquels il est possible de réagir en postant des commentaires. Les articles, appelés aussi « posts » ou

---

[220] JEANNE-PERRIER, J., LE CAM, F., PELISSIER, N., « Les sites d'auto-publication : observatoires privilégiés des effervescences et des débordements journalistiques en tous genres », in RINGOOT, R., UTARD J.-M., *Le journalisme en invention*, 2005, *op.cit*.
[221] Source : Technorati.com.
[222] Comme en témoigne l'importance des thèmes de l'amour et de la sexualité. CARDON, D., DELAUNAY-TETEREL, H., « La production de soi comme technique relationnelle. Un essai de typologie des blogs par leurs publics » in *Réseaux* n°138/Vol24, 2006.
[223] FLUCKIGER, C., « La sociabilité juvénile instrumentée. L'appropriation des blogs dans un groupe de collégiens », in *Réseaux* n°138/Vol24, 2006.
[224] CARDON, D., DELAUNAY-TETEREL, H., *op.cit*, 2006.

« billets », apparaissent sur le site dans l'ordre chronologique inversé, le plus récent se trouve en haut de page. Dans la colonne de droite ou de gauche, le bloggeur dresse la liste des « sites-amis » afin d'inscrire son blog dans un réseau de sociabilité où les liens se nouent et se croisent. Ce réseau appartient lui-même à la « blogosphère », expression désignant la communauté virtuelle des « bloggeurs ».

La population des bloggeurs est majoritairement jeune[225] comme en témoigne le succès des « Skyblogs », blogs hébergés par le site Web de la radio Skyrock très populaire auprès des adolescents et des jeunes adultes[226]. Les blogs sont souvent utilisés par des anonymes – l'usage du « pseudo » est très courant dans la « blogosphère ». Mais des personnes publiques se sont également intéressées à ce moyen d'expression et de communication. Des personnalités du monde du spectacle, de la culture et de la politique ont en effet créé leur propre blog. Alain Juppé (www.al1jup.com), Dominique Strauss-Kahn (www.blogdsk.net) et Jack Lang (www.jacklang.net) font partie des premiers hommes politiques à avoir expérimenté ce mode de communication jugé plus « interactif » et plus « direct », afin de renouveler le genre de la communication politique, genre largement discrédité. Pour Loïc Le Meur, auteur d'un ouvrage sur les blogs[227] et directeur général de la société *Six apart* spécialisée dans l'hébergement de blogs, notamment ceux des hommes politiques, le blog est « l'équivalent d'une promenade sur le marché » qui met « l'homme politique à un clic »[228]. Après les « stars » de la politique, ce sont les élus locaux qui se sont convertis à la pratique du blog. La campagne référendaire sur le projet de Traité de Constitution Européenne (TCE) a véritablement marqué l'entrée du blog politique dans la panoplie des outils de la communication politique moderne. Nouveau support de communication et de marketing politique, le blog que l'on présente comme un mode d'expression directe dans lequel la parole se livrerait en toute franchise n'échappe pas aux critiques qui dénoncent cette nouvelle forme de mise en scène de la parole publique.

Ce sont les journalistes et notamment les journalistes américains qui, lors de la seconde guerre du Golfe, dès mars 2003, ont réellement assis la notoriété des blogs et impulsé la pratique du « blogging ». Les « warblogs », ces blogs

---

[225] Selon une enquête de Médiamétrie, plus de sept créateurs de blog sur dix ont moins de 25 ans.

[226] Pour Pierre Bellanger, président de la radio Skyrock, le blog est « une plateforme qui permet aux jeunes de s'exprimer, dans un univers adulte qui méprise leur expression ». Cibles de la radio, les « 13-24 ans » appartiennent à la « génération des blogs », les « natifs du numérique » qui participeront à transposer dans « le monde adulte » leurs « habitudes de communication ». Interview publiée dans *Le Monde*, 22 mai 2005.

[227] LE MEUR, L. et BEAUVAIS, L. *Blogs pour les pros*, Dunod, 2005.

[228] Propos recueillis par L. Roger, interview publiée dans *Le Figaro*, 12 août 2005.

tenus par des civils irakiens[229] et des journalistes américains incorporés (*embedded*) à l'armée américaine, se sont très vite multipliés et ont bénéficié d'une large audience[230]. Beaucoup d'observateurs ont accordé à ces « warblogs » le mérite d'avoir rétabli un peu de liberté de ton et de pluralité d'opinions dans un contexte marqué par l'inflation des discours patriotiques et par un consensus médiatique extrêmement solide autour de la campagne militaire américaine[231]. Les « warblogs » ont ainsi contribué à établir la réputation du blog, produit médiatique d'un nouveau genre auquel le public en quête d'informations indépendantes a apporté sa confiance. Pour beaucoup de ses adeptes, le blog a pu représenter un symbole fort pour la démocratie au moment même où l'institution considérée comme l'un de ses principaux garants, la presse, montrait des signes inquiétants de faiblesse face au pouvoir politique. D'aucuns retiendront qu'au cours de cette période de crise marquée par un net recul des libertés, l'espace des blogs (la « blogosphère ») s'est imposé comme un lieu de libre expression et de dissonance éditoriale. Certains journalistes ont ainsi utilisé leur blog pour s'émanciper des fortes contraintes hiérarchiques et pour contourner la censure et l'autocensure des professionnels de l'information. Depuis, de nombreux journalistes font vivre cette pratique en marge de leur activité professionnelle. Pour se défaire du carcan de la ligne éditoriale de leurs médias respectifs, pour exercer librement leur « plume », ou simplement pour donner leurs sentiments personnels, des journalistes ont pris l'habitude de tenir leur blog, dont les plus célèbres sont, aujourd'hui, presque aussi consultés que les sites de grands médias.

Journalisme d'opinion et « démassification » des médias

Nous avons cherché à savoir si le blog permettait la continuation du journalisme par d'autres moyens. Il faut préciser que nous nous intéressons ici uniquement aux blogs qui mettent en avant la dimension « civique » de l'information[232] – ces blogs conçus dans l'optique de diffuser et de commenter

---

[229] Le blog d'un jeune Irakien de Bagdad qui écrit sous le pseudonyme Salam Pax (www.dear_raed.blogspot.com) a joui d'une très forte popularité dans la communauté internationale des bloggeurs, à tel point que les médias occidentaux ont fini par s'intéresser à lui et à sa liberté de ton. Salam Pax a tenu avant, pendant et après les hostilités, son journal de bord en ligne. Des extraits de son blog ont été reproduits dans le journal britannique, *The Gardian*. Salam Pax, *Bagdad Blog. Journal d'un Irakien dans le chaos*, Hachette Littératures, 2004.
[230] À la fin mars 2003, Google recensait déjà 5000 warblogs, ALIX, C. « Journaux de guerre intimes sur le Net », *Libération*, 26 mars 2003.
[231] MARTHOZ, J.-P., « Etats-Unis : face au marketing de guerre, une presse sommée de s'aligner », in LAMLOUM, O. (dir.), *Irak : les médias en guerre*, Actes Sud, 2003.
[232] Nous renvoyons ici le lecteur à une étude sur ce type de blogs qui a été récemment menée.

une information, de donner à réfléchir et de susciter le débat. Deux manières d'appréhender l'essence et l'influence des blogs ont retenu notre attention. D'aucuns ont vu dans le blog un avatar des pratiques du journalisme d'opinion que les nouvelles technologies de l'information auraient mises à la portée du plus grand nombre. Pour d'autres, le blog consacrerait le triomphe définitif des médias personnels sur les médias de masse.

Un renouveau du journalisme d'opinion ?

Jusqu'à l'essor de la presse industrielle et le triomphe de l'idéologie de l'objectivité qui, comme l'a montré Michaël Schudson, est le produit social de la démocratisation économique et politique survenue au cours du XXe siècle[233], un journal représentait un moyen d'expression placé au service d'un notable, d'un parti ou d'une fraction de la bourgeoisie. Il était attendu des journaux qu'ils présentent un point de vue partisan et non pas neutre. Ainsi, avant l'invention du journalisme moderne et de ses valeurs (équité, objectivité, impartialité scrupuleuse), les journaux devaient explicitement promouvoir les idées et défendre les intérêts de leurs propriétaires. La presse d'opinion et de parti s'est progressivement marginalisée même si son déclin, amorcé au cours du XIXe siècle, n'a pas correspondu à un processus linéaire – dans les années 1930 et l'immédiat après-guerre, cette presse se portait même plutôt bien. Si la tradition « polémiste » a survécu, dans une certaine mesure, le journalisme d'opinion est tombé en disgrâce sous l'effet conjugué de la professionnalisation des journalistes et de la rationalisation de l'activité médiatique. Dès lors, le modèle dominant du journalisme n'a plus toléré qu'à la marge et dans l'espace qui lui est clairement dédié (l'éditorial, le billet), l'expression des opinions des professionnels de l'information.

Si aujourd'hui une partie des critiques du public concerne les écarts des journalistes aux normes professionnelles – partialité ou manque d'objectivité – une autre pointe du doigt l'hypocrisie de la « fausse objectivité » journalistique. Des voix se font en effet de plus en plus entendre, notamment dans la « blogosphère », invitant les journalistes à assumer leurs opinions personnelles au lieu de se réfugier derrière le « sacro-saint » principe d'objectivité qui ne serait qu'un « leurre ». Sur les forums et dans les commentaires d'articles, il est fréquent que les internautes, par ailleurs grands consommateurs d'informations journalistiques, soulignent que les journalistes ont, eux aussi, des opinions et qu'ils devraient avoir l'honnêteté de les exprimer publiquement. Le 15 février 2007, la suspension d'Alain Duhamel par France télévision suite à la large diffusion sur Internet d'une vidéo dans laquelle le célèbre commentateur

---

JEANNE-PERRIER, J., LE CAM, F., PELISSIER, N., 2005, *op.cit.*
[233] *Discovering the news*, 1978, *op.cit.*

politique révélait sa préférence pour François Bayrou, a provoqué un grand nombre de réactions d'internautes indignés par l'hypocrisie d'une telle décision. Un internaute cité dans un article du Monde.fr estime qu'il est plus « sain » qu'un journaliste tombe le masque et prenne position, alors que de son côté le bloggeur Guy Birenbaum qui a contribué à populariser ladite vidéo a réagi en dénonçant l'hypocrisie de cette décision qui dissimule mal « *les saillies hebdomadaires des insupportables 'penseurs' néo-cons du* Point », ou des « *pseudo-investigations & autres contorsions des éditoriaux Sarkocompatibles du* Monde »[234].

Plus généralement, la question de la place laissée à la subjectivité du journaliste suscite toujours de vifs débats. Elle renvoie à l'opposition traditionnelle entre deux conceptions du journalisme : un journalisme « partisan » qui défend des « opinions » contre un journalisme « impartial » qui donne les « faits ». Mais il convient de souligner que ce clivage n'opère plus depuis bien longtemps. Alors que la croyance en l'objectivité était, dans la deuxième moitié du XXe siècle, plus forte que jamais, Michaël Schudson a enregistré, dès les années 1960, une tendance au retour de la subjectivité des journalistes américains[235]. Celle-ci intervient en réponse à la « subjectivation des faits » travaillés par les sources d'information dans le cadre de l'essor des relations publiques. Les faits ne sont plus considérés comme neutres et le journal développe sa fonction interprétative afin de satisfaire un public toujours plus en demande de contextualisation et d'explication. Malgré sa force, la croyance en l'objectivité tendrait désormais à être remise en cause comme le suggère Florence Le Cam dans un récent article sur les blogeurs américains[236]. Ces derniers revendiqueraient d'autres conceptions de l'information en contradiction avec les grands principes constitutifs du journalisme moderne. Modérer ses propos, équilibrer un discours, donner la parole aux différentes parties, telles sont les pratiques que refuse Christophe Grébert, journaliste radio et animateur du blog Monputeaux.com, qui a l'aspect d'un véritable journal d'informations locales. À l'instar de nombreux journalistes-blogeurs, ce dernier affirme qu'il « *ne fait pas du journalisme mais du commentaire subjectif* »[237].

---

[234] PICQUARD, A., et LELOUP, D., « La blogosphère dénonce l'hypocrisie de la mise à pied d'Alain Duhamel », Lemonde.fr, 16 février 2007.
[235] *Op.cit.*
[236] LE CAM, F., « Etats-Unis : les weblogs d'actualité ravivent la question de l'identité journalistique », *Réseaux*, n°138/Vol24, 2006.
[237] CARDON, D., DELAUNAY-TETEREL, H., in *Réseaux* n°138/Vol24, 2006, *op.cit.*

Médias personnels versus médias de masse
Les médias de masse sont depuis longtemps tenus pour responsables du nivellement des goûts et des opinions. Les adversaires du centralisme médiatique fustigent en effet l'imposition d'une « pensée unique » et l'absence d'une pluralité d'opinions dans les grands médias d'information. Alors que les recherches liés aux problématiques de la réception ont montré que le récepteur d'un message n'est jamais passif, on peut difficilement contester le fait que les médias de masse imposent des représentations relativement homogènes du monde social. Accusés de nier l'autonomie et la subjectivité de leur public, les médias de masse délivrent de manière verticale le même message à un auditoire éclectique. Aussi font-ils depuis de nombreuses années l'objet de virulentes critiques. Depuis les premiers écrits de Bell et Toeffler, les prophètes et autres experts autoproclamés qui ont fait vivre la tradition prospère de la prospective sociale, annoncent l'imminence de la disparition du modèle des médias de masse. Ils sont désormais convaincus que les nouveaux médias « multimédias » et « interactifs » sonnent le glas des médias de masse et annoncent l'ère de la participation médiatique généralisée.

Avec Internet, le modèle de diffusion de « points à points » (*many to many*) tend à se substituer au modèle traditionnel dit de « point à masse » (*one to many*) grâce notamment à l'essor des nouveaux médias personnels[238] ou *self media* – terme forgé en 1973 par le Québecois Jean Cloutier, et repris depuis par les chercheurs du MIT. Syndrome du nouvel individualisme, l'idée de personnalisation de l'information serait le dernier avatar du processus d'individualisation des pratiques de communication. Contrairement aux apparences, l'opposition entre *mass media* et *self media*, est relativement ancienne. Comme l'a montré Paul Beaud à la fin des années 1970, cette opposition met aux prises une « conception des *mass media* simplifiée à l'extrême pour les besoins de la cause : monolithisme et toute puissance d'un côté et, de l'autre, démagogie primitive retrouvée par le dialogue grâce aux technologies 'douces' de l'info décentralisée » qu'incarnent alors les « micro-media », « médias locaux » et autres « médias communautaires »[239]. Ce mouvement de « démassification » des médias dont il est question depuis longtemps correspondrait en quelque sorte à un retour au stade antérieur au développement de la presse industrielle, premier média véritablement « de masse ». Il permettrait de revisiter un moment décisif de l'histoire des sociétés modernes, celui de la constitution de la sphère publique bourgeoise[240]. Le mythe

---
[238] LASICA, J.D., « The promise of the daily me », *Online Journalism Review*, 24 février 2002, http://www.ojr.org.
[239] BEAUD, P., *La société de connivence*, 1984, *op.cit*, p. 208.
[240] HABERMAS, J., *L'espace public*, Payot, 1993.

de l'espace public parfait associé aux illusions techniciennes trouve ainsi son prolongement dans Internet et les nouveaux médias. Chaque bloggeur est, dans cette optique, un informateur, un commentateur de l'actualité, et un prescripteur d'opinion en puissance. Le phénomène des blogs coïnciderait avec le déplacement de l'espace public vers les nouveaux médias numériques et interactifs.

En tant qu'incarnation du modèle du *self media* en ligne, les blogs offrent à chacun le sentiment et la satisfaction de s'exprimer directement et d'être entendu. Mais il faut souligner qu'il est difficile de mesurer les effets réels de ces formes d'autopublication sur le Web, et encore plus d'en déduire les effets, à terme, sur la structure de l'espace public. Dans la cacophonie générale en ligne, il s'avère bien souvent difficile d'être entendu et d'entendre autre chose que les « bruits » de communication générés par la multiplication de ces canaux. Rares sont en effet les messages qui émergent de la masse d'informations publiés sur les blogs. Leur audience est généralement limitée aux réseaux sociaux dans lesquels s'inscrivent les bloggeurs. Hormis les blogs de journalistes, d'écrivains, et de spécialistes reconnus dans un domaine précis, les blogs ne génèrent pas d'audience siginificative. Il ne s'agit pas là de leur vocation, rétorquent les experts de la question et les futurologues qui voient dans la généralisation des « blogs », « wikis » et autres « podcasts »[241] la victoire des « médias des masses »[242] sur les « médias de masse ».

Le journalisme face à la « blogosphère »

Avec le succès des « blogs », les frontières des territoires du journalisme professionnel tendent à se brouiller davantage. Des travaux récents ont bien montré que la généralisation de l'autopublication aboutissait à la « recomposition de l'espace public médiatique » et à la « dispersion du journalisme hors de ses frontières traditionnelles »[243]. Il n'est donc pas pertinent d'établir une distinction entre professionnels et amateurs dans la « blogosphère »[244]. D'une part, des journalistes créent leur propre blog indépendamment – quoique dans la continuité – du travail effectué pour le compte du média qui les emploie. D'autre part, qu'ils soient témoins d'un événement ou qu'ils commentent l'actualité, des amateurs (vidéastes, bloggeurs)

---

[241] Un « wiki » est un site Web collaboratif dont le contenu peut être librement changé par les visiteurs autorisés. Le « podcast » est un moyen de diffuser gratuitement en ligne des fichiers audio et vidéo.
[242] Dernier essai dans la veine prophétique : DE ROSNAY, J., *La révolte du pronetariat*, 2005, *op.cit.*
[243] Voir les numéros 137/Vol24 et 138/Vol 24 de la revue *Réseaux*, 2006.
[244] JEANNE-PERRIER, J., LE CAM, F., PELISSIER, N., 2005, *op.cit.*, p. 186.

s'aventurent sans complexe sur le terrain traditionnellement réservé aux professionnels de l'information journalistique. Journaliste, professionnel de la communication ou simple amateur, dans la « blogosphère », nul n'a besoin de s'acquitter d'un quelconque droit de passage pour écrire sur un sujet d'actualité. Ainsi convergent, à la marge du journalisme professionnel, des personnes qui se retrouvent autour de formes d'expression journalistique ou para-journalistique. Dès lors, les pratiques d'information qui se généralisent sur le Web tendent à rendre caduc le principe de la séparation entre professionnels du journalisme et non-professionnels.

Comme de nombreux internautes, certains journalistes tiennent leur propre blog. Lorsqu'ils y écrivent des articles ou des contributions sur des sujets d'actualité, ils le font bénévolement et pour leur propre compte ; ils ne touchent donc pas, pour cela, de rémunération. Dans ce cas précis, la pratique du blog sort du cadre de l'exercice du journalisme professionnel tel que le définit la Commission (CCIJP). Son ancien président, Olivier Da lage, nous a confirmé qu'un article (« post ») sur un blog ne peut pas être considéré comme une pige. Il s'agit d'une contribution bénévole à la production d'un discours sur l'actualité. Toutefois, comme bien souvent, la frontière entre le « professionnel » et « l'amateur » est poreuse. Il existe deux types de blogs tenus par des journalistes professionnels : les blogs personnels indépendants (réalisés hors du cadre professionnel) et les blogs personnels hébergés sur le site de l'éditeur (qui constituent une matière éditoriale offerte à l'employeur) – dans le deuxième cas, il est impossible de prétendre que le blog ne relève pas d'une démarche professionnelle. S'il convient de les différencier formellement, il s'avère en réalité difficile d'opérer une distinction entre ces blogs de nature différente tant le style, le ton, et la qualité du contenu se ressemblent.

Si la pratique du blog est en train de se généraliser chez les journalistes, il faut souligner qu'il ne s'agit pas seulement d'un mouvement spontané. Les éditeurs de sites d'information (médias traditionnels ou 100% Web) s'intéressent eux aussi de près à ce produit médiatique d'un genre nouveau. Des responsables de plusieurs journaux ont en effet souhaité créer un espace dédié, sur le site Web, aux blogs personnels des journalistes de la rédaction du titre. Ces derniers ont ainsi été mis à contribution pour développer leur propre blog sous la bannière du titre ; et ce sans rémunération supplémentaire. La pratique du blogging qui s'effectue pour le compte du site Web du journal aurait pu faire l'objet de négociations salariales. Ça n'a pourtant pas été le cas. Effectuée dans le cadre professionnel, cette pratique ne semble toutefois pas devoir être considérée comme une forme d'extraction d'un « surtravail » journalistique. Certes, Pierre Assouline, journaliste au *Monde* et auteur d'un blog intitulé « la

République des livres »[245], remarque que tenir un blog représente un « travail considérable ». Mais aucun des journalistes que nous avons contactés par mail à ce sujet ne s'en est plaint. Aucune gêne par rapport à cette initiative prise par leur employeur ne semble transparaître dans leur discours. Au lieu de dénoncer une quelconque intensification du travail, Pierre Assouline déclare, sur son blog, avoir été pris au « jeu » : « Il faut le tenir à jour tout le temps (…) J'ai décidé de le tenir à flux tendu ».

« Jeu » plutôt que contrainte, la pratique du blogging est consommatrice de temps et les journalistes consentent généralement à « prendre sur leur temps libre » pour alimenter leur blog, preuve que l'interpénétration des sphères du travail et du hors-travail ne cesse de progresser. Bien que cette activité n'entre pas directement dans le corpus de leurs tâches « obligatoires », elle s'inscrit bel et bien dans le cadre de leur activité salariée. Il ne s'agit pas, dans ce cas-là, d'une démarche personnelle et extra-professionnelle d'un journaliste qui, à l'instar d'autres bloggeurs, serait animé par le désir de créer un espace pour exprimer ses cas de conscience ou publier des textes refusés par sa hiérarchie. La pratique du blogging s'inscrit plutôt dans la politique managériale axée sur la diversification des contenus éditoriaux et à laquelle les journalistes, « bloggeurs volontaires », ont bien accepté de s'associer. Dans une certaine mesure, il s'agit d'une forme d'exploitation de la parole journalistique, faite en douceur et avec le concours de ceux qui la subissent. Et cet exemple illustre également la difficulté dans laquelle nous nous trouvons de définir ce qu'est le blog, produit hybride.

Pour les éditeurs qui ont créé une rubrique ou un espace « blogs » (Lemonde.fr, Libération.fr, Lesechos.com, Lenouvelobs.com, etc.), le blog constitue une nouvelle unité éditoriale qu'il faut promouvoir. Et les éditeurs ne mettent pas seulement à contribution leurs journalistes. Ils encouragent également la participation de leurs lecteurs en suscitant chez eux l'envie de devenir eux-mêmes journalistes ou éditorialistes. Sur le site Web, un espace plus ou moins grand leur est désormais réservé. Dans la rubrique blog du site du quotidien *Le Monde* (« la maison des blogs »), un message est adressé aux lecteurs dans ces termes : « devenez votre propre éditeur en ligne ». Ainsi, des grands titres de la presse de référence qui ont créé une rubrique blogs sur leur site ont choisi, non sans que cette décision n'ait fait l'objet de discussions, parfois animées, au sein des rédactions, d'ouvrir leur espace éditorial aux auteurs de blogs, des anonymes ou des personnalités extérieures au journal. Avec les forums et autres « chats », les internautes disposaient déjà d'un espace dans lequel ils pouvaient s'exprimer. Le blog représente donc un outil

---

[245] http://passouline.blog.lemonde.fr.

supplémentaire d'expression et d'interaction. Mais en intégrant les blogs d'internautes dans l'espace éditorial de leur site Web, les éditeurs s'engagent dans une nouvelle voie. Les internautes peuvent désormais parler d'eux-mêmes et commenter l'actualité au même titre que les journalistes. Des grands médias américains ont très rapidement compris l'opportunité que représentait la collaboration régulière de bloggeurs. En 2002, la chaîne Fox News s'est notamment attachée, parmi les auteurs de blogs à succès, les services d'une mère de famille, d'un féru d'informatique ou d'un éducateur, afin d'alimenter sa nouvelle rubrique « Foxweblog »[246].

Sur le plan de la morale professionnelle, une question vient dès lors à se poser. Peut-on mettre sur le même plan une information émanant d'un professionnel du journalisme et celle émanant d'un non professionnel sans banaliser outre mesure la production journalistique ni entamer la crédibilité du titre auprès de ses lecteurs ? Du point de vue pratique, sur quel critère un éditeur peut-il choisir de mettre en avant tel ou tel type de blog ? L'éditeur doit-il vérifier le contenu de l'information publiée sur un blog qu'il héberge sur son site? D'un point de vue juridique, la question qui se pose est celle de la responsabilité de l'éditeur, en tant que garant du contenu diffusé sous son nom de marque. Crédibilité du blog, responsabilité du média, tels sont les défis nouveaux auxquels se confrontent les responsables des sites de médias traditionnels depuis que la parole « profane » (blogs et commentaires de « simples lecteurs », d'experts ou de personnalités) a fait son apparition dans l'espace éditorial. Le plus surprenant dans tout cela est peut-être qu'aucune signalétique particulière ne permet parfois de dissocier clairement le blog d'un amateur de celui d'un journaliste de la rédaction. En 2006, au sein de l'espace blogs du site Libération.fr (« Libeblogs »), on trouvait de façon indifférenciée des blogs de journalistes et des blogs de non-journalistes. Dans la colonne de droite, apparaissait une liste d'une dizaine de blogs: ceux, par exemple, de Jean Quatremer, d'Erwan Cario ou d'Emmanuel Davidenkoff, tous trois journalistes à *Libération*, mais aussi ceux de Jean-Pierre Mercier ou Jean-Pierre Balpe, respectivement maître national d'échec et écrivain.

---

[246] RICHARD, E.,« Blog toujours tu m'intéresses », *Libération*, 19 mars 2002.

La banalisation du journalisme

Figure 7. « Piqué aux jeux », le blog d'Erwan Cario pour Liberation.fr

Si l'internaute ne connaît pas l'identité de l'auteur – celle-ci n'apparaît pas en page d'accueil – il doit cliquer (sur le lien « à propos de l'auteur ») pour prendre connaissance de cette information. Les sites Web du *Monde* et du *Nouvel Observateur* mettent autant en avant les blogs des journalistes de la rédaction, que les « blogs préférés » des internautes et les blogs récemment créés. Sous la bannière des Echos.fr, une communauté de bloggeurs s'est créée. Cette communauté regroupe non pas de simples internautes, fidèles au titre, mais des personnalités du monde de l'économie, chefs d'entreprise, experts, décideurs, etc. Ces derniers, à qui le site Web du journal économique accorde une place de choix dans son espace éditorial, peuvent s'exprimer au même titre que les journalistes de la rédaction.

Le fait de trouver, côte à côte, sur le site d'un titre reconnu, ces deux types de blogs (de journalistes et de non-journalistes), indique qu'une transformation des représentations traditionnelles est en cours de réalisation au sein du groupe des journalistes. Malgré la résistance de certains, une barrière psychologique semble néanmoins avoir été franchie. Sur Internet, les grands médias apportent en quelque sorte leur concours à la consécration du journalisme amateur, même si la place qui lui est accordée reste encore marginale – les « amateurs » partagent avec les journalistes une seule rubrique parmi les nombreuses que compte le site. En revanche la démarche d'ouverture de l'espace rédactionnel à des non-professionnels revêt une signification toute symbolique. Cet espace n'est plus le sanctuaire du journalisme professionnel. Cette ouverture s'inscrit dans une stratégie éditoriale plus large qui consiste à mettre en scène la « démocratisation » des pratiques journalistiques : chacun doit pouvoir prendre activement part à la fabrication de l'information. Tel est le message adressé à la communauté des lecteurs. Or, cela a pour effet de remettre en cause la séparation traditionnelle entre journalisme professionnel et journalisme non-professionnel. L'appropriation des blogs par les médias traditionnels brouille encore un peu plus les frontières et fragilise la légitimité des journalistes.

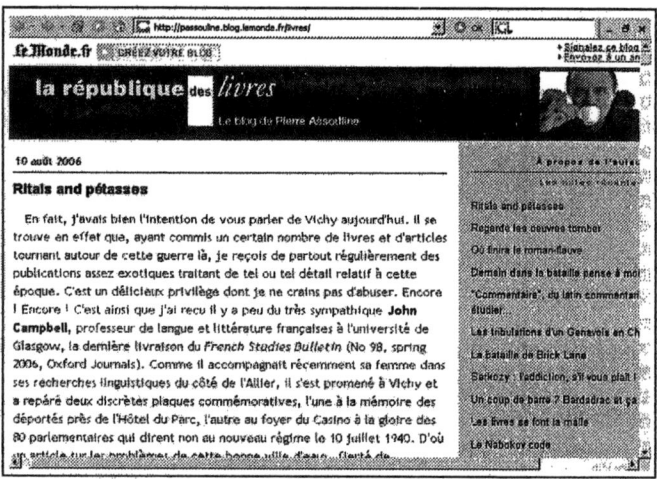

Figure 8. « La République des livres »,
Le blog de Pierre Assouline pour Lemonde.fr

Figure 9. L'espace blog des Echos.fr
réservés aux personnalités extérieures au journal

2 - Du journalisme « citoyen » à la critique du journalisme

« Journalisme collaboratif », « journalisme participatif », ou « journalisme citoyen », ces expressions désignent bien souvent le même phénomène : l'association jugée féconde entre journalistes, contributeurs occasionnels et « simples » lecteurs. On parle déjà de médias « proam » (pour professionnel-amateur). Mais de tels concepts suggèrent un glissement subreptice vers une conception du journalisme dans laquelle les journalistes professionnels ne sont plus nécessaires. Un média « participatif » ou « contributif » offre un contenu produit par des journalistes professionnels, mais pas seulement. Selon le slogan du journal en ligne Coréen Ohmynews.com : « every citizen is a reporter ». Dans l'esprit du journalisme participatif qui commence à s'étendre aux médias classiques, chaque citoyen, également lecteur et consommateur d'informations, peut devenir informateur (« reporter ») pour un média collaboratif. La fin du journalisme professionnel pointe-t-elle à l'horizon ?

Vers des « médias citoyens »

Ohmynews

Lancé en 2000, Ohmynews a rencontré un vif succès. Ce journal en ligne qui recense en moyenne 20 millions de visites par jour fonctionne grâce à la participation de « citoyens-reporter » qui soumettent en permanence des articles à l'équipe constituée d'une quarantaine de journalistes professionnels, chargés de retravailler cette matière première informationnelle. Un réseau international qui compte 35 000 reporters aux profils très divers s'est progressivement constitué autour de cette idée originale. Pour contribuer à Ohmynews, il suffit de s'enregistrer et d'envoyer un texte signé. En fonction du trafic généré par leurs articles, les rédacteurs peuvent recevoir une rémunération. Dans un pays, la Corée du sud, où l'usage d'Internet (et du haut débit) est le plus répandu au monde, les sites et portails d'information en ligne représentent, notamment pour les jeunes, la première source d'information. Ohmynews a, en outre, réussi à s'imposer comme une alternative crédible aux journaux traditionnels coréens considérés comme très conservateurs. De « faiseur d'opinion », le journal en ligne est devenu « faiseur de président », comme l'ont souligné les commentateurs de la presse internationale. Ohmynews aurait joué un rôle primordial dans la campagne de 2002 et dans le succès du candidat progressiste à la présidence, Roh Moo-Hymn. Une fois élu, ce dernier a fait un geste symbolique fort en direction de la presse en ligne, et d'Ohmynews en particulier, en accordant sa première entrevue d'après élection au « journal citoyen ».

Le journalisme après Internet

Figure 10. Page d'accueil du journal en ligne coréen Ohmynews

Agoravox

Dans la foulée du succès et de la montée en notoriété d'Ohmynews, le site français Agoravox a été créé en juillet 2005 et se présente comme la « *première initiative européenne de journalisme citoyen gratuit à grande échelle* ». Sur le modèle du site coréen, Agoravox prétend être un « journal-citoyen » permettant à chacun de faire entendre sa voix en devenant rédacteur. Qualifié de « capteur en temps réel », chaque individu muni d'un « simple téléphone, d'un ordinateur, d'un appareil photo » peut devenir un reporter-citoyen d'Agoravox. Initié par le futurologue Joël de Rosnay et Carlo Revelli, tous deux actionnaires de la société Cybion, spécialisée en veille stratégique et intelligence économique, le projet Agoravox repose sur le constat que : « *grâce à la démocratisation effective du multimédia et des NTIC, tout citoyen peut devenir potentiellement un reporter capable d'identifier et de proposer des informations à haute valeur ajoutée* ». Nulle obligation d'être journaliste, ni de posséder un style journalistique, pour participer à Agoravox. À condition de proposer des informations inédites et d'accépter de signer ses contributions, n'importe qui peut devenir reporter-citoyen. En avril 2007, le site comptait plus de 16 000 contributeurs réguliers et comptabilisait environ un million de visites par mois. Les initiateurs du projet espèrent pouvoir à terme attirer des annonceurs et rémunérer les contributeurs en fonction du trafic généré par leurs articles, à l'instar d'Ohmynews.

La banalisation du journalisme

Figure 11. Page d'accueil du « journal citoyen » Agoravox

Faire soi-même son média : de nouveaux enjeux industriels

Ohmynews et Agoravox, les pionniers du genre, ont fait des émules. Le créneau du journalisme participatif est en effet investi par de nouveaux acteurs de l'information d'actualité. Créés courant 2007 par d'anciens journalistes de *Libération* et par Le Monde interactif, les sites Rue89 et LePost souhaitent eux-aussi promouvoir un autre journalisme « ouvert » à l'expression des internautes et à la circulation des informations. Ces exemples rappellent qu'Internet s'est imposé comme le support privilégié du journalisme participatif et amateur. Pour cela, la facilité d'utilisation du média a été déterminante. S'il incarne parfaitement le modèle du média citoyen, Internet fonctionne également comme un accélérateur de tendances. Avec la mode du Web 2.0, les thèmes de la « démocratisation de l'information » et de la création d'une « intelligence collective » refont surface. C'est dans ce contexte que les médias ont accéléré le rythme de leur conversion à l'esprit participatif. L'industrie du contenu généré par les utilisateurs est aujourd'hui en plein essor. Les grands groupes de communication ont très bien compris l'intérêt du modèle qui repose sur la production gratuite du contenu par le public. La chaîne de télévision Curent TV créée aux Etats-Unis par Al Gore offre un bon exemple. Cette chaîne câblée qui cible le public jeune repose sur un modèle de programmation original dit « *viewer created content* ». Les téléspectateurs sont incités à transmettre par Internet les petites vidéos (de une à cinq minutes) qu'ils ont eux-mêmes réalisées. Current TV a passé un accord avec le groupe BskyB de Murdoch pour développer localement (en Irlande) ce « concept » de télévision. Le même

Murdoch est devenu propriétaire de la plateforme de communautés en ligne Myspace. Il est dès lors incontestable que les médias participatifs représentent un enjeu industriel et commercial considérable.

Les partisans des médias participatifs et du journalisme citoyen s'enthousiasment de la brèche ainsi ouverte dans le système de diffusion officiel de l'information. Les créateurs d'Agoravox vont même plus loin en prédisant le déclin des grands médias après avoir repris à leur compte les prophéties de Martin Nisentolz, directeur du site Web du *New-York Times* : « Dans cinq ans, les médias auront plongé si profondément que les personnes informées chercheront auprès des blogs d'amateurs en qui ils ont confiance l'information dont ils ont besoin ». Dans ce nouvel « écosystème de l'information »[247], les lecteurs-citoyens compteront davantage sur le réseaux de bloggeurs que sur les journalistes professionnels pour signaler, distribuer et rectifier l'information à mesure que l'actualité se déroule. La pertinence et la hiérarchie de l'information sera en permanence réévaluée par la communauté des internautes à travers le système de notation déjà en vigueur dans la plupart des sites d'information et qui permet un classement des contributeurs sur critère d'audience. Dans cette nouvelle ère de l'information, il sera ainsi possible de se passer définitivement de la presse et de ses acteurs traditionnels. Suivant ce raisonnement, l'avènement du journalisme participatif pourrait conduire à la disparition du journalisme professionnel.

Si ces incantations prophétiques ne rencontrent pas encore une large audience, elles reposent néanmoins sur une vision partagée par plusieurs acteurs du monde des médias. En effet, le modèle du journalisme « participatif » ou « citoyen » sous-tendu par l'idée que le tout-venant est une source potentielle d'information et peut exercer de l'influence, commence à séduire. Le « *do-it yourself journalism* » s'alimente de la croyance dans les apports des NTIC à la vie démocratique, croyance qui ne cesse d'être renforcée par le processus continu d'innovation technique. La réduction du coût d'acquisition du matériel audio, photo et vidéo (appareil photo et caméscope numérique, matériel de montage, etc.) et surtout la transformation du téléphone portable en terminal multimédia doté des fonctions photos et vidéo, démultiplient le nombre des témoins potentiels d'événements médiatisables et les possibilités de capture du réel. Dernièrement, deux événements médiatiques majeurs – le tsunami en Asie du Sud-est à la fin 2004 et les attentats de Londres de juillet 2005 – ont mis en lumière l'existence de ressources considérables provenant de simples témoins[248].

---

[247] GILLMOR, D. *We the media. Grassroots journalism. By the people. For the people*, O'Reilly, 2004.
[248] COSTEMALLE, O., « Quand M. Tout-le-monde s'improvise reporter », *Libération*, 20 août 2005.

La banalisation du journalisme

Porté par une génération de nouveaux entrepreneurs de médias, le discours « modernisateur » sur le journalisme citoyen se présente bien souvent comme une réponse aux critiques – vidées en grande partie de leur substance la plus subversive – adressées au journalisme et aux institutions médiatiques. À l'occasion de l'octroi par le CSA de nouveaux canaux, dans le cadre de la mise en place de la Télévision Numérique Terrestre (TNT), des opérateurs de télévision ont repris à leur compte le thème et la rhétorique du journalisme citoyen. Parmi les chaînes locales nouvellement créées, TéléGrenoble – dont la majorité du capital appartient à la société Antennes Locales, elle-même propriété du groupe France Antilles Comareg – se définit comme un « média de médiation » et souhaite développer « un réseau dense de particuliers 'corespondants-vidéastes' ». Dans les discours tenus par les responsables de cette nouvelle chaîne, il est dit que TéléGrenoble « associe les habitants » de l'agglomération grenobloise, invités à alimenter la chaîne en contenu, à travers la collecte de reportages vidéo et la mise en place d'un dispositif de « vidéomaton ». À condition de disposer de son propre matériel et de respecter quelques consignes de formes pour la réalisation des reportages (2 minutes environ), tout le monde peut devenir correspondant-vidéaste de la chaîne locale. Pour Jacques Rosselin[249], Président d'Antennes locales, les vidéastes et reporters amateurs de TéléGrenoble, « avec leurs petites caméras DV », maillent le territoire mieux que ne pourrait le faire une équipe, même pléthorique, de journalistes professionnels.

Si les journalistes « citoyens » incarnent l'avenir du journalisme, ils permettent d'abord à la chaîne d'être alimentée en contenu gratuitement ou à moindre coût. « *Si on veut être présents partout sans dépenser trop d'argent ni en ayant des tas d'équipes, il faut trouver des partenariats avec des localiers* [250]». Chaîne commerciale, TéléGrenoble est soumise aux mêmes contraintes économiques que les médias traditionnels et doit fonctionner « à l'économie »[251]. L'enjeu principal est de pouvoir économiser sur les coûts fixes (locaux, personnel etc.), grâce aux contributions bénévoles, en mettant la rhétorique participative au service d'un projet de nature commerciale. Le fait de s'approprier, d'une certaine façon, l'héritage philosophique (techno-libertaire) des pionniers de l'Internet, enrichi par les apports des pratiques initiées au sein

---

[249] Fondateur de l'hebdomadaire *Courrier International* et de Canal Web, chaîne de télévision sur Internet du temps de la « bulle », Jacques Rosselin, qui affectionne les nouveaux « concepts » de médias, n'est pas, avec TéléGrenoble, à son coup d'essai.
[250] Propos tenus par Jacques Rosselin, en janvier 2005, lors de la soirée de présentation des projets en compétition.
[251] « Le journalisme et l'économie », *Actes de la recherche en sciences sociales*, n°131-132, mars 2000.

des médias alternatifs fonctionnant – comme nous allons le voir au sujet du réseau Indymedia – sur un mode horizontal et décentralisé, confère à ce type d'entreprise une légitimité certaine. La chaîne et ses actionnaires escomptent bien engranger les bénéfices de la promotion de leur image citoyenne en attirant à eux un public prêt à produire « gracieusement » du contenu. Il est donc important de rappeler qu'indépendamment des discours produits sur eux, les « médias citoyens » sont avant tout des médias commerciaux qui occupent un nouveau créneau sur le marché de l'information.

Indymedia ou la critique radicale du journalisme

Les expériences de « journalisme participatif » reposent sur le credo que l'information (de type journalistique) est devenue l'affaire de tous. Chaque personne serait ainsi potentiellement une source d'information et pourrait même devenir son propre éditeur. Sur Internet, les sites personnels, blogs et autres wikis forment une constellation de lieux d'échange d'informations et d'expression directe qui court-circuitent les instances d'intermédiation traditionnelles. Pour certains auteurs, l'outil Internet même et le principe d'autopublication en ligne contribuent à régénérer l'espace public. Des travaux portant sur les usages militants d'Internet vont dans ce même sens[252]. Internet favoriserait, d'une part, l'auto-organisation des luttes (horizontalité, réactivité, etc.) et démultiplierait, d'autre part, les cibles de l'information militante (*mailing lists*). Dès la fin des années 1990, Internet a pris place au sein de la nébuleuse « *antiglobalization* » comme outil de mobilisation et support d'information adapté au nouveau contexte des luttes sociales. L'histoire retient que les rebelles zapatistes du Chiapas ont été les premiers à avoir su exploiter les ressources du « réseau des réseaux » afin de donner une résonance internationale à leur lutte pour la dignité indigène et contre le pouvoir central mexicain. L'armée zapatiste (EZLN) a ainsi réussi à faire de son combat, le symbole d'une nouvelle résistance globale au « néolibéralisme ». En quelques années, le sous-commandant Marcos est devenu l'emblème de la guérilla « glocale » à l'ère d'Internet. En s'affranchissant des contraintes de la distance, et de la dépendance à l'égard des relais traditionnels d'information, tout en encourageant le décloisonnement des luttes, les insurgés du Chiapas ont posé les bases d'un nouvel internationalisme en réseau (électronique).

---

[252] GRANJON, F. *L'Internet militant*, Apogée, 2001, GEORGES, E. *L'utilisation de l'Internet comme mode de participation à l'espace public dans le cadre de l'AMI et au sein d'Attac : vers un renouveau de la démocratie à l'ère de l'omnimarchandisation du monde*, Thèse de doctorat en Sciences de l'information et de la communication, Université Paris X et Université du Quebec, 30 avril 2001.

La banalisation du journalisme

En décembre 1999, lors de la réunion des pays membres du G7 à Seattle, le mouvement de contestation à la mondialisation libérale se dote d'une plateforme d'information et de communication fonctionnant selon les principes d'indépendance et d'horizontalité. Le premier IMC (*Independant Media Center*) naît à Seattle avec comme objectif de mettre en pratique la devise forgée par les « *mediactivists* » de la frange la plus radicale et anticapitaliste du mouvement: « *don't hate the media, be the media* ». Ce centre de médias indépendants se fixe alors comme objectif de permettre une meilleure coordination des actions d'opposition à la tenue du sommet, ainsi que d'informer en temps réel les militants sur le déroulement des différents événements. Structure souple et temporaire (pour la durée du sommet du G7)[253], l'IMC de Seattle a donc offert au mouvement les moyens de contrer l'information fournie par les médias commerciaux et étatiques, en s'autonomisant dans le domaine stratégique de la production et de la diffusion de l'information.

Dès lors, à chaque contre-sommet, à chaque rencontre des mouvements « *antiglobalization* » (rebaptisés « altermondialistes » après le contre-sommet de Gènes), des centres de médias alternatifs assurent un relais d'information au service des militants. Au-delà de la mise en place ponctuelle de ces IMC, un réseau de sites Web s'est progressivement constitué à l'échelle mondiale afin de rendre pérenne la pratique d'une information indépendante et critique. Ainsi, le réseau global Indymedia, qui compte aujourd'hui près de 200 sites, regroupe des sites Web d'information sur les luttes et les enjeux des luttes locales. Ces sites sont administrés par des collectifs locaux. Par respect de la volonté de décentraliser les moyens d'information, les collectifs s'attachent à créer des sites de villes ou de régions plutôt que des sites de pays. Plusieurs sites Indymedia sont apparus en France, dans la foulée de la disparition du premier site Indymedia français[254]. En 2007, ils étaient au nombre de huit : Paris, Nice, Lille, Nantes, Grenoble, Toulouse, Marseille, Auvergne. Ces collectifs ouverts fonctionnent de manière autonome dans le respect des grands principes constitutifs de l'esprit Indymedia : absence de hiérarchie, autogestion, autofinancement (ni subvention, ni publicité), etc. Si « l'information n'est pas neutre », comme on peut le lire en haut de la page d'accueil du site de l'IMC de Grenoble, les collectifs Indymedia se prévalent d'une totale indépendance à l'égard de toute organisation politique, associative ou syndicale. La subjectivité revendiquée par les membres d'Indymedia qui se recrutent en général dans les milieux libertaires autonomes et dans les mouvances d'extrême gauche, donne

---

[253] Les « utopies pirates » dont il est question dans TAZ (pour *Temporary Autonomous Zone*) écrit par l'anarchiste Hakim Bey, ont largement inspiré les pionniers du réseau Indymedia. BEY, H., *TAZ, Zone d'autonomie temporaire*, L'éclat, 1997.
[254] Indymedia France ferme en 2001 en raison de problèmes de fonctionnement et de violentes polémiques apparues après la publication, sur le site, de propos antisémites.

une « coloration éditoriale » aux sites du réseau sans qu'il y ait réellement une « ligne » politique stricte.

La particularité des sites Web Indymedia est de fonctionner sur le modèle de la publication ouverte (*Open publishing*). Chacun a ainsi la possibilité de poster librement un article ou une brève, d'annoncer un événement et d'ajouter des commentaires. Dans la pratique, sur chaque site, un onglet apparent (« publiez ») permet au contributeur d'accéder à l'interface de publication. Les messages, qui peuvent être signés ou anonymes, sont modérés *a posteriori* par les membres du collectif qui se basent sur une charte dont ils se sont préalablement dotés. La modération se fonde sur les règles de la charte dont les grandes lignes ne varient pas d'un site à l'autre. Les messages à caractère publicitaire (spam, etc.), raciste, sexiste, homophobe ou injurieux, sont systématiquement refusés.

Figure 12. Le site d'Indymedia Grenoble

Indymedia est donc un média contributif. Ce sont les internautes et non les administrateurs des sites du réseau qui fournissent l'essentiel des informations publiées. Même si ces derniers peuvent produire eux-mêmes du contenu (écrit, audio, photo, vidéo), il demeure qu'Indymedia se démarque de beaucoup d'autres médias alternatifs et non-commerciaux sur Internet[255] qui

---

[255] On peut citer Samizdat.net ou encore, dans un tout autre registre, le réseau Altermedia.org, le pendant d'extrême-droite du réseau Indymedia qui représente les idées de la mouvance nationaliste et « identitaire ».

disposent de rédacteurs et d'une équipe éditoriale (journalistes professionnels ou amateurs), chargés de produire l'information. Les collectifs Indymedia combattent tout autant les fonctionnements hiérarchiques que la spécialisation fonctionnelle et la séparation stricte des tâches. Sur des tracts distribués par le collectif Indymedia Grenoble, on peut même lire : « sur Indymedia il n'y a ni journalistes à la botte, ni rédacteur en chef, ni chef ».

À l'instar d'autres médias Web alternatifs, Indymedia produit une critique en acte des médias dits « dominants » ou « bourgeois » (médias d'Etat ou commerciaux). D'un collectif à l'autre, des disparités existent cependant quant à l'attitude qu'il convient d'adopter à l'égard de la posture et du rôle de journaliste. Certains IMC se définissent comme des collectifs de journalistes critiques et indépendants. Ces derniers souhaitent faire du journalisme autrement et proposent, d'une certaine manière, de se substituer aux professionnels du journalisme. À ce sujet, le fondateur d'Indymedia Chiapas interrogé par mail, tient à préciser qu'il fait bel et bien un « travail de journaliste » en alimentant réguliérement la colonne centrale du site. Selon lui, cette dernière doit être, à la différence de la colonne de droite totalement ouverte, un espace éditorial strictement réservé aux reportages réalisés par les membres du collectif. De son côté, l'IMC de New York[256] fonctionne sur le modèle des rédactions traditionnelles, avec des conférences de rédaction, une répartition des tâches, des échéances, mais sans organigramme ni hiérarchie fixe. Malgré ces exemples qui illustrent la diversité des niveaux d'engagement dans la production de l'information au sein du réseau Indymedia, il faut noter que les collectifs, dans leur majorité, cherchent à se démarquer totalement du journalisme *mainstream* en défendant le principe de publication ouverte.

La majorité des collectifs mettent en avant une critique radicale, sans concession, du journalisme. La charte du Centre de Médias indépendants Grenoble (CMI Grenoble) stipule : « nous ne sommes pas des spécialistes de l'information ». Le collectif Indymedia produit une critique globale du journalisme et n'hésite pas à dénoncer les grands mythes journalistiques et l'idéologie professionnelle. C'est la fonction sociale même du journaliste (filtre, intermédiaire, pédagogue, etc.) qui est visée. Les membres du CMI Grenoble ne se reconnaissent que dans un seul rôle, celui de « porte-voix » des « sans-voix », des « gens en lutte ». Par ailleurs, il faut ajouter que la critique du journalisme s'inscrit dans une critique de la spécialisation des activités sociales. Nourrie par la pensée libertaire et le gauchisme des années 1970 – dont l'imaginaire égalitaire a été fortement alimenté par les représentations positives de la

---

[256] BECKERMAN, G., « Edging away from anarchy. Inside the *Indymedia* collective, passion vs.pragmatism », *Columbia Journalism Review*, September,October 2003.

révolution culturelle chinoise (refus du clivage entre intellectuel et manuel) – la critique du journalisme prend dans ce cadre une coloration particulière. C'est bien ici sur le fait même que le journalisme corresponde à une profession (qui plus est une profession intellectuelle) que porte la critique. Même si les journalistes n'appartiennent pas à une profession fermée, la possession d'un quasi-monopole sur un ensemble déterminé de compétences leur confère un pouvoir. Et c'est la légitimité même de ce pouvoir qui fait l'objet d'une dénonciation sans équivoque, d'autant plus lorsque ce pouvoir (avant tout symbolique) consiste à (re)produire et à diffuser des discours et des représentations qui servent l'ordre établi.

Ainsi, les « médiactivistes » dénoncent le pouvoir symbolique et l'autorité professionnelle que détient la « corporation » des journalistes[257]. Cette dernière est choisie comme cible en tant qu'elle représente une activité fondée sur un partage clair des rôles entre, d'une part, des producteurs d'information actifs et, d'autre part, des consommateurs passifs. Poussant au bout la logique aujourd'hui à l'œuvre dans le monde des médias institutionnels, qui vise à « démocratiser le journalisme » et à réduire la distance entre professionnels et amateurs du journalisme, certains activistes des médias vont jusqu'à préconiser la disparition de la figure du journaliste. Dans ce discours de radicalité, seule compte alors l'appropriation sociale de la production et de la diffusion de l'information selon des modalités qu'il convient de construire par « en-bas », collectivement et de manière égalitaire.

3 - Les pouvoirs perdus des journalistes

Les possibilités qu'offre Internet en matière d'autopublication ont eu pour effet, dans une certaine mesure, de démocratiser l'accès au rôle de journaliste – et non à la profession de journaliste toujours aussi fermée – et d'entériner la mutation des relations entre lecteurs et producteurs d'information, amateurs ou professionnels. Les webzines indépendants, « sites persos » et autres blogs ont permis à de nombreux amateurs attirés par le journalisme d'exprimer leurs vues sur l'actualité, d'exercer leur « plume » et d'imiter les professionnels. Publier une information, un « coup de gueule », une enquête ou signer un « billet »,

---

[257] Pour les sociologues des professions, l'autorité professionnelle est fondée rationnellement. Le professionnel base en effet son autorité sur une formation intellectuelle spécialisée à l'issue de laquelle il est autorisé à exercer sa « profession ». Everett Hughes souligne que les professionnels « professent » qu'ils connaissent mieux que les autres la nature de certaines questions, et qu'ils savent mieux que leurs « clients » ce qui ne va pas chez eux. C'est sur cette prétention légitime qui s'appareille au statut (légal et symbolique) des professions que la critique porte. HUGHES, E., *Le regard sociologique*, 1996, *op.cit.*

La banalisation du journalisme

procure certaines gratifications. La pratique du blog est bien souvent apparentée à l'expression d'une forme de narcissisme. L'autopublication en ligne offre en effet les moyens de parler de soi-même et à soi-même mais, souvent, en circuit clos. Quant à la concurrence que pourrait représenter, pour les éditeurs, l'autopublication en ligne, il faut prendre la juste mesure de ce phénomène. Son impact sur les métiers du journalisme est aujourd'hui assez faible. L'audience de la plupart des blogs et des médias alternatifs reste encore confidentielle et la confiance du public se porte encore relativement spontanément sur les journalistes et médias reconnus. Les acteurs traditionnels de l'information journalistique ne sont pas encore sur le point de perdre leur position privilégiée. Néanmoins, l'apparition d'Internet a eu pour effet de confirmer des transformations de fond qui touchent les médias et les pratiques d'information. Nous avons ainsi remarqué qu'Internet permettait de mettre en lumière deux grands mouvements conjoints qui interagissent l'un avec l'autre: la professionnalisation du lectorat et la déprofessionnalisation des journalistes.

Redistribution des compétences journalistiques

Si l'essor de l'autopublication sur Internet peut conduire, à terme, à une certaine professionnalisation des amateurs du journalisme[258], l'évolution générale du rapport du lectorat à l'information s'apparente aussi, dans un certain sens, à un processus de professionnalisation. Avec les nouveaux médias, les pratiques de recherche et de consommation de l'information s'intensifient et se diversifient. L'attitude passive du consommateur d'information semble aujourd'hui disqualifiée. Internet démultiplie les possibilités en matière de recherche d'information : accès à un nombre considérable de sources d'informations (médias, administrations, entreprises, ONG, etc.), utilisation d'une multitude d'outils de recherche (moteurs, annuaires), constitution de revues de presse personnalisées, accès aux archives de la presse, etc. D'autre part, les outils d'interactivité[259] offrent une grande latitude dans l'organisation des connaissances et la navigation sur le Web, à condition toutefois de savoir s'en servir de manière efficace. L'utilisation des outils (favoris, menus, moteurs

---

[258] Nous avons déjà donné l'exemple d'auteurs de « sites persos » devenus journalistes, celui de bloggeurs embauchés par Fox News, ou encore celui du bloggeur irakien, Salam Pax, devenu chroniqueur pour *The guardian*.
[259] Il faut distinguer « l'interactivité d'accès » de « l'interactivité de contenu ». La première fait référence à la nature de l'interface homme-machine et les fonctions dont dispose un utilisateur pour exploiter les ressources du réseau. Nous utilisons ici le terme « interactivité » dans ce sens. Voir VERNARDET, J., « L'interactivité des news sur Internet ; vers une transformation du rôle des médias », Communication lors des Journées doctorants du GDR Tic&Société, Sceaux, octobre 2002.

de recherche, liens hypertextes etc.) conditionne en effet les succès et le « rendement » de l'activité de recherche d'information. Des compétences autrefois détenues quasi exclusivement par les professionnels de la documentation, se sont progressivement et largement diffusées avec Internet. Alors qu'Internet est en passe de devenir la base de données universelle la plus complète[260], l'importance de la maîtrise des logiques de recherche et de navigation en ligne se fait de plus en plus sentir.

Des linguistes et des cogniticiens ont montré que l'hypertextualité rompait avec les conventions classiques de lecture en permettant, non seulement une lecture non-linéaire[261], mais surtout un nombre infini d'options de navigation. La structure arborescente du réseau rend chaque parcours de recherche unique. Alors que les parcours s'individualisent, les internautes doivent mettre en place, à l'instar des professionnels de la documentation, une méthodologie efficace afin de pouvoir se repérer et se déplacer dans les réseaux numériques. Même si les algorithmes qu'utilisent les moteurs de recherche de Google sont suffisamment performants pour permettre au plus grand nombre de se passer d'outils ou de méthodes facilitant la recherche, certaines habitudes en augmentent néanmoins l'efficacité : constitution de « favoris » (sites préférés ou fréquemment visités) et de classements thématiques des résultats de la recherche, utilisation différenciée des moteurs selon la nature des requêtes, ajustement de la saisie des mots-clefs à la stratégie de recherche, etc. Alors que les ressources en matière d'information semblent illimitées, les internautes sont avertis qu'il doivent, plus que jamais, prendre garde de ne pas perdre pied dans la masse considérable des informations disponibles. À l'instar de nombreux journalistes et professionnels de l'information, des chercheurs se sont ainsi efforcés de réaffirmer la nécessité d'établir une médiation entre l'informateur et la matière informationnelle afin de contenir si ce n'est d'éviter totalement la dispersion et la déperdition de temps, d'efforts et d'informations.

Notre propos n'est pas de nous prononcer ici sur le fait qu'il faille ou non considérer la fonction de médiation comme un « impératif ». En revanche, nous pouvons dire que si, sur Internet, une certaine forme de « professionnalisation » du lecteur ne remet pas totalement en cause la légitimité du principe de médiation, elle est susceptible, à terme, d'en atténuer sensiblement la nécessité.

---

[260] Avec son projet de bibliothèque numérique baptisé *Google print*, la société américaine Google s'est lancée dans une entreprise pharaonique mais controversée dont l'objectif est, dans un premier temps, de transformer en données numériques des millions de livres et, à terme, de numériser le stock mondial de textes imprimés.

[261] Il faut noter que le journal en augmentant progressivement sa pagination, a contribué à habituer le lecteur à une lecture non linéaire et partielle. Un journal quotidien comportait quatre pages au début du siècle. Aujourd'hui, *Le Monde* en compte en moyenne 30. Dès lors l'habitude de lire l'intégralité du contenu du journal disparaît au profit d'une lecture sélective facilitée par l'organisation des informations en rubriques.

La banalisation du journalisme

Pour le moment, la prise d'autonomie du lecteur dans la démarche de recherche d'information est encouragée par les professionnels de l'information. Du fait que l'internaute dispose d'un accès facilité à la matière première traditionnelle des journalistes, dépêches d'agences, communiqués de presse, documents originaux publiés en ligne (rapports, études, discours officiels...), les éditeurs de site font le choix de l'accompagner dans sa démarche. Mark Deuze parlait en 1999[262], au sujet de l'usage par la presse en ligne des liens hypertextes, d'une idée « rusée » qui permet au lecteur de retracer le chemin de la collecte et de la fabrication de l'information. Les articles publiés sur Internet comportent en effet de plus en plus souvent de liens hypertextes permettant à l'internaute de consulter directement les documents mentionnés et visiter les sites Web des sources auxquelles se réfèrent les journalistes. Les sites Web des éditeurs mettent donc ce type de documents et de liens au service des internautes qui souhaitent puiser directement l'information à sa source, plutôt que de se contenter de la matière telle qu'elle a été travaillée par les journalistes, sous forme d'articles, de synthèses, ou de commentaires (éditorial, analyses, etc.). Les éditeurs font le constat qu'un nombre croissant de consommateurs d'informations mettent en œuvre des compétences qui relèvent traditionnellement du travail des professionnels de l'information : recouper, vérifier, creuser les informations diffusées par la presse ou par d'autres sources d'informations. Les internautes effectuent parfois, à l'instar des bloggeurs, un travail de contre-enquête et jouent également le rôle de « chien de garde » des médias, traquant les erreurs ou les écarts des journalistes[263]. Journaliste à *Libération*, Emmanuelle Richard[264] cite les propos de l'écrivain et bloggeur américain Ken Layne : « Souvenez-vous de la crise de l'anthrax, les médias américains ont réagi de façon complètement exagérée [...] Les bloggeurs ont très bien su remettre l'histoire en perspective ».

L'attitude des éditeurs face à la montée en puissance de l'autonomie du lecteur fut, paradoxalement, d'encourager cette tendance plutôt que de la freiner. À la fin des années 1990, d'aucuns faisaient déjà le constat qu'avec Internet, « l'audience » pourrait se passer définitivement des journalistes[265]. En favorisant l'individualisation de la recherche et des choix en matière d'information, le journalisme Web contribuait ainsi à scier la branche sur laquelle toute la profession était assise. Alors que dans cette nouvelle conception du rapport à l'information, le journaliste ne peut plus décider à la place de son lecteur ce que

---
[262] DEUZE, M. ,« Journalism and the Web », *Gazette* Vol 61(5), 1999, Sage Publications.
[263] « Quand les blogs deviennent les 'chiens de garde' des médias », *Le Monde*, 18 février 2005.
[264] RICHARD, E., *op.cit.*
[265] DEUZE, M., *op.cit.*

ce dernier doit savoir, les éditeurs ont malgré tout tenté le pari d'une autonomie relative du lecteur tout en réaffirmant simultanément l'importance du rôle de « guide » ou de « filtre » que jouent le média et le journaliste. On pourrait ainsi résumer leur analyse : si l'internaute est en droit et en mesure de vouloir davantage d'informations et de choix, tout doit être fait pour qu'il obtienne satisfaction en consultant le site Web. Il faut bien observer le rapport qui se noue entre le lecteur, l'éditeur et le journaliste sous l'angle de ce qu'on pourrait appeler les relations de service généralisées. Comme le disent Nicolas Pélissier et François Demers, l'objectif est de « proposer au cyberlecteur un hypermarché aux informations »[266]. L'internaute doit avoir accès au maximum d'informations à partir du site pour ne pas devoir parcourir seul le réseau : dossiers, documents bruts, liens vers les sources, éléments de contextualisation, de mise en perspective, etc. L'enjeu est de lui fournir ce qu'il souhaite même si cette pratique va à l'encontre de l'intérêt du journaliste, engagé dans la défense de son rôle de « passeur », de « traducteur » du réel qui va bien au-delà de celui du simple « accompagnateur » facilitant, tout en la canalisant, la navigation de l'internaute. Le journaliste peut difficilement se réjouir de l'autonomie ainsi acquise par le lecteur sans finir par renoncer à croire en la légitimité de sa fonction.

> *« Pour un lecteur, rationnellement c'est mieux de lire un article qu'un rapport. Pour quelqu'un qui n'est pas spécialiste, ça lui prend beaucoup moins de temps et on peut espérer que le journaliste a bien fait son métier et lui donnera la substantifique moelle du rapport...Mais les gens, ils veulent quand même aller voir le rapport [rire] on se demande ce qu'ils en font mais... C'est très étonnant de voir que les gens sont beaucoup plus attirés par les rapports et les machins que par l'actu chaude. Moi j'ai rien contre, c'est le problème des gens. Mais ça me parait... rationnellement c'est idiot parce qu'on a un temps limité et, je veux dire, autant l'utiliser intelligemment. »* [Chef de service Internet. Paris. Décembre 2004.]

Perte de l'aura journalistique et crise de légitimité

Face à l'essor de l'autopublication et à l'évolution des comportements de leurs lecteurs, les journalistes Web peuvent légitimement craindre d'être, à terme, dépossédés de leur expertise et de devoir abandonner leur rôle traditionnel de *gate keeper*. Comme l'a bien montré Jane B. Singer[267], les

---
[266] PÉLISSIER, N., DEMERS F., *Les territoires glissants de l'Internet de proximité*. p. 173-203. In : PAGÈS, D. et PÉLISSIER, N. (dir.), *Territoires sous influence /2*. 2001, *op.cit.*
[267] SINGER, J.B., « Stepping back from the gate : online newspaper editors and the co-

journalistes doivent reconsidérer leur fonction de *gate keeping* pour s'ajuster à la nature interactive d'Internet. Internet défie la notion même de *gate*, et les journalistes voient leur pouvoir de plus en plus menacé par la capacité croissante des internautes à chercher, à créer et à diffuser eux-mêmes du contenu. D'autre part, le succès du portail d'actualité Google News augmente la crainte des journalistes Web d'être définitivement remplacés par la « machine ». La « désintermédiation », qui, dans le langage économique, signifie le fait de supprimer un intermédiaire coûteux entre une offre et une demande de service (comme ce fut le cas dans les métiers de la banque bouleversés par l'arrivée d'Internet), représente une menace qui plane au-dessus des journalistes Web.

Internet cristallise, en terme de contenu de métier, une tendance majeure : le recentrage de l'activité du journaliste sur un ensemble de fonctions relevant traditionnellement du champ de la documentation. Ce que nous avons appelé processus de « déprofessionnalisation » correspond en réalité au partage, voire à la perte, d'une partie de « l'autorité rationnelle », pour reprendre la terminologie wébérienne, dont peut se prévaloir un professionnel du journalisme. Internet a en effet permis aux éditeurs de rendre facilement accessibles aux lecteurs certaines des ressources traditionnelles des journalistes. À partir de ce matériau original et des informations glanées sur le réseau, l'internaute est, d'une certaine manière, en position d'accomplir lui-même le travail du journaliste. C'est en ce sens que nous parlons de partage de compétences avec l'internaute. Celui-ci accède au procès de fabrication de l'information journalistique et peut remonter les différentes étapes de la chaîne de production de cette information. Le journaliste lui concède en quelque sorte certains de ses secrets de fabrication.

Nous avons précédemment vu, en dessinant les contours de l'activité du journaliste Web, que ce dernier effectue une série de tâches souvent éclatées et relativement éloignées des fonctions dites « nobles » du métier : investigation, entretiens, vérification, synthèse, écriture, etc. La forme que semble prendre le journalisme en ligne suscite des inquiétudes quant au risque de déqualification du travail journalistique. La perte d'intérêt pour son travail peut être observée à travers la transformation de la relation du journaliste Web avec l'internaute et à travers l'ancrage fort dans le rôle d'intermédiaire de l'information (organisation de l'information disponible, mise à disposition de ressources documentaires, etc.)[268]. On trouve là une explication partielle du complexe que développent les journalistes Web à l'égard de leurs homologues du support papier. L'absence ou

---

production of content in campaign 2004 », *Journalism and mass communication quaterly*, 83/2, summer 2006.
[268] Nicolas Pélissier et Nicolas Romain montraient déjà en 1998, qu'Internet laissait présager la valorisation de la fonction documentaire du journaliste au détriment d'autres fonctions, « Journalisme de presse écrite et nouveaux réseaux », *Les Cahiers du journalisme*, Décembre 1998, n°5.

la quasi absence du travail d'écriture est considérée par les journalistes Web comme une marque de l'infériorité de leur position dans le champ professionnel. Ce rapport frustré à l'écriture fournit un élément de compréhension de la construction chaotique de l'identité des journalistes Web en lien avec la redéfinition des frontières de métier (journaliste, documentaliste, etc.).

L'identité du journaliste Web est affectée par une double remise en cause de l'autorité dont il est censé disposer en tant que journaliste. À l'érosion de son autorité « rationnelle », liée à la disparition ou au partage de certaines de ses compétences, il faut ajouter le déclin de son autorité « charismatique ». A ce sujet, Max Weber a montré qu'il y a une part de sacré dans l'autorité rationnelle dont dispose le professionnel[269]. Ainsi, la dimension charismatique n'est pas évacuée du monde « rationnel-légal ». Le charisme nait, paradoxalement, de la reconnaissance d'une forme de légitimité fondée rationnellement. Or, on attribue de moins en moins de qualités exceptionnelles au journaliste. Ce dernier doit affronter, à l'ère d'Internet, une concurrence croissante. Par conséquent le sentiment de perte de « l'aura auctoriale » est assez répandu chez les journalistes Web. Ce charisme qui semble les fuir est une dimension qui fait traditionnellement corps avec l'image du journaliste professionnel censé allier la compétence et le talent de celui qui enquête et qui écrit, réalise et signe ses articles ou ses reportages.

Nous sommes ici conduits à reconsidérer la question du professionnalisme. Pour les sociologues des professions, le professionnalisme s'articule autour d'une connaissance et d'un savoir-faire spécifiques qui confèrent à leurs dépositaires exclusifs une expertise socialement reconnue. Dans la dynamique de la professionnalisation, les professionnels cherchent à établir un monopole dans un domaine d'expertise qui puisse les rendre irremplaçables aux yeux de leur « clients »[270]. Or, la logique actuellement à l'œuvre dans le journalisme consiste, inversement, à décloisonner et à redistribuer les compétences journalistiques. Aussi la « professionnalisation » du lectorat et l'essor de l'autopublication sur Internet mettent-elles à mal les stratégies de défense du professionnalisme des journalistes ; ces derniers devant se résoudre à être concurrencés sur leur propre terrain par leur « client ». Les savoirs et savoir-faire journalistiques ne sont définitivement plus l'apanage des professionnels placés devant l'obligation de défendre vigoureusement leur monopole. Nous avons fourni quelques éléments de compréhension du glissement vers une conception du journalisme comme activité partagée et

---

[269] WEBER, M., *Economie et société*, Pocket, 1995.
[270] Dans le sens que lui donne la sociologie des professions, le terme « client » désigne la personne qui bénéficie de l'expertise d'un « professionnel ».

participative. Sur Internet, les frontières entre lecteurs, amateurs et professionnels paraissent encore plus ténues qu'ailleurs. Dès lors, le contenu et les limites de la notion de professionnalisme deviennent protéiformes. C'est l'une des raisons qui nous a poussées à considérer la question du « professionnalisme » hors du cadre professionnel strict.

Alors que sur le Web, le journalisme peine toujours à déterminer les contours de ses formes professionnelles, le risque est réel que le métier entre dans une crise générale de légitimité. Et cette crise serait la conséquence de la remise en cause de la relation hiérarchique informateur/informé et du cantonnement du journaliste dans le simple rôle « d'infomédiaire ». Nous avons vu que sur Internet, le journaliste ne se présente pas comme celui qui sait et qui peut décider unilatéralement ce qui est « bon » pour le lecteur. Le journaliste met à la disposition un ensemble de contenus et de services, s'effaçant devant la « demande ». Un responsable éditorial du site Web d'un quotidien national définit ainsi le rôle, peu valorisant, de ses journalistes : « *permettre au lecteur d'aller chercher ce qui l'intéresse. Il a beaucoup plus de profondeur, une espèce de back-office qui lui permet d'aller directement puiser ce qui l'intéresse [...] Je pense que c'est pas totalement faux ce que dit le patron de* la Tribune*. Il dit : 'le papier c'est une logique d'offre, on offre au lecteur des infos qu'il n' a pas, et le Web c'est une logique de demande, il va chercher, le lecteur va chercher ce qui l'intéresse sur le Web'.* » [Paris. Décembre 2004.]

Ce mouvement de « déprofessionnalisation » cadre avec la montée en puissance dans le monde de la presse des contraintes économiques et des logiques marketing. Ce phénomène sur lequel nous allons à présent nous arrêter fragilise la profession et les bases de son idéologie professionnelle. Avec la généralisation de la relation de services marchands, on assiste au glissement du sens que l'on donne traditionnellement à la relation entre le « professionnel » et son « client ». La sociologie des professions attribue au « professionnel » le droit et le devoir d'éclairer son client à la lumière de son « expertise ». Tel est le présupposé du rapport hiérarchique qui lie le professionnel au profane. Or, la hiérarchie s'inverse lorsque le « client » prend le contrôle de la relation de service comme c'est le cas dans la relation commerciale. Le client est fait « roi ». Progressivement, la définition « marchande » du client prend donc le pas sur sa définition « professionnelle ». Cette évolution touche la plupart des professions et coïncide plus généralement avec la dernière étape de la transformation du système productif qui consacre définitivement « l'économie de la demande » au détriment de « l'économie de l'offre ». Dans la rhétorique managériale, le produit ou le service est censé être déterminé par son destinataire. Le journalisme, au même titre que d'autres métiers du champ de la production intellectuelle, n'échappe pas à l'influence de ce nouveau credo. Ce dernier contraint les journalistes à questionner les limites de leur autonomie professionnelle et annonce de profondes transformations de la culture du journalisme.

CHAPITRE VI
Sous l'emprise du marketing

L'expression anglaise *marketisation* pourrait traduire le phénomène qui nous intéresse ici au tout premier plan. La généralisation du marketing n'est bien entendu pas propre à la presse. C'est la société dans son ensemble qui est gagnée par le marketing pendant que la marchandise et ses symboles s'imposent comme la « signification imaginaire sociale »[271] dominante. L'emprise croissante des logiques économiques et du marketing dans la presse a déjà fait l'objet de nombreux travaux qui ont permis de mettre à jour des phénomènes aujourd'hui bien connus : conversion au management des équipes de direction des journaux, croissance de la dépendance à la publicité, intensification des luttes concurrentielles et de la quête d'audience, etc. Or, nous voulons ici évoquer le fait que la presse et le journalisme en ligne constituent de bons révélateurs de ces tendances dont ils concourent, par certains côtés, à accélérer le mouvement. Aussi, le journalisme en ligne peut-il être conçu comme un laboratoire au sein duquel se renouvelle en douceur le journalisme (les pratiques et les représentations des journalistes) en corrélation étroite avec l'évolution du rapport au lecteur-consommateur (individualisation de la relation et valorisation de la participation de l'internaute au processus de production).

1 - Marketing éditorial et publicité en ligne

C'est à l'issue d'un long processus d'acculturation entravé par de fortes résistances internes au champ professionnel que l'approche marketing a fini par devenir familière aux journalistes. Dès les années 1960, un travail de pédagogie du marketing commence à s'opérer en direction des acteurs des principaux secteurs de l'économie française. La presse ne va pas échapper à l'influence croissante de la pensée marketing. Intitulée « le marketing et ses applications aux journaux », la première conférence-marketing de la Fédération

---

[271] L'expression est de Cornélius Castoriadis. *L'institution imaginaire de la société*, Seuil, 1975.

internationale des éditeurs de journaux (FIEJ)[272], qui se tient le 8 novembre 1973, ne cache pas ses objectifs : initier les directions de journaux au marketing et en promouvoir activement l'application à la presse[273]. Partant du constat que les dirigeants de presse et les journalistes ne sont pas à l'écoute des lecteurs de leur journal et négligent les problèmes que pose le marketing, cet organisme souhaite contribuer à faire tomber les « obstacles psychologiques à l'introduction du marketing dans les entreprises de presse »[274]. Contre l'inertie supposée des journaux et leur incapacité au changement, les prosélytes du marketing professent que c'est à la presse de « s'adapter courageusement à la clientèle et non l'inverse »[275]. Le mouvement qui s'amorce alors dans le monde des médias va progressivement conduire au renversement du rapport traditionnel du journal et des journalistes à l'information, et à leurs publics. D'une conception de l'information que l'on pourrait qualifier de « média-centrée » on passe à une conception « public-centrée ». Ce glissement affecte sensiblement les pratiques et les représentations des journalistes. Les journalistes doivent désormais être à l'écoute de leur public et anticiper sur ses « attentes » présumées. Dans cette optique nouvelle, les intérêts propres aux journalistes, au journal et à sa direction, sont censés passer après ceux du public-consommateur. Dans un certain sens, le journaliste y perd en autonomie. En outre, comme nous l'avons vu précédemment, il cède des parcelles de son autorité spécifique – son autorité d'auteur et de metteur en scène de l'information.

Si le marketing éditorial progresse dans tous les secteurs de la presse, l'approche marketing semble, à bien des égards, être constitutive de la presse en ligne. Quand Internet fait son apparition, la presse s'est déjà massivement convertie à l'économie – les managers occupent le terrain depuis les années 1980 – et le journalisme au marketing. En outre, le contexte idéologique de l'émergence du journalisme en ligne (« nouvelle économie » et « société de l'information ») est propice à la consolidation de ce nouvel esprit du journalisme. Les « concepts » éditoriaux pensés pour trouver un public, c'est-à-dire une audience commercialisable auprès des annonceurs, naissent et se développent sur Internet avec une grande facilité. Quant aux sites affiliés aux médias traditionnels (« sites-titres »), il leur est bien souvent assigné la fonction de servir de vitrine promotionnelle au titre et de recruter une nouvelle clientèle (le public « jeune »). Par ailleurs, comme elle représente la clef de voûte du

---

[272] La FIEJ est l'ancêtre de l'Association mondiale des journaux (AMJ). Cette association internationale d'éditeurs se penche sur les évolutions de la presse et plus particulièrement sur la question des enjeux des innovations technologiques et commerciales.
[273] ARCHAMBAULT, F., Compte-rendu de la 1er conférence-marketing de la FIEJ, 8 novembre 1973.
[274] *Idem.*
[275] *Idem.*

modèle économique de la plupart des sites d'information, la publicité occupe une place centrale dans l'esprit des responsables, comme dans celui des journalistes. L'emprise de la publicité apparaît de plus en plus directement visible, dans l'organisation même du contenu des sites. Dans ces conditions, la survie de la presse en ligne dépend de ses bonnes relations avec les annonceurs, au risque de devoir céder, parfois, à leurs pressions.

Les « pièges à pub »

Comme l'a souligné Jean-Marie Charon, la presse magazine qui se développe rapidement à partir des années 1970 promeut un type de publication qui repose sur le principe de la segmentation du public[276]. Les magazines en pleine expansion sont des magazines thématiques ou à « pôle d'intérêt ». Ce phénomène correspond à la découverte des « socio-styles » et au découpage de la population en catégories sociologiques conçues à partir des comportements de consommation. Ces magazines proposent un contenu à des lecteurs dont le profil a été étudié au préalable. Les titres du groupe Prisma (*Capital*, *Géo*...) incarnent parfaitement l'approche marketing de l'éditorial, approche dont Axel Ganz s'est fait expert. Une dizaine d'années avant l'entrée dans l'ère de la « nouvelle économie », la fin des années 1980 correspond à une période de croissance au cours de laquelle beaucoup de titres sont lancés sur le marché. À cette époque, les éditeurs créent des journaux en fonction avant tout des capacités du marché publicitaire à financer leurs projets. La logique qui domine le secteur de la presse magazine en pleine effervescence peut être résumée ainsi : un public existe et il intéresse des annonceurs ; il ne reste donc qu'à trouver un « concept éditorial » et un contenu à publier.

Aussi la presse magazine et spécialisée fait-elle l'objet de nombreuses critiques. Cette presse apparaît plus que jamais comme l'asile des « pièges à pub » – ces publications dans lesquelles l'information n'est qu'un prétexte à la publicité. Dans le courant des années 1990, avec le lancement de cahiers spéciaux, la presse quotidienne d'information, la presse dite « de référence », ne se tient pas à l'écart de ce mouvement de fond. Comme l'écrit Erik Neveu, la presse magazine et spécialisée constitue le « laboratoire des logiques marketing sur l'écriture et le travail rédactionnel »[277]. Or il existe beaucoup de similitude entre la presse magazine et la presse 100% Internet. Cette dernière naît, comme nous l'avons vu, dans un contexte économique favorable à l'aventure entrepreneuriale. Au cœur de la parenthèse dorée de la nouvelle économie, les portails thématiques et les journaux en ligne spécialisés se multiplient. En

---
[276] CHARON, J.-M., *La presse magazine*, 1999, *op.cit.*
[277] *Sociologie du journalisme*, 2001, *op.cit.*

l'espace de quelques mois seulement, des entrepreneurs de sites d'information se lancent dans une véritable course de vitesse – dans l'univers d'Internet, une croyance répandue veut qu'il n'y ait pas de place pour les seconds. Un terrain encore vierge, un marché publicitaire en pleine explosion, des investisseurs en nombre, etc. ; la période est en effet propice à la création de « produits d'information en ligne ». La plupart des concepts éditoriaux qui germent dans l'esprit des entrepreneurs de presse en ligne ont alors une chance de trouver des sources de financement. Dans l'euphorie ambiante, beaucoup se persuadent qu'ils détiennent « la bonne idée », le « concept » qui leur permettra à plus ou moins long terme de gagner de l'argent : sites dédiés aux « jeunes mariés », aux « seniors », aux « femmes urbaines et branchées », aux « adolescents », aux « passionnés de glisse », etc. Confirmant la tendance visant à la segmentation croissante des publics, la grande majorité des « produits éditoriaux » en ligne s'adressent à un « cœur de cible » que des études marketing définissent en amont. Parmi les dirigeants des sites, certains poussent loin la logique marketing. La plupart du temps, s'ils ne sont pas eux-mêmes du « métier » (anciens professionnels du commerce et du marketing), ils sont secondés par des spécialistes du domaine.

Dans le récit qu'il fait de ses quelques mois passés à la tête d'un projet de site d'information « masculin », Nicolas Riou explique la démarche de l'équipe d'Unhomme.com[278]. Alors qu'au début 2000, plusieurs sites féminins ont déjà été lancés, il établit le constat qu'il n'existe pas encore « *d'offre Internet s'adressant aux hommes. Il s'agit donc de combler un manque, et d'être les premiers à occuper le créneau du masculin* ». Pour les initiateurs d'Unhomme.com, l'essor récent de la presse masculine et le succès des sites « féminins » suffisent à prédire la réussite du projet. Comme la majorité des sites d'information 100% Internet qui ont vu le jour à cette époque, Unhomme.com choisit le modèle du financement par la publicité[279]. Pour Nicolas Riou, le modèle publicitaire est « *le même que celui de la presse magazine : vendre aux annonceurs des espaces publicitaires permettant de toucher une cible profilée* »[280]. La publicité finance le contenu. Cependant, outre les formats désormais classiques de la publicité en ligne, les instigateurs du projet souhaitent ajouter des « opérations spéciales ». Il s'agit de proposer à l'intérieur du site éditorial un espace dans lequel une marque peut développer librement son discours. « *Et si on proposait à Renault un espace dédié, où la marque au losange pourrait tenir un discours sur la sécurité et l'environnement ?* ». La marque partenaire disposerait ainsi d'un « *espace où*

---

[278] RIOU, N. *Comment j'ai foiré ma start-up*, Editions d'Organisation, 2001.
[279] Le site a pour vocation de s'adresser de manière la plus large possible au public masculin. Le contenu est fourni gratuitement au lecteur et financé essentiellement par la publicité.
[280] *Ibid*, p. 15.

Sous l'emprise du marketing

présenter de manière originale et attractive son offre »[281]. De façon plus nette que dans beaucoup d'autres médias, l'éditeur se présente alors comme un relais actif des stratégies de communication des entreprises qui achètent de l'espace publicitaire. Les contenus et les savoir-faire éditoriaux sont alors explicitement mis au service de l'annonceur.

Si la presse magazine (notamment féminine) est régulièrement l'objet de critiques au sujet de la confusion des genres qu'elle entretient (entre l'information et la publicité), dans ce type de webzines, les cloisons traditionnelles entre l'espace promotionnel et l'espace rédactionnel sont quasiment abolies. Dans l'esprit de Nicolas Riou, elles le sont pour le plus grand profit de l'éditeur, comme de l'annonceur. En proposant, en outre, une boutique en ligne en lien avec chaque rubrique du site, Unhomme.com souhaite devenir un *« vrai temple de la consommation au masculin »*. Dans cet exemple de site éditorial, la fonction d'information passe clairement au second plan. Le rédactionnel y est conçu comme un liant permettant de rapprocher le producteur, l'annonceur et le consommateur : *« Des articles traitant d'un sujet peuvent être accompagnés d'une offre commerciale, signalée par la simple présence d'une mention 'cliquez pour l'acheter' »*[282].

Ni célébration ni condamnation des « pièges à pub » sur Internet, *Comment j'ai foiré ma start-up* n'a pas pour objectif d'interroger la raison d'être de ce type de produits éditoriaux nés avec Internet. Pourtant, à la lecture de ce livre, il est difficile de faire l'impasse sur la question du statut que ces sites éditoriaux attribuent à l'information. La subordination de l'information de nature journalistique aux logiques de communication et de promotion y est évoquée sans jugement normatif. Dans le cas de ce webzine « masculin » comme dans bien d'autres cas le rédactionnel dispose face au commercial, d'une autonomie très limitée. La culture marketing imprègne en effet fortement l'univers éditorial des webzines. Pour ces sites Web d'information, il n'est dès lors pas pertinent de parler de perte d'autonomie du rédactionnel, tant la culture journalistique y est, dès l'origine, minoritaire. Malgré la faillite de la majorité des start-up spécialisées dans l'information en ligne, l'esprit du marketing éditorial plane toujours sur l'ensemble de la production journalistique sur Internet. À l'instar d'Unhomme.com, beaucoup de webzines apparaissent comme des sanctuaires de la montée des logiques hétéronomes dans le champ journalistique.

« De toute façon, nous, les journalistes, on écrit toujours pour une personne, on écrit pour un lectorat donné, qui a tel âge... Il y a le cœur de cible, c'est dit par le marketing, mais concrètement, c'est ça : moi,

---
[281] *Ibid*, p. 19.
[282] *Ibid*, p.20.

actuellement, j'écris pour des femmes qui ont le BTS et qui ont entre 20 et 30 ans. » [Pigiste Web. Paris. Juillet 2003.]

Il n'est donc pas rare que la partie éditoriale des sites d'information soit directement et ostensiblement mise au service des visées marketing. On a bien affaire là à un cas typique d'instrumentalisation du contenu et du discours journalistiques. Si le marketing agit directement ou indirectement sur la « ligne » du site, il faut en outre souligner que les investisseurs des sociétés Internet peuvent aussi exercer une influence non négligeable sur les projets et les contenus des sites. Le site d'information féminin Newsfam a dû, pour cette raison et à plusieurs reprises, remanier de fond en comble sa formule éditoriale : « *La ligne éditoriale a été remaniée plusieurs fois. Quatre en tout, je crois. C'était censé être un site 'femme urbaine active', dans la version 1. Dans la version 2, c'est devenu 'femme branchée parisienne' et après... plutôt 'madame tout le monde'.* » [Ex-webmaster éditorial. Paris. Novembre 2003.]

Dans ce cas, comme dans bien d'autres, la dimension rédactionnelle est subordonnée à la dimension gestionnaire, sans que les journalistes en ligne ne semblent réellement s'en émouvoir. Ces derniers ont en effet intériorisé les contraintes de gestion et se sont convertis en douceur au principe de réalité économique. Conscients des difficultés inhérentes au lancement d'un titre, les acteurs de l'information en ligne se retrouvent, dans le contexte du démarrage d'une activité, à devoir faire quelques concessions aux gestionnaires dans la mesure où cela permet de « se lancer ».

La presse réconciliée avec la publicité

Très vite le recours à la publicité pour financer l'activité éditoriale s'est imposé comme la solution la plus « naturelle ». Dépendants, dans un premier temps, de l'argent des investisseurs, les éditeurs de sites Web se résolvent, dans un second temps, à dépendre de l'argent des annonceurs. À la fin des années 1990, les ressources publicitaires progressent fortement dans le secteur des médias. Tous les supports profitent de la manne publicitaire, mais Internet connaît la progression des investissements la plus fulgurante. Les revenus publicitaires sur Internet explosent entre 1996 et 2000. De 5 millions de francs en 1996, le volume des investissements dans Internet atteint à la fin de l'année 2000, 3 milliards de francs (457 millions d'Euros), équivalent à celui du cinéma, mais encore loin derrière la presse et la télévision. En 2000, l'e-krach met un coup d'arrêt temporaire au mouvement haussier du marché publicitaire. Le cycle de croissance se referme alors, comme ce fut le cas dix ans auparavant. Avec la crise s'achève une courte période de forte activité éditoriale en ligne. Grâce à la conjoncture économique favorable (apport massif de capitaux et marché publicitaire dynamique) de nombreux sites avaient en effet vu le jour. Malgré la forte baisse des investissements publicitaires et ses conséquences directes sur l'activité des éditeurs d'information en ligne, quelques années après la crise, la publicité est plus que jamais considérée comme le premier carburant de l'économie de la presse en ligne.

Lorsque Internet fait son apparition, le principe du financement de la production de l'information par la publicité semble ne souffrir d'aucune contestation. Ni l'argent ni la publicité ne représentent réellement un tabou. Le rôle prédominant que joue la publicité dans l'économie de la presse fait aujourd'hui largement consensus. Aux vues des convictions affichées par la jeune génération d'entrepreneurs de presse, on en viendrait presque à croire qu'il en a toujours été ainsi. Or, la publicité de presse a longtemps suscité beaucoup de méfiance. Jusque dans les années 1970, le public et les journalistes n'ont jamais dissimulé leur hostilité à l'égard de la publicité, souvent associée, dans l'imaginaire social, au lucre et à la propagande. Historiquement liée à la tradition de la presse d'opinion, l'idée qu'il existe une incompatibilité fondamentale entre la fonction journalistique et la fonction mercantile est toutefois encore très répandue au sein de la société française. Une grande partie de la légitimité des journalistes repose toujours à l'heure actuelle sur cette volonté déclarée d'indépendance à l'égard des puissances d'argent.

La publicité est, jusqu'à la fin du XIXe siècle, strictement dissociée de l'espace rédactionnel et reléguée en dernière page des journaux d'information. Dans la presse de l'époque, la conception qui domine est celle du « mur » de publicité qui consiste à placarder sur une page du journal toutes les annonces de manière à isoler rigoureusement et ostensiblement la partie publicitaire de la partie rédactionnelle[283]. Engagés dans un long processus qui aboutit en 1935 à l'institutionnalisation de leur « profession », les journalistes ne se sont pas départis de la crainte que la publicité leur fasse perdre légitimité et crédibilité - de fragiles conquêtes. Cette peur apparaît d'autant plus vive et justifiée que de grands journaux ont été directement mêlés aux grands scandales financiers de la 3e République (affaire Stavisky, du Panama, des « emprunts russes », etc.)[284]. Ces scandales n'ont pas été sans conséquence : le discrédit qui touchait déjà la publicité financière rejaillit sur la publicité commerciale. Toutes deux sont alors perçues comme des moyens de corruption. Très forte dans la période de l'entre-deux-guerres, la méfiance à l'égard de l'argent traverse toutes les couches de la société française. Du côté de la classe ouvrière et du « peuple de gauche », la

---

[283] Voir à ce sujet MARTIN, M., *3 siècles de publicité en France*. Odile Jacob, 1992.
[284] EVENO, P., *L'argent de la presse française des années 1820 à nos jours*, Editions du CHCTS, Paris, 2003. MOLLIER, J.-Y., *Le scandale du Panama*, Fayard, 1991.

publicité incarne les « puissances mauvaises » de l'argent. Elle représente l'outil par excellence de l'inféodation de la presse au capital. Quant à la France catholique, elle voit la publicité comme le véhicule de l'immoralité et l'accuse d'encourager la tentation du lucre et l'avidité.

Même si les publicitaires se sont très tôt attachés à combattre la confusion née de l'association entre publicité et vénalité de la presse, le désamour pour la publicité de presse est, dans la première moitié du siècle, profond. Dans l'immédiat après-guerre, les journalistes restent majoritairement très hostiles à la publicité. Aussi, pour s'émanciper des pouvoirs de l'argent qui ont exercé une influence très préjudiciable sur la presse d'avant-guerre, les journaux nés ou ressuscités à la libération prennent-ils en considération la nécessité de garantir l'indépendance de l'organe de presse à l'égard des annonceurs. Dans l'esprit des journalistes issus des rangs de la résistance, comme dans celui des législateurs (voir les textes réunis sous l'appellation « Ordonnances de 44 »), il apparaît dès lors plus « sain » qu'il revienne aux lecteurs de faire vivre leur journal[285]. En outre, grâce aux subventions directes ou indirectes accordées par l'Etat, la presse d'après guerre réduit sa dépendance à l'argent de la publicité. L'équilibre économique des entreprises de presse repose néanmoins toujours sur le modèle du double marché (un journal se vend deux fois, une fois à l'annonceur et une autre au lecteur). Depuis 1944, la balance des recettes n'a jamais cessé de fluctuer. Si l'équilibre entre la vente du journal et la publicité se situe autour des 50%, Patrick Eveno rappelle que le poids de la publicité n'est pas égal selon les titres et les périodes[286]. L'auteur souligne par exemple qu'au début des années 1970, la part de la publicité dans la totalité des recettes des journaux était supérieure à aujourd'hui. Néanmoins, malgré la baisse de la part de la publicité, l'importance stratégique des ressources publicitaires dans le secteur des médias n'a jamais cessé d'augmenter. En raison de la baisse constante du lectorat et de la dispersion croissante des ressources publicitaires (la multiplication du nombre de titres et de supports implique un partage plus important des ressources publicitaires), la concurrence s'est exacerbée entre les titres et les supports d'information autour de l'enjeu prioritaire : le maintien ou la conquête de parts de marché publicitaire. La captation et la fidélisation des annonceurs s'imposent alors comme une préoccupation permanente des directions de journaux.

---

[285] Souvent cité en exemple par les journalistes, le *Canard Enchaîné* fonctionne intégralement sans publicité. Faisant figure d'exception, il ne doit sa survie qu'à sa base d'abonnés fidèles au titre.
[286] EVENO, P., 2003, *op.cit.*

Sous le charme de l'*e-pub*

La reprise des investissements publicitaires s'est amorcée depuis 2003 et confirmée par la suite. Parmi les médias qui bénéficient de cette reprise, Internet tire son épingle du jeu. D'après une étude de l'agence TNS-media, les investissements publicitaires sur Internet ont crû de 75% en 2005[287]. 1,13 milliards d'Euros auraient été investis dans la publicité sur Internet – précisons toutefois que les sites dédiés à l'information ne perçoivent qu'une faible part de la totalité de l'argent investi. Interrogé en 2004, le directeur de publication d'un site d'information spécialisé dans les nouvelles technologies prévoyait que la croissance de l'*e-pub* serait, dans son secteur d'activité, forte et rapide. « *Aujourd'hui l'audience d'Internet se rapproche de l'audience de la télévision. Pourtant, en termes de parts de marché, c'est très faible. Moins que la radio... Obligatoirement ça va s'équilibrer. Qui va morfler ? La presse ?* » [Directeur de rédaction. Paris. Janvier 2004.]

La suite lui a donné raison. L'*e-pub* se porte en effet aujourd'hui plutôt bien. Or celle-ci fait l'objet d'une attention toute particulière. Quels contenus ? Quels publics ? Quelles méthodologies de mesure? Telles sont quelques-unes des questions que se posent les acteurs du secteur. Des spécialistes (agences, cabinets d'étude, consultants..) s'intéressent à la dimension qualitative du message publicitaire et travaillent à améliorer son efficacité. En effet, selon les formats utilisés, la visibilité et l'attrait d'une publicité en ligne varient nettement. S'il est difficile de mesurer l'impact sur l'internaute d'une insertion publicitaire, on peut toutefois connaître le temps d'exposition à un message, et l'intérêt de l'internaute pour une publicité, grâce à différents indicateurs tels que la durée d'affichage de la page contenant le message, et le « taux de clic». Quand l'internaute clique sur un bandeau publicitaire, sauf erreur de sa part, c'est parce qu'il réagit à l'annonce. Parfois attiré par le caractère incitatif du message, en cliquant, il souhaite généralement en savoir plus sur l'annonce. Il est alors dirigé vers un mini-site publicitaire qui contient des renseignements sur un produit et qui lui donne, le plus souvent, la possibilité de s'enregistrer, voire de commander en ligne.

La publicité a fait son apparition sur Internet en 1994 aux Etats-Unis. Le 27 octobre 1994, précisément, lorsque le site Web du magazine *Wired* décide d'insérer en haut de sa page un bandeau pour le compte d'AT&T[288]. Il faut attendre 1996 pour voir apparaître les premières bannières publicitaires sur les sites Web français. La bannière classique, située horizontalement en haut de

---

[287] http://www.tnsmediaintelligence.fr/
[288] « *e-pub*: une aventure de 10 ans», www.journaldunet.com, 27 octobre 2004.

page et de taille standard (468x60 pixels), reste le format le plus utilisé. Néanmoins, l'usage de ce format connaît un recul constant, recul qui s'est accéléré à partir de 2005[289]. Du point de vue des annonceurs et des experts, cette tendance s'explique principalement par la perte d'efficacité de cette bannière. De 10% de taux de clics à ses débuts, elle n'en comptabilise aujourd'hui que 0,1% en moyenne. Depuis 1996, d'autres formats ont fait leur apparition dont le *skyscraper* (bannière verticale), « l'intersticiel» (publicité qui recouvre l'ensemble de la page pendant le chargement d'une page) ou encore le *pop-up* (rectangle de taille variable qui apparaît subrepticement et se superpose à la page). Les formats intrusifs ont très tôt séduit les publicitaires attirés par la visibilité offerte par les nouveaux formats. Néanmoins, les professionnels du secteur prennent en compte les réactions des internautes aux nouveaux formats et tentent de réduire les effets de rejet. Une bonne insertion publicitaire doit donc être suffisamment visible et attractive sans gêner outre mesure la lecture et la navigation. Face à ce foisonnement de formats différents, l'IAB[290] (l'Interactive Advertising Bureau) a tenté de définir des standards afin de normaliser la publicité en ligne. Aujourd'hui ces standards sont relativement bien établis et généralement respectés.

Malgré cette relative stabilisation, la publicité en ligne a recours aux nouvelles technologies pour renouveler constamment ses formes et ses formats. Elle intègre de plus en plus les technologies dites *Rich media* qui permettent d'inclure des contenus multimédias. Ainsi, les créations publicitaires privilégient toujours davantage les logiques d'animation visuelle ou sonore. Développée par la société Macromedia, la technologie « Flash » a fait son apparition dans l'*e-pub* en 2000. Cette technologie permet notamment de générer des animations interactives à l'intérieur des bannières publicitaires. Ainsi, le « Flash transparent » permet même de s'émanciper des limites dans lesquelles la bannière publicitaire est confinée. Une animation peut s'ouvrir à n'importe quel endroit de la page et y évoluer selon une trajectoire définie par le programme informatique. L'introduction, dans le contenu publicitaire, de ces animations et, plus récemment, de la vidéo, a marqué la fin de l'ère de la publicité en ligne statique. Alors que les taux de clics sont très faibles pour les formats statiques, les créations animées et interactives obtiennent de bons résultats (en terme de popularité des campagnes et de taux de clic). L'*e-pub* vidéo a littéralement explosé entre 2004 et 2005. Grâce à la généralisation du haut débit, les formats publicitaires animés et grands consommateurs de bande passante (comme la vidéo), ont envahi le Web. À tel point que les pages tendent à être saturées par

---

[289] « Les grandes tendances des formats *e-pub*», www.journaldunet.com, 15 septembre 2005.
[290] L'IAB (International Advertising Board) est une fédération d'associations nationales visant à développer le marché de la communication sur Internet.

les animations multimédias. De nombreux sites donnent ainsi l'impression visuelle d'être des espaces parcourus d'un entrelacs d'enseignes et de guirlandes électriques colorées et clignotantes. Si elle n'est pas la seule à utiliser ces procédés, la publicité en ligne en use abondamment.

Devenus particulièrement impopulaires, les *pop up* (et leur opposé, les *pop-under*), sont en passe d'être abandonnés au motif qu'ils « polluent » les sites. Toutefois des formats publicitaires très intrusifs ont, paradoxalement, encore la côte. C'est le cas des « interstitiels » qui apparaissent intempestivement et recouvrent la page. C'est également le cas de la bannière expansive (*expand banner*) qui se déroule sur la totalité ou une partie de la page entravant considérablement la lecture. En résistance à cette hausse de l'intensité publicitaire, des logiciels ont été développés afin de « bloquer » automatiquement l'apparition des publicités. Si les bloqueurs de *pop-up* sont aujourd'hui très répandus (les navigateurs Internet Explorer et Firefox en ont intégrés dans leurs versions récentes), certains logiciels fonctionnent comme de véritables pare-feu pour contenir, en les désactivant, tous les formats de publicité. Par exemple, le « flashblock » du navigateur libre Mozilla bloque le contenu des animations « Flash » publicitaires.

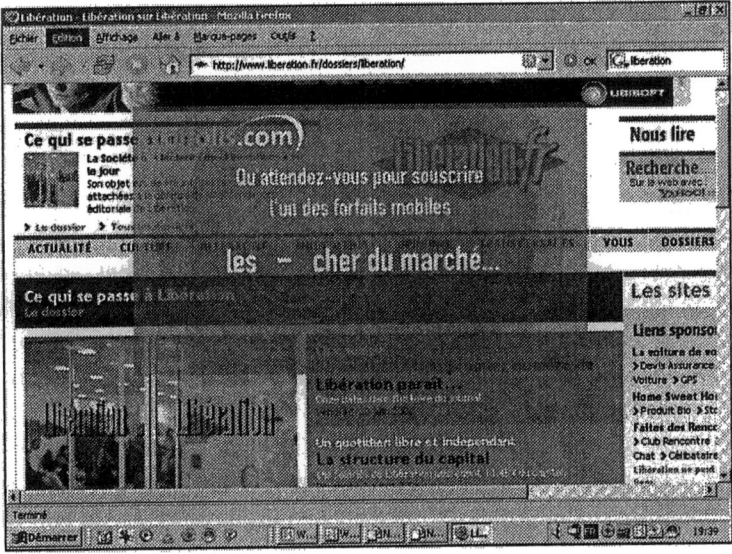

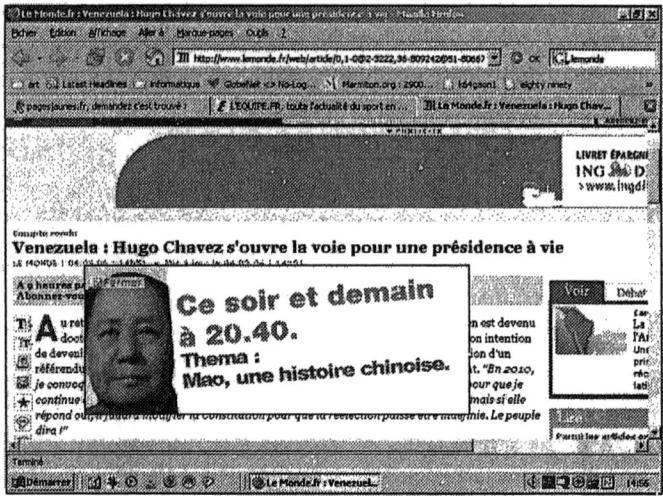

Figure13. Et 14. Exemples de formats de publicité intrusive couvrant le contenu des articles sur les sites Liberation.fr et Lemonde.fr

Ces parades à l'envahissement publicitaire, sommes de petites tactiques, contrebalancent difficilement les tendances de fonds. Le caractère envahissant, intrusif, de l'*e-pub* s'affirme, s'émancipant toujours davantage des cadres dans lesquels elle était jusque-là confinée. Alors que, sur les dix années écoulées, la taille des publicités en ligne n'a pas cessé de croître[291], l'*e-pub* s'est recentrée en parallèle sur les modalités d'une meilleure intégration de ses messages au contenu rédactionnel des sites d'information. Toujours plus imposants, les formats publicitaires grignotent du terrain sur l'espace rédactionnel. Plutôt que d'intervenir sans cesse sur la configuration de la page Web, l'*e-pub* tend désormais à mieux se glisser à l'intérieur du contenu. L'attention des annonceurs se porte plus spécifiquement sur les carrés et rectangles publicitaires placés au cœur même des articles. Ces formats publicitaires en ligne – qui ne se contentent pas d'imiter le modèle de l'encart publicitaire utilisé dans la presse écrite puisqu'ils pénètrent plus en profondeur dans l'espace de l'article – s'adaptent particulièrement bien aux sites d'information. Plus classiques, ces formats n'en sont pas moins intrusifs. Avec la généralisation des animations sonores et vidéo, la publicité impose bruyamment sa présence et nuit davantage à la concentration du lecteur. La lecture du texte qui s'organise tant bien que mal autour de l'espace dédié à la publicité est de la sorte rendue extrêmement fastidieuse. Or, il ne semble pas que les responsables de publications en ligne aient saisi

---

[291] Les formats sont en effet sans cesse plus grands. De 26280 pixels2, la surface moyenne d'une publicité est passée à 71834 pixels2 selon l'étude réalisée par le site Direct marketing news citée par le Journaldunet, 27 octobre 2004, *op.cit*.

l'importance des enjeux en présence, ni exprimé le souhait d'affronter les questions soulevées par la surenchère publicitaire et qui touchent à ce qu'il est convenu d'appeler le « contrat de lecture ». Attirer les annonceurs sur le site reste la priorité, quels qu'en soient bien souvent les moyens. Si les décisions concernant la place et les formats de la publicité se prennent hors des rédactions, des journalistes en ligne n'hésitent pas pour autant à s'exprimer sur le sujet :

« *Nous, c'est des réflexions qu'on a, en tant que journalistes. C'est-à-dire que sur Internet, il y a des formes de publicité qui ne nous plaisent pas forcément, notamment des fonds d'écran aux couleurs de l'annonceur. Donc ça arrive effectivement que la page soit aux couleurs de tel ou tel annonceur, et c'est vrai qu'on essaie d'être vigilants à cet égard et d'éviter que, pour le lecteur, il puisse y avoir un mélange entre la publicité, le rédactionnel. Nous, on aime bien quand même qu'il y ait des espaces promotionnels bien identifiés par nos lecteurs et, d'un autre côté le rédactionnel à part entière, que la frontière soit bien définie. Alors quand on arrive sur des formes de publicité où ce sont des fonds d'écran aux couleurs d'un annonceur, là ça devient un petit peu...* » [Rédacteur en chef. Paris. Décembre 2004.]

L'intégration de la publicité à l'intérieur du contenu a franchi un pas supplémentaire avec l'avènement de la publicité dite « contextuelle ». Les technologies qui se sont développées ces dernières années (de type *Google Adsense*) permettent d'ajuster finement des annonces publicitaires à des contenus. De puissants algorithmes travaillent en effet à faire correspondre des annonces à des sites, à des pages, à des rubriques, à des thèmes, voire à des articles. Grâce à un principe de reconnaissance de mots-clefs, ce type de logiciel s'adapte parfaitement aux démarches de marketing direct et répond aux exigences des annonceurs qui souhaitent davantage cibler leurs messages et augmenter la pertinence de leur démarche publicitaire. De leur côté, les éditeurs de sites ont compris l'intérêt que la publicité contextuelle représentait pour eux. Les annonces ciblées permettent très facilement de générer quelques revenus publicitaires et ne sont pas exclusives d'autres pratiques plus classiques. Les gros sites d'information disposent en effet de leur propre régie publicitaire. Ce type de publicité contextuelle n'intervient donc qu'à la marge dans leur activité publicitaire.

Il semblerait toutefois que la publicité « intelligente » tende à accroître son influence sur Internet. Pour le moment, le secteur de la presse en ligne est relativement épargné par le développement de la publicité contextuelle. Mais, en se perfectionnant, les technologies créent les conditions d'une synergie extrêmement efficace entre le publicitaire et le rédactionnel. Les éditeurs pourraient alors finir par se convertir à ce genre d'approche qui augmente l'influence de l'annonceur. Puisque des logiciels le permettent déjà, on imagine qu'au sein ou à en marge par exemple d'un article d'actualité sur le Pérou, une annonce graphique et interactive (bannière, carré, etc.) d'un voyagiste puisse proposer des promotions pour des vols ou des séjours au Pérou « spécialement réservés » aux lecteurs de l'article. Toutefois, s'il est une chose de faire correspondre une publicité à un article, il est tout autre chose d'intégrer un (hyper)lien publicitaire dans un article. Une société américaine, Vibrant média, a mis au point une technologie permettant l'intégration de publicité au cœur même du texte d'un article[292]. Le logiciel IntelliTXT est un « service de publicité dans le texte qui souligne les mots et expressions du contenu et les lie avec des campagnes correspondantes »[293]. IntelliTXT est présenté comme une « solution marketing intelligente pour les annonceurs et un moyen idéal pour les éditeurs d'augmenter leurs revenus ». Cette technologie permet de « localiser les mots-clefs et les expressions trouvées dans le texte » pour les « lier à l'information commerciale appropriée » au moyen d'un « double souligné ». Ainsi, le double trait vert – et pas bleu comme les traditionnels liens hypertextes – signale la présence du lien publicitaire. Lorsque la souris de l'internaute passe sur ce lien, une fenêtre ou une animation s'affiche. Certes, Vibrant Media ne compte pas encore de grands médias parmi ses clients. Mais les sites d'information dont l'audience intéresse sérieusement les annonceurs pourraient très vite se convertir à ce type de publicité. L'apparition de cette nouvelle technologie de publicité intelligente a déjà fait réagir aux Etats-Unis des journalistes farouchement opposés à l'introduction de ce genre de procédés dans la presse en ligne.

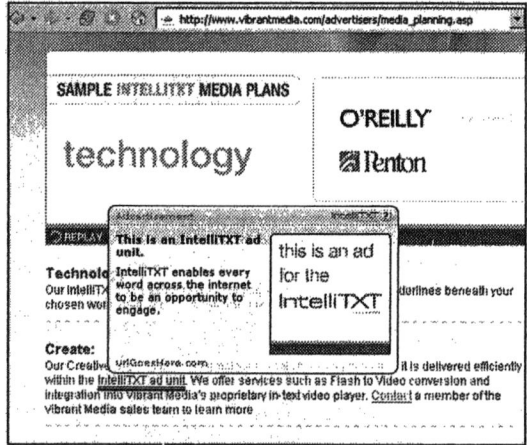

Figure 15. Un exemple de lien dans le texte ouvrant une fenêtre publicitaire

---

[292] www.vibrantmedia.com.
[293] Tous les passages entre guillemets sont extraits du site.

Sous l'emprise du marketing

Ces publicités « parfaitement ciblées qui, activées par l'internaute, se nichent au sein même du contenu éditorial des sites », représentent l'ultime avancée vers la destruction totale du « mur de l'argent », la séparation traditionnelle entre le rédactionnel et le promotionnel. Pour les journalistes en ligne, ce qui est en jeu n'est autre que le maintien à un niveau minimum de cette distinction sur laquelle s'est bâtie la presse moderne.

Bien que la presse se soit convertie au marketing et réconciliée avec la publicité, les tensions perdurent, comme le montre ce dernier exemple. Les journalistes continuent de s'opposer à la remise en cause de la séparation entre la publicité et le rédactionnel – les américains nomment « mur de l'argent », ce mur imaginaire qui sépare « l'Eglise et l'Etat »[294]. De son côté, le public des médias réclame le maintien de cette séparation dont le principe est majoritairement reconnu comme légitime. Que le « mur de l'argent » tombe, personne ne l'envisage réellement. Cependant, le flou progresse à mesure que convergent les logiques journalistiques et les logiques commerciales. Nous pouvons observer que, dans la presse en ligne, l'indifférenciation des contenus est plus forte qu'ailleurs. Quant à la publicité, elle gagne du terrain, tant sur le plan pratique que symbolique (augmentation de la taille des formats, capacité à s'étendre sur le contenu rédactionnel, etc.). Interactive, multimédia et intelligente, l'e-pub tend à se fondre dans le contenu rédactionnel et même à se confondre avec lui. La multiplication des animations, graphiques, modules sonores et vidéo, etc., contribue à accroître le brouillage des genres. Mais au-delà de cette question du brouillage, c'est de la tolérance, en général, à l'immixtion des logiques commerciales dans la presse, dont il s'agit ici. Tout serait alors question de degré. Et notre enquête nous conduit à penser que le seuil de tolérance est plus élevé chez les journalistes en ligne que chez d'autres journalistes.

Nous allons à présent nous arrêter sur la question de l'audience. Dans la presse en ligne, les outils de mesure de l'audience sont beaucoup plus efficaces et accessibles que dans les médias traditionnels. Nous avons pu constater que, malgré leur résistance, les journalistes en ligne sont relativement bien « sensibilisés » à cette question. Aussi, la prise en compte du facteur « audience » constitue-t-elle un bon exemple de l'intégration de la vision économique par les journalistes.

---

[294] BENSON, R., « La logique du profit dans les médias américains », *Actes de la recherche en sciences sociales*, n°131-132, mars 2000, Seuil.

2 - Le journaliste, Internet et l'audience

> « - *À partir des informations que vous obtenez sur l'audience du site et des articles, est-ce qu'il vous arrive de changer des choses, voire même de redéfinir vos choix éditoriaux ?*
> *- Ça arrive oui, de plus en plus on tient compte de l'audience. De plus en plus, ouais !* » [Chef de projet multimédia. Rennes. Janvier 2004.]

Sur Internet, les éditeurs disposent de moyens fiables pour effectuer une mesure fine de l'audience. Depuis que, sous l'effet de la percée des logiques marketing, la question de l'audience a fait son apparition en tant que telle dans le monde des médias, une panoplie d'outils de mesure a été élaborée afin de donner une représentation toujours plus précise des publics (lecteurs, auditeurs, téléspectateurs et, aujourd'hui, internautes) et de leurs pratiques. Si les journalistes et les éditeurs ont toujours construit une représentation du destinataire de l'information produite, ce « public » est longtemps resté une énigme, sinon une chimère. Dans son dictionnaire des mythes journalistiques, Jacques Le Bohec s'arrête sur la figure de « Madame Michu »[295], personnage fictif qui habite l'imaginaire des professionnels du journalisme. « Stéréotype hybride né du mariage du sens commun et du marketing », madame Michu est censée incarner le lecteur moyen. Caricature d'un public ignare, influençable et parfaitement méprisé[296], c'est en son nom que les journalistes des médias de masse (presse à grand tirage, radio et télévision grand public) opèrent certains de leurs choix éditoriaux : sélection, hiérarchisation et simplification de l'information. Comme le montre Jacques Le Bohec, le personnage de « Madame Michu » est une abstraction qui sert à exonérer la rédaction de certains de ses choix. Elle est un prétexte commode à la soumission aux impératifs économiques qui contraignent fortement le travail journalistique.

Les outils de mesure de l'audience

Avant que les études d'audience, inspirées par le marketing, et réalisées pour le compte des annonceurs et des nouveaux managers du monde de la

---

[295] Le BOHEC J., *Les mythes professionnels des journalistes*, L'Harmattan, 2000.
[296] À l'instar de « la ménagère de moins de 50 ans » que la télévision commerciale a rendue célèbre, « Madame Michu » est une figure féminine. Jacques Le Bohec n'y voit pas là le signe du hasard. L'existence de ces personnages mythologiques renforce les lieux communs sur le caractère naïf, fragile et influençable du « 2e sexe » et met en lumière le sexisme ordinaire de la profession. Sexisme qui se double ici d'une forme de mépris de classe – ces personnages appartenant aux couches populaires et aux fractions des classes moyennes les moins pourvues en capital culturel.

presse, ne viennent influencer la relation des journalistes avec leurs publics, la connaissance empirique et intuitive du lectorat – connaissance basée sur un rapport de proximité avec le public – était de rigueur au sein des rédactions. Si la connaissance de son public a toujours été une préoccupation centrale du journaliste comme le rappelle Bernard Delforce[297], les instruments bâtis dans le but d'améliorer son appréhension doivent être envisagés selon leur nature et les objectifs qu'on leur assigne. Que l'on ne se méprenne pas, les outils (tout comme la vision du rôle du journaliste et de sa relation au public) qu'ils véhiculent ne sont pas neutres. Ces outils charrient avec eux une certaine façon de connaître le public. Ce dernier est « en quelque sort construit par les instruments qui sont censés en apporter la connaissance »[298]. Pour Bernard Delforce, l'évolution des instruments de connaissance du public a joué un rôle de premier plan dans la redéfinition des missions assignées aux journalistes et à la presse. C'est l'identité vacillante des journalistes et les rapports de pouvoir au sein des rédactions qui auraient été affectées par cette évolution.

Comme le montre Bernard Delforce, une « révolution silencieuse » s'est opérée dans la représentation du public par les journalistes. Dans l'après-guerre, la conception civique de l'information prédomine. La mission sociale des journalistes consiste à s'adresser à un « lecteur-citoyen » dont ils aspirent à former l'opinion. Le lecteur, quant à lui, polarise son attention sur un ou plusieurs titres correspondant à son appartenance sociale, politique et idéologique. Les journalistes s'adressent à leurs lecteurs en ajustant leur discours à la connaissance qu'ils ont du titre pour lequel ils travaillent et du public qu'ils pensent ou souhaitent toucher. Journalistes et lecteurs possèdent souvent des caractéristiques sociales et des opinions similaires. Les rédactions ignorent alors les études d'audience réalisées par et pour les annonceurs. Or, depuis, on est progressivement passé du « public-citoyen » au « public-lecteur » puis au « public-consommateur »[299] à mesure que la fonction marchande l'emportait sur la fonction civique et que les instruments de connaissance de l'audience prenaient place au cœur des rédactions. La généralisation des sondages et des études d'audience (dont les études ad hoc adoptées par la presse magazine) finit par consacrer la perte du monopole des rédactions dans le domaine de la définition de la ligne éditoriale du titre. Préoccupés par la vente du programme ou du journal, et par la négociation du prix des espaces publicitaires, les gestionnaires conçoivent dès lors leur « produit » en fonction des goûts et des préférences du destinataire perçu avant tout comme un « consommateur ». Le principe de séparation entre le rédactionnel et le

---
[297] DELFORCE, B., « Les journalistes et l'évolution des instruments de connaissance du public : enjeu d'identité et de pouvoir », *Les cahiers du journalisme*, n°1, ESJ, 1996.
[298] *Ibid.*
[299] *Ibid.*

commercial résiste malgré tout. Les journalistes se montrent généralement sceptiques à l'égard des outils utilisés et du résultat des mesures d'audience. Toutefois, si ce sont les annonceurs et les services commerciaux des entreprises médiatiques qui sont les premiers intéressés par les études d'audience, les journalistes peuvent difficilement ne pas se sentir concernés. À travers l'analyse de leurs déclarations, Valérie Cavelier constate une certaine résistance des journalistes Web à la pénétration dans leur environnement de travail des outils de mesure d'audience[300]. Toutefois si les journalistes qu'elle a interrogés nient l'influence que ces outils exercent sur leurs pratiques et s'ils sont prompts à défendre leur vision de l'excellence et de l'autonomie professionnelles, il est impossible d'en déduire que la réalité épouse magiquement les discours. Au contraire, nous allons voir que ces stratégies discursives de défense de l'idéologie professionnelle, dissimulent difficilement une acceptation passive, sinon active, des logiques marketing.

Internet et l'audience : encore une « révolution » ?

L'apparition d'Internet provoque une rupture dans l'histoire relativement récente des études d'audience. Il s'agit avant tout d'une évolution technologique qui ouvre des perspectives nouvelles en terme de connaissance de l'audience. Grâce aux dispositifs logiciels de capture des traces laissées par les internautes lors de leur navigation en ligne, le média Internet peut parfaitement répondre aux exigences du marketing. Internet bénéficie en effet d'un avantage sur les autres supports (presse écrite, radio, télévision) dont l'audience nécessite, pour être mesurée, la mise en place de dispositifs souvent lourds. Les webmasters et responsables éditoriaux disposent d'outils logiciels précis de mesure de la fréquentation des sites Web.

> *« Je prends mon cahier des stats et je regarde combien j'ai eu de visiteurs par semaine. Donc vous voyez, du 7 au 13 septembre, on a fait 101000 pages [...] Et je sais exactement ce qui se passe par article, c'est génial ça ! C'est que du bonheur ! Donc ça c'est la page d'accueil et après j'ai tous les détails, s'ils se sont connectés à 3 heures du matin ou à 8 heures du matin, quelle journée, machin, etc. C'est notre hébergeur qui nous fournit ces outils-là mais il y en a d'autres. »* [Rédacteur en chef. Lyon. Octobre 2003.]

L'informatique en réseau offre en effet la possibilité de comptabiliser les visites, de mesurer leur temps, de tracer les parcours de lecture et de connaître la

---

[300] CAVELIER CROISSANT, V. « Mais pour qui écrivent les journalistes en ligne ? », in *Information.loc@le*, 2002, *op.cit.*

provenance des visiteurs. Grâce aux petits logiciels intégrés aux outils de publication en ligne, l'attention portée par les éditeurs à l'audience se trouve renforcée. Si rupture technique il y a, il faut, pour nuancer cette idée de « rupture », rappeler que la question de l'audience n'émerge pas avec les technologies informatiques. Tout au plus ces dernières aiguisent-elles l'acuité des besoins exprimées par les acteurs de l'information de maîtriser leur audience.

Il existe plusieurs catégories de méthodologies et d'instruments de mesure d'audience sur Internet. Comme le montre Josiane Jouët, on peut diviser ces ensembles d'outils en deux groupes[301]. D'une part, les outils de mesure de type quantitatif dits *site centric*, et d'autre part, des outils de mesure de type qualitatif dits *user centric*. Les outils *site centric*, comme leur nom l'indique, se concentrent sur le site et en mesurent la fréquentation. Quant aux outils *user centric*, ils prennent pour objet le comportement des internautes. Pour Corinne Denis, Directrice des éditions multimédias du groupe l'Express-L'Expansion, les méthodes qualitatives ne sont pas encore très accessibles aux éditeurs. « *En terme de qualité, sur Internet, connaître l'audience, c'est compliqué* » [Paris. Décembre 2004]. Les méthodologies orientées vers la connaissance des comportements des internautes (*user centric*) fonctionnent sur le mode de l'Audimat déjà utilisé pour la radio et la télévision. L'opération consiste à sélectionner un panel de gens qui consentent à installer un « logiciel espion » sur leur ordinateur. Ce logiciel capteur, sorte de « boîte noire », enregistre toutes les actions effectuées par l'internaute. Les données ainsi recueillies sont ensuite analysées par des sociétés d'études spécialisées (dites « panélistes ») qui ont passé un contrat avec les personnes choisies pour être l'objet de l'étude. Bien qu'elle implique des coûts élevés, cette méthodologie tend à se développer.

Si les éditeurs de sites d'information font parfois appel à ces prestataires pour des services particuliers, ils disposent tous d'une base d'informations relatives à la fréquentation de leur site (*site centric*). Des sociétés informatiques telles que Xiti proposent en outre des solutions logicielles plus complètes. Accessibles et fiables, ces outils de mesure d'audience facilitent la négociation entre l'éditeur et l'annonceur au sujet des tarifs de la publicité. Si l'audience n'est plus, depuis longtemps, le domaine réservé du management et des régies publicitaires, avec Internet, l'accès aux chiffres de l'audience s'est largement ouvert. Responsables de site, webmasters et même journalistes, prennent régulièrement connaissance des résultats des mesures d'audience. Bien qu'il se définisse comme journaliste, le responsable éditorial du site d'un grand quotidien régional reconnaît que le paramètre de l'audience est au cœur de son activité. « *Moi je m'occupe aussi de tout ce qui est audience, j'ai mon audimat*

---
[301] JOUËT, J., « La pêche aux internautes », *Hermès*, n°37, 2004.

quotidien...Ça, c'est pas tellement journalistique. En gros, ça consiste à voir la fréquentation des sites chaque jour. Là par exemple, j'étais en train de tirer le bilan du mois précédent. On a un outil statistique qui est assez performant. » [Chef de projet multimédia. Rennes. Janvier 2004.]

L'appropriation des outils de mesure

Les outils de mesure d'audience font partie intégrante de l'environnement de travail du journaliste Web. Si l'on constate que beaucoup de journalistes Web français ont un rapport coupable à ces outils et qu'ils sont réticents à reconnaître qu'ils les utilisent, Ann Brill[302] montre que, de leur côté, les journalistes Web américains évoquent sans complexe la question des mesures d'audience. Le nombre de *hits* (« clics ») que leurs articles comptabilisent chaque jour est un sujet de conversation aussi digne qu'un autre. Dans la rédaction Web du quotidien *Libération*, la proximité que les journalistes entretiennent avec les outils de mesure d'audience n'est pas taboue : « *Les outils, on les a ! Les courbes, les machins, les pages vues, tout ça... On a des comptes rendus hebdomadaires, des contenus les plus cliqués, par articles. On sait les articles qui ont été le plus cliqués. Après, on peut décider de dire : 'tiens sur cette page-là...'. De faire une enquête sur une zone de site... Pour l'instant, c'est informatif, mais...* » [Chef de service-adjointe de l'édition électronique. Paris. Juin 2004.]

La connaissance de l'audience a généralement une valeur informative et non prescriptive. Or la tentation est grande de vouloir utiliser ces résultats dans le but d'orienter les choix éditoriaux. En fonction des verdicts du marché de l'information en ligne, des éditeurs et des journalistes sont en effet incités à développer certains thèmes « porteurs » en terme d'audience et à en abandonner d'autres. Ainsi, la frontière entre l'informatif et le prescriptif est pour le moins ténue. Les outils statistiques de mesure d'audience existent et sont, comme nous venons de le dire, assez accessibles, à tous les niveaux de la chaîne de production de l'information. Il n'est dès lors pas toujours facile de résister à la tentation de s'en servir pour ajuster le contenu à la demande afin d'augmenter la fréquentation du site, quitte à rogner sur les principes de l'autonomie et de la déontologie professionnelles. Pendant le boom Internet, peu avant 2000, les chiffres de l'audience servaient d'indicateurs pour beaucoup de directions de sites et d'équipes rédactionnelles en quête d'une formule éditoriale « qui marche ».

---

[302] BRILL, A. M. « Online journalists embrace new marketing function », *Newspaper research journal*, vol. 22, n°2, spring 2001.

Sous l'emprise du marketing

Les journalistes sont confrontés à des questions éthiques qui, si elles ne sont pas inédites[303], prennent une dimension particulière avec le média Internet. Les risques qui sous-tendent un usage des chiffres tous azimuts et sans garde-fous est de soumettre l'évaluation du travail journalistique aux seuls critères de la maximisation de l'audience. Les performances de chaque rédacteur peuvent dès lors être passées au crible des outils de mesure statistique, puis décortiquées avec précision. Cette évaluation des performances rédactionnelles est vue par certains comme une « révolution » dans le rapport entre la direction, les journalistes et leur public.

« *On avait des statistiques qui étaient moulinées tous les jours, donc on voyait un petit peu les connexions par page, par rubrique... Ça c'est un truc qui est très pervers sur Internet dans la presse, on peut savoir qui a lu quoi, combien de fois, et c'est là ... qu'on va s'apercevoir qu'un papier va faire beaucoup de connexions. On va se dire : 'c'est ce genre de papier qu'il faut privilégier'. Alors qu'encore une fois, il se peut qu'un papier qui fait moins de connexions dans l'immédiat en fasse plus au bout du compte.* » [Ancien journaliste Web. Paris. Février 2004.]

Ainsi, d'après ces critères, un article très consulté sera jugé bon. Inversement, un article, un thème ou un dossier qui ne trouve pas son public sera aussitôt remplacé. À ces critères quantitatifs s'ajoutent de plus en plus couramment des systèmes de notation d'articles qui enserrent la production journalistique dans une logique éminemment méritocratique. Les lecteurs ont ainsi la possibilité de noter un article en fonction de l'intérêt qu'il recèle pour eux, ce qui permet de récompenser les meilleures contributions. Si d'aucuns jugent pernicieux ce mode d'évaluation de la valeur du travail journalistique, les managers n'ont pas toujours hésité à intégrer ces dispositifs pour légitimer « rationnellement » leurs politiques éditoriales et leur gestion de la main d'œuvre. Dans bien des cas, les outils de mesure d'audience peuvent être convoqués comme moyens de sanction des rédacteurs et de sélection des « collaborateurs » occasionnels (pigistes). Plutôt que d'être perçue comme le

---

[303] Christian Delporte et Fabrice d'Almeida soulignent que la concurrence à laquelle se livrent les deux premières chaînes de télévision françaises – et leurs journaux télévisés respectifs grands pourvoyeurs d'audience – a débuté bien avant la libéralisation de l'audiovisuel et l'apparition de chaînes privées. Dès le début des années 1970, la concurrence est admise comme une évidence. L'audiovisuel public entre dans ce que d'aucuns nomment la « guerre des chaînes ». Les directeurs de chaînes ont déjà les yeux rivés sur les mesures d'audience, notamment les sondages du Centre d'étude de l'opinion (CEO) et du Centre d'étude des supports publicitaires (CESP). La « Tyrannie de l'audience », le « cancer de la concurrence » sont des expressions qui font sens avant même l'essor des chaînes privées et la création de l'Audimat. *Histoire des médias en France. De la grande guerre à nos jours*, Flammarion, 2003.

signe d'une inquiétante déviance des pratiques, la soumission aux critères de l'audience apparaît comme une conduite juste et rationnelle de la politique managériale. L'évaluation par le chiffre se pare de l'apparence scientifique. Le rédacteur en chef d'un webzine d'information locale nous avoue même, non sans cynisme : « *Là, je sais exactement ce qui a plu, ce qui n'a pas plu. Chaque semaine ! Ce qui est génial ! Ce qui m'a permis de me séparer en douceur de chroniqueurs qui faisaient zéro audience, vous voyez !? Je fais démarrer un chroniqueur... tranquilou, vous voyez... c'est le grand débat, en ce moment, de l'accompagnement sans douleur des gens en fin de vie...c'est ça un petit peu, vous voyez ! Là il n'y a pas de clash. On regarde ensemble les stats et je lui dis : voilà ce qu'a fait ton papier. Vous voyez, il n'y a pas de discussions inutiles, c'est ça qui est sympa.* » [Rédacteur en chef d'un webzine. Lyon. Octobre 2003.]

Valérie Cavelier Croissant[304] constate que les journalistes en ligne déclarent sans hésiter être en mesure de résister à la pression de l'audience – il faut préciser que la plupart des journalistes qu'elle a interrogés sont issus de la presse écrite. Or, il apparaît à l'issue de nos entretiens que les journalistes en ligne prennent de plus en plus en compte, dans leur travail, les résultats des mesures d'audience, même s'ils défendent fièrement les valeurs du métier, tel que l'indépendance ou l'objectivité. Or, les journalistes qui reconnaissent faire appel à ces outils contestent le fait d'être influencés par l'audience. Dans leur majorité, les journalistes Web déclarent que les statistiques relatives à la fréquentation du site ne sont consultées qu'à titre « indicatif ». Pour mieux mettre en scène la défense de leur intégrité professionnelle en face de l'enquêteur, nous avons remarqué que certains journalistes interviewés éludaient sciemment la question de l'audience en affirmant que ce n'était pas leur « problème ». D'éloquentes contradictions dans les discours sont néanmoins apparues lors de certains entretiens. Celles-ci entérinent le décalage manifeste entre les discours et les pratiques.

« *On sait en gros sur les pages vues... mais ça, c'est pas mon problème. Bon, je peux vous donner l'info là-dessus, si vous voulez, mais... hier 195 000 pages vues sur le site.* » [Journaliste Web. Paris. Décembre 2004.]

« *C'est pas confidentiel du tout, mais j'ai pas les chiffres en fait. Comme c'est tout le temps réactualisé, je ne sais plus du tout quels sont les chiffres que l'on donne actuellement. Et comme c'est un truc que l'on ne regarde pas... Enfin que je ne regarde pas spécifiquement au jour le jour, je suis incapable de vous dire précisément.* » [Rédacteur Web. Paris. Novembre 2004.]

---

[304] « Mais pour qui écrivent les journalistes en ligne ? », 2002, *op.cit.*

Nous aurons l'occasion de revenir, dans le prochain chapitre, sur l'évolution du rapport que les journalistes entretiennent avec leur public. Si la transformation du rapport traditionnel au lecteur ne s'est pas produite de manière brutale, la conception pédagogique de la relation est de plus en plus évacuée au profit d'une conception utilitaire et « phatique »[305]. Du moins est-ce le cas dans la presse en ligne. L'internaute incarne moins ce citoyen dont la presse se doit d'éclairer les choix politiques en proposant des informations « utiles » – d'un point de vue civique – que le « consommateur-zappeur »[306] qui « demande » à être diverti en s'informant.

3 - Le contenu noyé dans l'*infotainment*

Dans la presse en ligne, la dépendance à la publicité réduit l'autonomie rédactionnelle des équipes éditoriales et contraint les éditeurs de sites d'information à chercher en permanence à maximiser l'audience de leur site. Nous devons rappeler qu'il existe une grande disparité entre les produits éditoriaux « pur Web » financés quasi uniquement par l'argent de la publicité, et les sites-titres (la version en ligne d'un journal), dont la notoriété n'est pas à faire et dont le financement est souvent assuré par le titre d'origine. Néanmoins, la compétition à laquelle se livrent les éditeurs Web sur le marché de l'information en ligne a des conséquences sur le contenu produit.

Sur un marché fortement concurrentiel où une multitude d'acteurs (nouveaux éditeurs, médias traditionnels, acteurs hors-média) tentent de capter l'attention du public des consommateurs d'informations d'actualité, il n'est pas évident de trouver sa place. Les médias traditionnels (presse écrite et audiovisuelle) tablent sur le prestige de leur « marque » et sur la crédibilité que leur ancrage dans le champ de l'information leur confère. Plus particulièrement pour la presse écrite, l'enjeu est d'assurer le passage sur Internet sans reproduire à l'identique le contenu du journal papier (mais sans renoncer non plus à exploiter la matière première fournie par le journal) ni s'écarter de « l'esprit » du titre. Les versions en ligne des journaux papier ont pu bénéficier des possibilités d'intégration multimédia offertes par Internet qui fait figure de « média des médias » ou de « meta-media ». Leur contenu initial a ainsi pu être enrichi grâce à l'apport d'autres « médias » : l'infographie, la vidéo et le son complètent le

---

[305] CHARRON, J. et DE BONVILLE, J., « Le paradigme du journalisme de communication », in *Communication*, Vol.17 (2), 1996 ; BRIN CHARRON J., DE BONVILLE J., *Nature et transformation du journalisme*, Presses de l'Université de Laval, 2004.
[306] Voir AUGEY, D., LIPANI VAISSADE, M.-C., RUELLAN, D., UTARD J.-M. « Dis à qui tu te donnes...La presse quotidienne gratuite ou le marketing du don », in RINGOOT, R., UTARD, J.-M., *Le journalisme en invention*, 2005, *op.cit*.

texte et l'image fixe. Les dispositifs d'interactivité (forum, *chat*, commentaires...) donnent également à la presse en ligne son originalité.

Pour une série de raisons, les versions en ligne des journaux offrent désormais un contenu assez différent de celui de la version originale, papier[307]. Les éditeurs de presse quotidienne nationale sont devenus, avec Internet, producteurs et diffuseurs multimédia. Leur « métier » tend à se transformer sous l'effet de l'intégration numérique. Même si la majeure partie des reportages photos, audio ou vidéo que l'on trouve sur le site Web des journaux est réalisée par des agences ou des prestataires extérieurs (Reuters, AFP, etc..), les rédactions papier et Web sont mises à contribution pour produire en interne des sujets originaux et « plaisants » qui s'éloignent du format standard de l'article accompagné ou non d'une photo. On peut ici donner l'exemple des diaporamas photos conçus pour Lemonde.fr et qui allient le texte (commentaires écrits), le son (commentaires parlés) et l'image (photos). Un autre exemple est celui des modules vidéos courts qu'on trouve de plus en plus fréquemment sur les sites-titres. Samuel Bollendorff et Jacky Durand, respectivement photographe et journaliste à *Libération* ont réalisé une série de reportages texte et vidéo sur la vie des habitants de Grigny[308]. Alors que les articles étaient publiés dans l'édition papier de *Libération*, les vidéos étaient, quant à elles, visibles sur le site du journal. Ainsi, chaque mardi, entre décembre 2004 et décembre 2005, Libération.fr a mis en ligne un épisode du feuilleton vidéo « Cité dans le texte ». Si cette expérience incarne parfaitement la politique de diversification multimédia que mènent les éditeurs de presse, elle est également emblématique de l'évolution du métier de journaliste. Pris par la dynamique de synergie multimédia des groupes de presse, le journaliste – capable de produire du contenu pour plusieurs médias – voit son profil évoluer de plus en plus vers le modèle du « journaliste à tout faire »[309] dont nous avons déjà parlé.

Information pratique, information service

Avec Internet comme nouveau support, l'offre d'information des éditeurs de presse augmente et se décline sous différentes formes. Au contenu produit pour le journal papier s'ajoute donc un contenu propre au Web. À partir de

---

[307] On peut évoquer le cas des sites des hebdomadaires d'information générale tels que *l'Express* ou le *Nouvel Observateur*, dont la production est passée à un rythme quotidien. Le contenu de l'édition électronique est donc bien sensiblement différent du contenu original du magazine.
[308] « La Grande Borne, Grigny, Essonne, 3500 HLM, 11000 habitants, une caméra », www.liberation.fr, 9 mai 2005.
[309] KLINENBERG E., « Journalistes à tout faire de la presse américaine », *Le Monde diplomatique*, février 1999, *op.cit.*

Sous l'emprise du marketing

l'analyse du contenu des sites Web des journaux, nous avons pu dégager certaines tendances. Outre l'augmentation du nombre de modules audio, photo ou vidéo que nous venons d'évoquer, il apparaît assez clairement que la conception « pratique » et « ludique » de l'information a gagné du terrain avec l'arrivée d'Internet. La particularité des sites-titres est de proposer à l'internaute une série de « services » d'informations (personnalisés ou non, payants ou non). On trouve, d'une part, le fil de dépêches d'agence que l'on trouve sur la quasi totalité des sites d'information et dont le rôle est est de fournir à l'internaute en temps réel un condensé de l'information « chaude » (*breaking news*). D'autre part, les rédactions Web réalisent souvent un travail « d'éclairage » sur certains sujets en compulsant des documents et en réalisant des dossiers à partir d'articles d'archives, d'éléments de contextualisation, de documents originaux ou encore d'illustrations. Ces « services », notamment, sont censés correspondre à une demande d'information plus instantanée et plus complète, demande formulée directement par les internautes ou construite par les services marketing.

Or, si nous ne contestons pas le caractère « pratique » de ces informations (dépêches, dossiers, etc.), nous souhaitons ici plus particulièrement nous arrêter sur l'essor de cette nébuleuse qui regroupe l'ensemble des rubriques et des services dits « pratiques ». Au sein de cette catégorie (informations pratiques), nous pouvons ranger les *petites annonces*. Il faut bien sûr rappeler que les petites annonces n'apparaissent ni avec Internet, ni même avec le Minitel. Depuis qu'elle existe, la presse publie des annonces. Ces dernières sont considérées comme relevant de la forme la plus ancienne de la publicité de presse[310]. Les annonces font partie intégrante du contenu du journal même si elles appartiennent, avec la publicité, à une catégorie distincte que l'on peut qualifier d'extra-rédactionnelle (indépendante de la production éditoriale stricto sensu et des logiques journalistiques). Or avec l'apparition d'une presse gratuite spécialisée dans ce domaine et plus récemment avec Internet, la presse d'information, qui joue traditionnellement le rôle d'éditeur de petites annonces, a vu fondre constamment ses parts de marché et a dû délaisser progressivement cette activité. Si le journal réduit l'espace consacré aux annonces, les éditeurs de presse ne vont pas pour autant abandonner ce marché. Du papier, les petites annonces migrent progressivement vers le Web. Ainsi, la gestion de l'activité liée aux annonces s'effectue désormais directement via le site Internet du journal. Le service d'annonce est, selon les cas, géré en interne ou sous-traité à des sociétés comme Keljob.fr ou Parship.fr. Le site sert de plateforme où se

---

[310] Théophraste Renaudot qui passe pour le premier entrepreneur de presse moderne a créé, en parallèle de sa *Gazette*, un « bureau de placement » qui est avant tout une agence de petites annonces. MARTIN, M. *3 siècles de publicité en France, op.cit.*

rencontrent une offre et une demande (emploi, formation, immobilier, rencontre, auto...). Les internautes jouent de la réactivité du média pour consulter et déposer des annonces. Les transactions financières (facturation des annonces publiées) s'effectuent alors rapidement en ligne. En peu de temps, Internet s'est imposé comme le média privilégié pour les petites annonces.

Les annonces ne sont qu'une partie de la catégorie protéiforme d'informations pratiques que l'on trouve sur les sites-titres. Les menus, rubriques et sous-rubriques « pratiques » des sites Web des grands quotidiens et des hebdomadaires nationaux figurent en bonne place de la *home* (page d'accueil) dans la barre des menus. Le fait même de créer un menu « pratique » isolé d'autres menus (« actualité », « sport », « économie » ou « interactif », etc.) indique l'importance que l'information pratique revêt aux yeux des éditeurs de journaux en ligne. Placée au même niveau que les autres rubriques, la rubrique « pratique » bénéficie donc d'une place de choix au sein de l'offre d'information disponible sur le site Web des grands journaux. Dans la presse papier, les rubriques « pratiques » sont généralement reléguées dans les dernières pages. En outre, certains sites de journaux sont allés plus loin en créant, dans la catégorie « informations pratiques », des rubriques ou des sous-rubriques qui n'ont pas d'équivalents dans le journal papier. Absent de la version papier, ce type d'informations « pratiques » trouve beaucoup plus facilement sa place sur le site Internet. On peut notamment citer les rubriques « examens », « circulation en temps réel », « plan/itinéraire » que l'on trouve sur Lemonde.fr, ou encore le « guide des sorties », « Sos baby sitter » et le « club figaro loisir » du Figaro.fr.

Les *soft news*

Bien entendu, la montée en force de la catégorie *soft news* dans la presse d'information – qui s'effectue simultanément à l'essor de l'information-service – ne date pas, elle non plus, de l'apparition d'Internet. Depuis la fin des années 1970, tous les médias sont en effet engagés, bien qu'à des degrés variables, dans un processus long au cours duquel les informations dites *soft* ont fait une percée au détriment de la catégorie des informations dites *hard* (actualité politique, sociale, économique etc.). Alors que la catégorie *hard news* correspond aux informations relatives à l'actualité « chaude » et « sérieuse », la catégorie *soft news* couvre généralement les domaines de la culture, du divertissement, de la vie pratique en mettant en avant une actualité plus « légère », un mode de traitement plus « superficiel » des informations et événements médiatiques. Il faut préciser que la frontière entre ces deux catégories n'est nullement étanche et que la tendance générale est à leur interpénétration. Dit autrement, le champ des médias d'information est en passe d'être conquis par un nouvel « esprit » de l'information qui privilégie la « personnalisation » ou la « psychologisation » des questions sociales et politiques (*peoplization*) et dans lequel « l'émotion » prime sur la « raison »[311].

Le développement des nouveaux médias n'a fait que confirmer le déplacement du centre de gravité de l'information de presse vers le pôle « pratique » et « divertissement ». Il est en outre d'usage de considérer que les médias numériques et interactifs se prêtent plus volontiers à ces genres-là. Dès les débuts du Minitel, les éditeurs de journaux se sont mis à développer leurs propres services et la question du contenu éditorial s'est alors posée. Face aux succès des messageries et des jeux, les éditeurs ont joué la carte du divertissement. En dehors des messageries et des jeux interactifs, les informations pratiques représentaient également une part importante de l'offre d'information des services télématiques des journaux. Les sites Web d'information ont hérité d'un savoir-faire en la matière, qui s'est construit avec la télématique et s'est développé ensuite – les rubriques « jeux » présentes dans la plupart des sites-titres sont également issues des expérimentations menées dans le cadre du Minitel. Depuis, l'idée s'est répandue que le « ludique », le « divertissant », le « pratique » disposaient tout naturellement d'une place de choix au sein des éditions électroniques des journaux. La presse électronique serait le terrain d'élection de cette approche relativement nouvelle de l'information. Aussi, le fait de porter un regard rétrospectif sur les médias électroniques nous conduit-il à comprendre pourquoi d'aucuns considèrent que les nouveaux médias numériques doivent assumer en priorité des fonctions de divertissement, service et conseil à l'usager ; fonctions qui viennent en complément de la mission classique d'information sur les sujets d'actualité.

Plusieurs raisons peuvent être données à ce phénomène de polarisation du contenu en ligne autour des informations pratiques, « légères » et divertissantes. D'une part, il est à noter que les études portant sur les pratiques de recherche d'information et les types de services plébiscités sur Internet sont susceptibles

---

[311] On peut mentionner ici le virage opéré par le quotidien *Le Monde* au milieu des années 1990. Parangon de la presse dite « sérieuse », *Le Monde* a souhaité faire évoluer sa formule éditoriale en accordant plus de place à l'image, aux articles plus courts (aux titres accrocheurs) et à des sujets de société (catégorie fourre-tout) plus en phase avec les préoccupations du plus grand nombre. La couverture du lancement en 2001 du programme de « télé réalité » *Loft Story* offre un bon exemple de ce glissement vers l'information « légère » et du mélange croissant des genres (information, promotion, divertissement). Quant à la montée en puissance du registre de « l'émotion » dans la presse nationale, on se référera au calcul de la fréquence du mot « émotion » dans le titre des articles des quotidiens *Le Monde* et *Libération*, calcul qu'a effectué Gilles Balbastre. « L'émotion contre la raison », *PLPL*, n°23, février 2005.

d'influencer les éditeurs de site et les responsables de contenus éditoriaux. Les requêtes des internautes effectuées à partir des principaux moteurs de recherche sont en effet majoritairement orientées vers l'information pratique et divertissante : horaires de cinéma, de train, billetteries, information sur l'actualité people, sur les produits culturels, etc. Quant aux services en ligne les plus utilisés, on peut mentionner : le téléchargement, les petites annonces, la météo, les rencontres, les enchères et les jeux. Une étude de l'institut de sondage Ipsos effectuée fin 2005 et intitulée « Media profiling 2005 », le confirme. Sur l'ensemble des sites retenus, les services pratiques sont beaucoup plus utilisés que les services d'actualité, et les usages ludiques arrivent en première position. Ainsi, parmi les contenus que les internautes privilégient, « l'actualité générale » devance de peu le « cinéma », les « voyages », la « musique », la « cuisine » et le « sport ». Autrement dit, l'étude montre que les internautes consacrent autant de temps et manifestent autant d'intérêt pour « l'actualité générale » que pour l'information sur le cinéma ou la musique.

Si parmi les personnes que nous avons interrogées, aucune ne fait explicitement référence à ce type d'études, il est néanmoins très probable qu'éditeurs et journalistes s'appuient sur des éléments de connaissance des principaux usages d'Internet pour construire l'offre d'information. À l'instar des mesures d'audience, ces études jouent sur le contenu des médias Internet et sur la vision et la définition du rôle des professionnels de l'information en ligne. Sans vouloir trahir sa raison d'être, la presse en ligne ajuste spontanément les contenus proposés aux attentes supposées des internautes.

L'âge est souvent invoqué comme un facteur susceptible de déterminer la formation des pratiques et des goûts. Média jeune, Internet est également pour beaucoup le média des « jeunes ». Ces derniers fréquentent en effet plus les sites d'information qu'ils ne lisent la presse. La part des jeunes dans le lectorat est plus élevée dans la presse en ligne que dans la presse d'information papier. Aussi, alors que les éditeurs de presse ne cesse de constater leur impuissance face à la désertion grandissante des jeunes lecteurs (15-25 ans), ils misent désormais sur les nouveaux médias (quotidiens d'information gratuits, Internet, etc.) pour capter ce public considéré comme rétif à la lecture de la presse traditionnelle payante (surtout la presse quotidienne). Bien souvent, les stratégies menées en direction du public jeune reposent sur un présupposé très peu discuté : les jeunes ne veulent plus du « journal à papa » ; ils souhaitent apprendre et s'informer tout en se divertissant. Comme le dit la directrice adjointe de l'*Express* citée par Charles de Laubier : « les nouvelles générations » réclament de l'*infotainment* et cherchent à « se divertir plus qu'à comprendre »[312].

---

[312] De LAUBIER C., *La presse sur Internet*, 2000, *op.cit.*

Des produits d'information pour «les jeunes»

Les jeunes recherchent le divertissement. Or Internet est un média utilisé par les jeunes. Donc le contenu en ligne doit être divertissant. Arrêtons nous sur les prémisses de cet étrange syllogisme. Pour cela, nous allons nous appuyer sur l'enquête sur les quotidiens d'information gratuits (*Métro* et *20 minutes*) que nous avons déjà citée*. Il existe en effet beaucoup de similitudes entre ce type de presse et la presse en ligne : modèle économique (gratuité pour le lecteur et financement par la publicité), nature et présentation du contenu (textes concis, beaucoup d'illustrations, information d'agence etc.), composition du lectorat (jeune, actif et urbain), etc. Les auteurs de cette enquête constatent que les responsables de *Métro* et de *20 Minutes* justifient leurs choix éditoriaux en fonction des caractéristiques du public qu'ils visent : les « non-lecteurs de la presse quotidienne et en priorité, les jeunes, actifs, urbains ». Pour capter et fidéliser ce public, les gratuits privilégient les aspects « pratiques» et « ludiques » de l'information. L'actualité y est traitée de manière « rapide » et « rythmée » avec des articles courts facilitant une « lecture zapping ». Les responsables de ces journaux et les auteurs de l'enquête – ils ont adressé un questionnaire à plus de 1000 jeunes étudiants – parviennent sensiblement aux mêmes conclusions. « Les jeunes » recherchent avant tout une info plus «factuelle, ludique, pratique, avec une présentation plus distrayante et agréable». Dans la presse traditionnelle et payante, ils rejettent les articles «longs, difficiles, ennuyeux», et déplorent le manque d'illustrations. Pour ce public, « la notion de plaisir et de détente semble l'emporter sur l'information ».

Doit-on pour autant se satisfaire de telles conclusions? Les « jeunes » auraient un autre rapport à l'information et la presse s'efforcerait de satisfaire leurs attentes! Plusieurs éléments nous permettent de saisir les failles de ce raisonnement.

-D'une part, la partie est prise pour le tout. Les « jeunes » dont il est question ne sont en aucun cas « les jeunes ». Il s'agit plutôt d'une catégorie de jeunes plus ou moins précise, des étudiants ou des jeunes actifs qui résident dans les grands centres urbains dans lesquels la presse gratuite est distribuée, qui ont un mode de vie correspondant aux attentes évoquées et qui n'ont pas l'habitude de lire la presse quotidienne d'information payante.

-D'autre part, un fait pour le moins central est occulté. Si, aujourd'hui, dans l'organisation industrielle de la production l'offre est censée s'ajuster à la demande, en réalité l'industrie s'efforce toujours en amont ou en simultané de fabriquer la demande. Un journal s'adapte tout autant aux goûts et aux habitudes de lecture de son lecteur qu'il contribue à les créer et à les consolider. Il faut donc préciser que le lecteur de la presse gratuite est un « lecteur construit » et non un « lecteur réel ». S'il est dans le cas présent construit par l'enquête, il est le plus souvent construit par le marketing et construit socialement. Sur ce dernier point, il faut souligner que les goûts dominants comme les dispositions de cette catégorie de lecteurs ont bel et bien été façonnés à travers les habitudes de consommation de produits culturels de masse (produits de l'industrie du jeu vidéo, du cinéma, de l'audiovisuel et de la presse, etc.).

*D. Auget et alii, in *Le journalisme en invention*, 2005, op.cit., p. 89-123

On peut ainsi constater que dans l'univers de la presse en ligne, cette représentation des attentes des « jeunes » est largement partagée. Dans ce contexte, Charles de Laubier estime qu'il doit être possible de fédérer, sur le même site, deux générations d'internautes en leur proposant une information à la fois plus « crédible » (pour les moins jeunes) et plus « attractive » (pour les plus jeunes)[313]. On comprend alors que, pour de multiples raisons (jeunesse du média et du public, héritage du Minitel), il ait été tout naturellement attribué au média Internet la fonction de promouvoir une autre conception de l'information. L'évolution du rapport des professionnels à l'information (plus ludique, plus pratique, plus divertissante) apparaît d'autant plus légitime qu'elle est censée avoir été fortement suscitée par le public. Mais il est à noter que cette nouvelle approche tend à transcender les frontières établies entre la presse dite « de référence » et le reste de l'offre d'information. En effet, quelle que soit la nature des sites (sites-titres ou webzines 100% Internet), tous tendent à s'aligner sur cette conception de l'information désormais dominante sur le Web.

> *« En fait, ce que je pense, c'est que le rapport aux médias avec Internet est extrêmement différent du papier. Les Echos, c'est un journal professionnel à visée professionnelle avant tout, et donc il faut informer les gens dans leur domaine, et donc être très exigeant et très pertinent. Internet est plus ludique en fait...les gens sont...il y a un côté 'gratuit' entre guillemets, il y a un côté 'détente' ou je ne sais pas quoi...qui est beaucoup plus important...à la fois détente, et à la fois décalé, disons. »*
> [Chef du service Internet des *Echos*. Paris. Décembre 2004.]

Internet apparaît ainsi comme un média qui permet d'apporter un regard « décalé » sur l'actualité. Du moins les stratégies de différenciation (par rapport à la presse papier) menées jusqu'ici par les éditeurs en ligne vont-elles dans ce sens. Dans les sites-titres, malgré la volonté clairement affichée par les responsables de ne trahir ni l'esprit ni le crédit du titre – considérés comme le premier « capital » de l'entreprise de presse – éditeurs et journalistes consentent néanmoins de plus en plus à opérer, en l'assumant, un déplacement dans leur façon de concevoir et de traiter l'information. Internet fournit une preuve – s'il était encore nécessaire de le prouver – qu'il est possible de faire du « ludique » au sein de la presse dite « sérieuse ». À travers la rubrique « Insolite » qui a fait son apparition sur plusieurs sites-titres, la dimension « divertissante » de l'information est objectivée[314]. Dans le but de se démarquer, à moindre coût, de

---

[313] *Ibid.*
[314] La rubrique « Insolite » de Marianne-en-ligne.fr n'a pas son équivalent dans l'édition papier. Quant à l'hebdomadaire *Courrier International*, il possède une rubrique « insolite » dans ses éditions papier et Web. Mais contrairement à sa politique éditoriale qui consiste à ne mettre en ligne qu'un quart environ des articles de chaque rubrique, l'hebdomadaire publie en

l'édition papier, les rédactions Web puisent sans trop de réserve dans le registre de « l'insolite ». Une offre de contenu plus *soft* s'est progressivement structurée sur le Web. Les agences de presse ont d'ailleurs anticipé les (et répondu aux) besoins des éditeurs en la matière, en mettant à disposition des sites éditoriaux des sujets « décalés » ou « anecdotiques », contrastant avec la nature factuelle et « sérieuse » des informations habituellement destinées aux organes de presse. Cet intérêt pour l'information insolite ne tient pas tant à la « nature » du média Internet qu'au succès qu'elle y rencontre – succès mesuré avec les outils logiciels. En effet, l'information qualifiée « d'insolite » est un produit « rentable », un produit qui « marche », comme le reconnaît une journaliste Web d'un hebdomadaire. « *On sait que la rubrique insolite est très lue sur papier et très cliquée sur le site* » [Paris. Mars 2005]. La logique retenue est simple. Puisque cette rubrique est très consultée, elle est mise en avant sur le site. Cette conception de l'information soumet le journalisme en ligne aux logiques du marché. Quand elle n'est pas créée ex nihilo pour les besoins du site, la rubrique « insolite » sert à « booster » le trafic des sites-titres tout en donnant au contenu en ligne une identité propre.

Le média Internet a pris son essor à l'ère de l'*infotainment* généralisé. Dès lors, la presse en ligne semble être devenue le terrain d'élection des *soft news*. Plus de 50 ans après le lancement, au sortir de la guerre, du quotidien *Le Monde*, « faites ennuyeux ! », le mot d'ordre prononcé par Hubert Beuve-Méry à ses journalistes, sonne comme un parfait anachronisme. Les fondements de la presse en ligne reposent sur l'énoncé d'un impératif tout autre : « Faites attractif ! ». Tel pourrait être le mot d'ordre mobilisateur des professionnels de l'information en ligne. L'adjectif « attractif » revient en effet plusieurs fois dans la bouche des journalistes Web et responsables éditoriaux interrogés. Travailler la présentation du site et de l'information, surprendre le lecteur (avec des photos chocs comme c'est le cas de Libération.fr) et lui donner, de manière originale voire ludique, de la matière pour comprendre le monde, telles sont les objectifs affichés par les éditeurs de sites Web.

Nous devons préciser qu'il serait faux d'affirmer que la « nouvelle » conception de l'information remplace définitivement « l'ancienne ». Ces deux conceptions antagoniques de l'information s'affrontent en permanence sur Internet – avec toutefois plus d'intensité au sein des sites-titres. Au quotidien, les professionnels de l'information doivent s'arranger avec ces logiques opposées et engager un marchandage permanent entre des exigences contradictoires. En pratique, il leur faut trouver les moyens d'attirer l'internaute pour pouvoir lui fournir les informations dont il aurait besoin. Afin de continuer de mener à bien sa mission traditionnelle d'information, le média accepte l'idée

---

ligne la totalité des articles de cette rubrique « insolite » en raison du succès qu'elle connaît.

qu'il doit en quelque sorte utiliser des « leurres ». Telle est alors la fonction attribuée aux *soft news* et au ludique. Dans sa rubrique multimédia, le site de *Libération* propose aux internautes d'écouter les détournements de discours de personnalités politiques réalisés par Polémix et la Voix off, des satiristes du Web[315] qui – comme il est dit sur le site – accompagnent Libération.fr « tout au long de la campagne présidentielle ». La caricature et l'humour ont donc pris au sein du Liberation.fr de l'ère « post-July » une place suffisamment importante pour affecter l'identité même de la « marque ». Ainsi, pour survivre et renouveler leur lectorat, les journaux comptent de plus en plus sur le Web. Ils partent pour cela à la recherche de l'innovation éditoriale et n'hésitent pas à développer une autre approche de l'information. Telle est, selon eux, la condition pour attirer un public jeune et sortir le lecteur de l'ennui dans lequel le papier l'aurait plongé.

Le journalisme de conseil en consommation

L'importance croissante que les médias accordent à l'information « pratique », « ludique » et « divertissante » nous a donc poussé à poser la question de l'évolution de la conception dominante de l'information. La hiérarchie traditionnelle des genres informationnels est secouée par la montée en force des *soft news* et, par ailleurs, les genres ne cessent de s'hybrider (information, divertissement, publicité, etc.). Dans un tel contexte, il est difficile de maintenir une distinction nette entre, d'un côté, une information destinée à former le citoyen et à nourrir la démocratie et, de l'autre, une information plus pratique servant à guider le consommateur et à soutenir la croissance du marché de la consommation.

Lorsque l'on se penche sur l'offre globale d'information en ligne, on constate que la tendance est toujours plus à l'information-service et au conseil. Lors du boom Internet, autour de l'année 2000, l'essentiel de l'offre éditoriale qui est proposée en ligne est constitué d'informations pratiques. Pour beaucoup d'éditeurs de sites (médias 100% Internet) qui font leur apparition sur le marché, l'information doit être « utile ». Cette approche utilitaire de l'information est bien résumée par le slogan de la start-up Webcity qui traduit la philosophie éditoriale du *cityguide* : « *news you can use !*» (les informations qui peuvent vous être utiles !). Par utilité de l'information, il faut ici comprendre utilité pour le «lecteur-consommateur » plutôt qu'utilité pour le «lecteur-citoyen ».

Internet s'impose comme l'univers privilégié pour la diffusion d'une information « service » ou « conseil » qui, comme l'écrit Erik Neveu[316], va « au

---
[315] http://blog-art.com/polemixetlavoixoff
[316] *Sociologie du journalisme*, 2001, op.cit.

devant des intérêts de ses publics dans les domaines de la santé, des loisirs, de la consommation ». L'édition d'informations en ligne offre une place de choix aux rubriques « tendances », « auto », « beauté », « conso », etc. La multiplication des portails multiservices (Wanadoo, Club-internet, Lycos etc..) et des *cityguide* montre en effet que sur Internet, le secteur de l'info-service est considéré comme capital et potentiellement profitable. Quant aux sites d'informations spécialisés (femme, technologies, cinéma...), ils mettent quasiment tous en avant la dimension service et conseil de leur contenu (fiche conseil, tests, billetterie...). L'acte d'informer est-il de plus en plus destiné à préparer et à accompagner l'acte d'achat : achat de produits d'information situés dans la partie payante du site (articles à l'unité, abonnement à des services en ligne, etc.), et même achat de produits et de services proposés dans la partie « boutique » du site ou vantés par les annonces publicitaires.

Bien souvent le contenu gratuit est utilisé comme un produit d'appel voué à capter l'internaute, puis à le diriger vers la partie payante du site. Le contenu gratuit sert ainsi à promouvoir le contenu payant censé posséder une valeur ajoutée plus forte. On a bien affaire ici à une forme d'instrumentalisation de l'information journalistique. Toutefois, celle-ci s'inscrit dans le cadre d'une stratégie interne au site visant à vendre au lecteur l'information produite par la rédaction papier ou Web. Dans ce cas de figure l'information gratuite ne sert pas directement d'autres intérêts commerciaux. De plus l'espace publicitaire reste relativement bien repérable. Malgré son caractère intrusif et sa capacité à se fondre dans le contenu rédactionnel, la publicité se distingue encore relativement bien de l'information. Mais les choses se compliquent lorsqu'il s'agit des produits rédactionnels hybrides comme les rubriques « conso », l'information pratique ou même les chroniques de produits culturels (films, disques, livres). Il existe ainsi beaucoup de rubriques très consultées (voyage, cinéma, musique, technologie...) dans lesquelles les fonctions d'information et d'invitation à la consommation peuvent facilement se télescoper. Déjà, grâce aux publicités interactives, l'achat en ligne est à portée de clic.

Valérie Jeanne-Perrier remarque que le journaliste sur Internet est un « conseiller en produit informationnel ». Or, il semblerait également que celui-ci soit devenu, dans bien des cas, un « conseiller en consommation ». Cette évolution dans l'approche de la fonction d'information s'exprime de manière très nette lorsque l'on observe le contenu des médias hybrides tels les portails d'information généralistes ou certains webzines spécialisés, dont la mission associe information, divertissement et conseil. Chez ces acteurs de l'information en ligne que nous avons présentés en début d'ouvrage, les fonctions traditionnelles de l'information journalistique finissent par être diluées dans les marais du consumérisme. Le travail du journaliste s'oriente vers la conception de messages divertissants, utiles et rassérénants, en vue d'accompagner les lecteurs dans leur vie de consommateurs. La position dans laquelle il se trouve implique que le journaliste Web peine de plus en plus à « marquer son autonomie à l'égard des promoteurs d'une offre de biens, de services et conseils », comme l'écrit Erik Neveu[317]. L'incertitude qui plane sur la nature du contenu publié (publicité, article, test...) s'accentue. Par ailleurs l'intention de l'émetteur de l'information se brouille. On retrouve cette problématique de l'indifférenciation des genres (rédactionnel et publirédactionnel) et des producteurs d'information dans une certaine catégorie de presse spécialisée sur laquelle Madeleine Akrich[318] a enquêté. En prenant l'exemple de la presse spécialisée dans le « bricolage », l'auteure montre que le journaliste peut se faire le relais simple du discours promotionnel des sources ou bien le filtre et le traducteur de ce discours. Ces postures différentes renvoient à des conceptions concurrentes du journalisme. Le journaliste est soit un « intermédiaire » (« qui permet à une information pratiquement inchangée de se propager ») soit un véritable « médiateur » (« qui reconstruit le contenu de l'information »[319]). Dans le deuxième cas, la distance aux sources est nettement supérieure.

Qu'il se raccroche à l'un ou à l'autre de ces deux modèles, le journalisme orienté vers « l'info conso » qui se développe sur Internet concourt à attribuer au rôle de la consommation dans les pratiques sociales une importance démesurée. Plus encore que la presse professionnelle, la presse de consommation – qui se confond de plus en plus avec la catégorie des *consumer magazine*, ces « médias de marque » dont nous avons parlé – représente un modèle de référence pour beaucoup de webzines. Hormis les rubriques explicitement dédiées à la consommation (information sur les produits, tests comparatifs, etc.), c'est tout l'environnement éditorial qui, sur ces sites, rappelle à l'internaute qu'il est avant tout un consommateur. On pourrait nous rétorquer que cette démarche éditoriale qui vise le plein épanouissement des dispositions consuméristes de chaque lecteur est propre aux produits médiatiques que l'on trouve à foison sur Internet. Certes, beaucoup de ces « produits » poussent loin la logique. Mais, si la presse dite « sérieuse » se tient à une distance suffisante de ce type de journalisme d'aide à la consommation, sur Internet, elle s'expose à produire de semblables effets : promotions des produits de la marque, jeux-concours, rubriques « conso » partenarisées, etc. Les sites d'information de la presse de référence participent de cette tendance à susciter les réflexes de consommation. Ceci nous amène à suggérer que la presse en ligne est un puissant agent mis au service de

---
[317] 2001, *op.cit.*
[318] AKRICH, M., « la presse et la technique. Pluralité des modèles de journalisme », *MédiaPouvois* n°26, 1992.
[319] *Ibid.*

la production et de la reproduction du mode de vie consumériste. En en diffusant les valeurs et en incitant régulièrement ses lecteurs à l'acte d'achat, elle contribue à donner à la définition du journalisme un contenu éloigné de ce que furent les premières missions sociales de ce métier. Après avoir mis en lumière la façon dont, sur Internet, la vision économique et les logiques marketing gagnent la presse, nous allons dans le dernier chapitre montrer comment les représentations dominantes du rôle du journaliste évoluent, et comment la culture de métier finit par lentement se métamorphoser.

CHAPITRE VII
Une nouvelle culture de métier ?

Comme le rappellent Jean Charron et Jean de Bonville, « l'histoire nous enseigne que le journalisme est une pratique contingente, régie par des normes qui varient dans le temps et l'espace »[320]. On peut suivre ces auteurs sur ce point. Il n'y a pas de « quintessence du journalisme ». Ni la pratique, ni les normes professionnelles ne sont figées. Malgré un effet relatif d'inertie dû à la puissance de l'idéologie professionnelle qui place l'indépendance du journaliste au zénith de ses valeurs, le journalisme a évolué sous la pression des contraintes économiques qu'il est pourtant censé combattre avec force. Aujourd'hui, et en dépit des discours qu'ils peuvent tenir, les journalistes ne sont plus réellement en mesure de se prétendre étrangers aux préoccupations commerciales et gestionnaires. Nous allons voir que dans les rédactions Web, la grande proximité physique et le faible découpage hiérarchique contribuent à renforcer le « managérialisme » qui s'est emparé de la presse. Un profil professionnel hybride, à mi-chemin entre le manager et le journaliste, émerge. En effet, de plus en plus de travailleurs de l'information sont amenés à exercer, alternativement ou simultanément, ces deux fonctions.

Sans prétendre que ce phénomène touche dans les mêmes proportions l'ensemble des médias, nous avons pu observer que, sur Internet, les journalistes développaient certaines dispositions de gestionnaire. Ainsi, les normes et les habitus professionnels se modifient sensiblement sans que le journalisme n'ait à affronter une crise majeure de légitimité. L'absence d'une telle crise nous indique que les anciens principes et l'ancienne vision du journalisme s'ajustent en douceur aux conditions nouvelles. Nous verrons ainsi que les journalistes adoptent de nouvelles normes professionnelles sans pour autant rompre brutalement avec la conception traditionnelle de leur métier et de leur rôle social. Ce qui a évolué, c'est la place du lecteur dans la relation informateur-informé. Considéré comme un consommateur d'information – voire simplement comme un consommateur – sans cesse sollicité, ce dernier fait l'objet de toutes

---

[320] BRIN, C., CHARRON, J., De BONVILLE, J., *Nature et transformation du journalisme*, 2004, *op.cit.* p. 298.

les attentions. Il faut connaître ses attentes pour pouvoir mieux y répondre. Il faut savoir capter son attention et parvenir à l'intéresser dans la durée. Il faut s'adresser à lui comme à un individu unique (personnalisation) et l'inciter à intervenir davantage dans le processus de production de l'information et du « service » journalistique (participation). Enfin, il faut lui permettre de se sentir appartenir à une « communauté éditoriale » composée des lecteurs et des rédacteurs.

Si de telles dispositions sont aujourd'hui largement encouragées chez les journalistes, c'est avant tout parce qu'elles correspondent à l'intérêt bien compris des éditeurs. Ces derniers tirent en effet profit de la participation des internautes et de l'intensification des liens qui se nouent entre le lecteur et la « marque ». La politique éditoriale de beaucoup d'éditeurs de site s'inscrit dans l'approche marketing dite de la « relation-client » (CRM pour *Customer Relashionship Management*) qui prévoit que l'entreprise consacre d'importantes ressources à la captation et à la fidélisation du client ; son objectif étant que la relation s'inscrive dans la durée la plus longue possible. Un concept marketing a d'ailleurs été développé pour exprimer l'idée que la « valeur » d'un client fidèle peut être mesurée sur toute la durée d'une vie : la « *life-time value* ». Si les éditeurs n'envisagent pas, à court terme, de pouvoir « attacher » un internaute sur un temps aussi long, ils peuvent déjà espérer créer avec lui une relation de confiance durable basée sur la participation et une certaine réciprocité des rôles. Alors que « les médias se donnent, comme l'écrivent Jean Charron et Jean de Bonville, les moyens de cette (ou de ce simulacre d') interactivité », les journalistes, de leur côté, partagent de plus en plus l'idée que « l'interaction avec le public constitue dorénavant une condition de réussite de la communication journalistique »[321]. Aussi, désormais, les compétences spécifiques en matière de relation au lecteur-client apparaissent-elles aux journalistes comme primordiales.

1 - Participation, personnalisation et fidélisation

D'aucuns qualifient le journalisme sur Internet de « journalisme de la demande ». Pour le rédacteur en chef du site d'un grand quotidien : « *le papier, c'est une logique d'offre. On offre au lecteur des infos qu'il n'a pas, et le Web, c'est une logique de demande. Le lecteur va chercher ce qui l'intéresse sur le Web [...]. Il a beaucoup plus de profondeur, une espèce de back-office qui lui permet d'aller directement puiser ce qui l'intéresse.* » [Paris. Décembre 2004]. À travers cette approche de l'information et du rôle du journaliste sur Internet, est

---

[321] *Ibid*, p. 314.

Une nouvelle culture de métier ?

consacrée en quelque sorte la perte d'une part importante du pouvoir dont les journalistes disposaient dans leur relation au lecteur. Comme nous l'avons vu préalablement, alors que les journalistes cèdent des parcelles de leur pouvoir, les lecteurs gagnent en autonomie et en compétences (*empowerment*). Le journaliste Web propose et l'internaute dispose. Tel est l'état d'esprit des artisans de l'information en ligne. Or dans les représentations qui tendent à s'imposer dans l'univers de la presse en ligne, l'internaute apparaît comme le « client » d'un service d'information. La formule « journalisme de la demande » doit de fait être interprétée dans le sens d'une relation d'ordre commerciale plus que civique. Nous avons vu que l'émergence de la presse en ligne s'inscrivait dans un mouvement long marqué par la poussée des logiques économiques et du marketing éditorial. Le destinataire du service d'information, qu'on l'appelle lecteur ou internaute, est placé au centre du dispositif. Ses « goûts » et ses « attentes » doivent dès lors être « anticipés » pour être d'autant mieux « satisfaits ». Sa participation au processus de construction de l'information ou du service est vivement encouragée. Toutes les remarques et les appréciations qu'il émet doivent être prises en compte. Dans les industries de l'information, comme ailleurs désormais, le client est roi.

« Notre but, c'est de faire en sorte que ses attentes, ses exigences qui sont très différentes d'un internaute à l'autre puissent se retrouver sur un site. C'est très dur, mais bon... » [Chef de projet multimédia. Rennes. Janvier. 2004.]

Idéologie et enjeux de la participation

Aujourd'hui très en vogue dans les médias *mainstream*, la notion de « journalisme participatif » est pourtant issue de l'univers de la « contre-culture journalistique ». L'apparition d'Internet a donné lieu à une série d'expérimentations éditoriales menées en marge des médias institutionnels et dans le respect de l'esprit des pionniers des réseaux d'information (horizontalité des échanges et partage des ressources). Ces expériences originales ont en commun de questionner le rapport traditionnel à l'information, l'unidirectionnalité de la relation informateur-informé, ainsi que le rôle social et le pouvoir des journalistes. Plus concrètement, leur objectif est d'encourager la réappropriation de moyens d'information en facilitant la participation active de « l'individu » ou du « citoyen » aux médias indépendants. « Soyez les médias ! ». Tel est le message que diffusent les membres du réseau *Indymedia*. Comme nous l'avons vu, ce réseau de sites d'information alternative a développé le principe de la « publication ouverte » (*open publishing*) qui permet à chacun de publier directement et facilement ses propres informations sur les sites du réseau. La pensée libertaire du *do it yourself* dont se revendiquent les « médiactivistes » a marqué de son empreinte, bien qu'elle ait été le plus souvent épurée de sa portée contestataire, les supports d'autopublication en ligne (blogs).

Sur Internet, publication libre et autopublication dessinent les contours d'une conception nouvelle de l'information médiatique qui fonde sa légitimité sur la participation directe à la production de l'information. Cette approche n'a pas manqué de déstabiliser les éditeurs et les journalistes, contraints d'ajuster leurs réflexions et leurs actions à la situation nouvelle. Aussi, dans la presse en ligne, une large place est aujourd'hui faite à l'interactivité et à la parole du lecteur. Et la tendance ne semble pas prête à s'inverser. Le destinataire de l'information est de plus en plus placé au centre du dispositif. Pour entretenir avec lui une relation solide, l'éditeur est conduit à encourager sa participation sous différentes formes (commentaires, sondages, forums, blogs...). Les journalistes en ligne ont dû très tôt intégrer à leurs pratiques et à leur conception du métier cet « impératif participatif ». Or les journalistes de l'Internet ne sont pas les seuls à avoir incorporé cet ensemble normatif (théorique et pratique). Le thème de la participation et la pratique du dialogue direct avec le public tendent en effet à se propager à l'ensemble des supports existants.

Afin de nouer un dialogue qui se veut sincère et direct avec le lecteur, la presse écrite et audiovisuelle multiplie les dispositifs d'interaction avec le public. Comme beaucoup de journaux, le *Dauphiné Libéré* qui a lancé en avril 2006 sa nouvelle formule, ouvre son espace rédactionnel aux lecteurs. La parole leur est donnée dans la rubrique « Vous et nous » (« la question du jour », « Votre avis », etc.). Cette mise en avant de la parole des lecteurs renouvelle en profondeur le genre du traditionnel courrier des lecteurs. Certains médias ont décidé de créer la fonction de « médiateur »[322] (*Le Monde*, France 2 et France 3) entre la rédaction et le public. À l'instar de l'*ombusman*, ce dernier est censé répondre aux questions – relatives à la déontologie journalistique notamment – que se pose le public. En télévision, une multitude de programmes d'information mettent en scène la parole des téléspectateurs-citoyens. La plupart des chaînes de télévision utilisent abondamment dans leurs programmes la communication par SMS avec le public. Dans les programmes sportifs télévisés par exemple, on constate que ce mode d'échange avec le public s'est généralisé au cours de ces dernières années.

La participation directe du public à la construction de l'information est la pierre angulaire d'une série de transformations qui touchent l'univers des

---

[322] Sur l'institution d'un nouveau rôle journalistique, voir CHAMPAGNE P., « Le médiateur entre deux Monde », *Actes de la Recherche en Sciences Sociales*, n°131-132, mars 2000.

médias. Toutefois, bien que relativement nouvelle dans la forme, l'idée du « journalisme participatif » ne date pas d'aujourd'hui. On en retrouve déjà trace dans les années 1960 et 1970, au sein des discours des idéologues de la communication qui voyaient dans les nouvelles techniques un moyen de combattre le pouvoir des médias de masse. Paul Beaud cite à ce sujet Jean d'Arcy, un ancien directeur de la télévision française qui écrit en 1974 que « les instruments nouveaux de l'électronique [...] : matériel léger de production, télédistribution, vidéodisque et vidéocassettes ne sont pas des instruments des mass média. Ils pourraient en devenir l'antidote. »[323]. Avec le développement de la vidéo légère, dans les années 1970, la technique est investie d'une mission : faire de chacun un émetteur d'information. Tel est le credo des politiques d'intervention mises au point dans les domaines de l'animation socio-culturelle et de la communication audiovisuelle, comme le rappelle Paul Beaud. Il est donc possible de retrouver dans les pratiques de l'époque (pratiques contre-culturelles très vite institutionnalisées) des traces du thème de la participation à la production de l'information et au journalisme.

Mais il faut, de manière plus générale, replacer le thème du « journalisme participatif » au cœur des changements idéologiques qui accompagnent les transformations des sociétés contemporaines. Du moins est-ce l'hypothèse que nous souhaitons défendre. Le « journalisme participatif » serait alors au journalisme ce que la « démocratie participative » et le « management participatif » sont à la démocratie représentative et à l'entreprise : des concepts visant à régénérer en profondeur des institutions en crise. En témoignant d'un intérêt pour leurs « publics », les entreprises, les médias et les instances de la représentation politique cherchent ainsi à consolider les bases de leur légitimité ; légitimité que leur inertie et les critiques qui ne manquent pas de leur être adressées, ont affaiblie. Avant de s'étendre à l'ensemble des univers sociaux et de devenir un thème éminemment fédérateur, il est à noter que la « participation » fait partie des grands axes de la contre-offensive idéologique menée par les réformateurs du capitalisme suite à la profonde crise sociale et culturelle qui éclate à la fin des années 1960.

Le nouvel esprit du capitalisme et l'idéologie participative
Travaillé dans l'antichambre idéologique du management, le thème de la « participation » s'est véritablement imposé à la fin des années 1970 dans les discours sur le travail et l'entreprise. Au même titre que « l'autonomie » et la « responsabilité », la « participation » fait partie du nouvel arsenal de valeurs que l'entreprise, en crise d'efficacité et de légitimité, a développées en réponse aux critiques auxquelles elle a dû faire face. Luc Boltanski et Eve Chiapello

---
[323] BEAUD, P., *La société de connivence*, 1984, *op.cit.*, p. 215.

défendent la thèse que la « dynamique du capitalisme a la critique comme moteur »[324]. Pour eux, l'enjeu du renouvellement de l'imaginaire capitaliste réside dans un juste équilibre entre l'évitement et la satisfaction de cette critique. Dans la foulée de mai 1968, les principaux thèmes liés à ce que les auteurs nomment la « critique artiste » (critique de l'aliénation dans le travail, de la mécanisation du monde et de la déshumanisation), vont donner de la substance au nouvel esprit du capitalisme[325]. C'est ainsi que les thèmes et postures subversives venus de la gauche contestataire – tel que « l'autogestion » – ont pu être réinterprétés de façon à devenir compatibles avec les exigences du management en quête de nouvelles méthodes de gouvernement des hommes. Initialement opposé à de telles valeurs contraires à ses intérêts, le patronat a finalement reconnu la validité des exigences d'autonomie et de libération de la créativité humaine portées par les intellectuels et les étudiants en révolte contre les formes traditionnelles de commandement et d'autorité.

L'aggiornamento du management s'est donc opéré à travers la récupération de thèmes comme « l'autonomie », la « créativité », la « participation » ; l'objectif étant d'ajuster au mieux les innovations organisationnelles aux aspirations, sociales et individuelles, en matière d'émancipation. Les théories du « management participatif » ont construit leur légitimité sur un ensemble d'outils pratiques et rhétoriques privilégiant l'expression et la représentation directe (« cercles de qualité », « groupes de projet », etc.). En sollicitant la participation des salariés à l'amélioration de la production (de biens et de services) à travers la diversification des tâches et la responsabilisation de chacun, le néomanagement est parvenu à satisfaire partiellement des revendications tout en en occultant d'autres. Mais ce qu'il faut ici souligner, c'est qu'il est ainsi parvenu à rompre avec une certaine culture contestataire.

Ainsi, l'essor d'un nouveau régime (post-fordien) de mobilisation de la force de travail s'est accompagné d'une transformation de la conception du rapport social dans l'entreprise. Le « management participatif » nie l'existence des rapports de domination et de la « lutte des classes ». La participation de tous les acteurs au « projet » de l'entreprise participe du renouvellement en douceur des formes d'exploitation des « ressources humaines ». Aussi le thème de la participation migre-t-il vers d'autres champs sociaux. Sa réception sera d'autant plus facilitée que, désormais proche du pouvoir politique, experts de gauche et anciens militants participeront dans les années 1980 à faire accepter ces valeurs qu'ils ont autrefois mobilisées dans leur combat contre « l'ancien monde » et

---

[324] *Le nouvel esprit du capitalisme*, 1999, *op.cit.*
[325] *Ibid.*

qui, aujourd'hui, après avoir été recyclées par le management, servent à légitimer l'ordre nouveau.

Les régimes démocratiques séduits par le participatif

Depuis les années 1980, et plus particulièrement depuis la deuxième moitié des années 1990, une série de thèmes (délibération, concertation, participation, etc.) liés à l'idée du droit des citoyens à la participation et à la décision ont fait, dans le champ politique, une percée fulgurante. En France, un esprit « participationniste » plane sur les institutions et la loi Barnier votée en 1995 (création de la Commission nationale du débat public), fournit un cadre aux expériences de démocratie participative. Cette loi pose comme principe l'association des citoyens à l'élaboration des choix publics dans le cas des grands projets d'aménagement ou d'équipement. Dans cette « nouvelle grammaire de l'action publique »[326], il est reconnu au citoyen ordinaire une forme de compétence politique et un droit de regard sur les gouvernants. Afin de rompre avec le monopole que détiennent les experts et les autorités publiques sur la décision, les dispositifs et procédures se multiplient (« jurys de citoyens », « conférences de consensus », etc.). Censée apporter des remèdes aux maux qu'on prête communément aux démocraties représentatives (recul de la participation, défiance à l'égard des institutions démocratiques, rejet des partis et du personnel politique...), la rhétorique et les dispositifs participatifs cherchent à rajeunir le style de l'action publique.

La « démocratie participative » est devenue une référence quasi incontournable du débat public. Ce succès croissant pousse Cécile Blatrix à parler d'une véritable « injonction à participer »[327] à laquelle tout le monde est invité à adhérer. Il faut ajouter ici que la notoriété du modèle de gestion participative du budget municipal de Porto Alegre au Brésil a fortement contribué à asseoir le principe de participation à la décision, et à en diffuser l'esprit – les efforts « d'évangélisation » des militants de gauche, la médiatisation du phénomène et l'attraction que les expérimentations de la municipalité de Porto Alegre a exercée auprès des élus français n'y sont évidemment pas pour rien. Pour autant, les ambiguïtés demeurent nombreuses derrière le « consensus de façade » autour de ce nouveau visage de la participation démocratique[328]. Malgré les diverses expérimentations concrètes,

---

[326] L'expression est de Loïc Blondiaux et d'Yves Sintomer, « L'impératif délibératif », *Politix*, Vol. 15-n°57, 2002.
[327] BLATRIX, C., « Devoir débattre. Les effets de l'institutionnalisation de la participation sur les formes de l'action collective ». *Politix*, Vol. 15-n°57, 2002.
[328] BLONDIAUX, L., « L'idée de démocratie participative : enjeux, impensés et questions récurrentes », in BACQUE, M.-H., SINTOMER Y.(dir), *Démocratie participative et gestion de proximité*, Paris, La Découverte, 2004.

on est bien loin d'atteindre les promesses des théories de la démocratie participative. Loïc Blondiaux et Yves Sintomer constatent qu'il existe un contraste saisissant entre les ambitions théoriques et la modestie de la mise en œuvre[329]. Aussi, derrière le vernis du participatif, on retrouve souvent les réalités ternes qui résistent aux effets de mode. Il nous est permis, en effet, de rejoindre les positions critiques pour lesquelles le recours à la délibération et à la participation n'est autre qu'un moyen raffiné d'obtenir l'acceptation sociale des décisions. D'une part, le « participatif » répondrait moins à une exigence de démocratie qu'à une contrainte d'efficacité – en tant qu'outil managérial d'aide à la décision. D'autre part, la délibération affaiblirait la critique en détournant des acteurs collectifs de leur vocation initiale de contestation ; la démocratie participative fonctionnant alors comme un parfait solvant de la critique. Il faut souligner ici que le potentiel mobilisateur du thème de la « participation » l'emporte sur les réticences qu'il suscite, légitimement ou non. Il est en effet difficile de s'opposer au principe de la participation de chacun au processus de décision. Rien ne résiste, dans un tel contexte, à la progression de l'impératif participationniste.

Le journalisme conquis par la participation

Le thème omnibus de la « participation » gagne le journalisme au moment même où Internet, média ouvert et « participatif », prend réellement son essor. Ce dernier apparaît comme un bon moyen de renouveler les pratiques du journalisme. En effet, Internet permet une redistribution des rôles entre producteurs et consommateurs d'informations. Chacun peut y être alternativement rédacteur et lecteur. Dès lors, les frontières entre l'émetteur et le destinataire d'un message tendent à perdre de leur consistance. Si, sur ce nouveau média, le journaliste conserve son statut, n'importe quel internaute peut, comme nous l'avons déjà vu, mettre en ligne ses propres informations et venir, dans une certaine mesure, concurrencer le journaliste sur son terrain. Les éditeurs de sites Web n'ont pas trop tardé à prendre en compte la dimension « participative » ou « interactive » du média. Or, malgré leurs craintes d'être « doublés » par leur public, ils ont fini par voir derrière le principe de participation des internautes à la production de l'information un réel potentiel à explorer. Quant aux journalistes, bien que soucieux de conserver le contrôle de leur territoire, ils l'ont partiellement ouvert aux non-professionnels. Nous avons vu que les journalistes en ligne consentent à céder aux lecteurs une part du pouvoir qu'ils détiennent sur l'information. Or ce partage des rôles ne s'effectue qu'à la marge, dans les espaces alloués à l'internaute (forums, blogs, etc.). La relation verticale entre le producteur et le consommateur de l'information ne

---
[329] *Idem.*

Une nouvelle culture de métier ?

s'en trouve pas réellement affectée. Dans les faits, la hiérarchie demeure et le « journalisme participatif » fonctionne comme un catalyseur du « potentiel productif » du public.

Nous allons ici nous arrêter sur les enjeux d'ordre économique qui soustendent la pénétration de la logique participative dans la presse en ligne. Aussi, le principe de la « participation » sera-t-il appréhendé du point de vue de la mise au travail des lecteurs-consommateurs d'information. En tentant d'exploiter le maximum des ressources disponibles – à commencer par celles de l'internaute – le journalisme participatif a, dans ce sens, suivi les enseignements du management participatif.

Les managers ont en effet progressivement pris conscience qu'ils pouvaient exploiter le maximum du potentiel productif de la main d'œuvre à travers la mise au travail de la subjectivité, de l'ingéniosité et du sens de la coopération des individus. Autrefois inutilisées et même réprimées par le management taylorien, dont la doctrine préconisait la séparation stricte entre fonction de conception et fonction d'exécution, ces ressources sont aujourd'hui au cœur du « modèle de la compétence » élaboré par le néomanagement pour ajuster la force de travail et l'entreprise aux nouvelles « nécessités » de l'économie libérale. Bien avant que l'ancien modèle productif ne s'essouffle, les sociologues et les psychologues du travail[330] avaient décelé les effets contre-productifs de la division extrême du travail. Si l'enrichissement du travail, l'accroissement de l'initiative, de la responsabilité et les pratiques de coopération étaient bénéfiques aux ouvriers (rompre avec les effets déshumanisants d'un travail parcellisé), elles l'étaient en priorité pour l'organisation et l'administration du travail. Le management a constaté que la productivité des employés augmentait symétriquement à l'intérêt que ces derniers pouvaient porter au contenu de leur activité. Aussi, des dispositifs d'enrôlement productif de la subjectivité des salariés ont-ils progressivement été mis en œuvre. Ce mouvement prend véritablement son essor dans les années 1970. Dès lors, le management s'efforce de capter les ressources des travailleurs qui étaient restées jusque-là inexploitées : capacité d'initiative, créativité, responsabilité, aptitude à communiquer, etc. Les contours d'un nouvel ensemble de normes comportementales prennent alors forme – normes dont la production et la reproduction servent les intérêts de l'entreprise.

Il est nullement nécessaire de préciser ici que les lecteurs de la presse en ligne n'ont rien en commun avec les opérateurs sur chaînes de montage de

---

[330] Voir les travaux des penseurs des « relations industrielles » et des « relations humaines » qui ont inspiré les sociologues des organisations et du travail. FRIEDMANN, G., *Le travail en miettes*, 1964, *op.cit.*

l'usine taylorienne. Si nous faisons un parallèle entre « management participatif » et « journalisme participatif », c'est uniquement pour montrer comment de nouvelles ressources peuvent être mobilisées au service de la production. Longtemps cantonné à la fonction passive de consommateur du produit d'information, le public des médias intervient de plus en plus dans le processus de production. Nous souhaitons montrer que sur Internet, cette tendance est encore plus prononcée que dans les médias traditionnels. Les internautes produisent en effet de l'information et cette information intéresse au premier chef les éditeurs de sites. Les internautes fournissent d'une part de l'information sur eux-mêmes (leur identité, leurs goûts et leurs pratiques). Ainsi, les services marketing et commerciaux recueillent et traitent des données qui pourront par ailleurs être utilisées par des équipes rédactionnelles toujours plus attentives au paramètre de l'audience. D'autre part, les internautes fournissent (gratuitement !) de la matière première informationnelle aux journalistes et aux éditeurs. Comme nous l'avons vu, l'espace rédactionnel s'ouvre toujours davantage au public, aux non-professionnels à travers les forums, les blogs, les sondages et, désormais, les photos et les vidéos[331]. Les éditeurs font un usage de plus en plus systématique des outils d'interactivité et des contenus extra-journalistiques. En outre, des journalistes Web n'hésitent pas à aller puiser des idées de sujets ou d'angles d'approche pour leurs articles sur les forums de discussion en ligne, lieu de production de la parole du public sur des sujets d'actualité. « *D'abord, on y trouve des sujets. Moi, des fois, je propose des sujets suite à ...Je suis allé flâner sur le forum pour voir de quoi ils parlaient* ». Journaliste atypique, Matt Drudge s'est fait connaître grâce à son webzine, *The Drudge report,* qui se nourrit essentiellement des informations glanées sur les *newsgroups* (forums de discussion).

> **Libération.fr et la participation internaute**
> La stratégie Internet du quotidien *Libération* illustre parfaitement la tendance à la valorisation de la production du public. L'internaute (qui est ici appelé « Libénaute ») est vivement incité à s'exprimer, en participant aux forums et au *chats* en direct, en postant ses commentaires et photos, et en créant son propre blog. L'internaute est interpellé sous le mode de l'injonction : « envoyez vos photos », « réagissez à cet article » etc. Dans une brève relative à l'actualité de la coupe du monde de football, publiée sur le site le 9 juin 2006 et qui reprend le principe de l'accroche publicitaire, l'internaute est tiré de sa lecture : « vous avez 90 secondes: enregistrez-vous et envoyez-nous vos commentaires et analyses d'après-match. ».
> Alors que de plus en plus de place est réservée aux lecteurs dans l'espace rédactionnel (et para rédactionnel) du site, la dernière innovation majeure de

---

[331] Dans le cadre du mouvement d'opposition au Contrat Premier Embauche (CPE), on a pu constater que Lemonde.fr et Liberation.fr ont eu beaucoup recours, pour alimenter les dossiers consacrés à ce thème, aux photos et aux commentaires des internautes.

Une nouvelle culture de métier ?

Libération.fr est la création de la rubrique interactive « Vos réactions ». L'internaute peut désormais réagir à un article paru sur le site en publiant un commentaire qui apparaît en direct sous l'article en question. Développée au sein des sites d'informations alternatifs (Indymedia), les commentaires d'articles se sont généralises avec l'essor des blogs. Appliquée pour la première fois sur le site d'un grand journal français, la « fonction commentaire » fait de Liberation.fr un pionnier du genre. La politique Internet du titre est, à cet égard, relativement claire. Il faut consolider les relations entre le Web et le papier*. Quant aux liens avec le public des lecteurs-internautes, les choses se précisent encore un peu. Le site souhaite s'axer sur le renforcement du « lien avec l'internaute ». Outre les commentaires, Libération.fr souhaite multiplier « les blogs et la création d'espaces qui mettent en relation journalistes, experts et internautes ».

* « Renforcer les liens papier-Web », *Libération*, 27 septembre 2006.

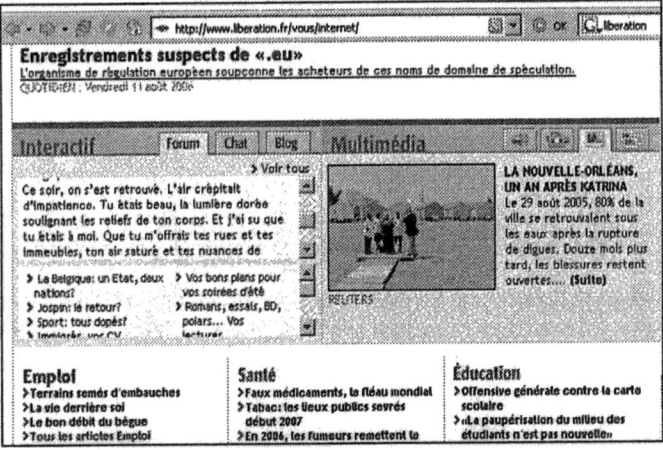

Figure 16. Le module interactif (forum, chat, blog) de Liberation.fr

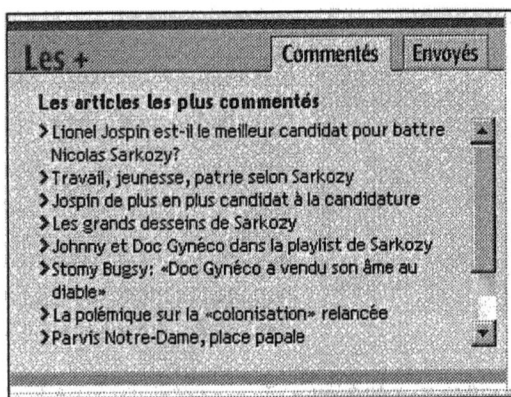

Figure 17. « Les + », le palmarès des articles les plus commentés par les internautes de Libération.fr

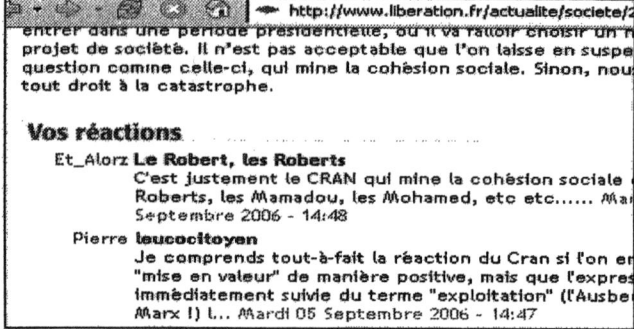

Figure 18. « Vos réactions », les commentaires apportés par les internautes aux articles de Liberation.fr

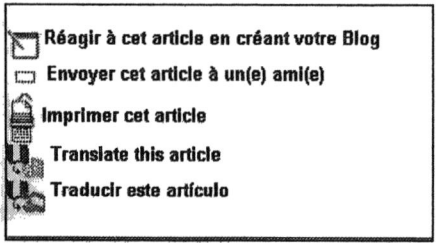

Figure 19. Pictogrammes invitant les internautes du site du Nouvel Observateur à créer leur blog et à recommander la lecture d'un article

Figure 20. « Vos photos », galerie de photos d'internautes de Libération.fr

Une nouvelle culture de métier ?

L'esprit du « journalisme participatif » repose autant sur la valorisation que sur l'exploitation de la parole du public. Ainsi, à travers les blogs et les forums, le public se place dans la position du producteur d'information et d'opinion. Il fournit de la sorte un contenu éditorial brut directement utilisable par l'éditeur du site après modération des messages. Ce matériau d'information est donc produit gratuitement ou à moindre coût. Grâce aux dispositifs de participation de l'internaute à la production de l'information, nous sommes en mesure de dire qu'une partie du travail d'information est sous-traitée au consommateur lui-même. Si tous les internautes amateurs d'information ne sont pas, loin s'en faut, également coproducteurs actifs de l'information, certains se prêtent plus facilement au jeu et participent à la construction d'un espace éditorial hybride composé d'un ensemble de contenus journalistiques et extra-journalistiques. Ce faisant, ils assument partiellement la charge de la création de la « valeur » du site éditorial.

> **La « servuction »**
> Néologisme forgé à partir des termes « service » et « production », la *servuction* consiste, dans les industries de services, à faire « travailler » le client. Dans cette perspective gestionnaire, le client d'un service est censé devenir coproducteur de ce même service. De passif, il devient actif et fournit une plus-value à l'entreprise qui offre ce service. L'univers de la grande distribution fournit un bon exemple de ce principe. Au passage en caisse, le travail est divisé et les rôles sont partagés entre la caissière et le client. La caissière scanne les articles et le client remplit les sacs. Sans cette coopération productive entre l'employé et le client, une rupture dans le flux s'opérerait et nuirait à la productivité de l'entreprise de distribution. Dans le cadre de cette relation de coopération, le client consent donc à travailler gratuitement à la production du service qu'il « paye » – le service est en effet compris dans le prix de vente du produit. Une partie de l'effort de production de ce service est alors transférée au client. La participation de ce dernier permet à l'entreprise de réaliser des gains de productivité. Soulignons que cette tendance en train de se généraliser dans certaines chaînes d'hypermarché, comme Géant Casino, avec l'automatisation complète des caisses qui conduit le client à réaliser lui-même l'intégralité du « travail » jusque-là dévolu à la caissière.

Nous souhaitons montrer que la logique de la « servuction » peut s'appliquer au champ de la production de biens culturels en général et à celui de l'information en ligne en particulier. Dans le domaine qui nous intéresse ici, celui de la presse en ligne, l'internaute est le « client » d'un service d'information qu'il est amené à coproduire. Nous avons déjà souligné que la plupart des journalistes, tous supports confondus, refusent, dans leur discours, de considérer leur public comme une somme de « clients ». Or, la pénétration du marketing avec ses concepts et outils a progressivement fait tomber les tabous en même temps que se fissurait le « mur de l'argent ». La relation entre le média et son public prend la forme d'une relation de service de nature commerciale. Certes, une part importante des contenus des sites d'information est en accès gratuit. L'éditeur ne se rémunère donc pas directement avec le contenu produit et le « client » du service ne paye pas systématiquement pour le « service » qu'on lui rend. Dans la presse en ligne, bien que la gratuité soit encore la règle et bien que l'achat en ligne d'articles reste marginal en volume, on oublie souvent que l'internaute-consommateur d'information participe indirectement au financement de la production et de la diffusion de l'information. Et ce, de plusieurs manières : en acceptant d'une part la présence de la publicité (dont les coûts sont répercutés sur le prix de vente des produits de consommation courants), en s'équipant d'autre part avec du matériel micro-informatique, et enfin en s'abonnant aux services d'un fournisseur d'accès au réseau (les coûts de la diffusion sont alors transférés au destinataire de l'information.)

Qu'il paye ou non directement l'information qu'il consomme, l'internaute est bien souvent perçu comme un « client » à qui l'on propose un service censé correspondre à ses « attentes ». Pour mieux pouvoir répondre à ses « demandes » et satisfaire ses « besoins », l'éditeur tente de nouer une relation privilégiée avec l'internaute. Ce dernier est alors sollicité pour définir le plus précisément possible les contours du service qui lui sera proposé (renseignement sur ses « goûts », « préférences » et « centres d'intérêt »). Ici aussi et de façon plus aiguë, la contribution du client à la production du service est déterminante. En outre, l'exemple du « journal personnalisé » permet de mieux saisir la logique à l'œuvre au sein de la relation entre l'éditeur et l'internaute-client. Des éditeurs de sites-portails tels que Yahoo ! proposent aux internautes de créer leur propre journal en ligne « sur-mesure ». Via son service « mon Yahoo ! » (*My Yahoo !*), le portail Yahoo ! offre la possibilité à chacun de configurer un journal en ligne (ou plutôt une page personnalisée) constitué des rubriques d'information d'actualité préalablement sélectionnées selon les goûts et les intérêts de chaque internaute. Sur la page d'accueil du service « Mon Yahoo ! », on peut lire : « *Mon Yahoo !, c'est vos contenus préférés sur une seule page bien à vous !* »[332].

Comme la plupart des éditeurs de portail, Yahoo! est abonné aux fils d'information des agences de presse. S'il le souhaite, l'internaute peut donc effectuer une sélection à partir de ce matériau et indiquer quelles sont les informations qui l'intéressent pour alimenter sa page personnalisée : « actualité », « bourse », « sport », « météo », etc. L'opération consiste pour l'internaute à remplir un formulaire en ligne à partir duquel le service *Mon Yahoo !* sera en mesure de créer automatiquement son profil d'utilisateur. L'internaute dispose ainsi d'un « journal à la carte ». Mais les potentialités de ce

---

[332] http://ee.my.yahoo.com/config/my_init?.intl=fr&.partner=my&.from=i

service « sur-mesure » sont toutefois limitées. L'internaute ne peut choisir qu'entre un nombre restreint de rubriques et ne bénéficie pas de possibilité de hiérarchisation et d'organisation de sa page.

La personnalisation de l'offre de contenu

La création du service d'information « Mon Yahoo ! » illustre bien la volonté des éditeurs de sites de jouer la carte de l'information « sur-mesure » en adaptant à leur univers les techniques commerciales dits du *one to one*. Le développement de ce genre de services co-construits par l'éditeur et l'internaute s'inscrit dans un mouvement caractérisé par la montée en autonomie et en participation du récepteur du message. Avec Internet, les possibilités techniques de la « personnalisation de l'information » se sont accrues et l'idée que les médias seraient sur le chemin de la « démassification » n'a jamais rencontré autant d'applications concrètes. En germe dans l'esprit des chercheurs du MIT (Massachusetts Institute of Technology) qui travaillent depuis les années 1980 sur le développement des médias sur mesure, le principe du *daily me,* bien décrit par J.-D. Lasica[333], repose sur l'idée que chacun peut créer son propre média et devenir le rédacteur en chef de son journal « personnalisé ». Pour beaucoup d'auteurs influencés par les travaux du MIT, Internet serait plus que jamais en passe de s'imposer, dans l'imaginaire social, comme le média d'une « société d'individus » ; de la même manière que la télévision a pu incarner le média de la « société de masse ». L'ère des médias personnalisés (*self media*) se substituerait naturellement à celle des médias de masse (*mass media*)[334].

Suivant cette idée, le contenu des sites d'information doit être taillé sur mesure selon les intérêts spécifiques de chaque internaute grâce, notamment, aux interactions constantes entre fournisseurs et consommateurs d'information (« interactivité »). Ces derniers sont dès lors de plus en plus en mesure d'accéder à un produit éditorial ajusté à leurs goûts et à leurs principes de vision et de division du monde, pour paraphraser Pierre Bourdieu. Néanmoins, même pour les observateurs les plus enthousiastes, la relation médiatique personnalisée porte en elle des « risques » comme celui d'enfermer les lecteurs dans leur propre « myopie »[335]. Ces risques seraient inhérents à ce genre d'approche éditoriale. Si le sur-mesure devait se généraliser à partir de ses bases actuelles, il contribuerait à accentuer les effets appauvrissants de l'individualisation des pratiques d'information. Autocentré, l'internaute finirait spontanément par réduire son horizon au seul champ clôt de ses préoccupations directes. Beaucoup

---
[333] LASICA, J.-D., « The promise of daily me », *Online journalism review*, 02-04-2002.
[334] FLICHY, P., *L'imaginaire d'Internet*, 2001, *op.cit.*
[335] LASICA, J.-D., *op.cit.*

redoutent en effet que la montée de la personnalisation ait de telles conséquences. L'hégémonie du « sur-mesure » pourrait finir par traduire l'institutionnalisation de la posture narcissique qu'encouragent les formes de rationalité de l'individu moderne. Dans tous les domaines de la vie, la logique du « sur-mesure » semble épouser la volonté de puissance et de contrôle qu'affiche ostensiblement l'individu « hypermoderne »[336] et que les derniers expédients technologiques tendent à satisfaire. L'industrie des services de rencontres en ligne dont le site Meetic est l'emblème parfait donne à voir des modes de sociabilité assistée par ordinateur qui reposent sur le refus de l'incertitude – y compris dans le domaine du sexe et des relations amoureuses – et qui privilégie la relation « à la carte ».

La critique des médias de masse et de leurs effets homogénéisants a motivé la recherche de relations dites « personnalisées » entre le producteur et le consommateur d'information. L'apparition d'Internet est alors l'occasion d'avancer dans la remise en question des logiques qui prévalent dans l'industrie des médias de masse : d'une part, la logique de la production industrielle, qui consiste à produire un bien en grande série à partir d'un prototype, comme c'est le cas de la presse écrite (le même journal est tiré à x exemplaires) ; d'autre part, la logique traditionnelle du « broadcasting » qui consiste à diffuser un programme audiovisuel « de point à masse » (*one to many*), depuis un « centre » vers une « périphérie ». Pour sortir du carcan des produits d'information standards, conçus pour tous à l'identique, des éditeurs Web proposent, à l'instar de la télévision à la carte, des services « sur-mesure » reposant sur le principe de la « personnalisation » du contenu. Mais lorsque l'on parle de « services sur-mesure », de quoi parle-t-on exactement ?

Nous avons évoqué, à travers l'exemple de « Mon Yahoo ! », un type de services d'information automatisés censé assurer une relation « personnalisée » avec le client de ce service à qui il est proposé un contenu « sur-mesure ». Les termes de « personnalisation » et de « sur-mesure » rendent moins compte de la réalité que de la fonction de légitimation assurée par les discours d'accompagnement de ce type de services et de produits d'information. La notion de « sur-mesure » ne doit être comprise ici que dans le sens de « sur-mesure de masse ». Comme le souligne Monique Wahlen dans sa thèse sur le marketing et la communication directe[337], rien n'indique qu'il y ait eu une rupture significative avec la communication de masse. Malgré les discours et contrairement aux apparences, le mode de production industrielle continue

---

[336] AUBERT, N. (dir), *L'individu hypermoderne*, 2004, *op.cit.*
[337] WAHLEN M., *Communication directe et marketing de réseau*, Thèse de doctorant en Sciences de l'information et de la communication, soutenue le 19 janvier 1999, Université Stendhal-Grenoble 3.

d'être le mode de production dominant. Ce dernier fonctionne sur le principe des économies d'échelle rendues possibles par le traitement d'importants volumes de biens ou de données. Sur le marché de l'information en ligne, la logique est identique. Et il s'agit bien d'une logique industrielle. En effet, un contenu de nature journalistique est produit par une agence d'information, par un prestataire de service ou par la rédaction papier du journal. Ce contenu est déclinable sous différentes formes et formules. Tout dépend dès lors de la manière dont ce contenu est sélectionné et agencé pour être diffusé. On a affaire ici à une logique de « prêt-à-porter » plutôt qu'à une logique de « sur-mesure »[338]. Sur Internet, la relation personnalisée qui repose sur de multiples possibilités de dialogue relève ainsi d'une stratégie « cosmétique ». Malgré l'instauration d'un dialogue, l'internaute ne peut pas réellement modifier le cadre de l'échange, ni prendre véritablement l'initiative.

Ainsi, les TIC rendent possible la gestion de gros volumes de données et permettent de construire de manière automatisée une « relation personnalisée de masse » entre un contenu et une audience. Dans l'optique d'une « communication de masse personnalisée », les destinataires du service d'information ne sont pas des individus « uniques », contrairement aux discours tenus. L'émetteur du message ne s'adresse pas à un individu, mais bien à des groupes ou « grappes » de lecteurs-consommateurs que le marketing nomme « segments de cible ». Il est pour cette raison nécessaire, comme le rappelle Monique Walhen, de bien distinguer deux notions : la « personnalisation » et « l'individualisation »[339]. Pour l'auteure, personnaliser un message c'est, à partir d'une trame existante, adapter ce message (automatiquement, grâce aux outils informatiques) aux spécificités d'un « segment de cible ». Individualiser un message, c'est l'adapter aux spécificités de chaque individu. Contradiction dans les termes mêmes, « l'individualisation de masse » représente cet idéal impossible à atteindre vers lequel tendent néanmoins, en théorie, tous les professionnels de la communication directe.

Polysémique, le terme anglais *customization* rend plus fidèlement compte de la dimension commerciale de la notion de « personnalisation » que nous tâchons de définir ici. Le verbe *to customize* signifie « personnaliser » et également « faire sur commande ». Il renvoie d'une part à l'action de disposer d'un objet ou d'un service personnalisé et, d'autre part, au statut de « client » : client actif, certes, mais client avant tout, enceint dans un rapport marchand. L'instauration d'une relation « personnalisée » entre l'émetteur et le récepteur

---
[338] *Ibid.*
[339] *Ibid.*

d'un message suppose, comme nous l'avons vu, que le lecteur-consommateur d'information gagne du pouvoir et de l'autonomie. Or, il s'agit d'une autonomie et d'un pouvoir strictement contrôlés. Derrière la promesse de « personnalisation », on trouve toujours l'intentionnalité du contrôle de la relation commerciale par l'entreprise. Le principe de la personnalisation s'inscrit dans la doctrine managériale de la « relation client ». Malgré les apparences qu'elle se donne, cette dernière est toujours unilatérale et instrumentale. L'enjeu de ce que le marketing appelle la gestion de la relation-client ou CRM (*Customer Relationship Management*), est bien le contrôle total et continu du client. Il n'est pas superflu de rappeler ici que la volonté de maîtrise n'a jamais cessé de guider l'action des spécialistes de la gestion et du commercial. Grâce au principe de « coproduction » de service et de « cogestion » de la relation, l'entreprise éditrice assure un suivi étroit de ses « clients » et réduit la part de « l'incertitude » inhérente à toute interaction. Grâce aux TIC, l'entreprise peut connaître de manière assez fine l'évolution des attentes de ses clients et les changements de leurs comportements. Elle parvient ainsi à mieux y répondre et à pérenniser la relation. La logique semble évidente : si le client est satisfait, il n'a pas de raison de casser cette relation de proximité et de confiance. Une fois fidélisés, les internautes (ou plus précisément les « profil-type » que l'entreprise construit à partir des connaissances dont elle dispose sur les internautes) représentent le premier capital de l'éditeur. Tous les fichiers clients sont en effet intégrés dans des bases de données dont la valeur marchande est réelle. Si ces fichiers peuvent être vendus, ils sont généralement conservés précieusement pour servir de monnaie d'échange dans les transactions menées avec les annonceurs au sujet des tarifs de vente de l'espace publicitaire.

On retrouve dans la « relation client » le principe de la « marchandisation de la relation » au sens où l'utilise Jérémy Rifkin[340]. Pour l'auteur de *L'âge de l'accès*, la relation en elle-même, à travers la fidélisation des lecteurs-consommateurs, possède une valeur marchande. En élaborant des dispositifs de personnalisation et de fidélisation de leur relation aux lecteurs, les éditeurs épousent une approche « orientée client » qui correspond à la nouvelle doctrine marketing. Du marketing transactionnel ou « orienté produit », les entreprises sont passées, dès les années 1990, au marketing relationnel « orienté client »[341]. Comme le remarquait déjà Charles de Laubier[342] dans son *Que-sais-je ?* sur la presse en ligne, Internet offre à l'éditeur le pouvoir de retenir l'attention de publics bien ciblés pour leur donner une information sur-mesure. L'avènement du *one-to-one*, pratique venue du marketing direct, permet aux éditeurs Web de

---

[340] RIFKIN, J., *L'age de l'accès. La révolution de la nouvelle économie.* La découverte, 2000.
[341] LABORDE, A., « Les enjeux de la relation client », *Communication & Organisation*, n°27, juin 2005.
[342] *La presse sur Internet*, 2000, *op.cit.*

livrer en ligne « une édition unique pour chaque lecteur selon ses besoins ». L'esprit du marketing direct plane donc depuis le début au-dessus de la presse en ligne.

Comment fidéliser la « communauté » ?

> *« Si on s'y prend bien, sur le plan éditorial, on peut avoir une plus grande finesse, une plus grande proximité avec le lecteur, qui est à double sens. A la fois de pouvoir lui parler de ce qui le préoccupe, ce qui est le but de chaque rédacteur en chef, satisfaire les attentes de son lectorat, et en même temps, en retour, aussi de trouver chez les lecteurs des sujets et de former cette communauté, cet attachement, cette fidélisation du lectorat. Il s'agit de fidéliser un lectorat et de l'agrandir par quelque chose de beaucoup plus riche qu'un simple rapport à sens unique, qui est : j'écris pour un lecteur que je ne connais pas. »* [Pigiste Web. Paris. Juin 2004.]

Idéalement adapté à la logique relationnelle du marketing direct, Internet permet qu'un dialogue plus ou moins « personnalisé » s'engage entre l'émetteur et le récepteur d'un « produit » d'information. Ce dialogue peut prendre la forme du blog (de journalistes et d'internautes), du forum, du « chat », du sondage ou du commentaire d'articles. Nous avons vu que, sur les sites d'information, les dispositifs d'interactivité sont souvent considérés comme créateurs de « valeur ajoutée ». L'interactivité est également une condition, sinon nécessaire du moins primordiale, de la constitution du sentiment d'appartenance à la communauté des lecteurs du journal en ligne. Si chaque journal, radio ou chaîne de télévision cherche à fédérer autour de lui un nombre toujours plus important de personnes, l'enjeu prioritaire réside désormais dans la fidélisation de cette audience. Les principaux acteurs de l'industrie de l'information se sont en effet convertis à la doctrine du marketing direct selon laquelle il vaut mieux concentrer ses efforts sur la fidélisation de ses clients que sur la prospection puisque le coût de conversion d'un prospect en client s'avère plus élevé que le coût du maintien d'une relation commerciale déjà établie.

La volonté de fidélisation des publics s'appareille de plus en plus à la recherche d'identification à la « marque ». Des sites d'information tels que Lemonde.fr ou Libération.fr bénéficient de la notoriété du journal papier dont ils ont hérité de l'histoire et de l'identité. Qu'ils bénéficient ou non d'une notoriété, tous les sites éditoriaux adoptent une stratégie de marque. Ainsi, éditeurs et journalistes doivent-ils travailler à créer un environnement éditorial susceptible de faire se réunir la « communauté » des lecteurs-consommateurs d'information autour du titre et de ses « valeurs ». Les acteurs de la presse en ligne sont d'autant plus enclins à adopter ce credo que la dimension communautaire est, depuis l'origine, une composante de « l'esprit d'Internet ». Le « marketing tribal » a ainsi facilement pu conquérir les territoires de la presse en ligne. Dans leur analyse des nouvelles tendances de consommation, Véronique et Bernard Cova[343], spécialistes en marketing, ont mis à jour les ressorts d'une stratégie de fidélisation qui se base sur l'exploration du lien social et de l'appartenance communautaire. Selon eux, les entreprises chercheraient à créer autour de leur activité une « communauté émotionnelle » soudée par une « fidélité affective » à la marque : « le lien affectif vis-à-vis de la marque devient le lien, le liant entre les individus d'une même communauté ou tribu »[344]. Dans le cadre de la relation commerciale l'important n'est pas d'encourager un retour à la communauté mais plutôt un « retour au désir de la communauté, de l'imaginaire de la communauté ».

Les acteurs de la presse en ligne s'efforcent de satisfaire ce prétendu « désir » de communauté que l'approche marketing de la relation au lecteur-client a grandement contribué à susciter. Ainsi, les encouragements à la participation du lecteur doivent être envisagés à l'aune de la volonté des éditeurs d'exploiter la fibre communautaire. Nous avons vu que les éditeurs de sites Web tirent un avantage de la participation des internautes à la production de l'information (blogs, photos, vidéos etc.). Nous devons ici évoquer les bénéfices indirects que réalisent ces éditeurs grâce aux dispositifs d'interaction et de participation. En consolidant la relation et en développant la participation de l'internaute, l'éditeur s'assure de la fidélité de son public au site et à la marque. L'équation est posée en ces termes : le sentiment d'appartenance à la « communauté », ou à la « grande famille » du journal, croît en fonction du degré de participation de l'internaute à la vie du site. À partir de ce postulat, nous pouvons dire que dans bien des cas, le « participatif » est un prétexte utilisé pour capter et fidéliser des publics. C'est un sentiment ambivalent qui ressort du discours des professionnels des médias. Interrogée sur ce sujet en mars 2006, une journaliste de Télé Grenoble, télévision dite « citoyenne », explique que la rhétorique participative est un « vernis » qui sert à « couvrir » la volonté de la chaîne de s'attacher durablement et à moindre coût, une audience.

La communauté qui se crée autour d'une « marque » éditoriale est destinée à rassembler pêle-mêle lecteurs et rédacteurs. Sur les sites éditoriaux, l'espace « blogs » qui héberge aussi bien les blogs de journalistes que ceux de

---

[343] COVA, V. et COVA, B., *Alternatives Marketing. Réponses marketing aux nouveaux consommateurs*, Dunod, Paris, 2001.
[344] *Ibid.*

personnes extérieures, connues ou anonymes, est le meilleur exemple de ces lieux communautaires en ligne. Tous unis au sein de la grande famille du titre ! Tel est l'esprit de la politique éditoriale de nombreux sites d'information orientée vers la « participation » et la « relation ». Cette stratégie qui consiste à susciter la participation de l'internaute afin de faire exister chez lui un sentiment d'appartenance à une communauté de parole pousse souvent les éditeurs Web à inciter les journalistes à endosser d'autres rôles. Sur Internet, il est demandé à ces derniers d'assurer l'interface avec le lecteur. Parmi ses multiples fonctions, on retrouve celles qui ont pour objet principal l'animation du dialogue avec l'internaute : modération de forums et de « chat », gestion des courriels (emails) des internautes etc. Sur Internet, les journalistes tendent de plus en plus à se transformer en « animateurs » de communauté dont le rôle est de faciliter les échanges, d'entretenir le dialogue, de créer du lien, etc. L'émergence de fonctions telles que la modération de forum est liée à l'existence de dispositifs d'interaction propres au Web et traduit la volonté de valoriser, de fluidifier et de surveiller l'expression des internautes. Cette tendance n'est certes pas propre au média Internet. Mais son existence ne fait que confirmer la mise en avant de la parole du public dans l'espace médiatique. Avec Internet se dessine plus nettement le modèle d'un journalisme « phatique »[345] dont la priorité est d'assurer le maintien du lien et la bonne communication entre tous les membres de la communauté. Dès lors, la relation au lecteur et les interactions au sein de la communauté priment sur le contenu et la qualité des messages.

2 - Vers un journalisme hétéronome

L'esprit et les outils du marketing ont pénétré l'univers de la presse bien avant l'apparition d'Internet. Ces changements structurels ont progressivement fait évoluer chez les journalistes la représentation de leur rôle et de leurs publics. Avec l'émergence de la presse en ligne, la question du professionnalisme journalistique se pose avec d'autant plus d'acuité que des expériences éditoriales qui ont fleuri lors du boom Internet ont fragilisé les principes de distinction déjà sensiblement érodés entre la sphère de l'éditorial, et celle du commercial. Nous allons ici nous intéresser à la question de l'autonomie professionnelle des journalistes Web, en nous penchant dans un premier temps sur l'organisation spatiale et fonctionnelle du travail au sein des rédactions Web et des entreprises Internet. Cette première étape nous conduira à interroger les représentations que ces journalistes se font de leur travail et de leur rôle social.

---

[345] CHARRON J., BONVILLE de J., 1996 et 2004, *op.cit.*

Dans ses travaux sur le secteur de la presse magazine, Jean-Marie Charon souligne que la proximité entre le contenu rédactionnel et le contenu publicitaire est plus forte dans les magazines que dans la presse d'information quotidienne[346]. Le sociologue des médias donne l'exemple de la politique du groupe EMAP qui illustre parfaitement cette recherche de continuité entre ces deux types de contenu qui peut aboutir à leur interpénétration. Dans les locaux des titres du groupe, rédaction et régie publicitaire sont réunies dans le même espace. Rien ne doit plus séparer ces deux pôles qui affichent leur gémellité. Or, depuis que la publicité a fait son apparition et qu'elle s'est imposée comme le facteur déterminant de l'économie de la presse, les journalistes n'ont eu de cesse de conserver une ligne de démarcation entre le contenu rédactionnel du contenu promotionnel. C'est cette séparation que des groupes de presse comme EMAP souhaitent aujourd'hui voir disparaître. Cette nouvelle approche éditoriale rencontre une des plus vieilles préoccupations des publicitaires : intégrer toujours plus en profondeur la publicité au contenu et adapter finement le message publicitaire à l'environnement rédactionnel. Alliés objectifs des publicitaires, les dirigeants d'EMAP souhaitent ainsi intensifier la relation directe entre la rédaction et la promotion afin de créer, dans un souci permanent d'efficacité commerciale, une véritable synergie entre les différents services et les différents contenus. Il s'agit bien, dans cette démarche, de mettre le rédactionnel au service du publicitaire.

À travers cette politique axée sur l'intégration du rédactionnel et du promotionnel qui naturalise la tendance à l'interdépendance des cultures professionnelles, c'est bien la conversion des journalistes aux lois régissant le marché des biens et services d'information qui est visée. Certes, ce travail d'acculturation de la population journalistique rencontre de fortes résistances, comme nous avons déjà pu le souligner. Toutefois, confrontée à la montée irrésistible d'un « journalisme de marché »[347], les journalistes ne peuvent éviter de céder quelques parcelles de leur autonomie. Le journalisme Web est au cœur du processus d'hétéronomisation professionnelle. Attachons-nous donc maintenant à donner quelques traductions concrètes de ce phénomène.

L'autonomie professionnelle mise à mal

Lorsque les entreprises de presse se lancent dans l'Internet, dès le milieu des années 1990, elles optent souvent, comme nous l'avons vu, pour la « filialisation » de cette activité : TF1 tout comme les sociétés éditrices du *Monde*, du *Télégramme de Brest* et de *Ouest France*, pour ne citer que ces

---

[346] CHARON J.-M., *La presse magazine*, 2001, *op.cit.*
[347] Mc MANUS J.H., *Market-driven journalism*, 1994, *op.cit.*

Une nouvelle culture de métier ?

quelques exemples, ont créé leurs propres filiales « multimedia » ou « Internet ». Il n'est pas rare que les locaux de ces filiales soient situés, aujourd'hui encore, à l'écart du siège ou de la rédaction du titre. Le pôle Internet des entreprises de presse s'est ainsi organisé de manière autonome de la rédaction. L'activité Internet s'y déploie dans toutes ses dimensions, aussi bien techniques, qu'éditoriales ou commerciales. Dans un espace dont la taille est souvent réduite, le personnel technique, administratif et commercial, est souvent amené à côtoyer directement les journalistes. Il arrive même parfois que la rédaction partage son (petit) espace avec le service promotion.

Paradoxalement, il arrive que l'activité proprement éditoriale apparaisse comme secondaire au sein de telles structures. S'agit-il là réellement d'un paradoxe lorsque que l'on sait que l'activité Internet ne se réduit pas à l'édition d'information ni à l'entretien du seul site-titre? La gestion du site éditorial ne représente en effet qu'une partie de l'activité de la filiale Internet. Par exemple, outre ses deux sites éditoriaux (Maville.com et Ouest-france.fr), Ouest France Multimédia, développe plusieurs autres sites pour le compte de la société Ouest France (notamment des sites de petites annonces), ou même pour des clients extérieurs. En 2004, la filiale multimedia de Ouest France ne comptait que quatre journalistes pour un effectif de plus de cinquante personnes. Un tel déséquilibre entre activités rédactionnelles, techniques et promotionnelles a eu des conséquences sur la façon dont les journalistes percevaient leur légitimité au sein de la filiale: « *on est les seuls journalistes ici, et d'ailleurs, on nous dit souvent qu'on a rien à faire ici. Parce que historiquement, Ouest France Multimédia, c'est pas une boite de journalistes.* » [Journaliste Web. Rennes. Janvier 2004.]

Arrêtons-nous désormais sur le cas des rédactions Web « internalisées ». Lorsque la rédaction Web se situe au sein des locaux du journal, il n'est pas rare qu'elle soit mise à l'écart de la rédaction, à distance respectable du lieu où se trouvent les services les plus prestigieux et où se prennent les décisions. En visitant plusieurs rédactions Web de journaux de la presse nationale et régionale, on a pu constater que les rédactions Web ne sont pas souvent situées au cœur du pôle éditorial. L'organisation de l'espace traduit bien le détachement d'Internet du centre de gravité éditorial du titre. Les journalistes du Web se trouvent par conséquent en marge du lieu de production et de reproduction des normes et des valeurs professionnelles. Ce décrochage physique de la rédaction Web produit de puissants effets symboliques qui accentuent le caractère dominé du Web par rapport au support traditionnel. Bien entendu, cette mise à l'écart ne relève pas forcément d'une stratégie délibérée de la direction du titre ou du groupe, même si elle peut traduire la position que ce service occupe, aux yeux de ses responsables, dans la hiérarchie interne. Cette mise à l'écart est parfois le fait de simples contingences. Lors de la création du service ou de la rédaction Internet, l'occupation des espaces peut déjà être à son optimum. En raison de contraintes de place, il arrive de fait que la rédaction Web soit reléguée à un autre étage ou au fond d'un couloir. Néanmoins, il est à noter que malgré ces circonstances particulières liées à une augmentation du volume d'activité, la réorganisation de l'espace repose sur des choix qui font sens.

Ainsi l'activité Internet est parfois « poussée » vers le pôle diffusion-marketing. Or dans les faits, faire voisiner la rédaction Web et le service marketing ne semble réellement poser problème ni aux responsables, ni aux journalistes. Lors de nos entretiens, aucun journaliste en ligne ou responsable de site n'a exprimé un quelconque sentiment de gêne à l'égard de la localisation de la rédaction Web. Les réactions auraient certainement été différentes si un quelconque service de la rédaction du journal papier avaient dû être « relocalisé » du côté du pôle commercial au mépris de l'étanchéité de la sacro-sainte frontière entre rédactionnel et commercial. Au siège du groupe Test, on retrouve la rédaction du site éditorial 01Net au cinquième étage, étage dédié aux activités marketing. Les rédactions des titres du groupe sont quant à elles toutes situées aux étages inférieurs. La rédaction Web du *Progrès* de Lyon est également séparée des autres services de la rédaction du journal et se trouve au même étage que l'équipe commerciale du quotidien gratuit *Lyon plus*, propriété du *Progrès*. La rédaction Web du journal *La Croix* se situe à un couloir de distance de la rédaction du journal, à proximité du pôle Communication. Ainsi, les choix opérés en matière d'organisation de l'espace conduisent les rédactions en ligne à effectuer le grand écart entre l'éditorial et le commercial.

Dans bien des cas, la « topographie » du pôle Internet en dit long sur la manière dont les responsables de publication ou de groupe de presse se représentent cette activité. Certains ne se cachent pas de penser que le site internet et les mutiples projets multimédia ne sont que des supports de promotion du titre papier, de la « marque ». Les journalistes en ligne se voient dès lors attribuer tacitement un statut à part, moitié journalistes moitié ambassadeurs de la « marque ». D'ailleurs, on peut trouver dans l'histoire des sites-titres des raisons à cette confusion au sujet de l'identité du site : vitrine promotionnelle ou véritable média d'information?

« *Pour beaucoup c'était le service marketing qui ouvrait un truc. Et oui, le site de* l'Expansion, *au tout début, c'est le service marketing qui l'avait monté. Je vous laisse imaginer comme ça a pu être compliqué après pour la réappropriation par les journalistes.* » [Directrice des éditions électroniques. Paris. Décembre 2004.]

Une nouvelle culture de métier ?

Dans les start-up de l'Internet ou les rédactions Web fonctionnant en *open-space*[348], les divisions fonctionnelles ne se lisent pas dans les divisions spatiales. En outre, la petite taille de ces structures induit une forte proximité physique entre les différentes fonctions associées. Il n'est donc pas rare que l'éditorial, le commercial et le technique voisinent dans un espace ouvert réduit à quelques dizaines de mètres carré. Cette proximité ou promiscuité physique, selon le point de vue, conduit à multiplier les échanges formels et informels entre des professionnels qui appartiennent à l'origine à des cultures de métier différentes. Rappelons qu'une des singularités de ce qui a été appelé communément « l'esprit start-up » fut d'obtenir que les employés s'identifient davantage à leur entreprise qu'à leur « métier ». L'identification à un projet d'entreprise et au collectif qui le porte précède toute autre forme d'identification. Ainsi, les petites structures dont l'espace de travail est « ouvert », et où les rapports sont « liquides »[349], encouragent le phénomène de métissage des cultures professionnelles. Tous les employés subissent d'autant plus le jeu des influences professionnelles croisées qu'ils se côtoient directement. Entre eux, les échanges sont extrêmement fréquents.

Quelle que soit leur fonction dans l'entreprise ou la rédaction, il n'est pas rare que les employés se sollicitent mutuellement pour discuter des divers sujets qui ont trait à la vie du site éditorial : ergonomie, négociation des contrats publicitaires, sujets d'actualité, audience, politique des ressources humaines, etc. Dans ces conditions, les journalistes Web sont beaucoup moins cantonnés que leurs pairs des grandes entreprises de presse écrite et audiovisuelle dans leur univers professionnel relativement clos. Ils sont bien davantage en contact avec d'autres « métiers » et plus souvent associés aux choix techniques et aux orientations commerciales qui engagent la publication (en ligne). Dans ce type de structure, la proximité n'est pas seulement physique, elle est également symbolique. Il s'y crée une culture commune. L'ensemble de représentations que les rédacteurs et journalistes Web partagent avec les autres membres de la structure est en mesure de déterminer l'approche éditoriale. L'autonomie

---

[348] Dans les structures dont l'espace est organisé sur le principe de l'*open-space*, tous les postes de travail se trouvent réunis au sein d'une plate-forme dépourvue de cloisons. Le modèle de l'*open-space* est conçu pour servir en pratique l'idéal de la transparence prôné par les nouvelles organisations en opposition au modèle de la grande entreprise bureaucratisée et cloisonnée. Ce sont les agences de publicité et de communication qui ont, à l'origine, introduit ce principe d'agencement de l'espace de travail. Et les « start-up » de l'Internet ont largement copié ce modèle. Il faut préciser que bien avant que l'on parle d'*open-space*, beaucoup de rédactions traditionnelles fonctionnaient sur ce mode d'espace ouvert. Nous pouvons penser que les journalistes y sont, dans une certaine mesure, familiers.
[349] Zygmunt Bauman utilise le terme « liquide » pour qualifier notre époque où les liens entre les hommes sont plus que jamais fragiles. *L'amour liquide, de la fragilité des liens entre les hommes*, Le Rouergue, 2004.

professionnelle des journalistes, dans sa conception traditionnelle, est mise à l'épreuve. Ce métissage produit une certaine homogénéisation de la façon dont les journalistes pensent leur rôle et règlent leurs pratiques, assez loin de l'orthodoxie journalistique.

> « *C'est vrai que quand Nathalie, qui bosse à la promotion, vient me voir pour me demander mon avis, je ne vais quand même pas l'envoyer balader sous prétexte que je vais pas faire un... Elle peut me parler d'un événement qu'on va... Je sais pas, parrainer, ou ce qu'elle veut... Je lui dis tout ce que je pense de l'événement, si ça représente un intérêt ou pas.* » [Journaliste Web. Paris. Janvier 2004.]
> « *Ça aussi c'est une particularité du Web. C'est peut être une hérésie pour les journalistes, mais il se trouve qu'a cause de la proximité des services commerciaux, on est beaucoup dans une démarche ciblée, presque marketing.* » [Pigiste Web. Paris. Juin 2004.]

En outre, au sein des filiales ou des rédactions Web, le principal facteur homogénéisant reste la polyvalence fonctionnelle qui est, la plupart du temps, demandée aux employés. Il est fréquent qu'une personne travaillant dans une « start-up », quelles que soient ses qualifications premières, effectue toutes sortes de tâches relevant d'un spectre large de compétences. En raison du faible nombre des effectifs des start-up et des rédactions Internet, la division du travail y est beaucoup moins marquée que dans les entreprises traditionnelles. Aussi des rédacteurs ou journalistes Web sont-ils fréquemment incités à résoudre des problèmes techniques où à collaborer à la partie commerciale (recherche de partenariats, promotion du site, etc.). Sur certains sites éditoriaux, l'instauration d'un degré élevé de polyvalence contribue à dessiner un profil original de professionnel de l'information. Comme ce profil est de nature hybride, la question de l'autonomie professionnelle doit alors se poser dans des termes différents.

L'autonomie professionnelle peut se définir comme l'aptitude d'un groupe à se doter de ses propres codes, techniques et valeurs professionnels. S'il veut continuer à être gouverné par ses propres « lois » (sens étymologique du terme « autonomie »), un groupe professionnel doit résister aux influences extérieures. Or, il est nécessaire de dépasser l'opposition « autonomie-hétéronomie » pour saisir les mécanismes réellement à l'œuvre dans le processus d'hybridation de la culture professionnelle d'un groupe donné. Les journalistes Web transforment leur culture professionnelle en y intégrant progressivement certains éléments appartenant à d'autres cultures. Ce sont alors les pratiques et l'idéologie professionnelles du journalisme qui se modifient en profondeur au contact d'autres cultures de métier sans que les journalistes aient l'impression de se soumettre à des « lois » qui leurs sont imposées de l'extérieur. La perte d'autonomie du groupe n'est donc pas vécue comme telle mais plutôt comme une « adaptation nécessaire » à des « réalités professionnelles nouvelles ».

Manager au quotidien

> « *Oui... non... tout à fait, effectivement, je connais... moi, je connais les gens du commercial ou je sais pas quoi. Alors qu'un chef de service du quotidien ne connaît pas du tout... il n'est pas du tout confronté à ça, c'est clair. Ce que je disais... l'avantage du Web c'est qu'à un niveau moins élevé, on a des responsabilités beaucoup plus larges, c'est clair.* » [Chef de service. Paris. Décembre 2004.]

La polyvalence représente la norme des milieux de l'Internet professionnel. Dans les médias Web, les journalistes ont plus de chance que dans la presse traditionnelle d'exercer de multiples fonctions de responsabilité. Dans l'univers de l'Internet, les structures sont généralement de petite taille. Il est fréquent que chaque employé soit « responsable » d'une fonction, d'une rubrique, etc. Héritiers de l'esprit start-up, de nombreux sites d'information fonctionnent sur le principe qui peut se résumer par : « on est tous chefs, responsables de quelque chose » [Webmaster éditorial. Paris. Octobre 2003]. Nous pouvons donner l'exemple d'un webzine spécialisé dans le domaine des nouvelles technologies où chacun des six journalistes a le titre de « chef de rubrique ». Il n'est pas rare que le chef de ladite rubrique soit seul à y travailler. S'il s'agit là d'un artifice – le titre de « chef de rubrique » ne correspond en réalité qu'à un niveau sur la grille des salaires – il est toutefois fréquent de trouver dans les effectifs des filiales multimédias ou des rédactions Web, une multitude de responsables et de chefs de projet, de rubrique, ou de service. Cette pléthore de « chefs » donne à ces structures l'aspect de véritables « armées mexicaines ».

Les journalistes Web ont donc plus de chances que leurs homologues d'autres médias d'obtenir des responsabilités et d'être rapidement confrontés aux problématiques du management. Les fonctions du journaliste Web peuvent comprendre la gestion d'une page, d'une rubrique, d'un service et parfois d'une équipe et du site lui-même. La ligne de démarcation entre journaliste et responsable ou manager peut s'avérer extrêmement ténue, d'autant plus lorsque la même personne doit endosser, alternativement ou simultanément, les deux fonctions. Par exemple, le fondateur et rédacteur en chef de Lyonpeople.com écrit régulièrement dans son webzine et souhaite mener de front ses activités de manager et de journaliste. En outre, les responsabilités qui échoient au journaliste quand celui-ci passe du côté des managers couvrent un champ plus large, et des domaines plus éclectiques sur Internet que sur le support traditionnel. C'est ce que confirme un responsable de site pour qui, sur Internet, *« à un niveau moins élevé on a des responsabilités beaucoup plus larges ».* Le journaliste-manager doit alors effectuer un décloisonnement des catégories mentales avec lesquelles il perçoit son « métier » – catégories dont il a hérité au cours de sa socialisation professionnelle. Il est, à l'image des chefs de projet, censé promouvoir une approche transversale de son activité. Aussi ces fonctions débordent-elles du seul cadre de l'éditorial pour ouvrir sur le technique et le commercial.

 « Il se trouve que le site a connu un relookage il y a un mois. Et, pour préparer ce relookage, on a beaucoup parlé avec le technicien et le chef de produit Web et le chef administratif du Web parce qu'il fallait...c'était à la fois du rédactionnel et du technique, et du marketing, et tout ça. Donc on travaille ensemble.» [Responsable de site Web. Paris. Décembre 2004.]

La responsabilité du site Web incombe souvent à de jeunes journalistes du titre qui souhaitent acquérir une « expérience nouvelle » ou « avancer » dans leur carrière. Les fonctions de responsabilité peuvent également être exercées provisoirement par des journalistes, pour des raisons d'organisation interne. Quitter les fonctions de journaliste pour endosser celles de responsable de site ou de chef de projet est parfois vécu comme un accident de parcours ou une expérience peu « convaincante ». Une journaliste Web d'un quotidien national qui vient d'effectuer quelques mois « d'intérim » au poste de responsable de site nous fait part de ses impressions sur cette expérience.

 « En tant que responsable de site, on a plein de référents. C'est ce que j'ai ressenti quand j'ai été responsable, par intérim, l'année dernière. On a le référent de la rédaction, mais la rédaction n'est qu'un référent. On a aussi le commercial, le technique. On a aussi la rédaction. Moi je sais que ça ne me convenait pas du tout, c'était pas ce que je voulais. Pour le coup, je trouvais que je changeais de métier. Bon c'est amusant, enfin, intéressant, de gérer une équipe, c'est de l'interface, oui... Mais il y a toute une partie du temps qui est autre chose... mais qui est légitime, qui va avec le projet, il faut bien que le responsable du site Internet se tartine toutes les discussions techniques. On ne peut pas faire l'impasse sur le fait que l'interface avec le commercial est plus présente. Pour le coup ça rejoint aussi les préoccupations du rédacteur en chef, en

un sens, qui a aussi à tenir compte de ses partenariats, de son système informatique, de sa diffusion, de son impression. C'est aussi un peu... C'est déjà le cas dans le journalisme quand on quitte les fonctions où l'on écrit ; mais c'est plus fort ici. » [Journaliste Web. Paris. Décembre 2004.]

En accédant à des postes de responsabilité qui dépassent les limites des fonctions strictement éditoriales, ces journalistes Web assument alors un rôle équivalent à celui d'un rédacteur en chef ou d'un chef de service, sans avoir forcément une longue expérience de journaliste. Le service Internet est un service où l'on trouve à des postes de responsabilité des journalistes relativement jeunes, contrairement à la plupart des services des rédactions de journaux papier où les postes de responsabilité éditoriale (rédaction en chef, chefs de rubrique...) sont souvent détenus par des journalistes qui laissent derrière eux une « carrière » journalistique. L'accès à un tel « grade » sonne comme une reconnaissance de l'expérience du journaliste et une récompense pour les services rendus. Dans les entreprises de presse, ce mode de promotion interne subsiste bien qu'il tende à être remis en cause, depuis plusieurs années, par la généralisation du recrutement de purs « managers » sans expérience dans le journalisme[350].

À travers l'exercice de diverses responsabilités, si limitées soient-elles en réalité, les journalistes Web sont en position d'incorporer plus « naturellement » à leur habitus professionnel des dispositions de managers. Il est fréquent qu'ils aient acquis dans leur jeune carrière des compétences managériales au contact des gestionnaires et des commerciaux qu'ils côtoient dans les petites structures Web, comme nous l'avons vu. Hybride, le profil du journaliste Web est généralement celui d'un journaliste qui a, dès l'origine, une conscience de manager. Mais encore une fois faut-il préciser ici que si le journalisme en ligne se révèle être le parfait lieu d'incubation des principales transformations du « métier » (comme ensemble de pratiques et d'idéologies professionnelles), ces tendances au changement sont perceptibles et s'affirment dans beaucoup d'univers du journalisme. Ainsi, on assiste à l'émergence d'un profil de journaliste-manager, d'un journaliste qui se présente comme un « entrepreneur de projets » et également comme un « entrepreneur de lui-même ». Les lieux privilégiés dans lesquels s'effectuent l'intégration et la consolidation de ces dispositions au management sont, bien entendu, les Ecoles de journalisme. Ces lieux de socialisation professionnelle primaire apparaissent comme éminemment

---

[350] Au sujet de l'apparition des managers dans les rédactions de la presse française des années 1980, on pourra se référer au dossier consacré au management dans les médias et dirigé par Jean-Marie Charon, *Médiaspouvoirs* n°16, 1989.

déterminants dans la définition et l'appropriation des normes de la pratique et du comportement professionnels. En outre, depuis peu, ces écoles ont mis à leur ordre du jour l'enseignement de « l'entreprise de soi ». Directeur d'une des plus prestigieuses écoles françaises de journalisme, Loïc Hervouët (également directeur de publication d'une revue sur le journalisme) écrivait début 2006 : « À l'ESJ, nous avons choisi, pour répondre à la nouveauté de la situation, d'enseigner aux étudiants la 'démarche commerciale', de leur apprendre à argumenter dans une conférence de rédaction afin de réussir à vendre leur sujet face à celui d'un autre journaliste ou d'un rédacteur en chef. Être capable d'avoir des idées informatives, de monter des projets, de préparer un budget de reportage [...] Tout cela est déterminant pour leur avenir. [...] Il faut aider les jeunes à entrer dans les médias tels qu'ils sont pour demain en modifier les règles »[351].

De plus en plus tôt, les journalistes apprennent à manager et à se manager. Davantage confrontés aux conséquences des changements brutaux de conjoncture économique, les journalistes en ligne ont eu le temps, pendant la crise du secteur (2001-2004), d'intérioriser le principe d'incertitude qui est censé les guider tout au long de leur « carrière » professionnelle[352]. Ils perçoivent donc d'autant plus l'importance du fait de maîtriser un certain type de compétences aujourd'hui valorisées : savoir vendre un sujet, savoir vendre ses compétences, etc.

« *Ouais, j'avais déjà cette réflexion-là au Journaldunet. J'étais quand même très très fier de dégotter tel sujet plutôt que tel autre. C'était la foire d'empoigne à la conférence de rédaction du matin parce que je savais que tel sujet allait me valoriser vachement [...] A ce moment là j'avais une vraie réflexion marketing éditoriale, tu vois, qui m'est restée, en fait. C'est-à-dire que ça, justement, je suis pas sûr que ça s'apprenne en journalisme, mais allons-y! mettons les pieds dans le plat! Je pense qu'un des intérêts objectifs et sympa, du moins, attirant, du métier de journaliste à l'heure actuelle, c'est pas le fric, c'est pas la stabilité professionnelle, c'est vraiment le marketing de soi.* » [Pigiste. Paris. Janvier 2004.]

---

[351] HERVOUËT L., *Projet*, n°290, janvier 2006.
[352] Le déclin du modèle de la « carrière » a laissé derrière lui un vide. À l'attitude jugée conservatrice qui consiste à rechercher la sécurité, tant matérielle que symbolique, se substitue la gestion volontaire de l'incertitude professionnelle comme norme dominante dans le travail.

Une nouvelle culture de métier ?

L'évolution des représentations

> *« Je travaille pour un média dont la pérennité n'est pas assurée. C'est-à-dire que je suis prêt à faire des choses qui ne sont pas forcément 'journalistiques'. C'est vrai qu'à la base, on imagine mal un journaliste papier à qui l'on dit : 'ben voilà...Tu fais l'article, après tu le mets dans la page, enfin, tu places les pubs autour...'»* [Journaliste Web. Paris. Décembre 2004.]

Les conditions dans lesquelles se pratique le journalisme en ligne nous offrent de la matière pour penser la construction de « l'ethos » professionnel de cette catégorie de journalistes. Certes, nous ne sommes pas en mesure, en nous appuyant sur les seuls résultats de notre enquête, d'établir une typologie des représentations des journalistes Web. Il reste donc à produire une étude de nature qualitative dont les résultats nous permettraient, à l'instar de l'enquête qu'Ann Brill a menée auprès de journalistes Web américains de 12 journaux en ligne[353], de tirer des conclusions fiables concernant le rapport des journalistes Web français à leur activité et à leur identité. Nous allons toutefois tenter de mettre en perspective nos entretiens avec les résultats auxquels parvient l'auteure de cette étude américaine.

Ann Brill pose la question du rapport que les journalistes en ligne entretiennent avec les fonctions journalistiques traditionnelles. L'auteur ne souhaite pas tant connaître « objectivement » la population des journalistes Web que la relation subjective qu'ils entretiennent à leur travail. Les résultats de son enquête sont éloquents. Les journalistes en ligne américains ont une représentation majoritairement hétérodoxe de leur travail et de leur rôle. Ils s'écartent du modèle du « bon » journaliste tel que s'attachent à le dessiner les défenseurs de la profession et les journalistes des médias traditionnels (presse écrite). Les journalistes en ligne ont ainsi une attitude plus souple à l'égard de l'éthique professionnelle. Afin d'établir une comparaison entre les représentations des journalistes Web et celles des autres journalistes, l'auteure s'est appuyée sur les travaux de Weaver et Wilhoit (1986 et 1990). Ces derniers ont mis en évidence trois grandes catégories de fonctions journalistiques : « disséminative », « explicative », « agonistique ». Ces fonctions correspondent plus spécifiquement à un type de journalisme que l'on peut qualifier de « civique » : diffuser des informations à un public le plus large possible, faire un travail d'explication pour que le « citoyen » puisse se former sa propre opinion, et enfin exercer un contrôle et une opposition à l'encontre des représentants de tous les pouvoirs (économiques, politiques…).

---

[353] BRILL, A.-M., « Online journalists embrace new marketing function », *Newspaper research journal*, op.cit.

À l'issue de son enquête, Ann Brill remarque que les journalistes Web sont beaucoup moins sensibles aux fonctions « explicatives » et « agonistiques ». 70% des journalistes papier déclarent qu'il est important d'enquêter à partir des déclarations des hommes politiques contre seulement 24% des journalistes Web. 54% des journalistes papiers estiment important d'analyser les problèmes complexes contre 35% des journalistes Web. 26% des journalistes papier pensent qu'ils doivent se positionner comme adversaire du pouvoir politique et 17% des pouvoirs économiques, contre respectivement 13% et 6% des journalistes Web.

Les journalistes Web qu'Ann Brill a interrogés se tiennent à distance du pôle du journalisme « civique ». L'enquête a ainsi permis de repérer un glissement vers le pôle du journalisme « marchand » de cette frange de journalistes. Leurs réponses ont amené l'auteure à établir une quatrième fonction qui vient compléter les trois précédemment proposées par Weaver et Wihloit. Il s'agit de la fonction « marketing ». Beaucoup de journalistes Web estiment en effet être à l'écoute de l'audience et en compétition avec les autres médias. En outre, la fonction « divertissement » est plus présente à l'esprit des journalistes Web qu'à celui des journalistes papier. 29% pour les premiers contre 16% pour les seconds.

Si cette enquête a le mérite d'établir une distinction entre les représentations des journalistes Web et celles des journalistes de médias traditionnels, elle met également en lumière le phénomène d'érosion des schèmes normatifs qui est à l'œuvre dans l'ensemble de la profession. Nous ne devons pas établir une corrélation simple entre, d'une part, les changements dans les pratiques et les représentations des journalistes et, d'autre part, l'émergence de la presse en ligne. Il demeure néanmoins qu'Internet a été un amplificateur de la diffusion de nouveaux standards d'information. Après avoir saisi le regard que portent les journalistes en ligne sur leur métier, l'observateur est conduit à poser la question de l'éthique journalistique. Quel rapport le journalisme Web entretient-il avec la conception du « mur de l'argent » – cette ligne de partage symbolique entre contenu publicitaire et contenu éditorial que l'évolution du « métier » a grandement contribué à fragiliser? Pour Arant et Quitney Anderson[354], la limite entre contenu éditorial et contenu promotionnel n'est pas très visible sur le média Internet. 26 % des managers interrogés lors de leur enquête déclarent que des membres de leur équipe éditoriale rédigent des publicités pour le site. 58% d'entre eux se disent prêts à publier des liens vers des sites commerciaux privilégiés. Parmi les journalistes Web que nous avons

---

[354] ARANT, D. et QUITNEY-ANDERSON, J., « Newspaper online editors support traditionnal standards », *Newspaper Research Journal*, vol. 22, n°4, 2001.

interrogés, certains tenaient à préciser qu'ils s'efforçaient de refuser le mélange les genres, même s'ils étaient conscients que la limite est toujours plus ténue.

> « *C'est pas nous qui faisons les publi-reportages. Non, il y a quand même une limite entre le commercial et le journalistique [...] C'est pas toujours flagrant, quoi! [...] Je veux dire, la présentation est parfois assez troublante. Là aussi il faut pas, j'allais dire... faut parvenir à garder un mur entre le partie éditoriale et commerciale. Naturellement, la partie commerciale a toujours tendance à empiéter, c'est tout leur intérêt, mais c'est à nous de mettre des garde-fous [...] Mais est-ce que c'est toujours clair ?*» [Rédacteur Web. Paris. Novembre 2004.]

Nous avons vu que les technologies dynamiques rendent la publicité toujours plus intrusive sur le média Internet. Si le contenu publicitaire peut littéralement se « répandre » sur le contenu rédactionnel, le seuil de tolérance à l'égard de la pénétration des logiques marketing et des impératifs commerciaux est, de manière générale, plus élevé dans la presse en ligne que dans les médias traditionnels. Editeurs, responsables éditoriaux et journalistes semblent plus ou moins tacitement s'accorder sur le fait que des « *compromis avec leurs principes* » sont parfois nécessaires.

> « *Je pense qu'on fait, dans le site Web, des choses qu'on n'accepterait pas dans le quotidien en terme de pub. On accepte des choses de la part des annonceurs qu'on n'accepterait pas dans le quotidien... Par exemple une fois, genre, cette rubrique-là était sponsorisée ou des choses comme ça... dans le journal c'est inconcevable.* » [Chef de service-adjointe de l'Edition électronique. Paris. Juin 2004.]

Bien que les pratiques du publi-reportage ou du publi-reportage « sauvage » semblent moins répandues en France qu'aux Etats-Unis, les fonctions du journaliste Web sont bien souvent teintées aux couleurs de la promotion, sous toutes ses formes. Pour rajouter au flou qui existe entre démarche commerciale et démarche journalistique, il est fréquent que des journalistes Web de sites-titres conçoivent leur activité comme relevant prioritairement de la promotion du titre auquel le site est rattaché. Les logiques journalistiques et commerciales s'entremêlent et la confusion est d'autant plus grande que le média Internet sert lui-même de support publicitaire au contenu du titre.

> « *Donc il y a tout un enjeu commercial et marketing de visibilité autour de* La Croix *qui passe beaucoup par le Web, en tout cas qui repose en partie sur le Web. L'idée c'est vraiment par le Web, faire connaître les contenus de* La Croix *[...] Donc choisir les contenus bien représentatifs de* La Croix *qui mettent en valeur* La Croix. » [Journaliste Web. Paris. Décembre 2004.]

Les caractéristiques du média Internet (réactivité, interactivité, etc.) servent souvent à justifier une redéfinition des normes et des pratiques professionnelles. Parmi les journalistes Web que nous avons interrogés, nombreux sont ceux qui déclarent être soumis à un rythme de travail extrêmement rapide. « *Il faut être assez réactif sur l'information ! Nous c'est vraiment dégainer rapidement quoi ! Aller à l'essentiel, au factuel, au plus rapide.* » [Paris. Décembre 2004]. Sur le média Internet, il faut donc réagir dans l'urgence aux stimulations de l'information quitte parfois à faire l'économie de la vérification de l'information. Pour poursuivre sur notre parallèle entre la presse en ligne aux Etats-Unis et en France, D. Arant et J. Quitney Anderson montrent que les managers américains de sites Internet déplorent les conséquences sur la « qualité » du contenu d'un tel rythme de production. Pour ces managers, la vitesse d'information a érodé les principaux standards de vérification. Plus directement confrontés que leurs confrères des médias « traditionnels » aux logiques marketing et aux nouvelles contraintes de production, les professionnels de l'information en ligne ajustent en conséquence leur système de normes et de valeurs professionnelles.

> « *On avait vraiment une grande liberté. La liberté, c'était d'être attractif, donner envie de lire et accrocher le lecteur sur Internet, c'est à dire qu'il faut avoir un visuel qui accroche, un titre court incitatif.* » [Ex-journaliste Web. Paris. Janvier 2005.]

En outre, avec le succès du journalisme participatif et l'essor de « l'audience active », les journalistes en ligne ont appris à se mettre humblement au service de leur public. Ils perçoivent dès lors leur pratique comme une maïeutique dont le but serait de rendre autonome leur public dans la recherche et la production de l'information. Cette nouvelle perception de la mission du journaliste est consubstantielle au déclin de la fonction de *gate keeping*. Sur Internet, les journalistes se sont assez bien départis du dogme qui pourrait être résumé par la formule : « nous savons, nous écrivons et vous lisez ! ». Certains des journalistes que nous avons interrogés ont affirmé qu'ils souscrivaient à l'adage de Dan Gillmor, un des hérauts du journalisme participatif : « mes lecteurs en savent plus que moi »[355].

---

[355] *We, the media*, 2004, *op.cit.*

Une nouvelle culture de métier ?

Même si beaucoup de personnes interrogées prétendent qu'un journaliste en ligne est « un journaliste comme les autres »[356], leurs pratiques, leurs représentations comme leur rapport au lecteur tendent à se structurer en dehors du cadre normatif traditionnel qui domine toujours l'univers du journalisme. Or, il ne faut pas interpréter cette évolution comme un processus singulier qui serait propre à une forme émergente de journalisme, le journalisme en ligne. Bien au contraire. Nous avons essayé de montrer que le journalisme en ligne préfigure à bien des égards le journalisme, ou plutôt les journalismes, de demain. Si les pratiques et l'idéologie du métier ne cessent d'évoluer, il nous est apparu que la presse sur Internet contribuait à précipiter des changements qui couvaient depuis longtemps. Le journalisme en ligne apparaît dès lors comme le lieu de la fabrication de la conformité à de nouvelles normes de métier. À l'instar des start-up de l'Internet au sein desquelles se sont expérimentés, à petite échelle, de nouveaux rapports sociaux de travail, le journalisme en ligne fonctionne comme un laboratoire où toute une génération de journalistes acculturée aux nouveaux médias expérimente un autre rapport au « métier ».

---

[356] Pour un ancien journaliste Web, il est clair que : « *les fondamentaux du métier, que ce soit sur le papier, sur Internet ou à la télé, ça ne change pas, en réalité* ».

CONCLUSION

Même si la presse en ligne a, sans conteste, trouvé sa place dans l'environnement médiatique global, l'intérêt qu'on lui porte semble cependant quelque peu limité. Bien souvent, on ne parle des journaux en ligne qu'à l'occasion d'un changement de formules éditoriales ou lorsque des entreprises ou des groupes de presse décident de réorganiser leurs activités et le font savoir. Il est alors question de « synergie » entre le Web et le média d'origine, de « renforcer la complémentarité » des supports, ou de créer une « rédaction unique ». La dernière refonte importante du quotidien *Libération* s'articule par exemple autour de la multiplication des « passerelles entre le papier et le web »[357]. De son côté, le quotidien britannique *Financial Times* a fusionné ses rédactions papier et Internet dans le but, selon le groupe Pearson, de créer « la rédaction multimédia la plus intégrée au monde »[358]. Quant à France 24, la chaîne d'information internationale en continu nouvellement créée, il est dit qu'elle est « en train d'inventer un nouveau modèle de média » avec « une seule rédaction multimédia et plurisupports (TV, Internet, Mobile…) »[359]. Il est donc de plus en plus clair que la tendance est à la multiplication des plateformes d'information intégrées numériquement. Alors que quelques années en arrière, on annonçait l'avènement de la « révolution numérique » qui devait tout bouleverser sur son passage, voilà peut-être l'effet majeur (et non spectaculaire) qu'Internet a produit dans le monde des médias : faire progressivement tomber les cloisons entre la presse écrite, audiovisuelle et électronique pour, à terme, englober tous les médias dans un seul.

L'étude de la presse en ligne ne doit pas être séparée de celle des transformations globales des médias. Dans les discours sur les médias, la presse écrite en tête, il est souvent question de leur santé précaire. Beaucoup de raisons sont avancées pour expliquer la « crise » de la presse et des médias de masse en général : innovations technologiques, augmentation des contraintes

---

[357] « Renforcer les liens papier-Web », *Libération*, 27 septembre 2006.
[358] « Le quotidien britannique spécialisé dans la finance supprime 10% des ses effectifs pour répondre à 'l'évolution rapide de l'édition numérique' », Libération.fr, 3 juillet 2006.
[359] « France 24 mise sur la communauté des blogueurs », Lemonde.fr, 06-12-2006.

économiques, accentuation de la concurrence, changement d'habitudes de consommation, perte de « confiance » et désertion des lecteurs ou du public, etc. Ces phénomènes sont relativement bien connus même si leur interprétation fait débat. Nous avons choisi dans ce livre de nous consacrer à une autre « crise » étroitement dépendante de la précédente. Celle que traverse le journalisme. Certes, on pourrait nous rétorquer que la « crise » du journalisme est une fiction ou, inversement, que le journalisme est perpétuellement en « crise ». Nous préférons, pour notre part, suggérer que le journalisme doit en permanence relever de nouveaux « défis ». Parmi ces défis figure celui de l'intégration numérique des rédactions ; phénomène susceptible d'engendrer un nouveau prototype de journaliste : le « journaliste à tout faire », tel qu'Erik Klinenberg[360] en a dessiné les contours.

Nous sommes donc partis du constat suivant : l'émergence d'Internet et d'une nouvelle figure du journalisme (le journalisme en ligne) met le « métier » et la « profession » à l'épreuve. En tant que « médias des médias », Internet offre à tous la possibilité de créer son propre média. Opportunité que n'ont pas tardé à saisir les entreprises en lançant leurs propres médias sur Internet dans le but d'affiner leur stratégie de communication et de s'affirmer comme de véritables acteurs de l'information. En outre, la simplification des outils de publication en ligne a encouragé la progression des pratiques d'autopublication. L'explosion actuelle des « blogs » – 3 millions de blogs en France et 27 millions dans le monde en janvier 2006 selon Technorati – en est le parfait exemple même si l'on ne peut pas véritablement parler à leur sujet de « médias d'information », contrairement aux webzines et autres sites d'information indépendants qui proposent une conception alternative du journalisme, voire une alternative radicale au journalisme.

Aussi, les expériences de journalisme « participatif » ou « citoyen » poussent-elles la logique de l'alternative aux médias de masse et aux médias *mainstream* jusqu'à remettre en cause la raison d'être même des journalistes. Les médias « citoyens » tels que le site coréen Ohmynews ou les sites français Agoravox, Rue89 ou encore LePost sont alimentés en contenu par de simples internautes. Les journalistes professionnels qui travaillent pour le compte de ces sites ne sont que des contributeurs réguliers, au même titre que les internautes. Le slogan d'Agoravox résume bien l'esprit du journalisme citoyen : « tout citoyen est un reporter en puissance ». La voix des bloggeurs et autres faiseurs d'opinions sur Internet tend à couvrir celle des journalistes – Rue89 parle de « l'info à 3 voix: journalistes, experts et internautes ». Cet esprit n'est pas propre

---

[360] KLINENBERG, E., « Journalistes à tout faire de la presse américaine », *Le Monde Diplomatique*, *op.cit.*

Conclusion

au monde de l'Internet comme l'a récemment montré la création de chaînes de télévisons participatives qui, à l'instar de Current TV aux Etats-Unis, ont mis au point un modèle de programmation qui repose sur la contribution des téléspectateurs à la création du contenu. Le journalisme traditionnel aurait donc pris ces derniers mois un sérieux « coup de vieux ». Une autre culture journalistique serait en passe d'émerger, comme le suggère la phrase que l'on peut lire sur le site Ohmynews au moment où le « reporter citoyen » s'inscrit : « bienvenu dans le monde qui révolutionne la production, distribution et la consommation de l'info. Dites bye bye à la culture journalistique d'hier, celle du XXe siècle ». Certes, la question du contrôle par les journalistes des processus éditoriaux se pose avec d'autant plus d'insistance que l'accès aux outils de publication tend dans une certaine mesure, à se démocratiser. Mais qu'advient-il, dans un tel contexte, de la légitimité des journalistes et de la confiance que l'on consent à leur accorder ? Si les journalistes sont bousculés, peut-on pour autant annoncer la « fin du journalisme », comme d'aucuns ne manquent pas de le faire ?

L'arrivée d'Internet ne conduit pas à l'extinction du journalisme. Internet ne consacre ni la fin du *journalisme*, ni celle du *journalisme professionnel*. Bien au contraire. Nous avons pu observer qu'avec ce nouveau média, la pratique du journalisme tendait plutôt à se généraliser. Les nouvelles formes de publication empruntent au journalisme (le style, le ton, le savoir-faire, les valeurs) : les « médias de marque » (*consumer webzine*), les blogs et autres webzines amateurs se multiplient et participent de l'extension du journalisme[361]. Les nouvelles pratiques d'information contribuent en effet à renforcer la légitimité du professionnalisme journalistique. Avec l'émergence du marché de l'information en ligne et la création de nouveaux médias (versions électroniques des médias traditionnels, médias d'information 100% Internet), des emplois de journalistes ont été créés. Une nouvelle « race » de journalistes, les journalistes en ligne viennent donc grossir les rangs d'une profession en constante augmentation. La Commission de la carte (CCIJP) recensait pour l'année 2006, un peu plus de 37 000 journalistes titulaires de la carte de presse contre 26 614 en 1990[362]. Malgré des crises passagères de croissance, la profession de journaliste n'est pas sur le déclin et encore moins en passe de disparaître.

Il existe toujours, chez les journalistes, un fort attachement à leur « métier » et à ses valeurs. Quelle que soit leur position dans la hiérarchie

---

[361] On peut notamment se référer ici à la thèse que défend Wiliam Spano, « Les magazines culturels de marque sous l'emprise du journalisme », *Communication &langage, op.cit.*
[362] Voir à ce sujet le travail de recueil et d'analyse de données statistiques effectué par des chercheurs du CRAP et de l'IFP, DEVILLARD, V. et aili, *Les journalistes français à l'aube de l'an 2000, op.cit.*

professionnelle, les journalistes défendent un métier dont le prestige social est à même de leur garantir une rétribution symbolique. Toutefois, ceux qui occupent une « position inférieure et obscure à l'intérieur d'un univers prestigieux et privilégié » subissent une forme particulière de souffrance que Pierre Bourdieu a identifiée et classée sous le nom de « misère de position »[363]. Ce concept a d'ailleurs été repris par Alain Accardo[364] pour l'adapter à la catégorie des journalistes précaires qui, conscients d'occuper une position subalterne et obscure dans un espace socialement dominant, doivent endurer ces petites blessures narcissiques qui viennent se greffer à leur « misère de condition » (matérielle). Nous pouvons considérer à l'issue de ce travail que les journalistes en ligne se situent dans une position proche de ces précaires de la profession. L'intériorisation de leur position subalterne dans l'espace professionnel est associée à une souffrance que vient renforcer l'écart grandissant entre la vision enchantée du métier et la réalité de son exercice.

Combinée à d'autres indices concordants, l'analyse du contenu de leur travail montre que les journalistes en ligne se situent aujourd'hui du côté du pôle dominé du champ professionnel. Le journaliste en ligne incarne parfaitement la figure du journaliste « assis » (ou du journaliste « de desk ») et son profil correspond bien souvent au profil du secrétaire de rédaction à qui on le compare souvent. Appartenant à un média jeune, considéré comme moins prestigieux que les médias traditionnels (presse écrite, télé, radio), les journalistes en ligne doivent faire face à un déficit de reconnaissance et accomplir des tâches perçues comme ingrates. Le journalisme en ligne peut être considéré comme un « journalisme de placard » pour journalistes sans expérience, en rupture de ban ou ne disposant pas suffisamment de « capitaux journalistiques ». Bien qu'on puisse s'accorder, à l'aune des résultats empiriques, sur le fait que la condition de journaliste en ligne n'est pas une condition enviable, il demeure que de plus en plus de journalistes font l'expérience du journalisme en ligne. Comme le prix du ticket d'entrée dans la profession y est moins élevé qu'ailleurs, beaucoup d'apprentis journalistes, diplômés ou non, se tournent vers Internet pour entamer leur « carrière ». Dans le secteur de la presse en ligne, l'étau du marché du travail journalistique semble en effet moins serré. La concurrence y est moindre et les opportunités plus grandes. D'ailleurs dans les entreprises de presse, la pratique qui consiste à affecter en priorité à la rédaction Internet les stagiaires et autres prétendants à l'embauche tend à s'institutionnaliser. Dans le cadre de cette nouvelle politique de ressources humaines, le site Web sert de « sas d'entrée » ou de « gare de triage » des futurs salariés. Les journalistes doivent y

---
[363] BOURDIEU, P.(dir.), *La misère du monde*, Seuil, 1993.
[364] ACCARDO, A., *Journalistes précaires*, 1998, *op.cit.*

Conclusion

faire leur preuve pendant plusieurs mois ou années. Beaucoup d'entre eux finissent par considérer que « le journalisme en ligne mène à tout à condition d'en sortir ».

Internet n'est pas seulement une école pour les futurs journalistes mais également un laboratoire pour le journalisme du futur. Initiée au journalisme au sein des rédactions Web, une partie de la population des journalistes est désormais familiarisée avec la culture d'Internet et les spécificités de ce nouveau média. Il est clair que l'esprit des jeunes journalistes passés par le Web cadre bien avec l'esprit de l'Internet. Ces derniers ont ainsi pu intégrer les normes et les contraintes propres au journalisme en ligne (réactivité, polyvalence, etc.) et qui tendent à s'imposer à l'ensemble du monde du travail. On peut dire en cela qu'ils ont été à « bonne école ». Au-delà de son caractère formateur pour les jeunes journalistes, Internet concourt au renouvellement du contenu de la culture journalistique. Le journalisme en ligne éclaire avec une lumière plus crue des tendances qui existent déjà dans d'autres « lieux » du journalisme. Et les évolutions concernent aussi bien les contenus produits, que les pratiques ou les représentations du métier. Pour bien comprendre le sens de ces évolutions, il nous a semblé important d'insister sur un facteur primordial : la montée de la culture marketing (*marketization*) dans le journalisme.

Le journalisme n'échappe pas à la généralisation de la culture marketing et de la pensée néomanageriale. Alors que le journalisme se « banalise », le marketing continue d'étendre son emprise à l'ensemble des sphères sociales. La rencontre de ces deux tendances donne naissance à une sous-culture hybride qui transcende les visions antagoniques des missions journalistiques. Les effets de l'acclimatation des journalistes au marketing sont perceptibles dans l'évolution du rapport à l'information et au public. Aussi le journaliste doit-il satisfaire son public en anticipant sur ces « besoins » en matière d'information. Il doit s'atteler à fournir des efforts en matière de présentation de l'information afin de la rendre attractive en privilégiant l'information pratique et divertissante, utile au consommateur, au détriment de l'information « civique », utile au citoyen. Alors que, dans la morale professionnelle classique, le « service » au lecteur consiste à lui apporter des clés de compréhension du monde indispensable à sa vie de citoyen libre, dans la nouvelle culture du journalisme, les ambitions pédagogiques et citoyennes doivent être revues à la baisse, ce qui explique le rapport souvent « cynique » du journaliste Web à son travail. Le rôle du journaliste apparaît comme de moins en moins central dans le processus démocratique et la confusion s'opère entre les différentes conceptions de son rôle.

Le journalisme en ligne s'est avéré être un bon terrain d'observation des métamorphoses du journalisme. Il nous a ainsi permis de mettre en avant le fait que le développement de deux tendances, « l'individualisation » et la « participation », est étroitement lié à la diffusion de la culture marketing dans les médias d'information. L'individualisation croissante des messages et des produits médiatiques n'est pas la traduction « naturelle » et « spontanée » de nouveaux « besoins » sociaux. Il s'agit plutôt de la réponse donnée par des responsables de médias convertis aux principes du marketing direct aux attentes pressenties de leur public. Dans leur esprit, établir un contact « personnalisé » avec le public et lui proposer une « offre sur-mesure » permet d'augmenter la « valeur ajoutée » de leur « produit » et de s'attacher durablement une « clientèle ». Pour se faire, l'éditeur et le journaliste doivent encourager le client-lecteur à s'identifier à la marque éditoriale et à consolider son sentiment d'appartenance à la communauté du titre. Cette attitude « complice » est désormais au fondement même du rapport entre un média et son public. Dans cette perspective, il faut parvenir à réduire la distance réelle et symbolique entre le producteur et le consommateur d'information. Les dispositifs de participation y invitent. Fortement présent dans les nouveaux médias, le thème de la « participation » tend à devenir le ressort central de la nouvelle culture du journalisme. Certes, du point de vue du public, on peut considérer que la participation marque une avancée certaine vers l'appropriation de l'information et le partage du contrôle du processus éditorial. Cette prise de pouvoir du destinataire traditionnel de l'information est célébrée comme une véritable « révolution ». Aujourd'hui les thuriféraires du Web 2.0 crient haut et fort que la dernière génération de sites Web offrent un surcroît de démocratie et de liberté en permettant à chacun de « s'approprier l'information, de la valider, de la partager et de la diffuser »[365].

Bien entendu, nous ne devons pas minimiser la portée des nouvelles pratiques collectives de construction de l'information dans un cadre décentralisé. Là n'est pas notre propos. Nous avons préféré aborder de façon critique le thème de la participation du public présenté comme actif et (co)producteur de contenu, ce qui nous a conduit à tempérer l'enthousiasme militant des défenseurs des outils et technologies de « l'ère participative ». Nous avons en effet mis la focale sur la dimension instrumentale de ce thème qui donne son identité au journalisme dit « citoyen ». L'économie de la presse en ligne a attribué à l'internaute une valeur marchande. Dans cette perspective, la participation sert un double objectif : fidéliser l'internaute, et le mettre au travail. La valorisation de la participation des internautes ne se réduit pas à une simple stratégie de

---

[365] DE ROSNAY, J., *La révolte du pronetariat*, 2006, op.cit.

Conclusion

captation d'une audience que l'on peut vendre à des annonceurs. Elle consiste également à exploiter la force de travail cachée de l'internaute. Le « journalisme participatif » permet en effet de mobiliser les ressources de l'internaute à moindre coût. On peut dire que ce dernier est mis à contribution pour produire gratuitement un contenu original. C'est le cas des discussions sur les forums, des blogs et, désormais, des photos, des vidéos et des commentaires d'articles que l'internaute adresse aux sites d'information et qui viennent étoffer l'offre éditorial de ces mêmes sites. Nous sommes donc arrivé à la conclusion que, par une ruse de la raison « participative », le journalisme citoyen et les outils du Web 2.0 renforcent la légitimité des journalistes professionnels et confortent la position des médias marchands comme acteurs incontournables de l'information sur Internet. Ici comme ailleurs, « l'individualisation » et la « participation » des publics concourent au renouvellement du journalisme professionnel plus qu'ils n'en annoncent la disparition. Mais, dans un contexte marqué par la montée des logiques marketing, ces tendances mettent un peu plus à mal le principe de l'autonomie journalistique et travaillent l'idéologie professionnelle jusque dans ses fondements mêmes.

BIBLIOGRAPHIE

Ouvrages

ACCARDO, Alain (dir.), *Journalistes au quotidien*, Le Mascaret, Bordeaux, 1995.
ACCARDO, Alain, *Journalistes précaires*, Le Mascaret, Bordeaux, 1998.
ANDOLFATTO Dominique, LABBÉ Dominique, *Sociologie des syndicats*, La Découverte, Paris, 2000.
ANGLADE, Sandrine, « Des journalistes au théâtre. Identité professionnelle et espace parisien (1880-1930) », in DELPORTE, Christian (dir), *Médias et villes (XVIII-XXes.)*, CEHVI, Tours, 1999.
ARTUS, Patrick, *La nouvelle économie*, La Découverte, Paris, 2000.
AUBERT, Nicole (dir), *L'individu hypermoderne*, Eres, Paris, 2004.
BACQUÉ, Marie-Hélène, SINTOMER Yves (dir), *Démocratie participative et gestion de proximité*, La Découverte, Paris, 2004.
BAUMAN, Zygmunt., *L'amour liquide. De la fragilité des liens entre les hommes*, Le Rouergue/Chambon, Rhodez, 2004.
BEAUD, Paul, *La société de connivence : Médias, médiations et classes sociales*, Aubier Montaigne, Paris, 1984.
BEY, Hakim, *TAZ, Zone d'autonomie temporaire*, L'éclat, Paris, 1997.
BECK, Ulrich, *La société du risque. Sur la voie d'une autre modernité*, Flammarion, Paris, 2001.
BOCZKOWSKI, Pablo J., *Digitizing the news. Innovation in online Newspapers*, The MIT press, Cambridge, 2004.
BOLTANSKI, Luc, THEVENOT, Laurent, *De la justification. Les économies de la grandeur*, Gallimard, 1991
BOLTANSKI, Luc, et CHIAPELLO Ève, *Le nouvel esprit du capitalisme*, Gallimard, Paris, 1999.
BOLTANSKI, Luc, *Les cadres, la formation d'un groupe social*, Editions de Minuit, Paris, 1982.

BOURDON, Jérôme, « Les journalistes de télévision, l'émergence d'une profession (1960-1968) », in MARTIN, Marc (dir), *Histoire et médias. Journalisme et journalistes français, 1950-1990*, Albin Michel, Paris, 1991.

BOURDIEU, Pierre, PASSERON Jean-Claude, *La reproduction*, Minuit, Paris, 1971.

BOURDIEU, Pierre (dir.), *La misère du monde*, Seuil, Paris, 1993.

BOUTET, Josiane (dir), *Le monde du travail*, La Découverte, Paris, 1998.

BRIN, Colette, CHARRON, Jean, DE BONVILLE, Jean (dir), *Nature et transformation du journalisme*, Presse de l'Université de Laval, Quebec, 2004.

CASTEL, Robert, *Les métamorphoses de la question sociale : une chronique du salariat*, Fayard, 1995.

CASTEL, Robert, HAROCHE Claudine, *Propriété privée, propriété sociale, propriété de soi*, Fayard, Paris, 2001.

CASTEL, Robert, *L'insécurité sociale. Qu'est-ce qu'être protégé ?* Le Seuil, Paris, 2003.

CASTELLS, Manuel, *La société en réseau*, Fayard, Paris, 2001 (pour la traduction française).

CASTORIADIS, Cornélius, *L'institution imaginaire de la société*, Seuil, Paris, 1975.

CASTORIADIS, Cornélius, *Une société à la dérive*, Seuil, Paris, 2005.

CHARLES, Christophe, *Le siècle de la presse (1830-1939)*, Seuil, Paris, 2004.

CHARON, Jean-Marie, *La presse en France*, Seuil, Paris, 1991.

CHARON, Jean-Marie, *La presse magazine*, La Découverte, Paris, 1999.

COHEN, Daniel, DUBONNEUIL, Michèle, *Nouvelle économie*, La documentation française, Paris, 1998.

COVA, Véronique et Bernard, *Alternatives Marketing. Réponses marketing aux nouveaux consommateurs*, Dunod, Paris, 2001.

CROZIER, Michel, FRIEDBERG, Erhard, *L'acteur et le système*, Le Seuil, Paris, 1981.

DA LAGE, Olivier, *Obtenir sa carte de presse et la conserver*, Guide Legipresse, Victoires-Editions, Paris, 2003.

DAMIAN, Béatrice et alii (dir.)., *Inform@tion.local, Le paysage médiatique régional à l'ère électronique*, L'Harmattan, Paris, 2002.

DE LAUBIER, Charles, *La presse en ligne*, Que Sais-je ? PUF, Paris, 2000.

DE ROSNAY, Joël, *La révolte du pronetariat*, Fayard, Paris, 2005.

DEJOURS, Christophe, *Travail, usure mentale*, Bayard, Paris, 2000, 2e ed.

Bibliographie

DELPORTE, Christian, D'ALMEIDA, Fabrice, *Histoire des médias en France. De la grande guerre à nos jours*, Flammarion, Paris, 2003.

DELPORTE, Christian, *Les journalistes en France 1880-1950. Naissance et construction d'une profession*, Seuil, Paris, 1999.

DESROSIÈRES, Alain, THEVENOT, Laurent, *Les catégories socioprofessionnelles*, La Découverte, Paris, 2000 (dernière éd.).

DESROSIÈRES, Alain, *La politique des grands nombres. Histoire de la raison statistique*. La Découverte, Paris, 1993.

DEVILLARD, Valérie et alii, *Les journalistes français à l'aube de l'an 2000. Profils et parcours*, Editions Panthéon Assas, Paris, 2001.

DUFOUR, Denis-Robert, *De l'art de réduire les têtes : sur la nouvelle servitude de l'homme libéré, à l'ère du capitalisme total*, Denoël, Paris, 2003.

DURKHEIM, Emile, *De la division du travail social*, (préface à la seconde édition) Quadridge, PUF, Paris, 1998.

DUVAL, Julien, *Critique de la raison journalistique. Les transformations de la presse économique en France*. Seuil, Paris, 2004.

EHRENBERG, Alain, *L'individu incertain*, Calmann Levy, Paris, 1995.

ÉLIAS, Norbert, *La société des individus*, Fayard, Paris, 1991.

EVENO, Patrick, *La presse et l'argent de 1820 à nos jours*, Editions du CHTS, 2003.

EYMARD-DUVERNAY, François, MARCHAL, Emmanuelle, *Façons de recruter. Le jugement des compétences sur le marché du travail*, Métailié, Paris, 1996.

FLICHY, Patrice, *L'imaginaire d'Internet*, La Découverte, Paris, 2001.

FOGEL, Jean-François, PATINO Bruno, *Une presse sans Gutenberg*, Grasset, Paris, 2005.

FRIEDMANN, George, *Le travail en miettes*, Gallimard, Paris, 1964.

GAUTIÉ Jérôme, GODECHOT, Olivier, SORIGNET, Pierre-Emmanuel, « Chasse de tête et marché du travail des cadres dirigeants : premières pistes », IXes Journées de sociologie du travail, Paris, 27-28 novembre 2003.

GIDDENS, Antony, *La Troisième voie, le renouveau de la social-démocratie*, Seuil, Paris, 2002.

GILLMOR, Dan, *We the media. Grassroots journalism. By the people. For the people*, O'Reilly, 2004.

GRANJON, Fabien, *L'Internet militant. Mouvement social et usage des réseaux télématiques*, Editions APOGEE, Paris, 2001.

HABERMAS, Jurgen, *L'espace public*, Payot, Paris, 1993.

HIMANEN, Pekka, *L'éthique hacker et l'esprit de l'ère de l'information*, Exils, Paris, 2001.

HIRTZMANN, Ludovic, MARTIN, François, *Le défi des quotidiens gratuits (Montréal-Paris)*, Multimondes, 2004.

HUGHES, Everett, *Le regard sociologique. Essais choisis*, Editions de l'EHESS, Paris, 1996.

IFP-SJTI-CCIJP, *Les journalistes français en 1990. Radiographie d'une profession*, La Documentation française, Paris, 1992.

LE BOHEC, Jacques, *Les mythes professionnels des journalistes*, L'Harmattan, Paris, 2000.

LE MEUR, Loïc, BEAUVAIS, Laurence, *Blogs pour les pros*, Dunod, Paris, 2005.

LÉVÊQUE, Sandrine, *Les journalistes sociaux. Histoire et sociologie d'une spécialité journalistique*, PUR, Rennes, 2000.

MARCHETTI, Dominique, RUELLAN, Denis, *Devenir journaliste*, La Documentation française, Paris 2001.

MARINO, Christina, *De la presse écrite à la presse électronique. Vers un nouveau média ?*, Adbs, 1996.

MARTHOZ, Jean-Pierre, « Etats-Unis : face au marketing de guerre, une presse sommée de s'aligner », in LAMLOUM, O. (dir.), *Irak : les médias en guerre*, Actes Sud, Arles, 2003.

MARTIN, Marc, *Trois siècles de publicité en France*, Odile Jacob, Paris, 1992.

MARTIN, Marc, *Médias et journalistes de la République*, Odile Jacob, Paris, 1997.

MATTELART, Armand, *Histoire de l'utopie planétaire*, La Découverte, Paris, 1999.

McMANUS, Jon H., *Market-driven journalism*, Sage publication, Londres, 1994.

METZGER, Philippe, *L'inévitable destin social de l'Internet*, Les éditions des Rioux, 2004.

MINC, Alain, NORA, Simon, *L'informatisation de la société. Rapport à M. le Président de la République*, La Documentation française, Paris, 1978.

MOLLIER, Jean-Yves, *Le scandale du Panama*, Fayard, Paris, 1991.

NEGROPONTE, Nicholas, *L'homme numérique*, Fayard, Paris, 1995.

NEVEU, Erik, *La sociologie du journalisme*, Le Découverte, Paris, 2001.

NEVEU, Erik, *Une société de communication ?*, Montchrestien, Paris, 1994.

NOBLE, David F., *Forces of production. A social history of industrial automation*, Knopf, 1984.

PAGÈS, Dominique, PÉLISSIER, Nicolas, *Territoires sous influence/2*, L'Harmattan, Paris, 2001.

PIOTET, Françoise (dir), *La révolution des métiers*, PUF, Paris, 2002.

PROULX, Serge, VITALIS, André (dir), *Vers une citoyenneté simulée : médias, réseaux et mondialisation,* Apogée, Rennes, 1999.

RAMONET, Ignacio, *La tyrannie de la communication*, Gallimard, Paris, 2001 (ed. Augmentée).

RAMBACH Anne et Marine, *Les Intellos précaires*, Pluriel Hachette, Paris, 2002.

RIFKIN, Jeremy, *L'age de l'accès. La révolution de la nouvelle économie.* La découverte, Paris, 2000.

RINGOOT, Roselyne, UTARD, Jean-Michel, *Le journalisme en invention. Nouvelles pratiques, nouveaux acteurs*, PUR, Rennes, 2005.

RIOU, Nicolas, *Comment j'ai foiré ma start-up*, Editions d'Organisation, Paris, 2001.

RUELLAN, Denis, THIERRY, Daniel, « Production en réseaux et mutations professionnelles du journalisme », in *Communication, société et Internet*, L'Harmattan, Paris, 1998.

RUELLAN, Denis, THIERRY, Daniel, Acte du séminaire annuel ONTICM (IUT de Lannion, mai 2000) in *Nouvelles technologies de la communication : nouveaux usages, nouveaux métiers*, Paris, L'Harmattan, Paris, 2000.

RUELLAN, Denis, THIERRY, Daniel, *Journal local et réseaux informatiques. Travail coopératif, décentralisation et identités des journalistes*, L'Harmattan, 1998.

RUELLAN, Denis, *Le professionnalisme du flou*, PUG, Grenoble, 1993.

RUELLAN, Denis, *Les « pros » du journalisme*, PUR, Rennes, 1997.

RUELLAN, Denis, MARCHETTI Dominique, *Devenir journaliste*, La documentation française, Paris, 2001.

RUFFIN, François, *Les petits soldats du journalisme,* Les Arènes, Paris, 2003.

SALAM PAX, *Bagdad Blog. Journal d'un Irakien dans le chaos*, Hachette Littératures, Paris, 2004.

SCHUDSON, Michaël, *Discovering the news, A social history of american newspapers,* Basic books, 1978.

SCHUMPETER, Joseph, *Capitalisme, socialisme et démocratie*, Payot, Paris, 1990.

SEGUY, Fréançoise, *Les produits interactifs et multimédias*, PUG, Grenoble, 1999.

SEGRESTIN, Denis, *Le phénomène corporatiste*, Fayard, Paris, 1984.

SENNETT, Richard, *Le travail sans qualités*, Albin Michel, Paris, 2000.
SENNETT, Richard, *La culture du nouveau capitalisme*, Albin Michel, Paris, 2006.
SEWEL, William H., *Gens de métier et révolution. Le langage du travail de l'ancien régime à 1848*, Aubier Montaigne, Paris, 1983.
THIERRY, Daniel (dir.), Actes du séminaire annuel ONTICM (IUT de Lannion, mai 2000), in *Nouvelles technologies de communication : nouveaux usages ? nouveaux métiers ?*, L'Harmattan, Paris, 2000.
TINEL, Bruno, « *'A quoi servent les patrons ?'. Marglin et les radicaux américains* », ENS édition, Lyon, 2004.
WEBER, Max, *Economie et société*, Pocket, Paris, 1995.

Articles

AKRICH, Madeleine, « la presse et la technique. Pluralité des modèles de journalisme », *MédiaPouvois* n°26, 1992.
ARANT, David, QUITNEY, Janna, « Newspaper online editors support traditionnal standards », *Newspaper Research Journal*, vol. 22, n° 4, 2001.
BECKERMAN, Gal, « Edging away from anarchy. Inside the Indymedia collective, passion vs. pragmatism », *Columbia Journalism Review*, September/October 2003.
BENSON, Rodney, « La logique du profit dans les médias américains », *Actes de la recherche en sciences sociales*, n°131-132, mars 2000.
BERTACCHINI, Yann, « Métiers émergents de la nouvelle économie », *Terminal*, n° 84, Printemps 2001.
BEUSCART, Jean-Samuel, « Le devenir des innovations non marchandes sur l'Internet. Une étude des modèles économiques des Webradios », *Réseaux*, n° 125- vol 42, 2004.
BLATRIX, Cécile, « Devoir débattre. Les effets de l'institutionnalisation de la participation sur les formes de l'action collective ». *Politix*, Vol. 15-n° 57, 2002.
BLONDIAUX Loïc et SINTOMER Yves, « L'impératif délibératif », *Politix*, Vol. 15-n° 57, 2002.
BOLTANSKI, Luc, BOURDIEU, Pierre, « La production de l'idéologie dominante », *Actes de la recherche en sciences sociales*, n° 2-3, an.2, 1976.

Bibliographie

BOURDIEU, Pierre, « Espace social et genèse des classes », *Actes de la recherche en sciences sociales*, n° 52-53, juin 1984.

BOURDIEU, Pierre, « Classement, déclassement, reclassement », *Actes de la recherche en sciences sociales*, n° 24, 1977.

BRILL, Ann M., « Online journalists embrace new marketing function », *Newspaper research journal*, vol 22, n° 2, printemps 2001.

BUREAU, Stéphane, « la professionnalisation des nouveaux métiers de l'information : un déterminant dans les processus d'adoption ? Le cas technologies web. », *Système d'information et management*, vol 11, mars 2006.

CARDON, Dominique, DELAUNAY-TETEREL, Hélène, « La production de soi comme technique relationnelle. Un essai de typologie des blogs par leurs publics », *Réseaux* n° 138/Vol24, 2006.

CHAMPAGNE, Patrick, « Le médiateur entre deux Monde », *Actes de la Recherche en Sciences Sociales*, n° 131-132, mars 2000.

CHARON, Jean-Marie, « Les métiers de l'édition électronique », *Brises*, n°9, octobre 1986.

CHARRON, Jean, DE BONVILLE, Jean, « Le paradigme du journalisme de communication », *Communication*, Vol.17 (2), 1996.

DA LAGE, Olivier, « La presse saisie par Internet », in *Communication & langages*, n° 129, septembre 2000.

DELFORCE, Bernard, « Les journalistes et l'évolution des instruments de connaissance du public : enjeu d'identité et de pouvoir », *Les cahiers du journalisme*, n°1, ESJ, 1996.

DEUZE, Mark, « Journalism & the Web : an analysis of skills and standards in an online environment. », *Gazette* 61 (5), 1999.

ESTIENNE, Yannick, « La mobilisation des (Net)travailleurs de la 'nouvelle économie' : gouvernement des hommes et contraintes d'autonomie », *Etudes de communication*, n° 28, 2005.

FERCHAUD, Bernadette, « Webmestre : un métier ? », *Documentaliste*, 2000, vol 37, n° 3-4.

FLUCKIGER, Cédric, « La sociabilité juvénile instrumentée. L'appropriation des blogs dans un groupe de collégiens », *Réseaux* n° 138/Vol 24, 2006.

GAUCHET, Marcel, « Essai de psychologie contemporaine », *Le Débat*, mars-avril 1998.

GENSOLLEN, Michel, « La création de valeur sur Internet », in *Réseaux*, n°97, 1999.

GRÉVISSE, Benoît, « Journalistes sur Internet :représentations professionnelles et modification des pratiques en culture francophone », in *Les Cahiers du journalisme*, Décembre 1998, n° 5.

GUÉRIN, Serge, « La presse en ligne ou le pari pascalien de la 'cyber culture' », in *Médiapouvoir*, n° 41, 1996

HERVOUET, Loïc, « Les journalistes saisis par Internet : usages et précautions d'usage », *Les Cahiers du journalisme*, n° 7, juin 2000.

HERVOUËT, Loïc, *Projet*, n°290, janvier 2006.

JOUËT, Josiane, « La pêche aux internautes », *Hermès*, n° 37, 2003.

KLINENBERG, Eric, « Information et production numérique », *Actes de la recherche en sciences sociales*, n° 134, Septembre 2000.

LABORDE, Aurélie, « Les enjeux de la relation client », *Communication & Organisation*, n° 27, juin 2005.

LAGNEAU, Eric, « Le style agencier et ses déclinaisons thématiques », *Réseaux*, n°111-Vol 20, 2002.

LASICA, Joseph D., « The promise of the daily me », *Online Journalism Review*, 24 février 2002, http://www.ojr.org.

LE CAM, Florence, « Etats-Unis : les weblogs d'actualité ravivent la question de l'identité journalistique », *Réseaux*, n°138/Vol 24, 2006.

MARCHETTI, Dominique, « Les sous-champs spécialisés du journalisme », *Réseaux*, n° 111/ Vol 20, Hermès, 2002.

MARTIN, Marc, « La grande famille : l'association des journalistes parisiens (1885-1939) », *Revue historique*, janvier-mars 1986.

MUSSO, Pierre, « Le cyberspace, figure de l'utopie technologique réticulaire », *Sociologie et sociétés*, vol .32, n°2, automne 2000.

PAVLIK, John V., « New media and news: implications for the future of journalism », in *New Media & Society* 1(1), 1999.

PÉLISSIER, Nicolas, « Cybejournalisme : la révolution n'a pas eu lieu », *Quaderni,* n° 46, hiver 2001-2002.

PÉLISSIER, Nicolas, « Un cyberjournalisme qui se cherche », *Hermès*, n° 35, 2003

PÉLISSIER, Nicolas, ROMAIN, Nicolas, « Journalisme de presse écrite et nouveaux réseaux », in *Les Cahiers du journalisme*, n° 5, 1998.

RIEFFEL, Rémy, « Vers un journalisme mobile et polyvalent ? », *Quaderni*, N° 45 – Automne 2001.

RUELLAN, Denis, « On line. Un journaliste comme les autres », *Les cahiers du journalisme,* n° 5 - décembre 1998.

Bibliographie

SCHLESINGER, Philipp, « Repenser la sociologie du journalisme. Les stratégies de la source d'information et les limites du mediacentrisme », *Réseaux*, n° 51, 1992.

SINGER, Jane B., « Who are this guys ? The online challenge to the notion of journalistic professionalism », *Journalism*, Sage publications, London, 2003.

SINGER, Jane B., « Stepping back from the gate : online newspaper editors and the co-production of content in campaign 2004 », *Journalism and mass communication quaterly*, 83/2, summer 2006.

SPANO, William, « les magazines culturels de marque sous l'emprise du journalisme », *Communication & langages*, n° 140, juin 2004.

WATINE, Thierry, « Le modèle du 'journalisme public' », *Hermès*, n° 35, 2003.

WOLTON, Dominique, « Journalistes, une si fragile victoire... », *Hermès*, n° 35, 2003.

Rapports et thèses

BOURDIER, Jean-Charles, *La presse et le multimédia*, Rapport pour le ministère de l'économie, des finances et de l'industrie, Paris 1997.

CAVELIER CROISSANT, Valérie, *La presse quotidienne en française sur Internet*, Thèse en Sciences de l'information et de la communication. Université Stendhal, Grenoble 3, décembre 2002.

GEORGE, Eric, *L'utilisation de l'Internet comme mode de participation à l'espace public dans le cadre de l'AMI et au sein d'Attac*, Thèse en Sciences de l'information et de la communication. Université Paris XIII et Université du Quebec, avril 2001.

Services juridique et technique de l'Information et de la Communication, SJTI, Cabinet Stratégies & mutations, *Préfiguration de la presse électronique : les leçons de la Télématique*. La documentation française, 1995.

WAHLEN, Monique, *Communication directe et marketing de réseau*. Thèse Sciences de l'information et de la communication, Université Stendhal, Grenoble 3, janvier 1999.

TABLE DES MATIÈRES

PRÉFACE..5

INTRODUCTION..13

CHAPITRE I : Les acteurs « hors média » de l'information en ligne..........21

   1 - Les intermédiaires de l'information..22
      Les agences de contenu...22
      La *success story* des « portails »..30
      L'agrégation de contenu ou la veille en ligne............................38

   2 - Les webzines 42
      Des journaux militants ? 42
      Les webzines d'information générale..46
      Les webzines spécialisés : le cas des « cityguides »................47
      Les « consumer webzines »..52

CHAPITRE II : La presse en ligne : une histoire récente........................57

   1 - La télématique ou la préhistoire de la presse en ligne.................58
      À l'heure de l'informatisation des rédactions...........................58
      Le Minitel, préfiguration de la presse en ligne.........................61
      Internet : du rejet à l'appropriation...65

   2 - Heurs et malheurs de la presse en ligne 67
      Une histoire américaine..68
      Le temps des pionniers (1995-1998)...71
      L'essor de la presse en ligne (1998-2001)................................75
      La crise (2001-…)...78

   3 - Une économie incertaine 81
      De la gratuité de l'information..82
      Le modèle payant..90
      Le modèle mixte et les sources de revenus complémentaires....92

CHAPITRE III : Métiers de l'information et journalisme Web 97

   1 - Les métiers de l'information sur Internet 98
        Le webmaster : « l'homme-orchestre du Web » 98
        Le webmaster éditorial 102
        Des métiers hybrides et instables 105

   2 - Travailleur de l'information en ligne vs journaliste professionnel 109
        La CCIJP et la question du journalisme sur Internet 110
        Arnaques au journalisme et cas litigieux 114
        Inclure, exclure : le travail sur les frontières 117
        Rédacteur Web, une identité par défaut? 120
        Journaliste ou rédacteur : une différence en trompe-l'œil 122

   3 - Un professionnalisme hybride 124
        Des profils hybrides 126
        Un journalisme métissé 131

CHAPITRE IV : Un journalisme dominé 139

   1 - « Journalisme Web », une spécialité à construire 140
        L'impossible professionnalisation 140
        Journaliste Web : un journaliste inconnu 145
        Clivages et hiérarchies internes au journalisme Web 149

   2 - Les « anciens » et les « modernes » : des rapports troubles 152
        Journalistes Web : une menace pour la profession ? 153
        Le Web : une opportunité de carrière? 156
        Un manque de considération 160

   3 - Le travail de journaliste Web 167
        Un journalisme de desk : la sédentarité comme norme 167
        Le journaliste Web et l'écriture 170
        Produire plus et plus vite 178
        Le travail morcelé : la question de la spécialisation 181

CHAPITRE V : La banalisation du journalisme 187

   1 - L'autopublication en ligne et le « phénomène blog » 188
        Des « sites persos » aux « blogs » 190
        Journalisme d'opinion et « démassification » des médias 193
        Le journalisme face à la « blogosphère » 197

   2 - Du journalisme « citoyen » à la critique du journalisme 203
        Vers des « médias citoyens » 203
        Indymedia ou la critique radicale du journalisme 208

3 - Les pouvoirs perdus des journalistes...212
        Redistribution des compétences journalistiques..................... 213
        Perte de l'aura journalistique et crise de légitimité....................216

CHAPITRE VI : Sous l'emprise du marketing.. 221

1 - Marketing éditorial et publicité en ligne 221
        Les « pièges à pub »...223
        La presse réconciliée avec la publicité....................................226
        Sous le charme de l'*e-pub* 229

2 - Le journaliste, Internet et l'audience...236
        Les outils de mesure de l'audience...236
        Internet et l'audience : encore une « révolution » ? 238
        L'appropriation des outils de mesure......................................240

3 - Le contenu noyé dans l'*infotainment* 243
        Information pratique, information service............................... 244
        Les *soft news*..246
        Le journalisme de conseil en consommation 252

CHAPITRE VII : Une nouvelle culture de métier ?.............................257

1 - Participation, personnalisation et fidélisation...........................258
        Idéologie et enjeux de la participation 259
        La personnalisation de l'offre de contenu...............................271
        Comment fidéliser la « communauté » ?.................................275

2 - Vers un journalisme hétéronome...277
        L'autonomie professionnelle mise à mal................................ 278
        Manager au quotidien...283
        L'évolution des représentations 287

CONCLUSION...293

BIBLIOGRAPHIE..301

TABLE DES MATIÈRES..311

L'HARMATTAN, ITALIE
Via Degli Artisti 15 ; 10124 Torino

L'HARMATTAN HONGRIE
Könyvesbolt ; Kossuth L. u. 14-16
1053 Budapest

L'HARMATTAN BURKINA FASO
Rue 15.167 Route du Pô Patte d'oie
12 BP 226
Ouagadougou 12
(00226) 50 37 54 36

ESPACE L'HARMATTAN KINSHASA
Faculté des Sciences Sociales,
Politiques et Administratives
BP243, KIN XI ; Université de Kinshasa

L'HARMATTAN GUINÉE
Almamya Rue KA 028
En face du restaurant le cèdre
OKB agency BP 3470 Conakry
(00224) 60 20 85 08
harmattanguinee@yahoo.fr

L'HARMATTAN CÔTE D'IVOIRE
M. Etien N'dah Ahmon
Résidence Karl / cité des arts
Abidjan-Cocody 03 BP 1588 Abidjan 03
(00225) 05 77 87 31

L'HARMATTAN MAURITANIE
Espace El Kettab du livre francophone
N° 472 avenue Palais des Congrès
BP 316 Nouakchott
(00222) 63 25 980

L'HARMATTAN CAMEROUN
BP 11486
Yaoundé
(237) 458 67 00/976 61 66
harmattancam@yahoo.fr

653327 - Mai 2016
Achevé d'imprimer par